O NOVO ÊXODO
DE ISAÍAS EM ROMANOS

Dados Internacionais de Catalogação na Publicação (CIP)
(Câmara Brasileira do Livro, SP, Brasil)

Oliveira, Samuel Brandão de
  O novo Êxodo de Isaías em Romanos : o estudo exegético e teológico / Samuel Brandão de Oliveira ; sob a coordenação de Waldecir Gonzaga. – Petrópolis : Vozes; Rio de Janeiro: Editora PUC, 2020. – (Série Teologia PUC-Rio)

  Bibliografia.
  ISBN 978-65-5713-071-1 (Vozes)
  ISBN 978-65-990194-6-3 (PUC-Rio)

  1. Cristianismo 2. Êxodo (Evento bíblico) 3. Bíblia. A.T. Isaías – Comentários 4. Bíblia. N.T. Romanos – Comentários 5. Isaías, Profeta I. Gonzaga, Waldecir. II. Título III. Série.

20-39436   CDD-222.1207

Índices para catálogo sistemático:
1. Êxodo : Livros históricos : Bíblia : Comentários
222.1207

Maria Alice Ferreira - Bibliotecária - CRB-8/7964

Samuel Brandão de Oliveira

O NOVO ÊXODO
DE ISAÍAS EM ROMANOS

Estudo exegético e teológico

SÉRIE **TEOLOGIA PUC-RIO**

© 2020, Editora Vozes Ltda.
Rua Frei Luís, 100
25689-900 Petrópolis, RJ
www.vozes.com.br
Brasil

Todos os direitos reservados. Nenhuma parte desta obra poderá ser reproduzida ou transmitida por qualquer forma e/ou quaisquer meios (eletrônico ou mecânico, incluindo fotocópia e gravação) ou arquivada em qualquer sistema ou banco de dados sem permissão escrita da editora.

©**Editora PUC-Rio**
Rua Marquês de S. Vicente, 225 –
Casa da Editora PUC-Rio
Gávea – Rio de Janeiro – RJ – CEP 22451-900
T 55 21 3527-1760/1838
edpucrio@puc-rio.br
www.puc-rio.br/editorapucrio

Reitor
Pe. Josafá Carlos de Siqueira SJ

Vice-Reitor
Pe. Anderson Antonio Pedroso SJ

Vice-Reitor para Assuntos Acadêmicos
Prof. José Ricardo Bergmann

CONSELHO EDITORIAL

Diretor
Gilberto Gonçalves Garcia

Editores
Aline dos Santos Carneiro
Edrian Josué Pasini
Marilac Loraine Oleniki
Welder Lancieri Marchini

Conselheiros
Francisco Morás
Ludovico Garmus
Teobaldo Heidemann
Volney J. Berkenbrock

Secretário executivo
João Batista Kreuch

Vice-Reitor para Assuntos Administrativos
Prof. Ricardo Tanscheit

Vice-Reitor para Assuntos Comunitários
Prof. Augusto Luiz Duarte Lopes Sampaio

Vice-Reitor para Assuntos de Desenvolvimento
Prof. Sergio Bruni

Decanos
Prof. Júlio Cesar Valladão Diniz (CTCH)
Prof. Luiz Roberto A. Cunha (CCS)
Prof. Luiz Alencar Reis da Silva Mello (CTC)
Prof. Hilton Augusto Koch (CCBS)

Conselho Gestor da Editora PUC-Rio
Augusto Sampaio, Danilo Marcondes, Felipe Gomberg, Hilton Augusto Koch, José Ricardo Bergmann, Júlio Cesar Valladão Diniz, Luiz Alencar Reis da Silva Mello, Luiz Roberto Cunha e Sergio Bruni.

Coordenação da série: Waldecir Gonzaga
Editoração: Programa de pós-graduação em Teologia (PUC-Rio)
Diagramação: Raquel Nascimento
Cotejamento: Nilton Braz da Rocha
Capa: WM design

ISBN 978-65-5713-071-1 (Vozes)
ISBN 978-65-990194-6-3 (PUC)

Editado conforme o novo acordo ortográfico.

Este livro foi composto e impresso pela Editora Vozes Ltda.

Abreviaturas

1QM - Regra da Guerra

1QS - Regras da Comunidade

AJBI - Annual of the Japanese Biblical Institute

BBB - Bonner Biblische Beiträge

BEATAJ - Beitrage zur Erforschung des Alten Testaments und des antiken Judentums

BEO - Bulletin d'études orientales

BEB - Biblioteca de Estudios Bíblicos

BETL - Bibliotheca Ephemeridum theologicarum Lovaniensium

Bib - Biblica

BibOr - Biblica et orientalia

BZAW - Beihefte zur ZAW

Cadmo - Revista do Instituto Oriental da Universidade de Lisboa

CBQ - Catholic Biblical Quarterly

CTJ - Calvin Theological Journal

DBS - Dictionnaire de la Bible, Supplément

Ds - Enchiridion symbolorum definitionum et declarationum de rebus fidei et morum

EtBib - Études Bibliques

ETL - Ephemerides Theologicae Lovanienses

ExpTim - Expository Times

FAT - Forschungen zum Alten Testament

Greg - Gregorianum

Harvard TR - Theological Review

HBT - Horizons in Biblical Theology

JBL - Journal of Biblical Literature

JETS - Journal of the Evangelical Theological Society

JJS - Journal of Jewish Studies

JSOT - Journal for the Study of the Old Testament

LASBF - Liber annuus. Studium Biblicum Franciscanum

LHB - Library of Hebrew Bible

Neotest - Neotestamentica

NovT - Novum Testamentum

NRT - Nouvelle Revue Théologique

NTS - New Testament Studies

OBO - Orbis biblicus et orientalis

OTE - Old Testament Essays

OTS - Old Testament Studies

PG - Patrologia Grega

PIB - Pontificio Istituto Biblico

PL - Patrologia Latina

PLS - Patrologia Latina, Supplementum

RB - Revue Biblique

RivBib - Rivista Biblica

RQ - Revue de Qumrân

RSR - Recherches de Science Religieuse

Sanh - Sanhedrin

SBLSP - Society of Biblical Literature Seminar Papers

SNT - Studien zum Neuen Testament

SPAWPH - Preussischen Akademie der Wissenschaften: Philosophisch-historische Klasse

SPCK - Society for Promoting Christian Knowledge

SSN - Studia Semitica Neerlandica

StPhilo - Studia Philonica

SVTQ - The Quarterly

TRu - Theologische Rundschau

VT - Vetus Testamentum

WCB - Word Biblical Commentary

Sumário

Prefácio | Maria de Lourdes Corrêa Lima, **9**

Introdução, 13

Apresentação dos capítulos, 43

Capítulo 1 | Alusões a Is 52,13-53,12 no texto paulino, 45

1. Identificação das alusões a Is 52,13-53,12 em Rm 5,12-21, 45

2. Validação das alusões a Is 52,13-53,12 em Rm 5,12-21, 46

Capítulo 2 | Contexto histórico-literário veterotestamentário de Is 52,13-53,12, 106

1. Contexto histórico do texto aludido, 106

2. Contexto literário de Is 52,13-53,12, 126

3. Comparação das tradições textuais de 53,11-12, 164

4. Tradições interpretativas de Is 53,11-12, 165

Capítulo 3 | Contexto neotestamentário e uso hermenêutico, teológico e retórico de Is 52,13-53,12 em Rm 5,12-21, 170

1. Contexto histórico da Carta aos Romanos, 170

2. Contexto literário de Rm 5,12-21, 191

3. Uso de Is 52,13-53,12 em Rm 5,12-21, 214

Conclusão, 263

Posfácio | Pe. Waldecir Gonzaga, **269**

Referências bibliográficas, 273

Prefácio

Para os primeiros escritores cristãos, o Antigo Testamento foi a Escritura venerada, lida e relida a partir da vida, morte e ressurreição de Jesus de Nazaré (cf. 2Tm 3,14-15). Essa tendência continuou durante séculos, quase sem exceções, até o advento da crítica bíblica moderna, com a formulação paulatina do chamado "método histórico-crítico". Acentuando fortemente o aspecto histórico dos textos, o método teve dificuldade em relacionar Novo e Antigo Testamento, uma vez que foram formulados em condições e situações históricas bem diversas. Pouco a pouco, porém, o próprio estudo histórico do Novo Testamento acabou por demonstrar que seus autores viveram a partir da Escritura (que para eles era o que será depois o Antigo Testamento) e das tradições judaicas então em vigor, o que contribuiu para a superação dos obstáculos levantados pela metodologia histórica.

No âmbito católico, determinante impulso nessa direção foi consolidado pela orientação da constituição conciliar sobre a revelação divina, *Dei Verbum* (1965), que, em seu parágrafo 12, afirma: "não menos atenção se deve dar, na investigação do reto sentido dos textos sagrados, ao contexto e à unidade de toda a Escritura". Ficava assim formalmente estabelecido, como princípio metodológico para a exegese cristã, o que fora seu patrimônio desde a época neotestamentária: a consideração da Escritura em seu conjunto.

A partir das últimas décadas do século passado, tal perspectiva foi desenvolvida através da chamada "exegese canônica", que, por sua vez, está sendo enriquecida pela utilização da categoria "intertextualidade". Esta teoria parte da afirmação que um texto é formulado a partir de outros e que tarefa fundamental do leitor é refazer o caminho do autor e decodificar, no texto lido, os textos pressupostos. Aplicada primeiramente a estudos literários em geral, foi aos poucos sendo introduzida também nos estudos bíblicos.

Tendo em consideração os dois aspectos acima – a leitura na totalidade da Escritura e a percepção da importância da intertextualidade na compreensão e interpretação dos textos – numerosos estudos passaram a ser desenvolvidos, no âmbito exegético, em vista de analisar a relação entre passagens dos dois Testamentos.

Nesse contexto amplo se localiza a presente obra, que visa perceber as relações intertextuais entre Rm 5,12-21 e escritos veterotestamentários. Tais relações foram já abundantemente identificadas e bem analisadas, na literatura exegética, em conexão com os relatos de Gênesis, sendo enfatizada a relação antitípica entre Adão e Cristo. Vislumbrar uma nova perspectiva só seria possível a partir de uma análise que ousasse ultrapassar essa dimensão. A leitura atenta do texto paulino, porém, evidenciou uma possível conexão sua com os chamados textos do Servo Sofredor de Isaías.

Trata-se de um grupo de textos que apresenta uma importância ímpar no Novo Testamento. Dentre eles, lugar especial ocupa o cântico de Is 52,12–53,12, citado ou aludido em numerosas passagens: não somente nas narrativas da paixão nos evangelhos sinóticos (cf. Mt 26,2; Mc 9,12.31; 10,45; 14,41; Lc 22,37; 24,7) e em outras passagens evangélicas, mas também no epistolário neotestamentário (cf. 1Pd 1,18-20; 2,21-25). De outro lado, todavia, mesmo acentuando a teologia da cruz e sua conexão com a teologia do Senhor ressuscitado, alusões a este cântico nas formulações teológicas paulinas são raras e não se deixam entrever com facilidade (cf. Rm 4,25; 2Cor 5,21; Gl 3,13). Tal fato lançaria dúvidas, portanto, sobre a utilização, por Paulo, dos textos ou da tradição do servo sofredor isaiano. A presente obra, todavia, vem mostrar exatamente o oposto: que não só uma vaga tradição sobre o quarto cântico foi empregada, mas também que Paulo utilizou conceitos e fraseologia que evocam com clareza essa importante passagem veterotestamentária. Amplia-se, com isso, grandemente, a dimensão de significado do texto em questão – e, possivelmente, também de outras passagens paulinas. Maior relevo ganha essa afirmação se é considerado que tal utilização ocorre precisamente na carta aos Romanos, testamento teológico, por assim dizer, do Apóstolo, e num lugar importante da estrutura da epístola.

Demonstrar tal relação, evidentemente, não seria empresa fácil e exigiria uma metodologia adequada. A publicação de obras de G. K. Beale, dedicadas à relação entre Antigo e Novo Testamento e à leitura deste último em conexão com o primeiro, pareceu então, ao Autor, um caminho que permitiria atingir dois objetivos: não só verificar a intertextualidade entre Rm 5,12-21 e Is 52,12–53,12, mas também, pela aplicação de uma metodologia exegética ainda não utilizada nas publicações brasileiras, avaliar *in concreto* esse método exegético.

Com isso, a importância do presente estudo e sua novidade surgem tanto da relação de Rm com o quarto cântico do Servo de Isaías, o que até o momento desta publicação não foi desenvolvido, como da avaliação da metodologia empregada. Que o Autor teve a coragem de se dedicar a um trabalho complexo, o próprio enunciado do tema já deixa pressupor: tratou-se de abordar duas perícopes de enorme importância teológica na tradição judaica e cristã, e já muito estudadas, além de trabalhar com uma metodologia que exigiria grande espectro de informações. As finalidades da pesquisa, porém, foram plenamente alcançadas. A determinação do eco textual de Is 52,12–53,12 em Rm 5,12-21 foi feita a partir da aplicação criteriosa da metodologia de referência e se demonstra totalmente convincente. O uso do chamado "quarto cântico do Servo" resulta, dessa maneira, bem atestado e confirmado.

Em vista dos objetivos propostos, a pesquisa desenvolve com grande riqueza de detalhes e acuracidade os aspectos formais e temáticos dos textos bíblicos, colocando em relevo, a partir da metodologia aplicada, a riqueza de suas diversas dimensões. Todo o estudo exegético assim como a comparação textual são marcados não só pelo uso competente dos instrumentos de trabalho, sua abrangência e atualidade, mas particularmente pela reflexão a partir dos dados levantados. Desse modo, a presente obra é construída a partir da compreensão exata do método, da finalidade a que se propõe, do estudo minucioso e atento dos textos bíblicos e seus detalhes, considerando o *corpus* em que cada um se encontra. Marca-se, assim, a maturidade acadêmica de seu Autor, tanto no juízo sobre a metodologia empregada como no discernimento sobre os diversos dados dos textos estudados, sua compreensão e interpretação. Nesse sentido, a leitura do presente trabalho permitirá perceber pontos de grande interesse da teologia dessas importantes passagens bíblicas bem como a ressonância da passagem isaiana no texto paulino.

É, assim, com grata satisfação que vejo vir à luz um tão significativo estudo literário, exegético e teológico de Rm 5,12-21 e sua relação com Is 52,12–53,12. O leitor atento poderá não só muito enriquecer-se com os dados nela oferecidos, mas ainda perceber a relevância desta temática para uma compreensão mais global dos escritos paulinos e da relação entre os dois Testamentos.

Maria de Lourdes Corrêa Lima
Pontifícia Universidade Católica do Rio de Janeiro

Introdução

Quando se analisam estudos e comentários a respeito de Rm 5,12-21, elaborados no decorrer da história, constata-se que a perícope foi utilizada como argumentação em favor de afirmações antropológicas e soteriológicas as mais contraditórias[1]. Pouco se leva em conta a intenção original do autor, a estrutura da perícope, a sua função no contexto literário no qual está inserida e outras alusões às Escrituras de Israel[2] empregadas na sua construção além daquelas a Gn 3.

Um dos principais fatores que ocasionaram tais omissões foi o debate a respeito de Rm 5,12d (ἐφ' ᾧ πάντες ἥμαρτον) traduzido pelo *Ambrosiaster* como "in quo omnes peccaverunt"[3], ou seja, "no qual todos pecaram". Tal tradução a partir de sua utilização por Agostinho de Hipona na controvérsia antipelagiana[4] como argumento a favor da doutrina chamada pelo Doutor da Graça de "originale peccatum"[5], torna esse versículo um destaque na história da exegese e do dogma.

Tal concentração em Rm 5,12d e no tema do "pecado original" excluiu até mesmo a possibilidade de se buscar a relação desse texto com outros textos das Escrituras de Israel além de Gn 3. Cita-se como exemplo dessa postura, entre tan-

---

1. Desde a consideração da humanidade como uma massa damnata e as consequências desta afirmação em Santo Agostinho à defesa de algo muito próximo à apokatastasis origeniana em Barth. AGOSTINHO DE HIPONA, De peccatorum meritis et remissione et de baptismo parvulorum ad Marcellinum, I, XI, 13: PL 44, 116-117; BARTH, K., Carta aos Romanos, p. 281.

2. O termo "Escrituras de Israel" será utilizado neste trabalho para indicar os textos veterotestamentários utilizados por Paulo por questões de ordem histórica, relegando-se o termo "Antigo Testamento" para as citações onde é utilizado e para quando o contexto assim o permitir.

3. AMBROSIASTER, Commentarius in epistolam ad Romanos, V, 12: PL 17, 92a.

4. Na sua obra Contra duas epistolas pelagianorum, Agostinho apresenta sua interpretação de Rm 5,12d, interpretação esta que tanto influenciou a história da exegese e do dogma no Ocidente cristão. AGOSTINHO DE HIPONA, Contra duas Epistolas Pelagianorum, IV, 4, 7: PL 44, 614.

5. AGOSTINHO DE HIPONA, De peccatorum meritis et remissione et de baptismo parvulorum ad Marcellinum, I, IX, 9: PL 44, 114.

tos outros, os seguintes autores: *Ambrosiaster*[6], Pelágio[7], João Crisóstomo[8], Tomás de Aquino[9], Calvino[10]. Entre os estudos mais recentes pode-se apresentar Lagrange[11], Cerfaux[12], Lyonnet[13] e Grelot[14].

Diante desse quadro, a presente obra pretende contribuir ao estudo literário, exegético e teológico de Rm 5,12-21, levando em consideração aspectos transcurados no estudo da perícope e dando especial atenção às relações intertextuais com Is 52,13-53,12. Essa aproximação intertextual será feita a partir do Método proposto por G. K. Beale no livro *Handbook on the New Testament Use of the Old Testament – Exegesis and Interpretation*[15].

1. O uso das Escrituras de Israel nos escritos paulinos[16]

O presente item tem como objeto o debate sobre o uso das Escrituras de Israel por Paulo. Quanto ao método a ser empregado, mais do que um elenco de pensadores em ordem cronológica, se pretende apresentar os vários aspectos do debate e propostas no que diz respeito à compreensão do uso dos textos veterotestamentários[17] nos escritos paulinos.

---

6. AMBROSIASTER, Commentarius in epistolam ad Romanos, V,12-21: PL 17, 92a-99b.

7. PELÁGIO, Expositio in Epistolam ad Romanos, 5,12-21: PLS 1, 1136-1138.

8. JOÃO CRISÓSTOMO, In epistolam ad Romanos, X, 5,12-21: PG 60, 473-484.

9. TOMÁS DE AQUINO, Summa Theologica, Ia IIae, q. 81, a. 1, ad 1.

10. CALVINO, J., Exposição de Romanos, p. 186-195.

11. LAGRANGE, M. J., Épître aux romains, p. 105-118.

12. CERFAUX, L., Cristo na Teologia de Paulo, p. 176-180.

13. LYONNET, S., La Storia della Salvezza nella Lettera ai Romani, p. 51-92.

14. GRELOT, P., Pour une lecture de Romains 5,12-21, p. 495-512.

15. BEALE, G. K., Handbook on the New Testament Use of the Old Testament – Exegesis and Interpretation, p. 41-54.

16. Poder-se-ia esperar que as considerações feitas no primeiro capítulo a respeito das menções ao uso de Is 52,13-53,12 em Rm 5,12-21, fossem o *Status Quaestionis* da temática apresentada nesta obra, mas na verdade, de acordo com a metodologia empregada, tais considerações fazem parte da aplicação do critério da "História da Interpretação", proposto por R. Hays para a validação das alusões. Tal critério tem como única finalidade determinar se outros leitores foram capazes de perceber as mesmas alusões que poderiam ter percebido os contemporâneos do Apóstolo. HAYS, R. B., Echoes of Scripture in the Letters of Paul, p. 31; BEALE, G. K., Handbook on the New Testament Use of the Old Testament, p. 33.

17. O uso do termo "veterotestamentário" será utilizado simplesmente por questão estilística, sem prejuízo da opção feita pelo uso de "Escrituras de Israel".

1.1. Contextualização do debate

Dos primórdios do cristianismo até a utilização do Método Histórico-Crítico nos estudos bíblicos, a interpretação que Paulo fez das Escrituras de Israel nos seus escritos não causou grandes dificuldades entre os seus leitores cristãos, exceção feita certamente a parte de seus contemporâneos, sendo que os textos veterotestamentários eram lidos na maioria das vezes pela comunidade cristã, a partir da interpretação que o Apóstolo fez deles.

Com a aproximação histórico-crítica de tais textos, passou-se a perceber o distanciamento entre o que as Escrituras de Israel diziam no seu contexto original e o novo sentido a eles conferido pelo Apóstolo, na sua missão de fazer conhecida a sua experiência do evento Cristo.

Exemplo clássico da peculiaridade da hermenêutica que Paulo faz das Escrituras é o uso de Dt 30,11-14 em Rm 10,6-10. No texto veterotestamentário Moisés exorta Israel a cumprir a Lei que foi dada como dom ao povo, sendo que esta não é algo oculto ou longínquo (Dt 30,11), mas está perto, na boca e no coração, para que possa ser cumprida (Dt 30,14). Paulo, por sua vez, utiliza estas mesmas expressões referindo-se, no entanto, à "palavra da fé". Embasa, assim, a tese da justificação pela fé, não pela observância dos preceitos da Lei, fazendo de Moisés uma testemunha do seu Evangelho.

Para Paulo, a revelação plena de Deus é Jesus Cristo. No entanto, poder-se-ia ver aí, como o viram muitos dos seus contemporâneos provindos do judaísmo, um uso das Escrituras dos hebreus que não leva em consideração o seu contexto.

No entanto, já entre o séc. III e II a.C., em Alexandria, quando foi feita a tradução grega das Escrituras de Israel, constatou-se a iniciativa de não só fazer uma tradução literal dos textos, mas também de interpretá-los, a ponto de poder-se afirmar que na versão dos Setenta encontram-se simultaneamente refletidas as ideias teológicas e as tendências do judaísmo do seu contexto[18].

O judaísmo helenista[19] e a literatura apocalíptica[20] são também testemunhas dessa prática hermenêutica. As mesmas Escrituras de Israel não se explicam sem esse processo[21]. Porém, é no rabinismo posterior ao ano 70 d.C. que se pode de-

---

18. TREBOLLE BARRERA, J., A Bíblia Judaica e a Bíblia Cristã, p. 380-382; HARL, M.; DORIVAL, G.; MUNNICH, O., A Bíblia Grega dos Setenta. Do Judaísmo helenístico ao Cristianismo antigo; TILLY, M. Introdução à Septuaginta.

19. LONGENECKER, R. N., Biblical Exegesis in the Apostolic Period, p. 32-33.

20. TREBOLLE BARRERA, J., A Bíblia Judaica e a Bíblia Cristã, p. 534-537.

21. TREBOLLE BARRERA, J., A Bíblia Judaica e a Bíblia Cristã, p. 513-520.

tectar com maior amplitude a tentativa de ler um sentido profundo por detrás do sentido literal das palavras[22].

A tentativa mais antiga de formalizar o problema hermenêutico foi a de Fílon de Alexandria, no século I a.C. Isto porque teve a necessidade de interpretar as tradições judaicas a partir do contexto helenístico, valendo-se principalmente do uso da alegoria[23].

O método alegórico não se reduziu a desafios de ordem apologética ou didática, mas também a uma exigência de ordem mística, ainda que, fundamentalmente, se trate de reduzir as dificuldades que a Torá apresenta às pessoas inseridas em outro contexto cultural[24]. Deste modo pode-se dizer "que em Fílon convergem a Sabedoria bíblica, que não deixa de revestir-se com caracteres mitológicos, e a Filosofia platônica, que Fílon não deixa de transformar em metáfora de uma nova Sabedoria judaica"[25].

Em Paulo, no entanto, encontra-se um procedimento diverso da interpretação alegórica dos textos escriturísticos. O Apóstolo faz uma leitura tipológica das Escrituras de Israel.

No contexto das disputas com os judaizantes a respeito do papel soteriológico da Lei de Moisés, a comunidade cristã primitiva busca demonstrar a superioridade do Novo sobre o Antigo Testamento. Uma das maiores contribuições nesse esforço foi dada exatamente por Paulo:

> Ele opõe, por exemplo, a letra que mata ao espírito que dá a vida (2Cor 3,6), a circuncisão da carne à circuncisão do espírito (Rm 2,28), o véu que cobre o Antigo Testamento a Cristo, no qual o véu cai e é desvendado plenamente o seu sentido (2Cor 3,13). De modo particular, a Torá é apresentada como *prefiguração* (τύπος): as personagens das narrativas veterotestamentárias são colocadas em relação a Cristo e ao Evangelho. Não se trata de pura atualização, como era feito com as profecias messiânicas, que, anunciando

---

22. LONGENECKER, R. N., Biblical Exegesis in the Apostolic Period, p. 18-21; TREBOLLE BARRERA, J. A Bíblia Judaica e a Bíblia Cristã, p. 562-579.

23. LONGENECKER, R. N., Biblical Exegesis in the Apostolic Period, p.30-32; TREBOLLE BARRERA, J., A Bíblia Judaica e a Bíblia Cristã, p. 556-559.

24. GILBERT, P., Pequena História da Exegese Bíblica, p. 89. Tal exigência se imporá à compreensão da Escritura na época Patrística e ao longo de toda a Idade Média. O pano de fundo de tudo isto é precisamente o princípio hermenêutico de que o texto escriturístico não se esgota em sua primeira intenção, porém diz algo mais. Com efeito, durante a Idade Média era comum a discussão teológica sobre os sentidos da Escritura, os quais eram assim resumidos em verso por Agostinho di Dacia: "Littera gesta docet, quid credas allegoria, moralis quid agas, quo tendas anagogia", ou seja, o sentido literal, o alegórico ou cristológico, o moral ou tropológico, relativo aos costumes e o escatológico também chamado anagógico, que "conduz para". CROATTO, J. S., Hermenêutica Bíblica, p. 11.

25. TREBOLLE BARRERA, J., A Bíblia Judaica e a Bíblia Cristã, p. 557.

um rei futuro, tinham em Cristo o seu sentido pleno. Na tipologia, não se nega o dado veterotestamentário; sem eliminá-lo, outorga-se-lhe um novo significado. São realidades a serem lidas em dois níveis: o nível literal e o nível espiritual, que as refere a Cristo e à Igreja[26].

Em 2Cor 3,12-18 Paulo fala de um sentido profundo do texto das Escrituras que supera o meramente literal, lido a partir de Cristo, sentido este que os judeus se teriam tornado incapazes de compreender. Segundo o Apóstolo, Cristo é o único a desvelar esse sentido espiritual das Escrituras de Israel, e os cristãos, pela sua fé em Cristo, seriam, portanto, os únicos capazes de lê-las convenientemente:

> Possuindo, portanto, tal esperança, usamos de muita confiança. E não como Moisés, que punha um véu sobre a sua face, para que os filhos de Israel não fixassem o olhar no fim daquilo que era transitório. Mas os seus sentidos continuam fechados até hoje em dia, pois quando leem o Antigo Testamento o mesmo véu permanece, porque é em Cristo que é abolido, e até hoje em dia, quando se lê Moisés, o véu está sobre o coração deles. Mas, quando se converterem ao Senhor o véu será removido (2Cor 3,12-16)[27].

Para Paulo, assim como para as primeiras gerações cristãs, as Escrituras de Israel são colocadas a serviço do anúncio da experiência de Cristo, da compreensão do seu mistério, de sua morte e de sua ressurreição:

> Eu vos transmiti, primeiramente, aquilo que também recebi: que Cristo morreu por nossos pecados, segundo as Escrituras, que foi sepultado, que foi ressuscitado ao terceiro dia, segundo as Escrituras, e que foi visto por Cefas e em seguida pelos doze(1Cor 15,3-5).

O que interessa é a utilização e a compreensão das Escrituras de Israel colocadas totalmente a serviço da compreensão do mistério de Cristo: Jesus é o Messias e ele ressuscitou dentre os mortos. O importante é a significação simbólica e, portanto, premonitória que se podia trazer ou atribuir aos fatos, aos textos. Assim, acontecimentos, personagens e discursos do passado, qualquer que seja a sua natureza literal e exata, são colocados a serviço da interpretação que Paulo faz das Escrituras de Israel.

---

26. LIMA, M. L. C., A unidade da Sagrada Escritura, p. 169.

27. Os textos bíblicos citados foram traduzidos pelo autor da obra a partir de NESTLE, E.; ALAND, K. (ed.), Novum Testamentum Graece e de ELLIGER, K.; RUDOLPH, W. (orgs.)., Biblia Hebraica Stuttgartensia.

Paulo, em sua primeira Carta aos Coríntios, na qual ensina aos cristãos o significado do evento Cristo para eles, propõe uma releitura dos principais episódios do Êxodo:

> Não quero que vós ignoreis irmãos que os nossos pais estiveram todos sob a nuvem, todos atravessaram o mar e todos foram batizados em Moisés na nuvem e no mar. Todos do mesmo alimento espiritual comeram e todos da mesma bebida espiritual beberam, pois bebiam de uma pedra espiritual que os acompanhava, e essa pedra era Cristo (1Cor 10,1-4).

É evidente que Paulo aqui raciocina conscientemente em função do alcance tipológico dos acontecimentos. Essas realidades não são compreendidas unicamente em relação ao passado e ao Israel histórico dos quais dependem; elas se tornam figuras de realidades então futuras das quais os cristãos fizeram depois experiência em Cristo. Em outras palavras, Paulo faz aqui uma leitura dos grandes momentos do Êxodo, vendo neles as figuras de Cristo, do batismo e, portanto, da experiência dos cristãos identificados com os hebreus do Êxodo[28].

Na Carta aos Gálatas, Paulo, mesmo utilizando, esta única vez, a palavra alegoria, dá um passo a mais na sua interpretação que é tipológica, pois, mesmo atribuindo um novo sentido ao texto, não nega o sentido literal das Escrituras de Israel:

> Está escrito que Abraão teve dois filhos, um da serva e um da livre. Mas o que nasceu da serva nasceu segundo a carne, o da livre por meio da promessa. Isso é dito em alegoria. Estas são as duas alianças. Uma, a do monte Sinai, gera para a escravidão que é Agar. E Agar é o monte Sinai que está na Arábia e corresponde àquilo que agora é Jerusalém, que de fato serve com seus filhos. Mas a Jerusalém do alto é livre, essa é a nossa mãe. De fato, está escrito: "Alegra-te, estéril, que não dás à luz, prorrompe e grita, tu, que não sofres as dores do parto, porque os filhos da solitária são mais do que os daquela que tem marido".
> Nós, porém, irmãos, como Isaac, somos filhos da promessa. Mas como então, o que nasceu segundo a carne perseguia o que nasceu segundo o espírito, assim também agora. Porém o que diz a Escritura? Põe para fora a serva e o seu filho, pois não herdará o filho da serva com o filho da livre. Por essa razão, irmãos não somos filhos da serva, mas da livre.
> Para a liberdade Cristo nos libertou. Estejais firmes, portanto, e não vos deixeis novamente submeter ao jugo da escravidão (Gl 4,22-28; 5,1).

---

28. GILBERT, P., Pequena História da Exegese Bíblica, p. 82.

O que Paulo quer aqui não é retomar simplesmente o que foi narrado no livro do Gênesis. O que lhe interessa são as figuras das mulheres que acompanham a figura de Abraão, as quais têm a função literária de fazer compreender aos gálatas as duas atitudes entre as quais eles têm que escolher: ou permanecer filhos da "mulher livre" na fidelidade a Cristo, ou voltar à escravidão, simbolizada pela serva, a qual ele identifica com o Israel que recusou a Cristo e com cristãos que querem voltar à prática da Lei. O Apóstolo, mesmo não negando o seu sentido literal, argumenta submetendo a leitura do texto a uma espécie de torção, justamente para restabelecer polemicamente uma ordem de coisas sobre a qual elabora sua demonstração, atribuindo-lhe um novo significado, de modo que M. Simonetti[29] pode afirmar:

> O fato de que Paulo fale só excepcionalmente de *alegoria*, enquanto normalmente utiliza *typos*, palavra estranha à terminologia alegorizante dos gregos e judeu-helenistas, para indicar as prefigurações veterotestamentárias de Cristo e da Igreja, faz pensar que ele não tenha tido simpatia pelo termo *alegoria* e derivados, quase querendo evitar, como ao contrário tinha feito Fílon, igualar terminologicamente a alegorização dos mitos pagãos à interpretação cristológica e eclesial dos fatos do Antigo Testamento; e, de fato, enquanto a interpretação alegórica dos mitos pagãos destrói o seu sentido literal, Paulo – como Fílon – sobrepõe um novo significado ao sentido literal da narração bíblica, sem eliminá-lo. Veremos que outros escritores cristãos manifestam a mesma desconfiança por *alegoria*, mas sejam eles, seja Paulo, em substância, estão convictos de que *typos* é uma forma de *alegoria*. (...) os antigos exegetas, enquanto designavam com nomes diversos vários tipos de interpretação alegórica (espiritual, moral), utilizam, porém, *alegoria* para indicar em bloco todo tipo de interpretação não literal (...)[30].

Em Rm 5,12-21, o seu procedimento manifesta admiráveis qualidades de compreensão e, na continuidade da Carta aos Gálatas, fundamenta o seu julgamento aparentemente excessivo a respeito dos judaizantes, numa ampla reflexão que abrange a história da humanidade em seu todo, do Gênesis a Cristo. Adão e Cristo, ambos iniciadores e cabeças, um da humanidade votada ao pecado e à morte, o outro, da humanidade liberta para a justiça e a vida, são aqui contrapostos e unidos numa relação antitípica em virtude dos efeitos universais de sua ação.

---

29. Todos os textos citados de obras em língua estrangeira foram traduzidos pelo autor do livro.
30. SIMONETTI, M., Lettera e/o Allegoria, p. 25.

Sem dúvida, em Rm 5,12-21, Paulo se serviu de um esquema de conceitos, símbolos e representações preexistentes provindos das Escrituras de Israel e da comunidade cristã primitiva, mas deles não se apropriou inadvertidamente. Pelo contrário, transformou-os e reformulou-os. A tensão entre a tradição recebida e a interpretação paulina se evidencia já na estrutura descontínua das frases: a primeira delas é incompleta, as outras repetidamente interrompidas por comentários e correções[31].

No entanto, esse tipo de leitura que Paulo faz da Escritura de Israel nas suas cartas, às vezes levando em conta o contexto, às vezes fazendo uma leitura descontextualizada, causou certo desconforto em alguns de seus leitores contemporâneos de cultura judaica, como também em muitos estudiosos dos últimos séculos até a atualidade. Isto principalmente a partir do surgimento do Método Histórico-Crítico, o qual tem como objetivo não só procurar o sentido do texto na época de sua produção, mas também, muitas vezes, de considerá-lo normativo, a ponto de desqualificar outros modos de leitura, ocasionando a produção de uma série de teorias que tentaram elucidar as peculiaridades do uso que o Apóstolo faz das Escrituras de Israel.

1.2. Teorias baseadas nas variantes textuais

Alguns tentaram explicar a diferença de sentido entre o texto veterotestamentário no seu contexto original e o uso que Paulo faz deste, tratando tal diferença como se fosse resultado de simples variantes textuais, as quais procederiam do uso desta ou daquela versão das Escrituras de Israel.

G. Roepe tenta explicar tal diferença partindo do fato de que Paulo não utilizaria o texto hebraico, mas daria preferência à Septuaginta ou, às vezes, a outra versão grega. Quando existe dissonância entre essas versões e o texto paulino, isso poderia ter sua explicação no fato de que houve uma combinação delas ou estas foram citadas à memória[32].

E. F. Kautzsch chega a conclusões semelhantes: Paulo usaria a versão dos Setenta, citando-a às vezes à memória, com exceção das duas citações de Jó (Rm 11,35; 1Cor 3,19), pois não teria à sua disposição esse livro em grego[33].

---

31. BORNKAMM, G., Paulo, p. 150.
32. ROEPE, G., De Veteris Testamenti locorum in apostolorum libris allegatione commentatio, p. 3-10.
33. KAUTZSCH, E. F., De veteris Testamenti locis a Paulo apostolo allegatis, p. 67-70, 108-110.

Para E. Böhl, as peculiaridades das citações paulinas das Escrituras de Israel se deveriam ao uso de um texto aramaico popular (*Volksbibel*), que apresenta frequentemente semelhanças à Septuaginta[34].

No entanto, para M. Silva, a situação se mostra bem mais complexa, pelo fato de poder-se elencar ao menos cinco grupos, segundo o modo de referência ao texto veterotestamentário feita por Paulo:

a) Um primeiro grupo é formado por citações em que não existem problemas textuais. Em tais citações, a Septuaginta traduz o texto hebraico quase literalmente e quando, por sua vez, Paulo o cita, o faz substancialmente conforme a versão grega.

b) Um segundo grupo compreende os poucos casos em que, existindo diferenças entre o texto hebraico e a Septuaginta, Paulo, ao citar, aproxima-se do texto hebraico[35], desconsiderando a tradição textual da tradução grega corrente.

c) Em um terceiro grupo de citações, que são a maioria, também há divergência entre o texto hebraico e a Septuaginta, mas, ao contrário do grupo precedente, Paulo segue a Septuaginta e se afasta do texto hebraico.

d) Um quarto grupo é formado por citações em que Paulo diverge tanto do texto hebraico, quanto da Septuaginta, mesmo quando essas fontes textuais concordam entre si.

e) Em um último grupo está uma série de citações consideradas problemáticas, porque existem controvérsias quanto à fonte da citação e/ou porque se discute se se trata de uma alusão ou de uma citação[36].

Tal elenco é uma demonstração de que Paulo não segue um método simples no modo em que usa as Escrituras de Israel. Se, de um lado, pode-se declarar que Paulo nem sempre encontra a necessidade de reproduzir exatamente o texto veterotestamentário, por outro lado, quando necessita, utiliza o texto literalmente para apoiar o seu ensinamento (Gl 3,16)[37].

Tendo presente o que foi dito anteriormente, pode-se perguntar: que fonte textual usou Paulo? Para M. Silva, essa questão é difícil de responder, pois "não

---

34. BÖHL, E., Forschungen nach einer Volksbibel zur Zeit Jesu und deren Zusammenhang mit der Septuaginta-Überstzung, p. iv.

35. Quando se fala aqui de texto hebraico, entende-se dizer que Paulo se aproxima do que hoje é chamado de texto massorético e não de outras tradições textuais hebraicas.

36. SILVA, M., Antico Testamento in Paolo, p. 59-60.

37. SILVA, M., Antico Testamento in Paolo, p. 60-61; ABASCIANO, B. J. Paul's Use of the Old Testament in Romans 9:1-9, p. 14-15.

existe uniformidade no uso que Paulo faz de suas fontes textuais"[38]. A sua dependência da tradução grega mais usada no seu tempo, ou seja, a Septuaginta, é clara[39]; mas, por outro lado, "não existem argumentos para sustentar que ele conhecesse o original hebraico e que este último, ao menos em alguns casos, fosse determinante para o seu uso do Antigo Testamento"[40].

Tal problema sobre o uso das fontes textuais por Paulo está relacionado a questões que dizem respeito à transmissão do texto:

> Os tradutores da Septuaginta podem ter usado os manuscritos hebraicos copilados naquele tempo (dois ou três séculos antes de Cristo), quando a situação do texto era ainda, mais do que tudo, fluida; no ano 100 d.C., porém, o texto hebraico se tornou mais estável, mas somente alguns séculos depois o texto que chegou até nós assumiu forma definitiva (o Texto Massorético)[41].

Pode-se perguntar se algumas variações no uso paulino das Escrituras de Israel não são resultado dessas mutações ocorridas no processo de transmissão textual. De fato, o achado de manuscritos hebraicos em Qumran e em outras partes do deserto da Judeia confirmou que em alguns casos a forma textual da Septuaginta concorda com uma *Vorlage* hebraica divergente do Texto Massorético, como no caso de Jeremias[42].

Como fator complicador do debate soma-se o fato de que aquilo que comumente se chama de Septuaginta "é na realidade a coleção de várias traduções efetuadas em tempos diversos por pessoas diversas, as quais puseram em ação os seus dotes de maneira diferente uma da outra e seguiram métodos diversos"[43].

Esses pormenores de ordem técnica mostram-se importantes, pois, se uma citação feita por Paulo é divergente do texto padrão da Septuaginta, mas encontra ressonância em algum manuscrito secundário da mesma Septuaginta ou em traduções posteriores, "a maior parte dos estudiosos é propensa a entender que a divergência não se originou com Paulo, mas em uma tradição textual paralela"[44]. No

---

38. SILVA, M., Antico Testamento in Paolo, p. 61.

39. Para E. E. Earle, percebe-se em Paulo uma afinidade com a Septuaginta não só nas referências que faz às Escrituras de Israel, mas também ela "estende-se tanto ao seu estilo em geral, como ao seu vocabulário". EARLE, E. E., Paul's Use of the Old Testament, p. 13.

40. SILVA, M., Antico Testamento in Paolo, p. 61.

41. SILVA, M., Antico Testamento in Paolo, p. 61. WAGNER, J. R., Heralds of the Good News, p. 16-17.

42. SILVA, M., Antico Testamento in Paolo, p. 61.

43. SILVA, M., Antico Testamento in Paolo, p. 61; EARLE, E. E., Paul's Use of the Old Testament, p. 13.

44. SILVA, M., Antico Testamento in Paolo, p. 62.

entanto, se não existe nenhum manuscrito secundário da Septuaginta ou tradução posterior que apoie a forma textual da citação paulina que também é divergente da Septuaginta, tende-se a opinar que Paulo seja a origem da variante[45]. Porém, segundo M. Silva,

> para entender o uso da Escritura por Paulo é necessário ir muito mais além das variantes verbais. Diversos passos que contém citações literais podem conter importantes elementos hermenêuticos. E, ao contrário, textos que não contém absolutamente uma citação explícita podem ser indicativos para entender a exegese de Paulo[46].

1.3. Teorias que consideram o uso das Escrituras de Israel por Paulo não contextual

1.3.1. Teorias que minimizam o valor das Escrituras de Israel no pensamento paulino

Tenta-se explicar ainda as peculiaridades da interpretação que Paulo faz dos textos veterotestamentários, considerando-os como subordinados à sua experiência religiosa. Para P. Garden, a centralidade estaria em tal experiência e as Escrituras de Israel, lidas por Paulo em sentido alegórico ou destacando do contexto esta ou aquela palavra, seriam o meio para verbalizá-la:

> Quando o grande Apóstolo passa a jogar o resultado da experiência espiritual em forma intelectual, surgem todos os tipos de possibilidades de erro. A grande fonte desses erros é o uso do Antigo Testamento, o qual vem interpretado por ele à maneira dos rabinos do seu tempo, e, portanto, isto não é necessário afirmar, em desacordo com os verdadeiros métodos críticos (...). Ele não toma, e assim vai além de Fílon de Alexandria, os deliciosos contos dos patriarcas como simples histórias, mas considera-os como alegorias e parábolas cheias de um sentido maior. E, além disso, a atenção focada nas palavras da Escritura, a qual veio do estudo cuidadoso destas em escolas rabínicas, o fez debruçar sobre determinadas palavras e produz uma tensão muito estranha aos escritores[47].

---

45. SILVA, M., Antico Testamento in Paolo, p. 62.
46. SILVA, M., Antico Testamento in Paolo, p. 63.
47. PERCY, G., The Religious Experience of Saint Paul, p. 215.

No que diz respeito ao papel secundário das Escrituras de Israel nos escritos paulinos, A. von Harnack vai mais além. Para este, tais Escrituras foram utilizadas por Paulo não como fator constitutivo da sua Teologia, mas como argumento quando, na disputa com seus opositores judaizantes, teve de dar respostas aos seus questionamentos. Prova desse papel subordinado dos textos veterotestamentários seria o fato de que Paulo na sua mais antiga carta, ou seja, 1 Tessalonicenses, a qual não foi escrita no contexto das disputas com os judaizantes, não tenha citado sequer uma vez as Escrituras de Israel[48].

Também R. Bultmann segue a mesma linha, não considerando o uso dos textos veterotestamentários como algo essencial no pensamento paulino. O objetivo de Paulo, segundo ele, seria simplesmente o anúncio primeiro do evangelho. Para isto utiliza-se da linguagem mitológica e dos símbolos que considera mais compreensíveis aos leitores para alcançar o seu objetivo. Estes, porém, seriam meros instrumentos para anunciar o kerigma, ocupando um lugar secundário e provisório.

As Escrituras de Israel são consideradas por R. Bultmann como tal instrumento, como fonte principal dessa linguagem mitológica e dos símbolos utilizados por ele, e quaisquer elementos da Teologia veterotestamentária que permanecessem nos escritos paulinos não passariam de remanescentes do esforço realizado pelo Apóstolo para tentar expressar a nova realidade com uma linguagem ultrapassada[49]. Desse modo R. Bultmann pode dizer:

> Para a fé cristã, o Antigo Testamento não é mais revelação como foi, e continua sendo, para os judeus. Para uma pessoa que permanece na Igreja a história de Israel é um capítulo fechado. O anúncio cristão não pode e não poderia lembrar aos ouvintes que Deus fez sair os seus pais do Egito, e, uma vez que levou o povo para o exílio, os trouxe de volta novamente para a terra da promessa, que ele restaurou Jerusalém e o Templo e assim por diante. A história de Israel não é a nossa história, e assim sendo, como Deus mostrou a sua graça naquela história, essa graça não tem significado para nós. (...) Para nós a história de Israel não é história da revelação. Os eventos que significaram algo para Israel, os quais eram Palavra de Deus, não significam mais nada para nós[50].

---

48. HARNACK, A., Das Alten Testament in den paulinischen Briefen und in den paulinischen Gemeinden, p. 124-141.
49. BULTMANN, R., Theology of the New Testament, p. 187-352.
50. BULTMANN, R., The Significance of the Old Testament for Christian Faith, p. 31-32.

1.3.2. Teorias que valorizam o papel das Escrituras de Israel no pensamento paulino

Tais ideias expostas por R. Bultmann, não tão raras no protestantismo liberal influenciado pelo embate entre Lei e graça, provocaram reações que polarizaram o debate a respeito da hermenêutica paulina das Escrituras de Israel entre aqueles que minimizaram o seu papel nos escritos do Apóstolo e aqueles que o valorizaram na construção de seu pensamento.

Entre estes últimos destaca-se L. Goppelt, o qual em um primeiro momento exalta a tipologia como método interpretativo mais adequado para que Paulo consiga o seu principal intento, ou seja, a "proclamação do significado universal da redenção trazida por Cristo". No entanto, o Apóstolo tem também outra finalidade: delinear o papel da Igreja, "novo povo de Deus", "nova humanidade", na história da redenção. Perseguindo este segundo fim, afirma que, contrapondo-se assim a R. Bultmann, "a relação da Igreja com o Cristo histórico e com a revelação de Deus na Antiga Aliança não pode ser substituída por um mito não histórico e sincrético". Desse modo, "a tipologia demonstra não só a natureza do novo em comparação com o antigo, mas também demonstra que o novo é fundado diretamente e unicamente na história da redenção"[51].

L. Goppelt, ao contrário de P. Garden, A. von Harnack e R. Bultmann, valoriza sobremaneira o papel das Escrituras de Israel no pensamento de Paulo. No entanto, essa sua leitura que sublinha o caráter tipológico da hermenêutica paulina, a qual sobrepõe ao sentido literal, "histórico" um novo sentido ao texto, faz com que o debate se firme na categoria de uma interpretação não contextualizada das Escrituras.

Outro exemplo dessa postura que, mesmo reconhecendo o valor das Escrituras de Israel na construção do pensamento paulino, não tem como relevante o fato de que Paulo tenha feito leituras dos textos veterotestamentários diversas do seu contexto encontra-se em R. Longenecker. Tratando da discussão sobre se Paulo usa as Escrituras de Israel em sentido literal ou se existe influência do Midrash, afirma que, na maioria de suas citações veterotestamentárias, Paulo apega-se ao sentido original da passagem. Porém, se ele vai além desse sentido, é possível compreender a razão se lhe são concedidos os pressupostos judaicos da "solidariedade corporativa e correspondências históricas" e os pressupostos cristãos do "cumprimento escatológico e presença messiânica"[52].

---

51. GOPPELT, L., Typos, p. 151-152.
52. LONGENECKER, R. N., Biblical Exegesis in the Apostolic, p. 104.

1.3.3. Discussão sobre a influência do rabinismo na interpretação paulina das Escrituras de Israel

Com a exposição do pensamento de R. Longenecker entra-se em outro campo de batalha da discussão sobre a hermenêutica paulina das Escrituras de Israel, ou seja, a influência ou não do rabinismo nos procedimentos hermenêuticos do Apóstolo. Tal discussão tem seu início em 1900, quando H. St.-J. Thackeray defende a seguinte proposição: "Talvez não exista aspecto da teologia paulina em que a influência da formação rabínica do Apóstolo seja tão claramente marcada quanto o uso que ele faz do Antigo Testamento"[53].

Para J. Bonsirven, existem de fato muitas semelhanças entre a exegese rabínica e a paulina; mas, no entanto, encontra diferenças que considera radicais. As semelhanças estariam na maneira de proceder, a qual teria como origem a formação de Paulo, mas também refletiria a mentalidade do público que este desejava atingir. Como exemplo desse procedimento apresenta o desenvolvimento homilético, as considerações filológicas, os raciocínios expressos ou subentendidos que ligam o texto evocado à proposição a justificar, a análise histórica dos fatos levando em conta a sua cronologia etc.[54]

O ponto de ruptura entre Paulo e a exegese rabínica seria a concepção tipológica, ou seja, o fato de que o Apóstolo encontra um "sensus plenior"[55] nas Escrituras de Israel, um alcance figurativo velado a partir de sua fé cristã, que lhe proporciona melhor "compreender e exprimir os tipos que a inspiração divina lhe revelaram sob a letra, a perceber a iluminação espiritual que a transfiguram por inteira"[56].

Entre os autores que buscaram confirmar a influência do rabinismo nos escritos paulinos, mostrando paralelos entre a literatura paulina e o judaísmo rabínico, está J.-N. Aletti. Em um estudo sobre Rm 5,12-21[57] apresenta semelhanças entre o texto paulino e a literatura rabínica. Entre estas semelhanças sobressai a figura oposta a Adão, ou seja, Abraão ou o povo de Israel.

---

53. THACKERAY, H. St.-J., Relation of St. Paul to Contemporary Jewish Thought, p. 180.

54. BONSIRVEN, J., Exégèse Rabbinique et Exégèse Paulinienne, p. 324.

55. "Define-se o sentido pleno como um sentido mais profundo do texto, desejado por Deus, mas não claramente expresso pelo autor humano. Descobre-se sua existência em um texto bíblico quando se estuda esse texto à luz de outros textos bíblicos que o utilizam ou em sua relação com o desenvolvimento interno da revelação". PONTIFÍCIA COMISSÃO BÍBLICA. Interpretação da Bíblia na Igreja, p. 100.

56. BONSIRVEN, J., Exégèse Rabbinique et Exégèse Paulinienne, p. 324.

57. ALETTI, J.-N., Romains 5,12-21, p. 3-32.

No primeiro momento, J.-N. Aletti faz perceber a influência do rabinismo nos vv. 15-19. No Midrash, *Sifra Leviticus* que reproduz um texto de certo Rabi José, mas que, por sua vez, poderia ter como fonte uma tradição muito anterior, apresenta uma forte semelhança ao esquema de Rm 5,15-19. Nesse texto encontram-se os seguintes componentes presentes no texto paulino: a) a oposição entre duas figuras; b) a influência de um só homem sobre todos os outros, sua responsabilidade universal pelo bem e pelo mal; c) argumento *a fortiori* (quanto mais, com muito mais razão); d) princípio de superioridade do positivo sobre o negativo[58]:

> O Rabbi José disse: se queres saber qual recompensa será dada ao justo no futuro, vai e aprende do primeiro homem, ao qual não foi dado senão um só mandamento, uma só coisa a não fazer, e ele transgrediu, vê quantas mortes foram decretadas pelas gerações das gerações até o fim das gerações.
> Mas, qual é a medida maior, a da recompensa ou aquela da punição? Responde: aquela da recompensa.
> Se a medida da punição é menor, a saber, tantas mortes decretadas para ele e para as gerações das gerações até o fim das gerações, então aquele que abandona a abominação e a idolatria, e se aflige no dia do Kippur, quanto mais comunicará o favor divino a ele e às gerações das gerações até o fim das gerações[59].

A diferença entre Rm 5,15-19 e este texto, segundo J.-N. Aletti, está no fato de que em Romanos se exclui qualquer forma de retribuição. A ação salvífica de Deus não é uma resposta à obediência da pessoa humana, mas uma iniciativa totalmente gratuita que "a partir de numerosas transgressões resultou em justificação" (Rm 5,16)[60].

No entanto, a tradição judaica não se limitaria a apresentar Adão e sua influência sobre a humanidade: aparece também nos escritos rabínicos a figura oposta, o antítipo de Adão.

A principal personagem apresentada em oposição a Adão é Abraão. O Midrash GenR 14,6 mostra Abraão como o novo homem que reparou o dano causado por Adão[61]. O texto aplica uma declaração de Josué (14,15: "o maior homem entre os anaqim") a Abraão e comenta:

---

58. ALETTI, J.-N., Romains 5,12-21, p. 18.
59. ALETTI, J.-N., Romains 5,12-21, p. 19.
60. ALETTI, J.-N., Romains 5,12-21, p. 20.
61. ALETTI, J.-N., Romains 5,12-21, p. 23.

Este é Abraão. Por que ele é chamado "grande"? Porque digno de ser criado antes de Adão, mas o Santo, bendito seja seu nome, diz [a respeito de Adão]: "ele romperá tudo e não existirá ninguém para reparar depois dele, mas, eu criei o primeiro homem, para que, se ele rompe tudo, vem Abraão e repara depois dele[62].

Por sua vez, o Midrash GenR 19,9.2; 24,5.2-3 vê em Israel a figura oposta a Adão. Este desobedece ao comando divino, Israel ama e segue a Torá, através da qual acede à vida divina. A Torá é o antídoto ideal para os efeitos do pecado de Adão[63].

R. Longenecker fala de uma proeminência dos métodos exegéticos midráshicos nas cartas paulinas, os quais caracterizariam os procedimentos hermenêuticos do Apóstolo muito mais que a exegese alegórica ou a *pesher*. Para ele, quando Paulo trata da questão dos judaizantes ou de outras questões que têm matizes judaicas, usa na maioria das vezes a exegese midráshica com a argumentação *ad hominem*. Porém, mesmo quando as questões sobre as quais discorre não têm ligação com o judaísmo, os seus "padrões básicos de pensamento" e os seus "procedimentos de interpretação" seriam os do farisaísmo do I séc.[64].

No entanto, para R. Hays, seria um anacronismo não levar em conta a possibilidade de uma profunda descontinuidade entre o judaísmo anterior e posterior aos acontecimentos do ano 70 e do ano 135 d.C., chegando a afirmar que seria muito mais útil usar Paulo como uma fonte histórica para o estudo das tradições rabínicas do que o contrário, quando aquele as antecede[65].

Além disso, segundo R. Hays, ao se investigar a dependência de Paulo da exegese midráshica, seria necessário ter presente o fato de que o judaísmo rabínico e o cristianismo primitivo, como também a comunidade de Qumran e o judaísmo escolástico alexandrino de Fílon, são diferentes adaptações de uma mesma herança religiosa e cultural que tem as Escrituras de Israel como fonte e como base da autoridade de suas diferentes elaborações teológicas. Para se afirmar uma possível dependência entre essas diversas correntes, seria necessário demonstrá-la de forma documental em cada caso particular[66].

Também para M. Silva, as semelhanças entre os escritos paulinos e o rabinismo posterior provêm simplesmente do fato de Paulo trazer os traços da cul-

---

62. ALETTI, J.-N., Romains 5,12-21, p. 23.
63. ALETTI, J.-N., Romains 5,12-21, p. 19.
64. LONGENECKER, R. N., Biblical Exegesis in the Apostolic Period, p. 109.
65. HAYS, R. B., Echoes of Scripture in the Letters of Paul, p. 11.
66. HAYS, R. B., Echoes of Scripture in the Letters of Paul, p. 11.

tura judaica, cultura esta que será o ponto de partida para o desenvolvimento do judaísmo rabínico[67]. Por isso é de fundamental importância o conhecimento das técnicas de exegese judaicas do I séc. para uma compreensão adequada do uso paulino das Escrituras de Israel. No entanto, considera problemático ter como base o estudo do rabinismo posterior para a compreensão dos escritos paulinos, sendo que as evidências que este estudo poderia fornecer seriam somente indiretas e ilustrativas[68].

1.4. Teorias que defendem um uso contextual das Escrituras de Israel por Paulo

Para introduzir a exposição, apresenta-se o pensamento de P. Eisenbaum, judia estudiosa dos escritos paulinos, a qual deu uma grande contribuição para a compreensão da relação entre Paulo e os textos veterotestamentários. Criticando a tradução de *Torá* por *nómos* compreendida simplesmente como código legal, não como o conjunto das Escrituras dos hebreus e os erros que disto derivam, ela afirma que:

> Os judeus da antiguidade, incluindo os de língua grega como Paulo, consideram a Torá como aquilo que constitui a suma da revelação de Deus a seu povo. É importante que o leitor atual tenha isto em sua mente ao ler as cartas de Paulo. O fato de que praticamente todas as versões traduzem *nómos* por "lei", pode induzir os leitores ao erro de pensar que Paulo usa o termo referindo-se somente à lei mosaica ou às "partes legais" de um Antigo Testamento moderno (...). Este erro pode induzir a erros maiores e a graves interpretações equivocadas de Paulo. Um desses maiores erros consiste em pensar que Paulo, como seguidor de Jesus Cristo, não tinha a Torá na mesma alta estima que os fariseus e outros judeus eruditos. Não se trata de que Cristo seja necessariamente concebido como a antítese da Torá (ainda que esta foi a opinião de muitos cristãos), mas de que Cristo substituiu a Torá. (...) Deste modo, os leitores supõem que a Escritura judia já se tinha convertido efetivamente para Paulo no "Antigo Testamento", em um *corpus* despojado de autoridade pela vinda de Cristo. Sua única finalidade é apontar a Jesus como Cristo. Contudo, nada mais longe da realidade. Paulo trata sempre os textos sagrados com veneração e respeito, e recorre frequentemente a eles como fonte dotada de autoridade divina[69].

---

67. SILVA, M., Antico Testamento in Paolo, p. 70.
68. SILVA, M., Antico Testamento in Paolo, p. 70.
69. EISENBAUM, P., Pablo no fue cristiano, p. 270-271.

Esta esclarecedora contribuição para o entendimento do pensamento de Paulo traz uma série de pressupostos evidenciados pelos autores que defendem o fato de ele ter feito um uso das Escrituras de Israel que levou em consideração o seu contexto.

C. Kaiser, partindo da afirmação de Paulo a respeito dos eventos narrados nas Escrituras de Israel em 1Cor 10,6: "Estas coisas aconteceram em tipos para nós", defende a unidade entre os dois Testamentos. Para ele a principal função da leitura tipológica utilizada por Paulo é de dar uma perspectiva teológica para a leitura dos textos veterotestamentários. Tal leitura está baseada no fato de que o mesmo plano divino perpassa ambos os Testamentos e tem como pressuposto um propósito que se apresenta na história, a qual se desenrola em uma unidade "autoconsistente" ao longo, também, dos dois Testamentos. Portanto, a base da leitura tipológica não se encontra em pressupostos de ordem mística ou subjetiva como afirmaram alguns autores[70].

M. Silva vai mais além: o uso que Paulo faz das Escrituras de Israel ao apresentar a obra de Cristo é fruto de um estudo "sério, meticuloso e exaustivo" das mesmas. Tal estudo vem conduzido não só pelo significado histórico do texto sagrado, mas também pela sua autoridade divina, pela necessidade de sua atualização, pela força das associações literárias e por uma concepção cristológica da história da salvação[71]. Sublinha ainda o caráter prático do uso paulino das Escrituras. Este tem por finalidade atender a necessidades de um novo contexto e para isso o escrito mais antigo vem transferido para um mais recente, adquirindo novos significados sob a responsabilidade de quem realizou tal processo[72].

1.5. Da "nova perspectiva" sobre Paulo ao uso da intertextualidade

Dentre os muitos estudos sobre o ambiente cultural e religioso do Apóstolo realizados nos últimos tempos, se sobressaem os elaborados por E. P. Sanders[73] e J. D. G. Dunn[74], os quais foram responsáveis pelo surgimento e a difusão daquilo que foi chamado de "nova perspectiva" sobre Paulo.

A problemática que esta abordagem tenta superar diz respeito a um suposto erro de compreensão do judaísmo contemporâneo a Paulo e de como este se

---

70. KAISER, W. C., The use of the Old Testament in the New, p. 120-121.
71. SILVA, M., Antico Testamento in Paolo, p. 76.
72. SILVA, M., Antico Testamento in Paolo, p. 72.
73. SANDERS, E. P., Paul and Palestinian Judaism.
74. DUNN, J. D. G., A Nova Perspectiva sobre Paulo.

relaciona com aquele nas suas cartas. Tal problemática vem sintetizada por J. D. G. Dunn da seguinte maneira:

> O problema é a maneira como Paulo foi entendido como o grande expoente da doutrina central da Reforma, da justificação pela fé. (...) Ao longo dos séculos e num grau notável e efetivamente alarmante, o retrato padrão do judaísmo rejeitado por Paulo tem sido um reflexo da hermenêutica de Lutero. Vemos a extrema gravidade disso para a pesquisa do Novo Testamento quando lembramos que os dois estudiosos mais influentes do Novo Testamento nas duas gerações passadas, Rudolf Bultmann e Ernst Käsemann, ambos leram Paulo através de lentes luteranas e ambos fizeram dessa compreensão da justificação pela fé seu princípio teológico central. E a mais recente abordagem completa dessa área da teologia paulina, sobre Paulo e a Lei, ainda continua a trabalhar com a imagem de Paulo como alguém que rejeitava a tentativa pervertida de usar a Lei como um meio de ganhar a justiça por boas obras[75].

A grande contribuição dessa nova perspectiva foi purificar Paulo de uma série de preconceitos enraizados entre os estudiosos, proporcionando uma nova luz para a compreensão do seu pensamento, da relação do Apóstolo com as Escrituras de Israel e, consequentemente, do uso que faz delas em suas cartas.

Porém, N. T. Wright salienta que nessa "nova perspectiva" tem-se dado ultimamente muita atenção à dimensão narrativa do pensamento paulino, graças à contribuição de R. Hays[76].

N. T. Wright faz perceber que para R. Hays as alusões existentes nos escritos de Paulo não seriam mera ornamentação literária: fazem parte do seu interesse central, o qual é anunciar que a morte e a ressurreição de Cristo são um novo capítulo da história que acreditava estar vivendo, e que a compreensão do sentido dessa história proporciona a pista principal para entender tudo o mais que Paulo diz, inclusive as questões sobre a justificação e a Lei[77].

Segundo esta "nova perspectiva", a literatura judaica está impregnada de "certas histórias controladoras" (Abraão, Êxodo), e bastaria "uma breve alusão a uma dessas histórias" para demonstrar "que devemos entender toda a narrativa como pairando sobre a história primitiva". Esse fenômeno também aconteceria na literatura paulina, de modo que "quando encontramos as mesmas histórias em

---

75. DUNN, J. D. G., A Nova Perspectiva sobre Paulo, p. 159-160.
76. WRIGHT, N. T., Paulo, p. 24.
77. WRIGHT, N. T., Paulo, p. 26.

Paulo, não somos simplesmente convidados, mas obrigados a segui-las e deixar a descoberto o mundo da narrativa"[78].

O precursor dessa nova abordagem foi C. H. Dodd que, no livro *Segundo as Escrituras – Estrutura fundamental do Novo Testamento*, fala de um método que fazia parte da "bagagem cultural dos evangelistas e mestres cristãos"[79], o qual consistia em fazer a seleção de passagens extensas da Escritura consideradas em seu conjunto. Assim, quando se citava um versículo ou frase desses blocos se remetia o leitor a todo o contexto, já que "é o conjunto global que é visado e constitui a base da demonstração"[80]. Além disso, para C. H. Dodd, as Escrituras selecionadas, por exporem o "plano preestabelecido por Deus" realizado nos acontecimentos evangélicos, determinaram o sentido desses acontecimentos[81].

Também R. Hays na sua tese doutoral sobre a Carta aos Gálatas, discorrendo sobre como Paulo responde aos problemas pastorais que aparecem em suas cartas, afirma que "a estrutura do pensamento de Paulo não é constituída por um sistema de doutrina, nem pela sua experiência religiosa pessoal, mas por uma 'história sagrada', uma subestrutura narrativa"[82]. Chama a atenção para a existência nos escritos paulinos de alusões ou recapitulações dessa história sagrada, a qual funciona como um parâmetro que rege a lógica da argumentação de Paulo e sem a qual não se pode compreender suas cartas[83].

Partindo desses pressupostos, R. Hays no seu livro *Echos of Scripture in the Letters of Paul* de 1989 passa a estudar a relação entre Antigo e Novo Testamento a partir de uma abordagem que até aquele momento não havia sido utilizada no estudo bíblico: a intertextualidade.

Tal termo teve em J. Kristeva a pioneira na sua utilização. Para a autora, o texto deve ser entendido como um sistema aberto, um conjunto de enunciados tomados de outros textos que se cruzam e se relacionam, pois "todo texto se constrói como mosaico de citações, todo texto é absorção e transformação de um em outro texto"[84].

A abordagem intertextual tornou-se mais conhecida nos círculos dos estudos literários por meio de J. Hollander, o qual teve grande influência no pensa-

---

78. WRIGHT, N. T., Paulo, p. 24.
79. DODD, C. H., Segundo as Escrituras, p. 125.
80. DODD, C. H., Segundo as Escrituras, p. 125.
81. DODD, C. H., Segundo as Escrituras, p. 126.
82. HAYS, R., The Faith of Jesus Christ, p. 6.
83. HAYS, R., The Faith of Jesus Christ, p. 5-6.
84. KRISTEVA, J., Introdução à semanálise, p. 68.

mento de R. Hays. Para J. Hollander, na intertextualidade é essencial a atividade do leitor, ao qual caberia escutar os ecos em uma "caverna de significados ressonantes", ou seja, escutar os ecos dos textos mais antigos ao ler um texto mais recente[85].

Segundo R. Hays, o eco intertextual[86] seria o elemento mais expressivo da correspondência entre o texto mais antigo e o mais novo. A função alusiva de um eco produziria um enorme efeito no leitor sugerindo-lhe que o texto B deveria ser compreendido à luz do texto A, o qual, por sua vez, abrange aspectos que vão mais além daqueles que explicitamente ecoou[87].

Deste modo, se está diante de uma figura de linguagem: a metalepse, a qual "coloca o leitor dentro de um campo de correspondências sussurradas ou não declaradas" e cuja interpretação depende da identificação do texto mais antigo utilizado no mais recente[88].

Assim sendo, "teríamos grande dificuldade para entender Paulo, o judeu piedoso do primeiro século, se não situássemos o seu discurso de modo apropriado naquilo que Hollander chamou de 'caverna de significado ressonante' que o envolve, ou seja, as Escrituras"[89].

*****

Conclui-se este item expondo alguns pressupostos metodológicos postulados por J. B. Green e R. Hays como condição para se escutar de modo apropriado os "ecos intertextuais", os quais foram, em parte, debatidos nos itens precedentes. Por serem assumidos por G. K. Beale na sua metodologia[90] e pela sua importância para uma adequada aproximação no que se refere ao uso das Escrituras de Israel nos escritos paulinos, foram levados em conta na elaboração desta obra:

a) No primeiro século do cristianismo, quando se falava de Escrituras não se estava referindo simplesmente ao texto hebraico, já que para muitos cristãos daquele período as Escrituras de Israel não eram em hebraico e

---

85. HOLLANDER, J., The Figure of Echo, p. 65.

86. Neste trabalho serão usadas as definições de eco, alusão e citação propostas por BEALE, G. K. Handbook on the New Testament Use of the Old Testament, p. 29-32, as quais têm as suas especificidades em relação àquela de eco intertextual, a qual engloba os três graus de referências definidos por G. K. Beale, proposta por HAYS, R. B., Echoes of Scripture in the Letters of Paul, p. 20.

87. HAYS, R. B., Echoes of Scripture in the Letters of Paul, p. 20.

88. HAYS, R. B., Echoes of Scripture in the Letters of Paul, p. 20.

89. HAYS, R. B., Echoes of Scripture in the Letters of Paul, p. 21.

90. BEALE, G. K., Handbook on the New Testament Use of the Old Testament, 2012.

os escritores do Novo Testamento citavam com muito mais frequência a Septuaginta[91].

b) Além disso, deve-se ter presente os Targumim, versões aramaicas, que eram muitas vezes paráfrases, e, até mesmo, interpretações das Escrituras de Israel utilizadas para o ensino nas sinagogas, as quais com o tempo foram fixadas e assumiram a forma escrita. É possível que os escritores do Novo Testamento também usassem essas versões[92].

c) Por fim, a Escritura não foi recebida por Paulo a vácuo: deve-se levar em conta as várias tradições interpretativas conhecidas e utilizadas no seu tempo[93].

2. O tema: delimitações e hipótese

As referências a Gn 3 em Rm 5,12-21 foram muito debatidas na história da exegese; no entanto as referências a Is 52,13–53,12 não foram aprofundadas e não se chegou a um consenso sobre tais referências o que abre a possibilidade de investigação.

Portanto, este livro pretende aprofundar a relação entre Rm 5,12-21 e Is 52,13–53,12 com especial referência aos efeitos de sentido produzidos pela alusão ao texto precursor e pelo seu contexto no texto neotestamentário.

Em vista disto é necessário, de um lado, contextualizar o uso que Paulo faz das Escrituras de Israel no ambiente das práticas exegéticas e das tradições interpretativas judaicas do primeiro século, e de outro, em um estudo crítico-literário, fazendo uso da abordagem intertextual, tentar ouvir melhor os significados produzidos pelos efeitos de sentido do texto precursor, para uma compreensão mais adequada do uso das Escrituras de Israel por Paulo na construção do paralelismo antitético que constitui a estrutura do texto. Para isso se utilizará a metodologia proposta por G. K. Beale, a qual leva em conta todos esses aspectos da análise sincrônica e diacrônica.

Poucos autores mencionaram as relações intertextuais entre Rm 5,12-21 e Is 52,13–53,12, e os que o fizeram não aprofundaram suficientemente tal relação, de modo que esta obra pretende cobrir essa lacuna e, além disso, mostrar a possibilidade de relacionar o texto paulino em questão com a ideia de um novo êxodo presente no Dêutero-Isaías, contexto literário do "Quarto Cântico do Servo", a qual está interligada àquela da nova criação.

---

91. HAYS, R. B.; GREEN, J. B., The Use of the Old Testament by New Testament Writers, p. 124.

92. HAYS, R. B.; GREEN, J. B., The Use of the Old Testament by New Testament Writers, p. 124-125.

93. HAYS, R. B.; GREEN, J. B., The Use of the Old Testament by New Testament Writers, p. 130.

Tendo em mãos os resultados da primeira etapa da investigação, pretende-se apresentar a relação de *synkrisis* entre a tradição da "queda" ocasionada pela desobediência de "um só" (Rm 5,15.16.17.18.19) e de suas consequências para os "muitos", e a tradição do Servo sofredor que com seu conhecimento "justificará a muitos" (Is 53,11), reconciliando a multidão com Deus, possibilitando a toda a humanidade um novo êxodo do pecado para a graça e realizando assim a nova criação.

Neste livro serão verificadas as contribuições que uma maior valorização das alusões a Is 52,13–53,12 em Rm 5,12-21 possa trazer, não somente aos Estudos Bíblicos, mas também à Antropologia Teológica, sendo esse texto tão importante aos debates nessa área da Teologia.

3. O estudo: objetivos, definições e metodologia

3.1. Objetivos

Esta obra apresenta os seguintes objetivos:

a) Dar uma contribuição para a leitura de Rm 5,12-21 a partir do aprofundamento do estudo das suas relações intertextuais com Is 52,13–53,12. Tal aprofundamento lançaria uma nova luz que contribuiria para a compreensão da perícope paulina.

b) Estudar a relação entre as referências a Is 52,13–53,12 e aquelas a outros textos veterotestamentários na construção da argumentação paulina em Rm 5,12-21, tendo como escopo uma compreensão mais completa e adequada da síntese realizada por Paulo.

c) Aplicar o Método para o estudo das relações intertextuais proposto por G. K. Beale, ainda pouco conhecido e utilizado nos meios acadêmicos.

3.2. Definições

Como pressuposto à exposição das etapas metodológicas a serem seguidas, é importante ter-se uma definição de citação, alusão e eco. Por uma questão de coerência metodológica utilizar-se-ão também as definições formuladas por G. K. Beale, em seu *Handbook on the New Testament Use of the Old Testament – Exegesis and Interpretation*.

A citação "é uma reprodução direta de uma passagem do Antigo Testamento, a qual é facilmente reconhecida por um claro e único paralelismo verbal"[94].

---

94. BEALE, G. K., Handbook on the New Testament Use of the Old Testament, p. 29.

No caso de Paulo, discute-se se ele adapta os textos citados utilizando seu próprio vocabulário ou se os reproduz literalmente. Segundo G. K. Beale, o Apóstolo, de acordo com a circunstância, age de uma ou de outra forma. No entanto, chama a atenção para toda a problemática que envolve o uso das Escrituras por Paulo e as questões de crítica textual[95].

A alusão pode ser definida como "uma expressão breve conscientemente pretendida por um autor para ser dependente de uma passagem do Antigo Testamento"[96]. À diferença da citação, a alusão traz uma referência indireta, ou seja, a forma textual das Escrituras de Israel não é reproduzida diretamente como na citação.

Segundo G. K. Beale, alguns acreditam que para se ter uma alusão é necessário que esta consista na reprodução de uma passagem das Escrituras de Israel em uma combinação única de no mínimo três palavras. Mas, é possível que um número menor de palavras ou mesmo uma ideia possa constituir uma alusão[97].

No entanto, o critério chave para se discernir uma alusão é que se reconheça nela "um paralelismo incomparável ou único de redação, sintaxe, conceito ou um conjunto de motivos na mesma ordem ou estrutura"[98]. Quando estão presentes em um texto os aspectos da coerência verbal e temática, a alusão ganha maior probabilidade[99].

Segundo G. K. Beale, pode parecer sem utilidade fazer uma distinção entre eco e alusão, primeiro porque muitos estudiosos utilizam tais expressões como sinônimos. Em segundo lugar, para aqueles que fazem uma distinção qualitativa entre um e outro termo, o eco conteria menos volume do texto veterotestamentário ou menos coerência verbal, sendo meramente "uma referência sutil ao Antigo Testamento que não é tão clara quanto a alusão"[100].

3.3. Metodologia

A metodologia empregada terá como base os pressupostos de R. Hays e J. B. Green[101], mas, sobretudo a proposta de G. K. Beale que, assumindo as intuições de

---

95. BEALE, G. K., Handbook on the New Testament Use of the Old Testament, p. 30.
96. BEALE, G. K., Handbook on the New Testament Use of the Old Testament, p. 30.
97. BEALE, G. K., Handbook on the New Testament Use of the Old Testament, p. 31.
98. BEALE, G. K., Handbook on the New Testament Use of the Old Testament, p. 31.
99. BEALE, G. K., Handbook on the New Testament Use of the Old Testament, p. 31-32.
100. BEALE, G. K., Handbook on the New Testament Use of the Old Testament, p. 32.
101. HAYS, R. B.; GREEN, J. B., The Use of the Old Testament by New Testament Writers, p. 130-132.

R. Hays e C. H. Dodd, publicou o livro *Handbook on the New Testament Use of the Old Testament – Exegesis and Interpretation*, no qual oferece etapas bem definidas para o estudo da relação entre textos vétero e neotestamentários[102].

Opta-se por essa metodologia, principalmente porque leva em consideração os pressupostos acima citados, os quais são indispensáveis para uma adequada aproximação intertextual dos escritos paulinos, ou seja, a compreensão mais abrangente de "Escrituras" que se tinha no I séc., as quais não se limitavam a um texto hebraico uniforme. O texto e o cânon das Escrituras de Israel nesse período ainda não estavam totalmente fixados, devendo-se levar em consideração as diversas formas textuais e versões utilizadas na época, além dos vários métodos e tradições interpretativas contemporâneas ao Apóstolo, as quais o podem ter influenciado[103].

Esta nova aproximação intertextual pode aportar para a compreensão da perícope elementos de grande interesse, pois traz à luz não só o contexto literário de Paulo, mas também dos seus leitores, o que é fundamental para a compreensão da relação intertextual[104].

Deste modo, o emprego de tal metodologia que, mesmo partindo de pressupostos que privilegiam os aspectos diacrônicos da pesquisa não transcura aqueles sincrônicos, busca ser uma contribuição original para o estudo intertextual, sendo que esta proposta metodológica ainda é pouco utilizada no estudo bíblico. Seguem-se os passos metodológicos propostos por G. K. Beale.

3.3.1. Identificação e validação de alusões ou citações de Is 52,13–53,12 em Rm 5,12-21

No primeiro momento, buscar-se-á identificar a referência veterotestamentária no texto neotestamentário e determinar se é uma citação ou uma alusão[105]. Sendo uma alusão é necessário validá-la através da aplicação dos seguintes critérios propostos por R. Hays[106] e retomados por G. K. Beale[107]:

---

102. BEALE, G. K., Handbook on the New Testament Use of the Old Testament, p. 41-54. Exemplo da aplicação dessa proposta metodológica tem-se na Tese de B. J. Abasciano, o qual baseou-se nas anotações das aulas do curso NT 293 – "Old Testament in the New" ministradas por G. K. Beale no Gordon-Conwell Theological Seminary em 1994. ABASCIANO, B. J., Paul's Use of the Old Testament in Romans 9:1-9, p. 14.

103. HAYS, R. B.; GREEN, J. B., The Use of the Old Testament by New Testament Writers, p. 123-125.130-132.

104. HAYS, R. B. Echoes of Scripture in the Letters of Paul, p. 20.

105. Tendo-se convicção de que somente ocorrem alusões a textos veterotestamentários e nunca citações diretas em Rm 5,12-21, empregar-se-á na descrição da Metodologia somente o termo alusão.

106. HAYS, R. B., Echoes of Scripture in the Letters of Paul, p. 29-32.

107. BEALE, G. K., Handbook on the New Testament Use of the Old Testament, p. 33.

a) Disponibilidade

A fonte (texto escriturístico grego ou hebraico) deveria ser disponível ao escritor. No entanto, este deveria presumir que a fonte também fosse conhecida pelos leitores, de modo que em uma primeira ou subsequente leitura reconhecessem a alusão.

b) Volume

O segundo critério preocupa-se com o grau de repetição de palavras ou padrões sintáticos no texto precursor e na alusão neotestamentária. Porém, outros fatores podem ser relevantes: a importância do texto veterotestamentário no conjunto das Escrituras de Israel e a ênfase que Paulo dá à alusão no seu discurso.

c) Recorrência

É necessário analisar a existência de referências ao texto aludido ou ao contexto veterotestamentário do qual a alusão deriva no contexto imediato, no mais amplo ou em outro escrito do autor. Quando isto acontece, torna-se evidente que Paulo considera a passagem ou o seu contexto veterotestamentário de particular importância.

d) Coerência temática

Deve-se verificar neste ponto se a suposta alusão se adapta à linha argumentativa desenvolvida por Paulo e se ajuda a esclarecer o seu pensamento. É o seu significado consonante com outras alusões ou citações, na mesma carta ou em outro lugar no corpus paulino? As imagens ou ideias do texto proposto como precursor podem iluminar a argumentação?

e) Plausibilidade histórica

Analisa-se neste critério a possibilidade de Paulo ter intencionado usar tal alusão para conseguir um determinado efeito de sentido ressonante e de os leitores do I séc. d.C. terem percebido o seu uso em graus variados, sobretudo nas leituras posteriores de suas cartas. Além disso, a existência na literatura judaica do mesmo uso que Paulo faz das Escrituras de Israel pode aumentar a legitimidade da alusão.

f) História da interpretação

A partir de uma revisão histórica da interpretação da passagem neotestamentária, determinar se outros leitores foram capazes de perceber as mesmas referências que teriam percebido os contemporâneos do escrito. Este critério raramente poderia ser utilizado como teste para excluir supostas alusões que evidentemente são de contextos diferentes.

g) Satisfação

Com ou sem uma clara confirmação dos seis critérios anteriores a respeito da suposta alusão e da sua interpretação, deve-se perguntar se faz sentido a sua utilização no seu contexto imediato, se o esclarece e se aumenta o vigor retórico da argumentação. Ela consegue de modo satisfatório fazer com que o leitor se dê conta do efeito produzido pela relação intertextual?

3.3.2. Análise do contexto amplo do Novo Testamento no qual a alusão às Escrituras de Israel ocorre

Neste ponto procurar-se-á identificar o contexto histórico do escrito no qual ocorre a referência ao texto das Escrituras de Israel, assim como o contexto literário da perícope onde a alusão se encontra.

Na perspectiva do contexto histórico, é necessário identificar a intenção que levou o autor a redigir o escrito neotestamentário, a sua finalidade, quem foram os destinatários e o contexto histórico desses destinatários e do próprio autor.

No que diz respeito ao contexto literário deve-se dar particular atenção ao modo como a perícope na qual ocorre a referência às Escrituras de Israel se adapta à argumentação desenvolvida por Paulo no seu contexto imediato, e como este contexto, por sua vez, se adapta à estrutura da carta[108].

3.3.3. Análise do contexto veterotestamentário amplo e imediato da alusão

Aqui se pretende analisar o contexto amplo e o imediato da alusão no texto hebraico. Ainda que Paulo tenha utilizado bem mais a Septuaginta, prefere-se partir do hebraico para uma primeira análise, pois este é a gênese da tradição textual. Pode-se assim interpretar as Escrituras de Israel no seu próprio húmus, no seu contexto histórico e teológico, sem deixar que o texto do Novo Testamento influencie a interpretação[109].

Deve-se realizar o mesmo procedimento feito com o texto neotestamentário no que diz respeito ao seu contexto, no entanto, agora com o contexto amplo e imediato de onde Paulo retirou a alusão ao texto veterotestamentário.

Faz-se necessário ainda determinar como a parte aludida se encaixa na estrutura argumentativa da perícope de onde foi retirada. Para isto é necessário um

---

108. BEALE, G. K., Handbook on the New Testament Use of the Old Testament, p. 43-44.
109. BEALE, G. K., Handbook on the New Testament Use of the Old Testament, p. 44.

estudo exegético da perícope onde a referência veterotestamentária se encontra, empregando-se para isto os recursos da metodologia da exegese[110].

Deve-se determinar, por fim, se existe alguma relação literária e histórica da alusão com outros textos das Escrituras de Israel[111]. Para isso, é necessário realizar-se uma análise do contexto histórico da perícope, de modo a determinar o período histórico e redentivo da passagem, e assim poder relacioná-la com os períodos anteriores e posteriores da história da redenção nas Escrituras de Israel[112].

3.3.4. Análise das tradições interpretativas

Nesta etapa da pesquisa procurar-se-á analisar se e como o texto aludido foi interpretado pelo judaísmo anterior e posterior. No caso dos textos de Is 52,13–53,12, aludidos em Rm 5,12-21, se deverá analisar textos da Literatura Apócrifa (Parábolas de Henoc, Jubileus, 4 Esdras), o Targum de Isaías, os Escritos do Mar Morto (Hodayot, Regra da Guerra) e a Literatura Rabínica (Ruth Rabbah, Sanhedrin, Sifrá Levitico, Seder Eliyyahu Rabbah) que fazem menção à perícope isaiana. Isso pode ajudar a perceber se e como Paulo interage com as tradições exegéticas judaicas do primeiro século. Este estudo contextualiza a interpretação de Paulo, um judeu que teve o seu modo de interpretar as Escrituras forjado pela formação que recebeu[113]. Um problema que aqui se poderia apresentar diz respeito à análise do material rabínico redigido depois do Novo Testamento. No entanto, deve-se levar em conta que esse material reflete tradições contemporâneas ou até anteriores ao Novo Testamento[114].

3.3.5. Comparação textual

A alusão nesta etapa será comparada com fontes textuais das Escrituras de Israel disponíveis, tais como o Texto Massorético, a Septuaginta e, se houver, com as citações anteriores para determinar se essa alusão de Paulo depende de alguma delas na sua forma textual. Tem-se que levar em conta também que comumente os autores davam sua própria interpretação, parafraseando as fontes de acordo com

---

110. BEALE, G. K., Handbook on the New Testament Use of the Old Testament, p. 44.

111. BEALE, G. K., Handbook on the New Testament Use of the Old Testament, p. 44-46.

112. BEALE, G. K., Handbook on the New Testament Use of the Old Testament, p. 44.

113. BEALE, G. K., Handbook on the New Testament Use of the Old Testament, p. 46-48.

114. ABASCIANO, B. J., Paul's Use of the Old Testament in Romans 9:1-9, p. 16-17.

convenções literárias. Porém, pelo fato de que o texto hebraico e a Septuaginta nos tempos de Paulo ainda não estivessem totalmente padronizados, deve-se ter muito cuidado em concluir que Paulo alterou o texto[115].

3.3.6. Uso da alusão veterotestamentária na perícope neotestamentária

Levando-se em conta o ponto de vista de Paulo, perguntar-se-á como este utilizou a alusão às Escrituras de Israel no texto neotestamentário estudado, observando-se a interação entre ele e o texto veterotestamentário, entre o antigo e o novo contexto. Para isto serão considerados três aspectos da utilização da alusão na perícope estudada:

a) Análise do uso hermenêutico

É necessário fazer um aprofundamento do estudo exegético da perícope neotestamentária, na qual a alusão se encontra, e procurar perceber qual a importância desta para a argumentação na perícope[116]. Além disso, deve-se determinar se a alusão foi utilizada em outras perícopes do Novo Testamento e fazer um estudo comparativo desse uso.

Conclui-se este ponto da pesquisa, procurando-se identificar os pressupostos da interpretação que Paulo dá ao texto veterotestamentário. Deve-se determinar que uso hermenêutico faz deste texto[117], ou seja, se para ele a alusão constitui uma analogia, um direto cumprimento de profecia, uma tipologia ou outra forma de uso[118].

b) Análise do significado teológico

Aqui se deve estar atento aos pressupostos e implicações teológicas da interpretação que Paulo faz da Escritura, ao sentido teológico produzido pela alusão e a qual área da Teologia o uso do Antigo pelo Novo Testamento trouxe a sua contribuição[119].

c) Análise do uso retórico

Qual foi a finalidade de Paulo ao utilizar aquela citação ou alusão veterotestamentária? O estudo do significado retórico possibilita ver como a alusão

---

115. BEALE, G. K., Handbook on the New Testament Use of the Old Testament, p. 49-50; ABASCIANO, B. J., Paul's Use of the Old Testament in Romans 9:1-9, p. 14-15.

116. BEALE, G. K., Handbook on the New Testament Use of the Old Testament, p. 50-51.

117. BEALE, G. K., Handbook on the New Testament Use of the Old Testament, p. 50-52.

118. As possibilidades de uso hermenêutico das Escrituras de Israel pelos escritores do Novo Testamento são apresentadas por G. K. Beale em Handbook on the New Testament Use of the Old Testament, p. 55-93.

119. BEALE, G. K., Handbook on the New Testament Use of the Old Testament, p. 52-53.

auxilia o escritor em sua estratégia persuasiva. Além disto, leva à compreensão da função formal da alusão às Escrituras de Israel na argumentação e do seu poder persuasivo[120].

---

120. BEALE, G. K., Handbook on the New Testament Use of the Old Testament, p. 53-54.

Apresentação dos capítulos

No primeiro capítulo desta obra serão identificadas e validadas as alusões a Is 52,13–53,12 em Rm 5,12-21, a partir da aplicação dos critérios propostos por R. Hays e assumidos por G. Beale como primeira etapa metodológica, ou seja, os critérios de Disponibilidade, Volume, Recorrência, Coerência temática, Plausibilidade histórica, História da interpretação e Satisfação.

No segundo capítulo, em continuação à aplicação do Método proposto por G. K. Beale, será analisado o contexto histórico do texto veterotestamentário aludido, assim como será determinada a relação literária e histórica das alusões com outros textos das Escrituras de Israel.

Passando-se para o contexto literário da perícope isaiana, analisaremos o seu contexto anterior e posterior e o contexto imediato dos versículos aludidos, ou seja, a perícope que contém a alusão, através da aplicação das etapas da Metodologia da Exegese Bíblica aplicadas em conformidade com a proposta metodológica de G. K. Beale. Com isso, apresentaremos a comparação da forma textual dos versículos aludidos nas diversas tradições textuais da Escritura de Israel e determinaremos se e como os versículos de Is 52,13–53,12 aludidos foram interpretados em textos do judaísmo anterior e posterior a Paulo que contém referências à perícope isaiana.

O terceiro capítulo apresenta o contexto histórico e literário de Rm 5,12-21[121], passando pelo contexto histórico e social de Roma nos tempos de Paulo, a situação das suas comunidades cristãs e judaicas, a situação de Paulo e sua ligação com as comunidades cristãs da Urbe e as motivações da Carta aos Romanos. Quanto ao contexto literário, este capítulo traz o debate sobre a unidade, a integridade e a autenticidade da Carta aos Romanos; apresenta a função, a estrutura

---

121. Foi feita uma adaptação no que se refere à proposta metodológica utilizada unindo-se em um só capítulo a apresentação do contexto histórico de Romanos, do contexto literário amplo do texto onde ocorre a alusão e o estudo do uso da perícope isaiana no texto paulino em vista de uma melhor distribuição do material entre os capítulos.

literária e o tema do bloco no qual a perícope está inserida; o contexto literário anterior e posterior de Rm 5,12-21 e a sua função em tal contexto, seguindo-se os passos metodológicos propostos por G. K. Beale.

Por fim, será contemplado o uso de Is 52,13–53,12 em Rm 5,12-21 propriamente dito, em um primeiro momento, através da análise do uso interpretativo do texto isaiano no texto paulino, aplicando-se para isto, aqui também, as etapas da Metodologia da Exegese Bíblica ao texto neotestamentário a partir da proposta metodológica de G. K. Beale, estudando-se o uso da alusão a Is 52,13–53,12 em outras perícopes do Novo Testamento, comparando-se esse uso com aquele que faz Paulo em Rm 5,12-21 e determinando-se que tipo de uso hermenêutico Paulo faz do texto isaiano.

Em um segundo momento parte-se para a análise do significado teológico do uso do texto isaiano no texto paulino determinando-se a que área da Teologia essas alusões podem trazer a sua contribuição, as categorias bíblico-teológicas que podem ser iluminadas por essas alusões e os pressupostos teológicos da interpretação que Paulo faz de Is 52,13–53,12.

Em um terceiro momento, far-se-á a análise do significado retórico do uso por Paulo da alusão ao texto veterotestamentário.

Capítulo 1 | Alusões a Is 52,13–53,12 no texto paulino

Neste capítulo realizar-se-á a identificação de possíveis alusões a Is 52,13–53,12 em Rm 5,12-21 e em seguida buscar-se-á validar tais alusões através da aplicação dos critérios acima expostos.

1. Identificação das alusões a Is 52,13–53,12 em Rm 5,12-21

A 28ª edição do *Novum Testamentum Graece* de Nestle-Aland aponta duas referências a Is 52,13–53,12 em Rm 5,12-21: uma a Is 53,11-12 em Rm 5,15 e outra a Is 53,11 em Rm 5,19[122]. A partir de uma análise prévia, vê-se que não podem ser classificadas como citações propriamente ditas, pois nesses casos a forma textual veterotestamentária não é reproduzida diretamente. Por isso, a partir das definições fornecidas por G. K. Beale, tende-se a classificá-las como alusões, pois tem-se uma combinação de certo número de palavras e ideias, as quais dependem de uma passagem veterotestamentária em uma combinação única[123]. Porém, estas possíveis alusões devem ser validadas pela aplicação de critérios bem definidos.

---

122. NESTLE, E.; ALAND, K. (ed.), Novum Testamentum Graece, p. 860.

123. BEALE, G. K., Handbook on the New Testament Use of the Old Testament, p. 30-31.

53,11a מֵעֲמַ֤ל נַפְשׁוֹ֙ יִרְאֶ֔ה 53,11b יִשְׂבָּ֑ע 53,11c בְּדַעְתּ֗וֹ יַצְדִּ֥יק צַדִּ֛יק עַבְדִּ֖י לָֽרַבִּ֑ים 53,11d וַעֲוֺנֹתָ֖ם ה֥וּא יִסְבֹּֽל 53,12a לָכֵ֞ן אֲחַלֶּק־ל֣וֹ בָרַבִּ֗ים 53,12b וְאֶת־עֲצוּמִים֮ יְחַלֵּ֣ק שָׁלָל֒ 53,12c תַּ֣חַת אֲשֶׁ֨ר הֶעֱרָ֤ה לַמָּ֙וֶת֙ נַפְשׁ֔וֹ 53,12d וְאֶת־פֹּשְׁעִ֖ים נִמְנָ֑ה 53,12e וְהוּא֙ חֵטְא־רַבִּ֣ים נָשָׂ֔א 53,12f וְלַפֹּשְׁעִ֖ים יַפְגִּֽיעַ	5,15a’Ἀλλ' οὐχ ὡς τὸ παράπτωμα, οὕτως καὶ τὸ χάρισμα· 5,15b εἰ γὰρ τῷ τοῦ ἑνὸς παραπτώματι οἱ πολλοὶ ἀπέθανον, 5,15c πολλῷ μᾶλλον ἡ χάρις τοῦ θεοῦ καὶ ἡ δωρεὰ ἐν χάριτι τῇ τοῦ ἑνὸς ἀνθρώπου Ἰησοῦ Χριστοῦ εἰς τοὺς πολλοὺς ἐπερίσσευσεν.
53,11a מֵעֲמַ֤ל נַפְשׁוֹ֙ יִרְאֶ֔ה 53,11b יִשְׂבָּ֑ע 53,11c בְּדַעְתּ֗וֹ יַצְדִּ֥יק צַדִּ֛יק עַבְדִּ֖י לָֽרַבִּ֑ים 53,11d וַעֲוֺנֹתָ֖ם ה֥וּא יִסְבֹּֽל	5,19a ὥσπερ γὰρ διὰ τῆς παρακοῆς τοῦ ἑνὸς ἀνθρώπου ἁμαρτωλοὶ κατεστάθησαν οἱ πολλοί, 5,19b οὕτως καὶ διὰ τῆς ὑπακοῆς τοῦ ἑνὸς δίκαιοι κατασταθήσονται οἱ πολλοί.

2. Validação das alusões a Is 52,13–53,12 em Rm 5,12-21

Sendo que as referências a Is 52,13–53,12 foram identificadas como alusões no item anterior, passa-se ao processo de validação de tais alusões pela aplicação dos critérios propostos por R. Hays[124] e apresentados como etapa metodológica por G. K. Beale[125].

2.1. Disponibilidade

A discussão sobre a disponibilidade é basilar: se o texto das Escrituras de Israel não fosse disponível ao escritor, a existência da alusão não poderia ser nem mesmo tomada em consideração; e se o destinatário não tivesse conhecimento do texto aludido, tal alusão não surtiria o efeito desejado na argumentação elaborada pelo autor, restando incompreensível.

No que se refere às cartas paulinas, a formação recebida pelo Apóstolo e a sua dedicação ao judaísmo (Fl 3,6; Gl 1,14) são provas eloquentes da sua familiaridade com os Escritos Sagrados do seu povo, o que auxilia a comprovação da

---

124. HAYS, R. B., Echoes of Scripture in the Letters of Paul, p. 29-32.

125. BEALE, G. K., Handbook on the New Testament Use of the Old Testament, p. 33.

disponibilidade não só do material escrito, mas também do fato de que os conhecia de memória:

> O modo como maneja os escritos sagrados do seu povo revela a profunda familiaridade resultante de seu constante manuseio. Seria a marca do tempo em que estava em sua família e de quando frequentava a Sinagoga em Tarso. Recordava os textos porque estava convencido de que as Escrituras lhe falavam pessoalmente. Eram uma voz não do passado, mas do presente. A revelação da providência de Deus despertou em Paulo aquele amor que o fez capaz de usar as Escrituras com tal liberdade, que muitas vezes permanece inexplicável. Apesar de ter abandonado a lei de Moisés como regra de vida, nunca perdeu de vista o sentido da Escritura como comunicação de Deus com o seu povo[126].

Importante também para comprovar a disponibilidade é destacar as citações e alusões a Isaías feitas por Paulo em seus escritos. No entanto, se tratará deste argumento ao se aplicar o critério da "Recorrência". Basta aqui dizer que em seus escritos Paulo cita diretamente vinte e oito vezes Isaías[127] das quais, cinco vezes na Carta aos Romanos, diz ser Isaías a fonte da citação (Rm 9,27.29; 10,16.20; 15,12). Diante disso, resta bastante clara a disponibilidade de Isaías ao autor da Carta aos Romanos.

Quanto à disponibilidade de Isaías aos destinatários, deve-se recordar que as comunidades cristãs de Roma surgiram no contexto das comunidades judaicas da Urbe e, consequentemente, sofreram a influência destas no que se refere ao seu modo de vida, à sua organização[128]. Pode-se afirmar que as comunidades cristãs não só emergiram do contexto judaico, mas também que este "é o primeiro âmbito de vida do cristianismo romano"[129], e, até mesmo pelo fato de estas não terem sido fundadas por Paulo, é possível sublinhar o seu caráter notadamente judaizante[130].

Da forte ligação com o judaísmo, o qual se pode dizer que é seu *Sitz im Leben*, com suas práticas – o que inclui a leitura da Escritura nas Sinagogas aos sábados, mas também às segundas-feiras e quintas-feiras, costume este comum entre os judeus bem antes do ano 70 d.C., e provavelmente muito mais em uso entre as comunidades da diáspora cujas práticas eram preferencialmente seguidas

---

126. MURPHY-O'CONNOR, J., Paulo de Tarso, p. 26.
127. DOUGLAS, A. O., A Note on Paul's Use of Isaiah, p. 108.
128. GIGNAC, A., L'épître aux Romains, p. 45; PENNA, R., Lettera ai Romani, introduzione, versione, commento, p. XIX.
129. PENNA, R., Lettera ai Romani, introduzione, versione, commento, p. XXII.
130. PENNA, R., Lettera ai Romani, introduzione, versione, commento, p. XXV.

pelas comunidades cristãs – pode-se deduzir a familiaridade das comunidades cristãs romanas com as Escrituras de Israel[131]. Tais leituras escriturísticas sinagogais constavam de leituras de textos da Torá, e também dos profetas, cognominadas de *Haftarah*, as quais incluíam Isaías[132].

Mesmo se tratando de outro contexto, poder-se-ia apontar como indício da importância de Isaías para as diferentes formas do judaísmo do I séc. d.C. as vinte e uma diferentes cópias ou fragmentos do profeta encontradas nos arredores de Qumran. Dezoito destes procedem da Gruta 4 (4Q55-69b = 4QIs^{a-r}), um da Gruta 5 (5Q3) e dois da Gruta 1 (1QIs^a; 1QIs^b). Entre tantos fragmentos destaca-se o rolo 1QIs^a que contém todo o texto de Isaías com algumas rasuras e lacunas[133].

A partir do que foi colocado, ou seja, pelo uso que se fazia de Isaías no I séc. d.C. nas liturgias sinagogais, e pela importância deste para o judaísmo daquele período nas suas diversas formas, o qual era, nas comunidades judaicas da Urbe, o ambiente vital das comunidades cristãs romanas, pode-se concluir a disponibilidade de Isaías aos destinatários da Carta aos Romanos.

2.2. Volume

Como primeiro passo da aplicação deste segundo critério deve-se identificar o grau de repetição de palavras ou padrões sintáticos do texto veterotestamentário na alusão neotestamentária.

Pode-se destacar a repetição do הָרַבִּים absoluto de Is 53,11c.12ae, "os muitos", o qual vem traduzido pela Septuaginta em Is 53,11c como πολλοῖς, em Is 53,12a como πολλοὺς e em Is 53,12e como πολλῶν[134], em Rm 5,15b traduzido por οἱ πολλοί, e em Rm 5,15c na forma τοὺς πολλούς. Sublinha-se também a repetição de הָרַבִּים traduzido como οἱ πολλοί, em Rm 5,19ab.

Além da utilização de οἱ πολλοί, em Rm 5,15b, utiliza-se no v.15 o vocábulo τὸ παράπτωμα duas vezes em Rm 5,15ab, o qual tem contato com o particípio masculino plural פֹּשְׁעִים que aparece também duas vezes em Is 53,12df, indicando os agentes da transgressão. Em Is 53,12f, porém, o aparato crítico da *Biblia Hebraica Stuttgartensia*, apoiado em 1QIs^a, 1QIs^b e na Septuaginta, propõe que se leia o substantivo comum masculino singular no *status constructus* com sufixo da terceira pessoa do masculino plural פִּשְׁעָם, forma bem mais próxima a τὸ παράπτωμα. Por

---

131. MAIER, J., Entre os dois Testamentos, p. 259; MANNS, F., La Prière d'Israël à l'heure de Jésus, p. 105.
132. DIXON, R., An Examination of the Allusions to Isaiah 52:13-53 in the New Testament, p. 102.
133. DARRELL, D. H., Isaiah within Judaism of the Second Temple Period, p. 8.
134. Nos três casos sem o artigo.

sua vez, a Septuaginta em Is 53,12d traduz פֹּשְׁעִים por τοῖς ἀνόμοις e em Is 53,12f lê, no entanto, τὰς ἁμαρτίας.

Não se poderia deixar de ver também na construção que utiliza τοῦ ἑνὸς e δίκαιοι κατασταθήσονται οἱ πολλοί, em Rm 5,19b uma alusão a Is 53,11c יַצְדִּיק צַדִּיק עַבְדִּי לָרַבִּים traduzido pela Septuaginta como δικαιῶσαι δίκαιον εὖ δουλεύοντα πολλοῖς ὅνδε τοῦ ἑνὸς está relacionado diretamente com צַדִּיק עַבְדִּי, sendo que ambos realizam a mesma ação, ou seja, a justificação dos muitos, no texto paulino através da obediência e no isaiano pelo seu conhecimento.

Estas são as duas alusões comumente aceitas a Is 52,13–53,12 em Rm 5,12-21. No entanto, poder-se-ia encontrar, além de alusões, ecos, os quais, mesmo não tendo a mesma intensidade das alusões, confirmariam a intenção do Apóstolo de apresentar Jesus Cristo a partir do Servo Sofredor de Isaías como o antítipo do velho Adão.

Nesta perspectiva, não se deve desconsiderar a utilização de רַבִּים também em Is 52,14.15, traduzido na Septuaginta em Is 52,14 como πολλοί e em Is 52,15 como πολλά, o que poderia ter relação com a utilização de οἱ πολλοί, em Rm 5,12-21[135].

Há quem veja também a utilização de πάντες em Rm 5,18 como relacionada com o הָרַבִּים da perícope do Dêutero-Isaías, o qual deveria ser entendido não em sentido partitivo, mas teria um caráter inclusivo, devendo ser traduzido como multidão, o que viria confirmado pela dupla utilização de כֻּלָּנוּ em Is 53,6[136]. Chama a atenção também a construção δι' ἑνὸς δικαιώματος εἰς πάντας ἀνθρώπους εἰς δικαίωσιν ζωῆς no mesmo versículo de Romanos o que poderia ser um eco intertextual de יַצְדִּיק צַדִּיק עַבְדִּי לָרַבִּים de Is 53,11c.

Outro fator também pode ter relevância no que diz respeito a este critério: a importância do texto veterotestamentário no seu contexto. Fala-se hoje da possibilidade de uma subdivisão do Dêutero-Isaías, o qual seria formado por dois blocos: os capítulos 40-48 e 49-55. Quanto ao ponto preciso da divisão há discussões, o que, no entanto, não modifica a validade da proposta baseada em indícios bastante sólidos:

a) nos capítulos 40-48 o povo vem quase sempre cognominado de "Jacó" ou "Israel", enquanto que no bloco formado por 49-55 utilizam-se os termos "Sião" e "Jerusalém";

b) referências ao rei Ciro encontram-se somente nos capítulos 40-48;

---

135. FEUILLET, A., L'Epître aux Romains, col. 819.
136. FEUILLET, A., L'Epître aux Romains, col. 819.

c) o gênero literário "rib", as polêmicas contra os ídolos e o apelo às profecias antigas também são encontrados somente nos capítulos 40-48[137].

Tendo presente todos esses elementos, não se pode negar certas particularidades dos capítulos 49-55 e mesmo a possibilidade de que estes tenham um contexto vital diverso dos capítulos anteriores.

Após a primeira parte do bloco, onde está mais presente a temática do novo êxodo que encontra seu ápice nas alusões a Ex 12,11, 13,21-22 e 14,19-20 em Is 52,12[138], tem-se, em lugar estratégico, Is 52,13-53,12 onde se vê a ação de Deus que salva o seu povo não pela mão dos poderosos, mas pelo sofrimento do seu Servo. Após essa perícope passa-se a falar da repovoação e da reconstrução de Jerusalém pelo Senhor (Is 54), cuja palavra é irrevogável, como se pode ver no capítulo conclusivo do Dêutero-Isaías (Is 55,10-11)[139].

Deste modo, percebe-se a importância da perícope no bloco do qual faz parte, sendo que a figura do Servo sofredor e glorificado de Is 52,13-53,12 está diretamente relacionada com a mudança ocorrida com Sião-Jerusalém[140], a ponto de não só se poder falar de sua posição de destaque não só nos capítulos 49-55, mas de ser este um "texto chave do Dêutero-Isaías"[141] no seu conjunto.

No entanto, a importância de tal texto não se limita ao Dêutero-Isaías, vai mais além, se expande a todas as Escrituras e à história de Israel:

> Por outro lado, a importância do texto e do tema em si, carecem aqui de ser reforçados, isso por várias razões: dentro do AT os ecos do poema no que diz respeito ao tema do sofrimento e da recompensa dos justos são uma constante; Israel viu na imagem do servo paciente um anúncio profético da sua própria história; (...) a teologia do martírio, especialmente nas épocas de crise (reação macabaica contra o helenismo; rabínica contra a dominação romana, etc.), encontrou no poema um dinamismo sempre

---

137. SMITH, G. V., The New American Commentary - Isaiah 40-66, p. 336-337; CONROY, C., The Enigmatic Servant texts in Isaiah in the Light of recent study, p. 43; BERGES, U., The Book of Isaiah, p. 303; SIMIAN-YOFRE, H., Sofferenza dell'uomo e silenzio di Dio nell'Antico Testamento e nella letteratura del Vicino Oriente antico, p. 183; GOLDINGAY, J.; PAYNE, D., Isaiah 40-55, Vol. 1, p. 19-21.

138. "O sintagma "não com pressa" (*lō' beḥippāzôn*) do v. 12 toma exatamente o mesmo termo usado em Ex 12,11 a respeito da primeira Páscoa (a única outra ocorrência do termo está em Dt 16,3 na lei sobre a Páscoa). A referência a que YHWH os antecede e sucede (Is 52,12) é uma referência clara ao motivo que aparece no Êxodo da coluna de fogo e da nuvem que acompanhou os israelitas (Ex 13,21-22; 14,19-20 e outros textos)". CONROY, C., The Enigmatic Servant texts in Isaiah in the Light of recent study, p. 38.

139. CONROY, C., The Enigmatic Servant texts in Isaiah in the Light of recent study, p. 38-40.

140. CONROY, C., The Enigmatic Servant texts in Isaiah in the Light of recent study, p. 39-40.

141. PELLETIER, A.-M., Isaías, p. 902.

novo e sempre vivo, capaz de motivar os justos (os *Hasidim*) na fidelidade à Torá e à Aliança; (...)[142].

Outro aspecto a ser levado em consideração quanto ao critério do "Volume" é a ênfase retórica que Paulo dá à alusão no seu discurso, a qual será levada em consideração, porém, no último capítulo dessa pesquisa, ao se analisar o significado retórico da alusão ao texto isaiano no texto paulino.

2.3. Recorrência

A influência exercida por Isaías sobre os autores do Novo Testamento em geral é incontestável. A 28ª edição do *Novum Testamentum Graece* de Nestle-Aland enumera 103 entre citações e alusões a Isaías no Novo Testamento[143].

No entanto, nesse critério importa determinar as referências a Is 52,13–53,12 e ao seu contexto veterotestamentário no contexto imediato de Rm 5,12-21, no contexto mais amplo ou em outro escrito paulino. Eis um quadro com as citações diretas[144]:

Is 1,9	Rm 9,29
Is 8,14	Rm 9,33
Is 10,22-23	Rm 9,27-28
Is 11,10	Rm 15,12
Is 15,8	1Cor 15,54
Is 22,13	1Cor 15,32
Is 27,9	Rm 11,27
Is 28,11-12	1Cor 14,21
Is 28,16	Rm 9,33/Rm 10,11
Is 29,10	Rm 11,8
Is 29,14	1Cor 1,19
Is 29,16	Rm 9,20

---

142. LOURENÇO, J., O Sofrimento no pensamento bíblico, p. 38.
143. NESTLE, E.; ALAND, K. (ed.), Novum Testamentum Graece, p. 857-861.
144. Para as referências que não são citações diretas DIXON, R., An Examination of the Allusions to Isaiah 52:13-53:12 in the New Testament.

Is 40,13	Rm 11,34/1Cor 2,16
Is 45,23	Rm 14,11
Is 49,8	2Cor 6,2
Is 52,5	Rm 2,24
Is 52,7	Rm 10,15
Is 52,11	2Cor 6,17
Is 52,15	Rm 15,21
Is 53,1	Rm 10,16
Is 54,1	Gl 4,27
Is 55,10	2Cor 9,10
Is 59,7-8	Rm 3,15-17
Is 59,20-21	Rm 11,26-27
Is 64,4	1Cor 2,9
Is 65,1-2	Rm 10,20-21[145]

Destas vinte e seis citações de Isaías, dezoito estão na Carta aos Romanos, nas quais cinco vezes Paulo aponta Isaías nominalmente como fonte da citação ou alusão: Rm 9,27.29;10,16.20;15,12.

No que se refere a Is 52,13–53,12 têm-se duas citações em Romanos: uma de Is 52,15 em Rm 15,21 e outra de Is 53,1 em Rm 10,16. Têm-se, ainda, cinco alusões em Rm 4,24.25;5,1.15.19, somando-se sete referências à perícope de Isaías.

2.4. Coerência Temática

Nesta parte da obra, busca-se investigar se a alusão a Is 52,13–53,12 se adapta à linha argumentativa desenvolvida por Paulo na perícope e se ajuda a esclarecer o seu pensamento.

No que diz respeito à argumentação paulina em Rm 5,12-21, esta traz uma verdadeira novidade no que diz respeito à soteriologia então predominante no judaísmo, como bem salienta Ruiz de la Peña:

---

145. DOUGLAS, A. O., A Note on Paul's Use of Isaiah, p. 108.

Para esta, a lei é a única possível mediadora da salvação; no cumprimento de seus mandamentos (nas "obras da lei") reside exclusivamente a esperança da redenção. Nenhuma instância humana pode rivalizar com ela e muito menos suplantá-la. Pois bem, é cabalmente uma função mediadora e salvadora atribuída a Cristo. E isso é mais do que qualquer judeu está disposto a aceitar[146].

Para os judeus em geral, é impossível que a salvação se dê através de outra mediação que não seja a Lei. Nenhuma pessoa humana pode ocupar o seu lugar; no máximo aceitariam que o Messias pudesse impor a sua observância para que Deus, através dela, operasse a salvação. "Como pode ser superior uma mediação humana à mediação da lei, que é a expressão taxativa, nítida, da própria vontade divina?"[147].

Para superar essa objeção, Paulo lança mão de algo aceito pela teologia judaica: a influência negativa de um só homem sobre toda a humanidade. Se assim Deus o permitiu, com muito mais razão permitirá algo análogo para o bem. Deste modo, revela-se

> a função estrutural assinalada na argumentação a Adão, termo de comparação capaz de fazer compreender o papel de Cristo e a eficácia de sua ação salvífica de indivíduo em benefício de toda a humanidade. (...) O dado da fé é assim iluminado por um conhecido termo comparativo, que a torna inteligível: *intellectus fidei*[148].

No entanto, a genialidade de Paulo não se limita à utilização de Gn 3 para demonstrar pela argumentação *qal wahomer*, que, com "muito mais" razão, um indivíduo pode ser mediador da salvação.

A figura do Servo Sofredor de Is 52,13–53,12, tão conhecida no judaísmo, mesmo tendo sido interpretada em sentido coletivo como o povo de Israel, não poucas vezes foi entendida como um indivíduo[149]. Além disso, tal indivíduo em certas linhas do pensamento judaico seria capaz de, mediante o seu sofrimento, justificar os pecadores[150].

Paulo, identificando Jesus Cristo como o Servo de Is 52,13–53,12, recorda que a tradição judaica aceita não só a existência de um indivíduo que ocasionou a entrada do pecado no mundo, mas que na mesma tradição pode-se encontrar

---

146. RUIZ DE LA PEÑA, J. L., O Dom de Deus, p. 82-83.
147. RUIZ DE LA PEÑA, J. L., O Dom de Deus, p. 83.
148. BARBAGLIO, G., Teologia Paulina, p. 612.
149. NORTH, C. R., The Suffering Servant in Deutero-Isaiah, p. 9-17.
150. JEREMIAS, J., παῖς Θεού, col. 382-386.

um personagem, o justo servo do Senhor, que justificaria os muitos e carregaria sobre si as faltas dos transgressores (Is 52,11-12). Pode-se afirmar assim que, na sua linha argumentativa,

> Paulo é plenamente fiel ao núcleo mais profundo do judaísmo, e não se opõe a ele, mesmo se às vezes seu zelo paternal em defender o direito dos pagãos convertidos o leva a se exprimir com acentos que podem soar como "antijudeus", mas que são na verdade a expressão de um modo de "autoimolação" do judeu Paulo para facilitar o acesso dos pagãos precisamente a esse núcleo mais profundo do próprio judaísmo, que o cristianismo vai aprofundar e comunicar às nações[151].

Deste modo, tendo mostrado que "por um só homem" entrou a potência do pecado no mundo e todos, deixando-se escravizar pelo pecado, pecaram, com maior razão, "por um só homem", a todos, sem exceção, alcança a superabundância da graça.

Pode-se concluir, portanto, que a alusão a Is 52,13–53,12 em Rm 5,12-21 se adapta perfeitamente à linha argumentativa desenvolvida por Paulo e é de grande auxílio para reforçar e iluminar a sua argumentação através da apresentação de Jesus Cristo a partir de um personagem encontrado no seio da tradição judaica.

2.5. Plausibilidade histórica

Prova mais eloquente de ser plausível o fato de Paulo ter intencionado usar Is 52,13–53,12 para conseguir o efeito de sentido ressonante por ele proposto em Rm 5,12-21, ou seja, colocar como antítipo de Adão a Jesus Cristo entendido a partir da figura do Justo que justifica os muitos carregando sobre si as suas transgressões, e da possibilidade de que os seus leitores tenham percebido tal intenção, é o uso da mesma passagem veterotestamentária em duas cartas paulinas nas quais o Apóstolo não propõe uma nova leitura do texto isaiano, mas, claramente, se reporta a tradições pré-paulinas, ou seja, à compreensão corrente na comunidade cristã primitiva do texto, a qual está em perfeita consonância com aquela apresentada na Carta aos Romanos[152].

A 28ª edição do *Novum Testamentum Graece*[153] assinala duas alusões a Isaías em Fl 2,7: Is 53,3.11. Porém, é a alusão a Is 53,11 que chama mais a atenção. A relação entre o עֲבָדִי da perícope isaiana que na Septuaginta é traduzido pelo

---

151. FERNÁNDEZ, V., Le meilleur de la Lettre aux Romains procède du judaïsme de Paul, p. 413.
152. CULLMANN, O., Cristologia del Nuevo Testamento, p. 132.
153. NESTLE, E.; ALAND, K. (ed.), Novum Testamentum Graece, p. 860.

particípio presente δουλεύοντα, e o δούλου, utilizado em Filipenses, é clara. Além disso, não deve passar despercebida a ligação temática entre as perícopes no que diz respeito à humilhação e à exaltação do Servo.

No entanto, no que se refere ao critério da "Plausibilidade Histórica", é fundamental a afirmação da origem pré-paulina do texto, que normalmente é considerado um hino. De fato, mesmo aqueles que contestam tal origem reconhecem uma série de elementos que apontam nessa direção:

> Os numerosos motivos e torções linguísticas que não se encontram no restante das cartas paulinas. A distribuição tripartida em celeste, terrestre e infernal. O esquema espacial abatimento-exaltação no lugar do temporal cruz-ressurreição. O caráter hínico-litúrgico (relativo inicial, particípios, paralelismos) e o amplo conteúdo que ultrapassa o contexto[154].

Porém, mesmo havendo aqueles que consideram insuficientes os elementos acima colocados[155], ou mesmo os que defendem que se possa afirmar apenas a possibilidade de que o texto seja de tradição anterior a Paulo[156], "o caráter pré-paulino desse hino é objeto de um acordo amplamente partilhado"[157]. Tal convicção baseia-se também na rítmica poética das afirmações cristológicas do hino, na sua simetria estrutural no que diz respeito ao equilíbrio entre os versículos que tratam do rebaixamento (Fl 2,6-8) e a elevação (Fl 2,9-11), na ausência de afirmações soteriológicas, no vocabulário e no campo conceitual cristológico com características pouco paulinas[158].

No que tange a 1Cor 15, a 28ª edição do *Novum Testamentum Graece* assinala alusões a Is 53,5.6.8.9.12 em 1Cor 15,3[159]. Em primeiro lugar deve-se destacar que, segundo o próprio Apóstolo, o que segue é uma tradição por ele recebida e transmitida aos coríntios: παρέδωκα γὰρ ὑμῖν ἐν πρώτοις, ὃ καὶ παρέλαβον, "Transmiti-vos primeiramente, aquilo que também recebi". De fato, entre os estudiosos

> existe um consenso em relação ao caráter tradicional dos vv. 3b-5. A extensão e o vocabulário da fórmula confessional, não obstante, são objeto de discussão; "aos doze" (v. 5b) provavelmente pertence ainda a ela. A tradição

---

154. TREVIJANO ETCHEVERRÍA, R., Flp 2,5-11: Un λόγος τῆς σοφίας paulino sobre Cristo, p. 259.

155. TREVIJANO ETCHEVERRÍA, R., Flp 2,5-11: Un λόγος τῆς σοφίας paulino sobre Cristo, p. 259.

156. ORTIZ, P., Filipenses, p. 1540.

157. MARGUERAT, D., Novo Testamento, p. 303.

158. MARGUERAT, D., Novo Testamento, p. 303.

159. NESTLE, E.; ALAND, K. (ed.), Novum Testamentum Graece, p. 860.

é muito antiga. Seu lugar de procedência pode ser Antioquia; alguns propõem Damasco ou inclusive Jerusalém[160].

De qualquer maneira, se está diante de um "sumário da confissão pascal" conhecido por Paulo como um "elemento básico da tradição da fé cristã", o qual "ele mesmo recebeu e logo transmitiu (15,1-3a), o mesmo que fez ao apelar à tradição cultual prévia, quando passou a falar da Ceia do Senhor (11,23)"[161].

Deve-se destacar em seguida outro elemento de grande importância, ou seja, a razão da morte de Cristo: Χριστὸς ἀπέθανεν ὑπὲρ τῶν ἁμαρτιῶν ἡμῶν, "Cristo morreu pelos nossos pecados" e entender que este evento salvífico é simplesmente o cumprimento do que já tinha sido anunciado pelas Escrituras, razão pela qual conclui-se o versículo com a afirmação de que tudo isto ocorreu κατὰ τὰς γραφάς, "segundo as Escrituras".

Pode-se afirmar que a única passagem das Escrituras de Israel a declarar que alguém morreu pelos "nossos pecados" é Is 52,13–53,12. De fato, esse tema perpassa toda a perícope isaiana. Em Is 53,5a afirma-se que וְהוּא מְחֹלָל מִפְּשָׁעֵנוּ, "ele foi traspassado por causa de nossas transgressões", em 53,5b diz-se que ele foi מְדֻכָּא מֵעֲוֹנֹתֵינוּ, "golpeado por causa das nossas iniquidades", em 53,8d declara-se que מִפֶּשַׁע עַמִּי נֶגַע לָמוֹ, "pela transgressão do meu povo ele foi atingido" e depois de se afirmar que ele "fez despojar a si mesmo até a morte" (53,12c) e que "com os transgressores foi contado" (53,12d) em 53,12e se esclarece o sentido de sua morte: וְהוּא חֵטְא־רַבִּים נָשָׂא, "no entanto, o pecado de muitos ele levou".

Diante do que foi colocado, pode-se afirmar com bastante segurança que também em 1Cor 15,3 tem-se uma alusão a Is 52,13–53,12 e que esta é uma tradição pré-paulina inserida nessa perícope, como em Fl 2,7. Assim, demonstra-se que a interpretação do texto isaiano à luz do evento Cristo, ou vice-versa, era corrente nas comunidades cristãs primitivas e que, posteriormente, foi assumida por Paulo em suas cartas.

Tal conclusão corrobora a afirmação da plausibilidade histórica de que Paulo em Rm 5,12-21 também tenha assumido tal interpretação e a tenha utilizado para conseguir o efeito de sentido ressonante desejado na sua argumentação, e de que a comunidade cristã de Roma tenha percebido a intenção do Apóstolo.

---

160. LAMBRECHT, J., 1 Coríntios, p. 1484.
161. TREVIJANO ETCHEVERRÍA, R., Los que dicen que no hay ressurección (1 Cor 15,12), p. 390.

É importante para esse critério também pesquisar a existência na literatura judaica do mesmo uso que Paulo faz das Escrituras de Israel. Tal uso poderia aumentar a plausibilidade da alusão.

Uma interpretação de Is 52,13–53,12 na qual se vê no Servo o Messias sofredor que carrega os pecados dos "muitos" pode ser encontrada no rabinismo, o qual, mesmo com o seu labor literário posterior ao ano 70 d.C., poderia ter suas fontes em tradições anteriores ou até mesmo contemporâneas a Paulo[162].

A primeira citação é textualmente discutível. R. Martini, depois do ano de 1278, faz uma leitura do *Sifra Leviticus*, para muitos considerada atendível, na qual o Rabi José, o Galileu, interpretando a passagem isaiana, vê nela a figura do Rei-Messias sofredor, que através do seu sofrimento justifica todos os povos. Comparando os efeitos da desobediência de Adão à ação do Rei-Messias afirma:

> Se queres conhecer o mérito do Rei-Messias e a recompensa que será dada aos justos no mundo vindouro, podes aprender isto de Adão: Foi-lhe dado apenas um mandamento, uma proibição, que ele transgrediu, e vê quantas mortes foram decretadas: ele próprio, todos os seus descendentes e os descendentes de seus descendentes até o fim de todas as gerações. Agora, qual é maior medida: a medida da benevolência ou da punição? Certamente a medida da benevolência é maior. Quanto mais então o Rei-Messias, que é afligido e sofre pelos pecadores, justificará todo o gênero humano, como está escrito: Foi traspassado pelos nossos delitos (Is 53,5). O mesmo quer dizer em Is 53,6: O Senhor fez cair sobre ele todas as nossas iniquidades"[163].

Para M. Kister, esta é uma versão secundária do *Sifra Leviticus*, fruto de um processo de cristianização. Tal cristianização, no entanto, segundo ele, não foi uma intervenção de R. Martini. Como argumento a favor de que se está diante de um texto modificado, tem-se o fato de não existir testemunho textual judeu dessa versão[164].

Para J. Jeremias, deve-se considerar uma possível eliminação de uma interpretação próxima àquela cristã de Is 52,13–53,12 pelo fato de ter sido realizada em outros textos, porém, ressalta que neste caso a forma do texto testemunhada por R. Martini é, provavelmente, secundária. A afirmação de um Messias que sofre

---

162. ALETTI, J.-N., Romains 5,12-21, p. 18.
163. RAYMUNDUS MARTINI, Pugio Fidei adversum Mauros et Judaeos, p. 866-867, traduzido para o inglês por KISTER, M., Romans 5:12-21 against the Background of Torah – Theology and Hebrew Usage, p. 419.
164. KISTER, M., Romans 5:12-21 against the Background of Torah-Theology and Hebrew Usage, p. 419.

pelos pecadores tem dificuldades de encaixar em um contexto que fala da "recompensa do justo", daqueles que cumprem ou infringem a Lei[165].

J. Lourenço, mesmo afirmando que a versão de R. Martini é digna de crédito, faz ver que a versão de *Sifra Leviticus* por ele testemunhada difere da versão atual, a qual foi citada no item 1.3.3. da Introdução, e fala "apenas da recompensa dos justos e não dos méritos do Messias"[166]. Porém, a alusão ao sofrimento do Messias, mesmo em relação ou sofrimento do justo, estaria de acordo com o texto de Isaías no que diz respeito à humilhação do Servo[167].

Seja como for, o texto do Rabi José na forma encontrada no *Pugio Fidei* pode ser testemunha ou de uma antiga interpretação judaica anterior às polêmicas judaico-cristãs a respeito do Messias, ou da interpretação cristã do texto de Isaías no contexto desta mesma polêmica. As duas possibilidades poderiam ser as testemunhas de uma leitura semelhante à leitura paulina que a legitimariam no que diz respeito à sua plausibilidade histórica.

Como primeiro texto rabínico indiscutivelmente atendível a utilizar Is 52,13–53,12 em um contexto no qual se fala de um Messias sofredor, tem-se o *Sanh* 98b, datado por volta de 200 d.C., no qual o Messias é chamado de "leproso"[168], sublinhando assim o seu sofrimento, com base em Is 53,4c. Tal interpretação já se encontra em Áquila, discípulo do Rabi Akiba, que por sua vez foi um influente estudioso bíblico dos primeiros dois séculos, cuja escola conservou a ideia do Messias sofredor[169].

O próprio Rabi Akiba fala dos sofrimentos do Messias e o Rabi Dosa, por volta de 180 d.C., primeiro rabino a interpretar Zc 12,12 como falando da morte do Messias filho de José, o faz de modo casual, demonstrando assim ser esta uma ideia conhecida. Para isto cita palavras de Jehuda ben Elaj, discípulo de Akiba[170].

Além de citar as tradições cristãs pré-paulinas e os escritos rabínicos que corroboram a ideia da plausibilidade histórica do uso de Is 52,13–53,12 em Rm 5,12-21, identificando o Messias com a figura do Servo, poder-se-iam citar inúmeros escritos neotestamentários que contêm tal interpretação, os quais, por serem posteriores aos escritos paulinos, podem ter sido influenciados, também, por

---

165. JEREMIAS, J., παῖς Θεού, col. 383.

166. LOURENÇO, J., O Sofrimento no pensamento bíblico, p. 297.

167. LOURENÇO, J., O Sofrimento no pensamento bíblico, p. 297.

168. Com base no uso da raiz נגע que no texto de Isaías apresenta-se na forma de verbo qal particípio passivo masculino singular absoluto, o qual traduziu-se como "golpeado". A Vulgata também lê aí "leprosum". Biblia Sacra Vulgatae Editionis.

169. JEREMIAS, J., παῖς Θεού, col. 386.

170. JEREMIAS, J., παῖς Θεού, col. 386.

estes, no que se refere à leitura do texto isaiano a partir do evento Cristo ou, ao menos, podem ser uma confirmação da utilização dessa interpretação nos meios cristãos do I séc. Os exemplos aqui expostos são somente as citações diretas, excluindo-se as alusões[171] que são numericamente superiores:

Is 53,4	Mt 8,17
Is 53,12	Lc 22,37
Is 53,1	Jo 12,38
Is 53,7	At 8,32
Is 53,8	At 8,33
Is 53,9	1Pd 2,22
Is 53,7	1Pd 2,23
Is 53,4.5	1Pd 2,24
Is 53,6	1Pd 2,25[172]

2.6. História da interpretação

O critério da "História da interpretação", apontado por G. K. Beale simplesmente como etapa metodológica para a validação das alusões, não pretende ser um segundo *Status Quaestionis*, mas tem como finalidade analisar um só aspecto dos diversos estudos elaborados a respeito da perícope paulina, ou seja, verificar se os leitores posteriores foram capazes de perceber os mesmos sentidos de efeito produzidos pelas alusões, as quais provavelmente perceberam os contemporâneos de Paulo ao ler a perícope. Sublinha-se que este critério é inconclusivo, sendo estes leitores de contextos diferentes[173].

2.6.1. A supervalorização da referência a Adão e à "queda" em Rm 5,12-21

Nos estudos e comentários ao texto paulino supracitado pode-se perceber que quase todos salientam a figura de Adão e a "queda", supervalorizando-se, portanto, a referência nele existente a Gn 3. Tal supervalorização, como assinalado aci-

---

171. Para as alusões verificar DIXON, R., An Examination of the Allusions to Isaiah 52:13-53:12 in the New Testament.

172. DIXON, R., An Examination of the Allusions to Isaiah 52:13-53-12 in the New Testament, p. 115-138.

173. BEALE, G. K., Handbook on the New Testament Use of the Old Testament, p. 33; HAYS, R. B. Echoes of Scripture in the Letters of Paul, p. 30-31.

ma, tem como fator desencadeador a utilização por parte de Agostinho de Hipona[174] da tradução feita pelo *Ambrosiaster* de Rm 5,12d (ἐφ' ᾧ πάντες ἥμαρτον)[175], como argumento em favor da doutrina do "originale peccatum"[176], tornando este versículo um verdadeiro "campo de batalha exegético"[177].

Os autores aqui expostos representam tendências interpretativas, pois, evidentemente, são muito mais numerosos os que deram o seu aporte à exegese desse texto, objeto das mais acirradas disputas ao menos no que se refere às alusões a Gn 3.

O critério de escolha dos pensadores que destacam as alusões a Gn 3, em escritos mais extensos ou em leves acenos, foi a importância que tiveram no debate teológico a respeito da perícope paulina, o que pôde ser detectado em obras que descrevem tal debate[178]. No que tange aos autores que tratam das alusões a Is 52,13-53,12 no escrito paulino, os citados neste trabalho foram os únicos detectados na presente pesquisa, os quais, na sua maioria, o fazem sumariamente.

2.6.1.1. Autores da época patrística

A. Ireneu de Lião

A primeira vez que Rm 5,12-21 aparece na patrística é na obra *Denúncia e refutação da falsa gnose*, ou, como é mais conhecida, *Adversus Haereses* ou *Contra Haereses*, escrita entre os anos 180-185[179] por Ireneu de Lião, o qual cita, mais a título apologético, alguns versículos dessa perícope.

No III livro desta obra, no qual faz a refutação dos gnósticos, defensores de um sistema que nega a verdade da encarnação do Verbo e de sua paixão, utilizando como argumentos os ensinamentos dos Apóstolos contidos na Sagrada

---

174. AGOSTINHO DE HIPONA, Contra duas Epistolas Pelagianorum, IV, 4, 7: PL 44, 614.

175. AMBROSIASTER, Commentarius in epistolam ad Romanos, V,12: PL 17, 92a.

176. AGOSTINHO DE HIPONA, De peccatorum meritis et remissione et de baptismo parvulorum ad Marcellinum, I, IX, 9: PL 44, 114.

177. FREDERICK, W., Romans 5:12: Sin under Law, p. 424.

178. Obras que serviram de apoio na pesquisa, além, naturalmente, das obras dos próprios autores, e que auxiliaram na escolha daqueles a serem apresentados: GANOCZY, A., Della sua pienezza noi tutti abbiamo ricevuto – Lineamenti Fondamentali della Dottrina della Grazia; KUSS, O., La Lettera ai Romani; LADARIA, L. F., Antropologia Teologica; LOZANO LOZANO, A., Romanos 5. La vida de los justificados por la fe y su fundamento, la reconciliación por nuestro Señor Jesucristo; LYONNET, S., Études sur l'Épître aux Romains; LYONNET, S., La Storia della Salvezza nella Lettera ai Romani.

179. ALTANER, B.; STUIBER, A., Patrologia, p. 119.

Escritura e na Tradição, Ireneu, citando Rm 5,14, afirma que tais pessoas ainda estão sob o domínio da morte que reinou de Adão a Moisés[180].

Continuando sua argumentação, Ireneu declara a impotência da Lei que somente torna manifesto o pecado sem conseguir suprimi-lo. Para que fossem vencidos o pecado e a morte, foi necessário que Deus se fizesse homem, pois se não fosse o homem a vencer o pecado, a vitória não seria justa; por outro lado, se não fosse o próprio Deus a trazer a salvação ao ser humano, este não a teria de modo seguro. Portanto,

> como pela desobediência de um só homem, que foi o primeiro e modelado da terra virgem, muitos foram constituídos pecadores e perderam a vida, assim pela obediência de um só homem, que foi o primeiro e nasceu da Virgem, muitos foram justificados e receberam a salvação[181].

De fato, "tínhamos ofendido a Deus no primeiro Adão, não cumprindo o seu mandamento"[182], e em virtude dessa transgressão a pessoa humana foi feita inimiga de Deus: "É precisamente dele que nos tornamos inimigos pela desobediência do seu mandamento"[183]. No entanto, "como pela desobediência de um só homem o pecado entrou no mundo e pelo pecado a morte, assim pela obediência de um só homem foi introduzida a justiça que traz como fruto a vida ao homem morto"[184]. Deste modo, tanto Adão como Cristo recapitulam a humanidade inteira[185].

Assim, diante dos gnósticos, utilizando Rm 5,12-21, o bispo de Lião demonstra que "todos (não só os psíquicos) morrem em Adão e todos (não só os pneumáticos) são vivificados em Cristo"[186].

B. Ambrosiaster

Um autor ignoto deixou um Comentário de treze epístolas do "corpus paulinum" sob o nome de Ambrósio de Milão. Tais escritos foram redigidos no ponti-

---

180. IRENEU DE LIÃO, Contra Haereses,3, 18,7: PG 7, 937c.

181. IRENEU DE LIÃO, Contra Haereses, 3, 18,7: PG 7, 938b. Aqui Ireneu cita com alguns acréscimos Rm 5,19, destacando a alusão a Gn 3.

182. IRENEU DE LIÃO, Contra Haereses, 5, 16,3: PG 7, 1164b.

183. IRENEU DE LIÃO, Contra Haereses, 5, 17,1: PG 7, 1169a.

184. IRENEU DE LIÃO, Contra Haereses, 3, 21, 10: PG 7, 954c.

185. IRENEU DE LIÃO, Contra Haereses, 5, 14, 2: PG 7, 1161c.

186. RUIZ DE LA PEÑA, J. L., O Dom de Deus, p. 98

ficado do papa Dâmaso entre os anos 366 e 384. A partir de Erasmo de Roterdão, esses escritos são atribuídos ao *Ambrosiaster*, ou seja, ao Pseudo-Ambrósio[187].

Já nesse autor encontra-se a tradução para o latim do ἐφ'ᾧ πάντες ἥμαρτον de Rm 5,12d, como "in quo omnes peccaverunt"[188], ou seja, "no qual todos pecaram".

Porém, ao comentar esse versículo, não é tão radical na sua interpretação como outros autores posteriores. Se de uma parte todas as pessoas são pecadoras enquanto nascem de Adão, e este as gera corrompidas por causa do pecado, por outra parte não se sofre a condenação eterna como consequência do pecado de Adão, mas em decorrência dos pecados pessoais, os quais são cometidos porque Adão pecou:

> Deste modo é manifesto que todos pecaram em Adão como que em massa. Este, pelo seu pecado, corrompeu todos os que gerou, todos nasceram sob o domínio do pecado. Por ele, portanto, somos todos pecadores (...). Existe outra morte, a qual chamamos de geena, que sofremos não pelos pecados de Adão, mas por motivo de nossos próprios pecados[189].

Na explanação sobre o v. 15, explica como se deve entender a afirmação do v. 14, segundo a qual Adão é a figura de Cristo, com uma afirmação do próprio v. 15: "Mas, não acontece com o dom o mesmo que com a falta". Adão é figura de Cristo, somente "pelo fato de que um pecou e o outro corrigiu"[190].

Depois disso segue a explicação do v. 15, a qual afirma que "muitos morreram", e não todos, por terem imitado o pecado de Adão pecando como ele. Porém, o dom da graça abundou, pois o número dos que foram salvos é muito maior do que o daqueles que morreram em decorrência do delito de Adão[191].

C. Ambrósio de Milão

Entre as suas tantas obras é relevante para este estudo o *Comentário ao Evangelho de Lucas* (*Expositio Evangelii secundum Lucam*) no qual se pode encontrar algumas menções às alusões de Rm 5,12-21 a Gn 3.

---

187. ALTANER, B.; STUIBER, A., Patrologia, p. 390.
188. AMBROSIASTER, Commentarius in epistolam ad Romanos, V, 12: PL 17, 92a.
189. AMBROSIASTER, Commentarius in epistolam ad Romanos, V, 12: PL 17, 92cd.
190. AMBROSIASTER, Commentarius in epistolam ad Romanos, V, 15: PL 17, 96d-97a.
191. AMBROSIASTER, Commentarius in epistolam ad Romanos, V, 15: PL 17, 97a.

Nessa obra encontra-se uma citação literal de Rm 5,12 da mesma forma que o citará Agostinho, ou seja, omitindo o nominativo "morte" ("mors") de 12c e traduzindo o ἐφ' ᾧ πάντες ἥμαρτον de 12d como "in quo omnes peccaverunt": "(...) por meio de um só homem o pecado entrou no mundo, e pelo pecado a morte, e assim perpassou todos os homens, no qual todos pecaram"[192].

Ambrósio interpreta a conclusão desse versículo como afirmação do pecado de todos em Adão. A inteira humanidade pode ser considerada como um todo, e por isso todos eram em Adão e nele todos pereceram: "Adão foi e todos fomos nele: Adão pereceu, e todos perecemos nele"[193].

Referindo-se à passagem da pecadora perdoada (Lc 7,39), Ambrósio de Milão faz referência a Rm 5,20 dizendo: "Graças a essa mulher, podemos compreender o sentido da palavra do Apóstolo: 'O pecado superabundou porque superabundou a graça'. De fato, se nela não tivesse superabundado o pecado, não seria superabundante a graça"[194].

D. Pelágio

Em Pelágio encontram-se inovações no que diz respeito à interpretação de Rm 5,12-21 e da sua alusão a Gn 3.

A respeito do v. 12 diz que com Adão a morte entrou no mundo, não somente a morte física, mas também aquela moral, o pecado, sendo que Adão foi o primeiro pecador. Para Pelágio, no entanto, parece que não existe relação direta entre o pecado de Adão e o pecado e a morte que atingem todos os homens; a formulação paulina da universalidade destas duas realidades não excluiriam a exceção dos justos. Os pecados pessoais, tratando-se a universalidade de que fala Paulo de algo meramente moral, permitiriam ao Apóstolo fazer as suas formulações de caráter geral[195]. Deste modo, pode afirmar: "E assim a morte perpassou

---

192. AMBRÓSIO DE MILÃO, Expositio Evangelii secundum Lucam, 4, 67: PL 15, 1632c: "(...) per unum hominem in hunc mundum peccatum introivit et per peccatum mors et ita in omnes homines pertransivit, in quo omnes peccaverunt".

193. AMBRÓSIO DE MILÃO, Expositio Evangelii secundum Lucam, 7, 234: PL 15, 1762b. Na sua obra Sobre os Mistérios, ao explicar o sacramento do batismo, confirmando a ideia deste parágrafo, o bispo de Milão fala de "pecado hereditário" em contraste com os pecados pessoais: "Pedro estava puro, mas devia lavar os pés, pois tinha o pecado que vem pela sucessão do primeiro homem, quando a serpente o subjugou e o induziu ao erro. É por isso que se lava os pés, a fim de tirar os pecados hereditários". AMBRÓSIO DE MILÃO, De Mysteriis,1, 6, 32: PL 16, 398c.

194. AMBRÓSIO DE MILÃO, Expositio Evangelii secundum Lucam, 6, 35: PL 15, 1677d: "Ex hac ergo muliere intelligimus illud apostolicum quid sit: superabundauit peccatum, ut superabundaret gratia. Nam si in ista muliere non superabundasset peccatum, non superabundasset gratia". Nota-se que Ambrósio lê da mesma forma os verbos πλεονάσω e ὑπερπερισσεύω de Rm 5,20b traduzindo-os como "superabundare".

195. PELÁGIO, Expositio in Epistolam ad Romanos 5, 12: PLS 1, 1136.

todos os homens, no qual todos pecaram. Enquanto, de fato, pecam e, semelhantemente, morrem: não perpassou certamente a Abraão, Isaac e Jacó, dos quais diz o Senhor: 'todos, com efeito, vivem para ele'"[196].

Comentando o v. 15, diz que se o pecado de Adão corrompesse aqueles que não pecaram pessoalmente, também a graça de Cristo deveria favorecer aqueles que não creem. Além disso, para Pelágio, se a alma é criada diretamente por Deus, somente a carne, que vem dos pais, pode merecer a pena, não a alma. Caso se afirmasse que esta última contrai o pecado, isto equivaleria a dizer que Deus lhe estaria imputando pecados de outros[197].

A respeito de Rm 5,19, diz: "Seguindo o exemplo da desobediência de Adão pecaram muitos do mesmo modo que a obediência de Cristo justificou a muitos. Grande, portanto, é o crime da desobediência que mata a tantos"[198].

E. Agostinho

Com Agostinho de Hipona, no contexto da controvérsia contra os seguidores de Pelágio, chega-se a um dos pontos mais salientes na história da interpretação do texto paulino de Rm 5,12-21 e da alusão a Gn 3 encontrada nesse texto.

Na sua obra *Dos Méritos e do Perdão dos Pecados e do Batismo das Crianças a Marcelino (De peccatorum meritis et remissione et de baptismo parvulorum ad Marcellinum)*, utilizando uma versão de Rm 5,12 na qual falta o sujeito "mors" de 12c[199], Agostinho coloca como sujeito a palavra pecado, ao contrário dos pelagianos que, tendo um texto com a mesma variante, puseram, corretamente, morte. Interpretando desse modo o versículo, teria sido o pecado de Adão que perpassou ("pertransivit") todos os homens e assim este vem chamado pelo Doutor da Graça de "originale peccatum"[200]. A morte, por sua vez, seria o castigo imediato pelo pecado de Adão, o qual "não só deu exemplo de imitação aos transgressores voluntários dos preceitos do Senhor, mas, além disto, contagiou com a oculta gangrena da sua concupiscência carnal a todos os que nascem da sua estirpe"[201].

---

196. PELÁGIO, Expositio in Epistolam ad Romanos 5, 12: PLS 1, 1136.

197. PELÁGIO, Expositio in Epistolam ad Romanos 5, 15: PLS 1, 1137.

198. PELÁGIO, Expositio in Epistolam ad Romanos 5,19: PLS 1, 1138.

199. Esta omissão será tratada mais adiante no item no qual se fará a crítica textual de Rm 5,12-21.

200. AGOSTINHO DE HIPONA, De peccatorum meritis et remissione et de baptismo parvulorum ad Marcellinum, I, 9, 9: PL 44, 114.

201. AGOSTINHO DE HIPONA, De peccatorum meritis et remissione et de baptismo parvulorum ad Marcellinum, I, 9, 10: PL 44, 115.

A morte de que fala esse versículo para Agostinho é, antes de tudo, a morte corporal, sendo que, colocando como paralelo de Rm 5,12a o texto paulino de 1Cor 15,20-22, o Doutor da Graça afirma:

> Pois o mesmo que diz aqui aos coríntios com as palavras: "Por um homem veio a morte, por um homem a ressurreição dos mortos, porque, como em Adão morrem todos, assim também em Cristo serão todos vivificados", não é a mesma coisa que diz aos romanos: "Por um homem entrou o pecado no mundo e pelo pecado a morte"? Mas a morte de que aqui fala o Apóstolo querem os adversários que seja, não a corporal, mas a espiritual[202].

Em *Contra duas epístolas dos pelagianos* (*Contra duas epistolas pelagianorum*), oferece duas opções de compreensão para Rm 5,12d, que na sua versão se lê "in quo omnes peccaverunt", "no qual todos pecaram"[203]: ou se entenderia como "naquele homem pecaram todos"[204] ou como "naquele pecado pecaram todos"[205]. Mas sendo que no texto grego, afirma Agostinho, a palavra ἁμαρτία "pecado" é de gênero feminino, "tem-se que concluir que a compreensão correta é dizer que todos pecaram naquele primeiro homem, porque todos, quando ele pecou, estavam nele, do qual pelo nascimento herdaram o pecado (...)"[206].

Ao comentar os vv. 13 e 14, em *Dos Méritos e do Perdão dos Pecados e do Batismo das Crianças*, diz que nem mesmo a Lei pôde destruir o pecado, pois a sua função seria a de avultá-lo, "ora se trate da lei natural, em virtude da qual o homem, quando chega ao uso da razão, começa a somar ao pecado original os pecados próprios, ora se trate da lei escrita promulgada por Moisés ao povo"[207].

Aqui o conceito de morte vem ampliado: o reino da morte, que se iniciou com o pecado de Adão, deve ser compreendido não só como se referindo à morte

---

202. AGOSTINHO DE HIPONA, De peccatorum meritis et remissione et de baptismo parvulorum ad Marcellinum, I, 8, 8: PL 44, 113-114.

203. AGOSTINHO DE HIPONA, Contra duas Epistolas Pelagianorum, IV, 4, 7: PL 44, 614.

204. AGOSTINHO DE HIPONA, Contra duas Epistolas Pelagianorum, IV, 4, 7: PL 44, 614.

205. AGOSTINHO DE HIPONA, Contra duas Epistolas Pelagianorum, IV, 4, 7: PL 44, 614.

206. AGOSTINHO DE HIPONA, Contra duas Epistolas Pelagianorum, IV, 4, 7: PL 44, 614.

207. AGOSTINHO DE HIPONA, De peccatorum meritis et remissione et de baptismo parvulorum ad Marcellinum, I, 10, 12: PL 44, 116.

física, mas também como "dominação no homem do reato do pecado" que o impede de alcançar a vida eterna, a qual "é a única verdadeira vida"[208].

Agostinho ao falar de Rm 5,12-21, devido à polêmica contra os pelagianos, dá toda ênfase ao v. 12, utilizando-o como prova escriturística em favor da doutrina do pecado original. Nos comentários aos outros versículos da perícope busca, principalmente, fundamentar a interpretação por ele dada ao v. 12. Não obstante isto, encontram-se algumas indicações, sempre em relação ao mal trazido por Adão, dos efeitos da graça que se obtém em Jesus Cristo.

Deste modo, interpretando Rm 5,15.17.20, afirma que Cristo redimiu com sua graça e perdoou não só o pecado original, motivo da condenação de todos em Adão, mas também os pecados pessoais acrescentados àquele[209].

E, ao comentar o v. 17, declara que a "abundância da graça e da justiça" que recebem os que estão em Cristo não só lhes perdoa os pecados original e pessoal, mas dá-lhes uma justiça tão poderosa que, ao contrário de Adão, condenado por consentir uma simples sugestão do demônio, "eles não se rendem, nem quando com violência lhes quer arrastar ao pecado"[210].

F. Cirilo de Alexandria

Conserva-se de Cirilo, entre tantos outros comentários ao Antigo e ao Novo Testamento, uma *"Exposição sobre Romanos"*, na qual, comentando Rm 5,12, afirma que todo o gênero humano pelo pecado de Adão é condenado não só à morte física, mas também àquela espiritual. Diz:

> Com o pecado, a morte entrou no primeiro homem e como consequência, nas origens da nossa estirpe, corrompeu todo o gênero humano. (...) Assim, portanto, afastados da face de Deus santíssimo, porque "os desígnios do coração do homem são maus desde a sua infância" (Gn 8,21), conduzíamos uma vida insensata e a morte nos devorou, segundo a palavra do profeta: "o infer-

---

208. AGOSTINHO DE HIPONA, De peccatorum meritis et remissione et de baptismo parvulorum ad Marcellinum, I, 11, 13: PL 44, 116, e em Enchiridion, 27,8: PL 40, 255 onde diz que depois do pecado de Adão "toda a massa condenada (massa damnata) do gênero humano jazia sumida em toda sorte de males, ou melhor, submergida, e se precipitava de mal em mal, e, unida aos anjos rebeldes, expiava sua ímpia deserção com justíssimas penas", e ainda em De Diversis Quaestionibus ad Simplicianum, I, 2, 17: PL 40, 121 onde Agostinho dirá, referindo-se à salvação que Deus concede a quem Ele quer, que "(...) tanto o favorecido como o abandonado pertencem à mesma massa de pecadores, e mesmo que os dois sejam devedores da mesma pena, a um ela é exigida e ao outro lhe é perdoada".

209. AGOSTINHO DE HIPONA, De peccatorum meritis et remissione et de baptismo parvulorum ad Marcellinum, I, 11, 14: PL 44, 117; I, 15, 20: PL 44, 120.

210. AGOSTINHO DE HIPONA, De peccatorum meritis et remissione et de baptismo parvulorum ad Marcellinum, I, 13, 17: PL 44, 118.

no alargou a sua garganta e abriu a sua boca desmesuradamente" (Is 5,14). De fato, como nós nos tornamos imitadores da transgressão de Adão, à medida que todos pecaram, fomos condenados a uma pena semelhante à sua[211].

Como se vê, para Cirilo, os pecados pessoais exercem certa causalidade nessa condenação à morte eterna. No entanto, tal causalidade exercida pelos pecados pessoais não ofusca a causalidade universal de Adão, "antes, a reforça do momento que é dela, por assim dizer, a consequência"[212]. O sentido dessa causalidade adâmica fica bem claro no comentário aos vv. 18 e 19, no qual leva em conta a distinção entre natureza e pessoa, o que lhe vai permitir conciliar a universal causalidade de Adão e a responsabilidade pessoal recordada por ele no texto citado anteriormente[213]:

> Eis como fomos constituídos pecadores a causa da desobediência de Adão: Este, criado para a incorruptibilidade, conduzia no Paraíso uma existência toda santa, o espírito era totalmente ocupado na contemplação divina, as potências do corpo estavam em perfeito equilíbrio (...). Mas, porque ele caiu sob o pecado e escorregou na corrupção, as vontades impuras irromperam no nosso ser carnal e a lei feroz dos nossos membros apareceu. A natureza, portanto, contrai o pecado por causa da desobediência de um só, Adão. Assim a multidão dos homens foi constituída pecadora, não por ter como Adão transgredido algum preceito, porque ainda não existiam, mas enquanto pertencem à natureza de Adão, e está também caída sob a lei do pecado[214].

Deste modo, a humanidade foi constituída pecadora não porque pecou pessoalmente em Adão, mas enquanto faz parte da sua natureza corrompida pelo pecado. Portanto, o substantivo μιμητής[215] (imitador), utilizado por Cirilo no fim da primeira citação, dista grandemente do valor a ele atribuído por Pelágio e seus seguidores.

Cirilo expõe também o meio utilizado por Deus para operar a libertação, ou seja, a Encarnação redentora do seu Filho, a qual restitui à pessoa humana a incorruptibilidade: "Em Cristo nós nos tornamos uma nova criatura, porque nele foi plantada uma nova raiz"[216].

---

211. CIRILO DE ALEXANDRIA, Explanatio in epistolam ad Romanos, V, 12: PG 74, 783b.
212. LYONNET, S., Études sur l'Épître aux Romains, p. 197.
213. LYONNET, S., La Storia della Salvezza nella Lettera ai Romani, p. 84-85.
214. CIRILO DE ALEXANDRIA, Explanatio in epistolam ad Romanos, V, 18: PG 74, 790a.
215. CIRILO DE ALEXANDRIA, Explanatio in epistolam ad Romanos, V, 12: PG 74, 783b.
216. CIRILO DE ALEXANDRIA, Explanatio in epistolam ad Romanos, V, 5: PG 74, 782c-783a.

No comentário ao versículo 14, esta metáfora da raiz reaparecerá referindo-se a Adão, a velha raiz: "Tendo a morte invadido, do mesmo modo que atingiu Adão, toda a sua descendência, toda a humanidade é como uma planta que nasceu com a raiz infectada da qual não podem germinar a não ser ramos corrompidos"[217].

Pode-se assim resumir o pensamento de Cirilo: os maus frutos, ou seja, os pecados pessoais, provêm seguramente dos ramos. No entanto, os ramos devem a sua corrupção à infecção que atingiu a raiz, sendo esta mesma provocada pelo pecado de Adão. A esta humanidade adâmica se opõe a humanidade em Cristo, recriada como uma planta com a raiz renovada.

G. João Crisóstomo

Nos seus *Comentários à Epístola aos Romanos*, ao falar de Rm 5,12, após elogiar a São Paulo pelo proceder similar àquele dos bons médicos, os quais "exploram sempre a raiz das enfermidades e sempre chegam à fonte destes males", faz a ligação entre Rm 5,12-21 e a perícope anterior, a qual afirmava que "fomos justificados pelo Espírito Santo e por Cristo"[218].

Na pergunta sobre o objeto dessa justificação encontra-se o ponto de ligação entre as duas perícopes: de que o gênero humano foi justificado? Foi justificado do pecado e da morte, afirma Crisóstomo. Mas resta ainda saber como entrou a morte no mundo. Responde: "pelo pecado de um só". No entanto, pergunta ainda, "o que quer dizer ἐφ' ᾧ πάντες ἥμαρτον?". Respondendo à pergunta retórica, afirma o Patriarca de Constantinopla a respeito de Adão: "este caiu, e também caíram aqueles que da árvore não comeram e, como efeito disto, temos o fato de que por meio dele todos se tornaram mortais"[219].

Esta é a especificidade de João Crisóstomo ao interpretar esse versículo: o ser humano não se torna pecador em Adão, se torna apenas mortal. Essa ideia reaparece no comentário ao v. 19:

> Dizer que aquele (Adão) se tornou mortal pelo seu pecado, e que o somos também nós os seus descendentes não há nada de inverossímil. Mas é talvez lógico que pela desobediência daquele, outro se deve tornar pecador?

---

217. CIRILO DE ALEXANDRIA, Explanatio in epistolam ad Romanos, V, 14: PG 74, 786a.
218. JOÃO CRISÓSTOMO, In epistolam ad Romanos, X, 1: PG 60, 474.
219. JOÃO CRISÓSTOMO, In epistolam ad Romanos, X, 1: PG 60, 473-474.

> Merecedor da pena é só aquele que de iniciativa própria se tornou pecador. Que valor se deve dar, portanto, à palavra "pecador"? A meu parecer esta tem aqui o sentido de "passíveis de castigo", "condenados à morte"[220].

Comentando o v. 14, fala de que modo deve ser compreendida a afirmação de que Adão foi a figura de Cristo, estabelecendo assim o sentido do paralelismo.

> De fato, Adão é figura de Cristo. Mas de que modo se deve entender que ele é "figura"? Deve-se entender no sentido de que do mesmo modo que, não lhe sendo lícito comer da árvore, foi causa de morte para a sua descendência através do alimento por ele ingerido, assim também Cristo para os seus, apesar de estes não serem justos, para eles foi o conciliador da justiça, justiça esta que nos chegou por meio da cruz[221].

E, ainda na explanação sobre esse versículo, respondendo a uma objeção dos judeus, de modo apologético, esclarece mais ainda a compreensão do paralelismo Adão-Cristo:

> A ti dizem os judeus: de que modo um só Cristo operando retamente, trouxe a salvação do mundo? O mesmo poderias a ele dizer: de que modo um só Adão sendo desobediente trouxe a condenação a todo o orbe? Se bem que o pecado não é igual à graça, nem a morte à vida, nem o diabo a Deus, mas a diferença é imensa[222].

Explicando por que o Apóstolo diz "onde abundou o pecado superabundou a graça" no v. 20, e não onde abundou o pecado, abundou a graça, faz ver de modo excelente em que consiste a obra de Cristo.

> Não se dá, de fato, como simples libertação do suplício, mas também nos concede a remissão dos pecados e a vida; e além disso, o que muitas vezes dissemos: ao enfermo não só o liberta da doença, mas também o torna formoso, forte, honrado; ou ainda, ao necessitado não só alimenta, mas o cumula de muitas riquezas e o eleva ao mais alto império[223].

---

220. JOÃO CRISÓSTOMO, In epistolam ad Romanos, X, 2-3: PG 60, 477. Tal interpretação parece mutilar o sentido do texto, do momento que o Apóstolo utiliza o verbo καθίστημι na forma de aoristo passivo – κατεστάθησαν – com o significado de "ser constituído", sendo que ser constituído pecador significa que os descendentes de Adão, em consequência da ação daquele que originou sua estirpe, são colocados diante do juízo de Deus no estado de pecadores. KUSS, O., La Lettera ai Romani, p. 319.

221. JOÃO CRISÓSTOMO, In epistolam ad Romanos, X, 1: PG 60, 475.

222. JOÃO CRISÓSTOMO, In epistolam ad Romanos, X, 1: PG 60, 475.

223. JOÃO CRISÓSTOMO, In epistolam ad Romanos, X, 4: PG 60, 479.

Ou seja, com Cristo a humanidade tem um crescimento qualitativo, recuperando aquilo que possuía na primeira criação e havia perdido com a queda do primeiro homem e recebendo de modo sublime uma infinidade de outros dons[224].

2.6.1.2. Autores da Idade Média até Trento

A. Pedro Abelardo[225]

Como primeiro representante da Idade Média põe-se o teólogo e filósofo francês Pedro Abelardo. Dentre tantas de suas obras destacam-se os seus *Comentários sobre a Carta de São Paulo aos Romanos* (*Commentaria in epistolam Pauli ad Romanos*).

Logo no início do seu comentário a Rm 5,12-21 nota que ao v. 12 falta um complemento: para Pedro Abelardo, depois de διὰ τοῦτο, "propterea", que neste contexto traduziu-se como "por isso mesmo", se continuaria o pensamento da perícope anterior (Rm 5, 1-11), a qual falava da reconciliação que se recebeu em Cristo[226]. O texto completo seria, segundo Abelardo, deste modo: "Por isso mesmo, porque assim como recebemos a reconciliação por meio de Cristo, de modo que por um só recebemos a justiça para a justificação que traz a vida a todos os homens, do mesmo modo por um só homem entrou o pecado no mundo etc."[227]

A morte de que fala o v. 12 vem compreendida como "por certo corporal", porém, não só esta perpassou todos os homens, mas também o pecado, "ao menos" o original, e, deste modo, em Adão todos pecaram, ou seja, incorreram na pena do pecado[228]. O mesmo afirma, comentando o v. 19: "Pelo pecado de Adão muitos, e não todos, foram constituídos pecadores, ou seja, entregues à pena eterna"[229].

Deve-se destacar aqui a interpretação do termo πολλοί como "muitos". Isto porque, caso contrário, teria de afirmar, para ser coerente com o seu pensamento, que todos foram entregues à eterna pena em decorrência do pecado de Adão, o

---

224. JOÃO CRISÓSTOMO, In epistolam ad Romanos, X, 4: PG 60, 479.

225. Nos autores medievais, exceto Tomás de Aquino, muda-se a forma de citação das obras, pois consultou-se a CD ROM Cetedoc Library of Christians Latin Texts, Medii Aevi Scriptores, de modo que após o nome da obra vem citado o número do livro, se for mais de um, logo após o capítulo e por último a linha da citação. Após a sigla da coletânea se cita somente o número da obra no CD ROM sem o número da página.

226. PEDRO ABELARDO, Commentaria in epistulam Pauli ad Romanos, 2, 5, 111: CLCLT – SM, 181.

227. PEDRO ABELARDO, Commentaria in epistulam Pauli ad Romanos, 2, 5, 127: CLCLT – SM, 181.

228. PEDRO ABELARDO, Commentaria in epistulam Pauli ad Romanos, 2, 5, 121: CLCLT – SM, 181.

229. PEDRO ABELARDO, Commentaria in epistulam Pauli ad Romanos, 2, 5, 267: CLCLT – SM, 181.

que, segundo Abelardo, fugiria da verdade, sendo que "Cristo sempre foi imune de todo pecado" e que, por outra parte,

> existem muitos que tendo o pecado original perdoado pelo sacramento da Igreja, foram condenados pelos seus próprios pecados, dos quais não se pode dizer de nenhum modo que foram constituídos pecadores em Adão, mas se constituíram a si mesmos, porquanto já neles não se pune o pecado de Adão, o qual neles já está perdoado, mas os seus próprios pecados[230].

Quanto ao modo como deve ser compreendido o paralelismo Adão-Cristo, Pedro Abelardo, explicando o v. 14 onde diz que "Adão é a figura daquele que deveria vir", afirma que

> assim como Cristo é pai de todos os seres espirituais, do mesmo modo Adão é daqueles carnais, isto é, Cristo é a cabeça daqueles que foram gerados para Deus, do mesmo modo que Adão é daqueles que foram gerados para o mundo, de modo que um gera para a vida e para o descanso e o outro para a morte e para a pena[231].

Na sua explanação sobre o v. 15, explicando ainda o modo correto de compreensão do paralelismo, diz:

> Não acontece com o delito de Adão o mesmo que com o dom de Cristo, isto é, não existe igualdade entre o que estes transmitiram às suas descendências. Muito mais Cristo transmitiu à sua posteridade no que se refere à salvação, que Adão no que diz respeito à condenação. Isto porque, justamente, aproveu à divina justiça e piedade trazer mais por Cristo proveito, que por Adão desvantagem, isto é, mais ganho por meio daquele que perda por este[232].

Porém, comentando a diferença no tempo do verbo καθίστημι, "constituir" no que se refere à ação de Cristo e de Adão no v. 19, onde diz que "pela desobediência de um, muitos foram constituídos pecadores e em Cristo muitos serão constituídos justos", afirma:

> Mesmo que o pecado de Adão a nós transmitido esteja presente em nós através da sua pena, a justificação por Cristo é como se fosse ainda coisa futura, como se estivesse oculta, e os cristãos sofrem excessivamente aflições

---

230. PEDRO ABELARDO, Commentaria in epistulam Pauli ad Romanos, 2, 5, 269: CLCLT – SM, 181.
231. PEDRO ABELARDO, Commentaria in epistulam Pauli ad Romanos, 2, 5, 173: CLCLT – SM, 181.
232. PEDRO ABELARDO, Commentaria in epistulam Pauli ad Romanos, 2, 5, 191: CLCLT – SM, 181.

neste mundo. De onde o Apóstolo João diz: "Desde já somos filhos de Deus, mas ainda não se manifestou o que seremos. Sabemos que por ocasião dessa manifestação seremos semelhantes a ele etc. (1Jo 3,2)"; e o próprio Paulo: "A nossa vida está escondida com Cristo em Deus (Cl 3,3)"[233].

Finalmente, no comentário ao v. 20, deve-se destacar a compreensão que tem do mistério salvífico o qual, na sua visão, não se limita ao Mistério Pascal, mas engloba toda a ação de Cristo:

> Onde (...) abundou o pecado, superabundou a graça de Cristo, isto é, os bens provenientes da sua graça, não sendo estes frutos, portanto, de méritos pessoais. Além disso, foi nele que a nossa salvação se operou de especial modo, tanto nascendo como por certo pregando, (...) perdoando os pecados ou fazendo milagres e padecendo, ressuscitando, subindo aos céus, mandando o Espírito Santo, como também reunindo os Apóstolos e os primeiros eleitos para, através deles, conquistar o mundo para Deus[234].

B. Guilherme de São Teodoro

Entre os seus escritos encontra-se uma *Exposição sobre a Epístola aos Romanos* (*Expositio super epistolam ad Romanos*). No que se refere a Rm 5,12-21 e à alusão nessa perícope a Gn 3, o autor inicia o seu comentário com uma introdução que visa estabelecer o modo como deve ser compreendido o paralelismo Adão-Cristo. Tendo como base da sua argumentação a universal causalidade adâmica apoiada na tradução do versículo 12d como "in quo omnes peccaverunt" ("no qual todos pecaram"), diz que o Apóstolo, nesse texto, fala basicamente de dois homens: o primeiro deles é Adão, o qual deixou como herança à sua posteridade o pecado e a morte; o outro é o segundo Adão, o qual não sendo só homem, mas também Deus, pagou o que não devia, e assim "fomos livres tanto dos débitos paternos como dos próprios"[235].

Afirma ainda que "assim como por um só, o diabo tinha como escravos todos os que foram gerados pela concupiscência da sua carne viciada, é justo que por um só sejam perdoados os que foram regenerados por sua imaculada graça espiritual"[236].

---

233. PEDRO ABELARDO, Commentaria in epistulam Pauli ad Romanos, 2, 5, 288: CLCLT – SM, 181.
234. PEDRO ABELARDO, Commentaria in epistulam Pauli ad Romanos, 2, 5, 744: CLCLT – SM, 181.
235. GUILHERME DE SÃO TEODORO, Expositio super Epistolam ad Romanos, 3, 219: CLCLT – SM, 979.
236. GUILHERME DE SÃO TEODORO, Expositio super Epistolam ad Romanos, 3, 225: CLCLT – SM, 979.

Guilherme de São Teodoro nota que no v. 12 o pensamento foi interrompido bruscamente. Para completá-lo ter-se-ia de acrescentar um complemento, que, à diferença de Abelardo, não seria uma continuação de Rm 5,1-11, mas viria colocado depois de se falar do primeiro Adão como que em ordem cronológica. Assim ficaria o versículo:

> Onde diz: Assim como por um só homem o pecado entrou no mundo, e pelo pecado a morte, e assim perpassou a todos, resta dizer: Assim por um homem a justiça entrou no mundo, e pela justiça a vida, e assim perpassou todos os homens, no qual todos são justificados[237].

A respeito do "por um só homem", afirma que não foi por imitação do seu exemplo que os descendentes de Adão se tornaram devedores como o seu progenitor, da mesma forma que os que recebem do Senhor a justificação a recebem não por ter imitado o seu exemplo, mas "por oculta comunicação e inspiração da graça espiritual"[238].

Como o faz Agostinho, o autor coloca uma questão a respeito do modo de compreensão de "no qual todos pecaram": Deve ser entendido como "no pecado que foi introduzido neste mundo todos pecaram", ou "em Adão todos pecaram"?[239] Respondendo afirma:

> Se Levi, nascido quatro gerações depois de Abraão, pereceu na carne de Abraão, muito mais todos os homens estavam na carne de Adão ao pecar, e nele pecaram, e com ele foram expulsos do paraíso e por sua morte a morte perpassou a todos os que tinha na sua carne[240].

E sendo que "nada de carnal é gerado senão por Adão e nada de espiritual a não ser por Cristo"[241], em conformidade com a ideia segundo a qual "o homem é o início da geração"[242], Guilherme diz que o pecado original é transmitido por geração através do sêmen do homem[243], e tem como consequência a morte espiritual[244], a qual, por sua vez, traz consigo a morte corporal[245].

---

237. GUILHERME DE SÃO TEODORO, Expositio super Epistolam ad Romanos, 3, 248: CLCLT – SM, 979.
238. GUILHERME DE SÃO TEODORO, Expositio super Epistolam ad Romanos, 3, 270: CLCLT – SM, 979.
239. GUILHERME DE SÃO TEODORO, Expositio super Epistolam ad Romanos, 3, 336: CLCLT – SM, 979.
240. GUILHERME DE SÃO TEODORO, Expositio super Epistolam ad Romanos, 3, 340: CLCLT – SM, 979.
241. GUILHERME DE SÃO TEODORO, Expositio super Epistolam ad Romanos, 3, 536: CLCLT – SM, 979.
242. GUILHERME DE SÃO TEODORO, Expositio super Epistolam ad Romanos, 3, 277: CLCLT – SM, 979.
243. GUILHERME DE SÃO TEODORO, Expositio super Epistolam ad Romanos, 3, 273: CLCLT – SM, 979.
244. GUILHERME DE SÃO TEODORO, Expositio super Epistolam ad Romanos, 3, 304: CLCLT – SM, 979.
245. GUILHERME DE SÃO TEODORO, Expositio super Epistolam ad Romanos, 3, 305: CLCLT – SM, 979.

Porém, a respeito daqueles que, reconhecendo a grandeza do chamado divino e invocando aquele em quem creram, imploraram a misericórdia divina[246], se pode dizer: "'Onde abundou o pecado superabundou a graça', pois a quem muito amou, muito foi perdoado e derramado nos seus corações o amor de Deus, de onde procede a plenitude da Lei, não pela força dos julgamentos humanos, mas pelo Espírito Santo que nos foi dado"[247].

C. Tomás de Aquino

Na sua principal obra, a *Summa Theologica*, ao falar da causa dos pecados no que diz respeito à sua origem, Tomás de Aquino faz menção a Rm 5,12, utilizando-o para refutar diversas objeções contra a doutrina do pecado original, tais como: "o filho não carregará a iniquidade de seu pai"; ou ainda: "o acidente não passa de um sujeito para outro"; "o sêmen não pode causar pecado por lhe faltar a parte racional da alma" etc[248].

Respondendo a tais objeções, Tomás de Aquino afirma:

> Mas contra isto está o que diz o Apóstolo em Rm 5,12: Por um só homem entrou o pecado no mundo. O que não se pode entender a modo de imitação, por isso diz a Sb 2,24: Pela inveja do diabo, entrou no mundo a morte. Logo, só pela geração do primeiro homem entrou o pecado no mundo[249].

Após isto, explica como na sua compreensão se dá a transmissão do pecado do primeiro pai: para Tomás, todos os filhos de Adão formam como que um só corpo, "por terem a mesma natureza herdada do primeiro pai", de modo que todos os nascidos de Adão são como membros de um único corpo[250].

Assim como uma mão que comete homicídio o comete não voluntariamente, mas por vontade da alma, "motora primeira dos membros", não lhe sendo imputado o homicídio em si mesmo, mas enquanto membro do corpo, do mesmo modo a desordem existente na pessoa humana gerada por Adão não é voluntária, mas pela vontade de Adão

> que move, pela moção da geração, todos os que dele receberam a origem, assim como a vontade da alma move a agirem todos os membros do corpo. Por onde o pecado assim originado do primeiro pai chama-se original, do

---

246. GUILHERME DE SÃO TEODORO, Expositio super Epistolam ad Romanos, 3, 572: CLCLT – SM, 979.
247. GUILHERME DE SÃO TEODORO, Expositio super Epistolam ad Romanos, 3, 576: CLCLT – SM, 979.
248. TOMÁS DE AQUINO, Summa Theologica, Ia IIae, q. 81, a. 1, ad 1.
249. TOMÁS DE AQUINO, Summa Theologica, Ia IIae, q. 81, a. 1, ad 1.
250. TOMÁS DE AQUINO, Summa Theologica, Ia IIae, q. 81, a. 1, resp..

mesmo modo que o derivado da alma para os membros do corpo se chama atual[251].

Deste modo, o pecado original não é pecado de uma determinada pessoa, mas é um "pecado de natureza, conforme escrito em Ef 2,3: 'Éramos por natureza filhos da ira'"[252], o qual por sua vez "é uma disposição desordenada proveniente do desaparecimento daquela harmonia em que consistia a essência da justiça original"[253].

Nessas afirmações o Doutor Angélico toma elementos de uma grande parte dos autores vistos até agora, tanto orientais como ocidentais, fazendo uma verdadeira síntese de tudo aquilo que foi dito anteriormente.

D. Martinho Lutero

Em 1517 Lutero torna públicas as suas teses contra as indulgências, desencadeando inúmeras reações contrárias, inclusive a condenação de proposições nelas contidas pelo papa Leão X com a Bula *Exurge Domine* de 15 de junho de 1520. A 3 de janeiro de 1521, com a Bula *Decet Romanum Pontificem,* é excomungado juntamente com seus seguidores. Daí por diante lança os fundamentos daquilo que iria levar ao fim a unidade do cristianismo no Ocidente[254].

Entre seus escritos, que influenciaram sobremaneira gerações inteiras dentro e fora dos ambientes luteranos no que se refere à compreensão de Paulo e do judaísmo da sua época[255], tem-se o *Prefácio à Epístola de São Paulo aos Romanos*, publicado em 1522[256]. Inicia esse texto com as seguintes palavras, nas quais se

---

251. TOMÁS DE AQUINO, Summa Theologica, Ia IIae, q. 81, a. 1, resp..

252. TOMÁS DE AQUINO, Summa Theologica, Ia IIae, q. 81, a. 1, resp..

253. TOMÁS DE AQUINO, Summa Theologica, Ia IIae, q. 82, a. 1, resp..

254. MONDIN, B., Storia della Teologia, p. 140-141; SCHLESINGER, H.; PORTO, H., Líderes Religiosos da Humanidade, p. 864-865.

255. Tal compreensão vem sendo repensada a partir da chamada "Nova Perspectiva" sobre Paulo: "Como observa Sanders, já faz cem anos que a maioria dos estudiosos do Novo Testamento tem defendido uma antítese fundamental entre Paulo e o judaísmo, especialmente o judaísmo rabínico, e tem considerado essa antítese um fator central, geralmente um fator central na compreensão de Paulo, o judeu-que-se-tornou-cristão. O centro do problema é o caráter do judaísmo como religião de salvação. Para especialistas rabínicos, a ênfase que o judaísmo rabínico confere à bondade e generosidade de Deus, seu encorajamento do arrependimento e da oferta de perdão é totalmente óbvia, enquanto Paulo parece retratar o judaísmo como fria e calculadamente legalista, um sistema de "obras" de justiça, onde a salvação é ganha pelo mérito de boas obras. Olhando desde outra perspectiva, o problema é a maneira como Paulo foi entendido como o grande expoente da doutrina central da Reforma, da justificação pela fé. Como Krister Stendahl alertou há vinte anos, é decepcionantemente fácil ler Paulo à luz da busca agonizante de Lutero que procurava alívio para a sua consciência atormentada". DUNN, J. D. G., A Nova Perspectiva sobre Paulo, p. 159.

256. LUTERO, M., Comentarios de Martín Lutero, p. 11.

percebe a tendência de Lutero de estabelecer um cânon dentro do cânon do Novo Testamento[257]:

> Esta Carta é na verdade o escrito mais importante do Novo Testamento e o mais evangelho puro. É digna de que todo cristão não só a conheça de memória palavra por palavra, mas também de que se ocupe dela como pão quotidiano da alma; pois nunca poderá ser lida ou ponderada o suficiente, e quanto mais é estudada, mais preciosa e apetecível se torna[258].

Nesse prefácio, como condição para a compreensão da Carta aos Romanos, Lutero coloca o conhecimento de termos-chave utilizados por Paulo, tais como "Lei, pecado, graça, fé, carne, espírito e outras semelhantes, caso contrário a leitura não teria nenhum proveito"[259]. Logo após ter exposto a sua compreensão de tais termos, conclui a explanação com as seguintes palavras:

> Sem esta compreensão destas palavras nunca entenderás esta epístola de São Paulo, nem nenhum livro da Sagrada Escritura. Por isso deves precaver-te de todos os mestres que usam estas palavras em outro sentido, seja lá quem for, Jerônimo, Agostinho, Ambrósio, Orígenes, semelhantes a eles ou ainda superiores[260].

Tendo posto tais premissas, na segunda parte do prefácio, faz uma pequena apresentação de cada capítulo da Carta. Ao chegar a Rm 5,12-21, afirma que nesse ponto o Apóstolo expõe de onde provêm o pecado e a justiça, a morte e a vida, através do confronto de Adão e Cristo[261]. Tendo dito isso, fala da necessidade da vinda de Cristo ao mundo como segundo Adão, o qual concedeu ao homem por herança sua justiça, através do nascimento espiritual na fé, da mesma forma como o primeiro Adão passou a toda a humanidade a herança do pecado através do nascimento carnal[262]. Isto é para Lutero a prova de que

> ninguém pode com as obras libertar-se a si mesmo do pecado e chegar à justiça, assim como tampouco pode evitar nascer corporalmente. Com isso se demonstra também que a Lei divina, que por lógica deveria ajudar, se é

---

257. BROWN, R. E., Introdução ao Novo Testamento, p. 104.
258. LUTERO, M., Comentarios de Martín Lutero, p. 11.
259. LUTERO, M., Comentarios de Martín Lutero, p. 11.
260. LUTERO, M., Comentarios de Martín Lutero, p. 16.
261. LUTERO, M., Comentarios de Martín Lutero, p. 19.
262. LUTERO, M., Comentarios de Martín Lutero, p. 19.

que ela poderia contribuir em algo para a justiça, não só não pode ajudar, como até aumentou o pecado, pelo fato de que a natureza má tanto mais se torna inimiga da Lei e prefere satisfazer seus apetites, quanto mais a Lei o proíbe. Desta maneira a Lei torna ainda mais necessário Cristo e tanto mais exige a graça que venha em auxílio da natureza[263].

Como fruto de aulas conferidas entre os anos de 1515 e 1516, ou seja, pouco antes da publicação de suas teses em outubro de 1517, tem-se outra obra de Martinho Lutero, o "Comentário a Romanos" ou "Lições sobre a Carta aos Romanos", manuscritos tidos como perdidos e recuperados no séc. XIX. Apesar de terem sido proferidas antes de 1517, nelas já estão presentes os princípios fundamentais do luteranismo, principalmente a definição de pecado original elaborada por Lutero, o qual, na sua compreensão, afeta de tal maneira a natureza humana a ponto de comprometer a liberdade e no qual foca toda a sua exposição[264].

Em tom coloquial, começa a sua apresentação sobre Rm 5,12-21, concentrando suas forças na utilização de uma série de argumentos escriturísticos e patrísticos na defesa de que no v. 12 o Apóstolo está se referindo ao pecado original, e não àquele atual[265]. Depois, em um *excursus*, busca apresentar a sua compreensão dessa realidade.

No entanto, antes de apresentar o seu conceito de pecado original, expõe aquele defendido pela teologia escolástica e aceito pela Igreja Católica, ou seja, "a ausência ou carência da justiça original", o qual vem assim explicado: "A justiça, no entanto, é, na opinião deles, não mais do que algo subjetivo na vontade do homem; 'algo subjetivo' é então também o oposto, ou seja, a ausência dessa justiça, e por isso pertence à categoria de uma qualidade (...)"[266]. Sendo assim, com a ausência dessa qualidade que é a justiça, desse *donum superadditum*, para usar uma expressão dos teólogos escolásticos citados por Lutero, isto é, dom que foi acrescentado à natureza original do homem, a natureza do ser humano não é afetada seriamente, mas sim ferida[267].

Contradizendo essa definição, Lutero passa a elaborar o seu próprio conceito de pecado original, o qual, na sua compreensão,

---

263. LUTERO, M., Comentarios de Martín Lutero, p. 19.
264. LUTERO, M., Comentarios de Martín Lutero, p. 9.
265. LUTERO, M., Comentarios de Martín Lutero, p. 208-211.
266. LUTERO, M., Comentarios de Martín Lutero, p. 211.
267. LUTERO, M., Comentarios de Martín Lutero, p. 211.

não é só a ausência de uma qualidade na vontade, nem muito menos uma mera ausência de luz no entendimento ou de força na memória, mas é a ausência absoluta de toda retidão e potência de todas as faculdades tanto do corpo como da alma e do homem inteiro, interior e exterior. E, além do mais, é ela mesma inclinação para o mal, repugnância ao bem, aversão para com a luz, a sabedoria e, por outro lado, amor ao erro e às trevas, a tendência a fugir das boas obras, de aborrecê-las, e correr em direção ao mal, (...). Pois Deus odeia e conta como pecado não só aquela "ausência" (...), mas toda essa concupiscência que faz que desobedeçamos o mandamento que diz: "Não cobiçarás" (Ex 20,17)[268].

Desse modo, Lutero identifica o pecado original com o *"fomes peccati"*, a inclinação para o pecado, "a lei da carne, a lei dos membros, a debilidade da natureza, o tirano, a enfermidade que a humanidade traz dentro de si desde suas origens"[269], ou seja, em uma palavra, a concupiscência[270].

Em tudo o que foi exposto pode-se perceber a identificação, por parte de Lutero, do pecado original com a tendência ao mal existente no ser humano, ou seja, com a "concupiscência", a qual seria invencível. Deste modo, Lutero, entendendo o pecado original como a orientação básica do ser humano, o qual afeta sobremaneira a sua natureza e a sua liberdade, afasta-se do pensamento católico[271] por ele mesmo exposto, ou seja, da compreensão de pecado original como privação da santidade e da justiça originais que, porém, não corrompe totalmente a natureza humana, mas sim a fere nas suas próprias forças naturais[272].

Continuando a expor o seu pensamento sobre o v. 12a, onde Paulo afirma que "o pecado entrou no mundo", procura mais uma vez destacar que não se está falando do pecado atual, o qual tem sua fonte no coração humano, mas do pecado original que, ao contrário "entra no homem"[273].

Comentando o v. 12d, entra na questão tão discutida a respeito da interpretação e tradução do ἐφ' ᾧ, o qual vem traduzido por Lutero, que acompanha a Vulgata como o faz em toda a sua exposição, como *in quo*. Para ele o texto não

---

268. LUTERO, M., Comentarios de Martín Lutero, p. 212.

269. LUTERO, M., Comentarios de Martín Lutero, p. 212.

270. LUTERO, M., Comentarios de Martín Lutero, p. 220.

271. A doutrina católica sobre o pecado original se desenvolveu a partir do embate entre Agostinho e Pelágio, das definições do Concílio de Orange, da reflexão dos teólogos escolásticos e será reafirmada posteriormente na 5ª sessão do Concílio de Trento (Ds 1510-1516).

272. LUTERO, M., Comentarios de Martín Lutero, p. 211-212.

273. LUTERO, M., Comentarios de Martín Lutero, p. 214.

permite discernir com claridade se o pronome relativo se refere "a um masculino ou a um neutro"[274]. Sendo assim, ambas as interpretações estariam corretas, pois, segundo Lutero, o uso dessa ambivalência por parte do Apóstolo parece ter sido intencional, porquanto este queria dar a entender que o pronome relativo se refere tanto ao homem (masculino) no qual todos pecaram, cujo pecado se identifica com o pecado original, quanto ao pecado (neutro)[275] no qual todos pecaram[276]. Desse modo, Lutero pode afirmar que, mesmo sendo a primeira explicação a que mais concorda com o contexto posterior, no qual diz o Apóstolo "assim como pela desobediência de um homem os muitos foram constituídos pecadores" (v. 19), no sentido de que todos pecaram no pecado daquele um só homem, "também a segunda interpretação é aceitável: tendo pecado um, pecaram todos"[277].

Passando a comentar a afirmação do v. 13a: "Antes, de fato, da Lei o pecado existia no mundo", diz que tal sentença não deve ser entendida como se o pecado só tenha existido até que fosse dada a Lei, e depois disto deixasse de existir, mas no sentido de que ele adquiriu uma notoriedade que não tinha quando não existia a Lei. Como prova disto utiliza o v. 13b: "O pecado, no entanto, não é imputado, não existindo Lei", o que, segundo ele, deve ser entendido do seguinte modo: "Por meio da Lei, até que ela existiu, o pecado não foi tirado, mas imputado"[278].

Quanto à afirmação do v. 14a de que "a morte reinou", a interpreta do seguinte modo: "o castigo pelo pecado, que é a morte, o conheciam todos por experiência; o que não se conhecia era a causa da morte: o pecado"[279]. Continuando a comentar o v. 14 diz concordar com Agostinho na sua interpretação da

---

274. LUTERO, M., Comentarios de Martín Lutero, p. 214.

275. Vê-se que Lutero, mesmo tendo citado Agostinho (AGOSTINHO DE HIPONA, Contra duas Epistolas Pelagianorum, I, 10, 11: PL 44, 115), está utilizando como base do seu estudo o texto latino e não o grego como o Doutor da Graça, o qual afirma que no grego a palavra ἁμαρτία é de gênero feminino, e portanto, "tem-se que concluir que a compreensão correta é dizer que todos pecaram naquele primeiro homem, porque todos, quando ele pecou, estavam nele, do qual pelo nascimento herdaram o pecado (...)". AGOSTINHO DE HIPONA, Contra duas Epistolas Pelagianorum, IV, 4, 7: PL 44, 614.

276. LUTERO, M., Comentarios de Martín Lutero, p. 214-215.

277. LUTERO, M., Comentarios de Martín Lutero, p. 215.

278. LUTERO, M., Comentarios de Martín Lutero, p. 216. Porém, aqui se está, dentro da lógica do discurso paulino, diante de uma possível objeção feita por um interlocutor fictício à afirmação de que antes da Lei existia pecado no mundo (v. 13a), a qual vem respondida em seguida quando o Apóstolo expõe um fato: a morte reinou de Adão até Moisés mesmo sobre aqueles que não pecaram a semelhança de Adão, ou seja, mesmo sobre aqueles que não deixaram de observar um mandamento como Adão (v. 14ab). MONTAGNINI, F., Rom 5,12-14 alla luce del dialogo rabinico, p. 23; MURPHY-O'CONNOR, J., Paulo, p. 337.

279. LUTERO, M., Comentarios de Martín Lutero, p. 216.

afirmação "à semelhança da transgressão de Adão" (v. 14b), quando aplica esta passagem àqueles que "ainda não pecaram com sua vontade própria e pessoal como o fez Adão"[280], e com Ambrósio[281] quando, tentando explicar a questão sobre a aparente contradição entre as afirmações de que "todos pecaram" (v. 12d) e ao mesmo tempo de que alguns "não pecaram" (v. 14b), e fazendo a distinção entre pecado e transgressão, diz que todos teriam pecado na pessoa e no pecado de Adão; no entanto, nem todos pecaram à maneira da transgressão de Adão, sendo que pecado e transgressão seriam duas realidades distintas. O pecado seria um estado de culpabilidade permanente, a transgressão por sua vez, como ato individual, teria um caráter provisório. Portanto, todos pecaram, não em forma de ato concreto, mas enquanto estão todos no mesmo estado de culpabilidade[282].

Comentando a expressão "o qual é tipo do que devia vir" (v. 14c), e citando Crisóstomo[283] indiretamente por meio de Agostinho[284], Lutero defende que Adão é a figura de Cristo enquanto foi causa de morte para os seus descendentes, mesmo não tendo estes comido do fruto da árvore, do mesmo modo que Cristo foi para os seus descendentes o provedor da justiça por meio da sua cruz, mesmo não tendo estes realizado nenhum ato de justiça[285]. Desse modo, Lutero pode afirmar que

> a semelhança da transgressão de Adão se acha também em nós, já que morremos como se tivéssemos pecado de forma semelhante. Também se acha em nós a semelhança da justiça de Cristo, já que vivemos como se tivéssemos cumprido de forma semelhante a ele todas as exigências da Lei[286].

---

280. AGOSTINHO DE HIPONA, De peccatorum meritis et remissione et de baptismo parvulorum ad Marcellinum, I, 9, 9: PL 44, 114.

281. Na verdade, trata-se do Ambrosiaster, ou, Pseudo-Ambrósio. AMBROSIASTER, Commentarius in epistolam ad Romanos, V, 12: PL 17, 94ss.

282. LUTERO, M., Comentarios de Martín Lutero, p. 211.

283. Eis o texto original de Crisóstomo: "De fato, Adão é figura de Cristo. Mas de que modo se deve entender que ele é 'figura'? Deve-se entender no sentido de que do mesmo modo que, não lhe sendo lícito comer da árvore, foi causa de morte para a sua descendência através do alimento por ele ingerido, assim também Cristo para os seus, apesar destes não serem justos, para eles foi o conciliador da justiça, justiça esta que nos chegou por meio da cruz". JOÃO CRISÓSTOMO, In epistolam ad Romanos, X, 1: PG 60, 475.

284. AGOSTINHO DE HIPONA, Contra Iulianum, 1, 6, 27: PL 44, 659.

285. LUTERO, M., Comentarios de Martín Lutero, p. 218.

286. LUTERO, M., Comentarios de Martín Lutero, p. 218.

Ao explanar sobre o v. 15a onde o Apóstolo diz "mas não como a transgressão, assim também o dom", logo após citar mais uma vez Crisóstomo[287] através de Agostinho[288], afirma:

> Pois se o pecado, e o pecado deste um só homem (Adão) teve tal poder, como não haveria de ter um poder muito maior ainda a graça de Deus, que é a graça deste um só Homem (Cristo)? Não parece ser isto muito mais razoável? Pois, em verdade, que um seja condenado por causa de outro pouco nos convence. Muito mais apropriado e razoável parece que um seja salvo por causa de outro[289].

Ao comentar a afirmação de que "muito mais a graça de Deus e o dom gratuito de um só homem, Jesus Cristo, para os muitos abundou" (v. 15c), diz que o Apóstolo usa os vocábulos "graça" e "dom" como realidades distintas para salientar que a justificação e a graça que se recebe de Deus não se recebe como prêmio pelos méritos, mas "esta graça é um dom que o Pai deu a Cristo para que este o desse aos homens"[290].

Para comprovar que o pecado não deixou de existir com a chegada da Lei, mais uma vez utilizando a Vulgata, diz ser muito acertado o uso do vocábulo *subintravit* em Rm 5,20 e faz perceber que o Apóstolo na perícope diz que o pecado "entrou" (*intravit*), enquanto afirma que a Lei "entrou por baixo" (*subintravit*), o que significaria, segundo Lutero, que "depois do pecado entrou também a Lei", do que decorre que "o pecado que entrou ainda permanece ali e, inclusive, aumentou, sendo que, ao pecado que entrou se seguiu a Lei que o excitou, prescrevendo o que odiava e proibindo o que apetecia"[291].

Quanto à continuação do versículo, "para que o pecado abundasse" (v. 20a), Lutero entende que não se está diante de uma frase causal, mas de uma consecutiva. Isto se percebe pela utilização da conjunção *ut* ("para que") que quer indicar a consequência da Lei, não sua causa final, de modo que a Lei não deve sua existência ao pecado. Desse modo, o sentido do v. 20a no seu todo seria o seguinte:

---

287. Este é o texto de Crisóstomo que Agostinho utiliza em sua obra: "A ti dizem os judeus: de que modo um só Cristo operando retamente, trouxe a salvação do mundo? O mesmo poderias a ele dizer: de que modo um só Adão sendo desobediente trouxe a condenação a todo o orbe? Se bem que o pecado não é igual à graça, nem a morte à vida, nem o diabo a Deus, mas a diferença é imensa". JOÃO CRISÓSTOMO, In epistolam ad Romanos, X, 1: PG 60, 475.

288. AGOSTINHO DE HIPONA, Contra Iulianum, 1, 6, 27: PL 44, 659.

289. LUTERO, M., Comentarios de Martín Lutero, p. 219.

290. LUTERO, M., Comentarios de Martín Lutero, p. 219.

291. LUTERO, M., Comentarios de Martín Lutero, p. 220.

por meio da transgressão da Lei se chegou ao conhecimento daquele pecado primeiro e original. Por isso a Lei existe por causa da transgressão, não para que se produzisse a transgressão, mas porque a consequência forçosa da implantação da Lei era que por tal transgressão da Lei se chegava ao conhecimento de que a debilidade, a cegueira e a concupiscência são os verdadeiros pecados. (...) Assim a frase afirmativa "a Lei entrou para que o pecado abundasse" não aponta para mais nada a não ser para a frase negativa: a Lei não deu vida, a Lei não tirou o pecado, ou ainda, a Lei não entrou para tirar o pecado nem para dar vida. E então segue necessariamente esta declaração afirmativa: Portanto, a Lei entrou para incrementar o pecado. Isto é bem certo, de modo que o sentido é: a Lei entrou, e logo, sem culpa da Lei e sem que tenha sido a intenção do Legislador, sucedeu que a presença da Lei produziu o incremento do pecado. Porém, chegou-se a isto por causa da concupiscência, a qual não era capaz de cumprir a Lei[292].

E. João Calvino

Entre suas obras encontra-se a *Exposição de Romanos*, na qual, ao iniciar a sua digressão sobre Rm 5,12-21, afirma ser esta uma ampliação de doutrina do texto precedente, ou seja, da salvação em Cristo, "através da comparação de opostos"[293].

Para Calvino, só se poderia ter uma visão do que se possui em Cristo, quando se conhece o que por Adão se perdeu. No entanto, diz que a comparação entre os dois não é de maneira alguma semelhante em todos os aspectos, ocupando-se o Apóstolo de fazer as devidas correções[294].

Calvino é contra a afirmação de que todos pecaram em Adão, afirmação essa baseada no fato de Paulo ter dito que o pecado atingiu todos os homens. Por isso, traduz o v. 12d como "porque todos pecaram"[295].

No entanto, pecar para ele é "ser corrupto, viciado. A depravação natural que trazemos do ventre de nossa mãe, embora não produza seus frutos imediatamente, é, não obstante, pecado diante de Deus, e merece a sua punição. Isto é o que se chama pecado original"[296].

---

292. LUTERO, M., Comentarios de Martín Lutero, p. 220-221.
293. CALVINO, J., Exposição de Romanos, p. 186.
294. CALVINO, J., Exposição de Romanos, p. 186-187.
295. CALVINO, J., Exposição de Romanos, p. 187.
296. CALVINO, J., Exposição de Romanos, p. 187.

Com o pecado de Adão, perdendo este os dons da divina graça que Deus tinha concedido a ele e a sua progênie,

> também, ao rebelar-se contra o Senhor, inerentemente corrompeu, viciou e arruinou nossa natureza – tendo perdido a imagem de Deus [= *abdicatus a Dei similitudine*], e a única semente que poderia ter produzido era aquela que traz consigo mesmo [= *sui simile*][297].

Logo, segundo a compreensão de Calvino, todos pecaram participando desta corrupção natural, sendo toda a descendência de Adão ímpia e perversa[298]. Porém, temendo ser entendido como defensor das ideias de Pelágio, sendo que ambos traduzem da mesma forma o v. 12d, diz, tomando o cuidado de não colocar em perigo a causalidade universal do primeiro e do segundo Adão, que "Paulo não está tratando, aqui, com o pecado atual, pois se cada pessoa fosse responsável pela sua própria culpa por que Paulo compara Adão com Cristo? Segue-se, pois, que a alusão, aqui, é à nossa depravação inerente e hereditária"[299].

Comentando o v. 13, faz ver que essa depravação hereditária não é, porém, algo de passivo, pois a existência do pecado antes da Lei não se limita ao fato de que os seres humanos já estivessem "sob a maldição desde o ventre materno", mas leva em conta "a vida ímpia e réproba" que levavam "antes que a lei fosse promulgada", de modo que estes "não estavam absolvidos da condenação do pecado, pois houve sempre um Deus a quem a adoração era devida, bem como algumas normas de justiça em existência"[300].

Logo, essa semente que Adão produziu, ou seja, a sua semelhança em nós[301], não fica só como semente, mas produz seus frutos de iniquidade, de modo que Calvino pôde escrever, interpretando o v. 15, que "(...) não é culpa dele (de Adão) se perecemos, como se nós mesmos não fôssemos responsáveis. Paulo, porém, atribui nossa ruína a Adão visto que seu pecado é causa do nosso pecado"[302].

Continuando a sua explanação sobre o v. 15, diz ser a graça o oposto da ofensa e o dom que procede da graça o contrário da morte que procede do pecado. "Graça, portanto, significa a perfeita munificência de Deus, ou o seu amor imere-

---

297. CALVINO, J., Exposição de Romanos, p. 187.
298. CALVINO, J., Exposição de Romanos, p. 187.
299. CALVINO, J., Exposição de Romanos, p. 188.
300. CALVINO, J., Exposição de Romanos, p. 188.
301. CALVINO, J., Exposição de Romanos, p. 187.
302. CALVINO, J., Exposição de Romanos, p. 192.

cido, do qual ele nos deu uma viva demonstração, em Cristo, a fim de livrar-nos de nossa miséria"[303].

O "dom", por sua vez, na visão de Calvino é o fruto dessa ação salvífica de Deus, "da misericórdia que nos alcançou, ou seja: a reconciliação pela qual obtemos vida e salvação. Ele é também justiça, novidade de vida e muitas outras bênçãos similares"[304].

Em seguida faz uma crítica aos escolásticos, os quais afirmariam "que a graça não é outra coisa senão uma qualidade infusa nos corações dos homens"[305]. Contra essa suposta afirmação dos escolásticos diz que "a graça, propriamente dita, está em Deus, e ela é a causa da graça que está em nós"[306].

Deve-se destacar na digressão sobre o v. 17 a compreensão que Calvino tem da salvação operada por Cristo no fiel. Para ele, ao contrário do que acontece com o pecado, que, não só é imputado, mas que, de fato, a pessoa humana é culpada "visto que Deus julga a nossa natureza culpada de iniquidade"[307], o ser humano é salvo não por tornar-se justo de fato com o auxílio da graça, mas simplesmente "porque possuímos Cristo mesmo, com todas as suas bênçãos, as quais nos foram outorgadas pela liberalidade do Pai"[308]. Logo, "o dom da justiça não significa uma qualidade com que Deus nos dotou – pois tal conceito seria um grave equívoco – mas consiste naquela graciosa imputação de justiça"[309].

Ainda no comentário ao v. 17, reaparece o pessimismo agostiniano: "Visto que a maldição oriunda de Adão nos é comunicada pela natureza, não precisamos ficar surpresos com o fato de que ela inclua todo o gênero humano"[310]. No entanto, "o benefício de Cristo não é concedido a todos os homens"[311], pois, para sair dessa massa condenada, partícipe da "herança do pecado", "para desfrutar a

---

303. CALVINO, J., Exposição de Romanos, p. 193.

304. CALVINO, J., Exposição de Romanos, p. 193.

305. CALVINO, J., Exposição de Romanos, p. 193.

306. CALVINO, J., Exposição de Romanos, p. 193. É interessante o fato de que essa proposição, que Calvino coloca como crítica aos teólogos da escolástica, está quase parafraseando outra do ilustre escolástico Tomás de Aquino: "Ora, o dom da graça excede as faculdades de toda natureza criada, pois a graça não é senão uma participação da natureza divina, que sobrepuja qualquer outra natureza. Por onde, é impossível qualquer criatura causar a graça. E, portanto, necessariamente, só Deus pode deificar, comunicando o consórcio de sua natureza, (...)". TOMÁS DE AQUINO, Summa Theologica, Ia IIae, q. 112, a. 1, resp.

307. CALVINO, J., Exposição de Romanos, p. 195.

308. CALVINO, J., Exposição de Romanos, p. 195.

309. CALVINO, J., Exposição de Romanos, p. 195.

310. CALVINO, J., Exposição de Romanos, p. 195.

311. CALVINO, J., Exposição de Romanos, p. 195.

justiça de Cristo, é indispensável ser crente, posto que a nossa comunhão com ele é alcançada pela fé"[312].

Na doutrina de J. Calvino os filhos dos fiéis, "a quem a promessa é dirigida", participam dessa comunhão "de maneira peculiar". "Os demais não se acham de forma alguma isentos da sorte comum [do gênero humano]"[313].

Percebe-se, portanto, que J. Calvino assume o conceito de pecado original de M. Lutero, introduzindo ao lado deste aquilo que será o distintivo do calvinismo, ou seja, a doutrina da predestinação.

F. O Concílio Tridentino

Rm 5,12 vem citado duas vezes pelo Concílio de Trento no seu *Decreto sobre o Pecado Original* promulgado na sua 5ª seção no dia 17 de junho de 1546. No 2º cânon deste Decreto reproduz, quase literalmente, o 2º cânon do Sínodo de Orange[314]. Anatematiza todos os que afirmam que o pecado de Adão prejudicou só a ele, perdendo, portanto, ele somente, e não a sua descendência, a santidade e a justiça recebidas de Deus e transmitindo somente a morte corporal aos seus descendentes, não o pecado que é a morte da alma.

Como fundamento bíblico dessas afirmações cita, como o fez o Sínodo de Orange, Rm 5,12. Eis o cânon:

> "Se alguém afirma que a prevaricação de Adão foi nociva só a ele, e não também à sua descendência", que perdeu só para si e não para nós a santidade e a justiça recebidas de Deus; ou que ele, corrompido pelo pecado da desobediência, transmitiu a todo o gênero humano "só a morte" e a pena "do corpo, e não também o pecado, que é a morte da alma": seja anátema. "Pois contradiz o Apóstolo que afirma: 'Por causa de um só homem o pecado entrou no mundo e com o pecado a morte, assim também a morte perpassou todos os homens, no qual todos pecaram' (Rm 5,12)"[315].

---

312. CALVINO, J., Exposição de Romanos, p. 196.

313. CALVINO, J., Exposição de Romanos, p. 196.

314. "Se alguém afirma que o pecado de Adão prejudicou só a ele, e não também à sua descendência, ou atesta que certamente só a morte do corpo, que é a pena do pecado, e não o pecado, que é a morte da alma, passou a todo o gênero humano, atribui a Deus uma injustiça contradizendo o Apóstolo que diz: 'Por um só homem entrou o pecado no mundo, e pelo pecado a morte, e assim perpassou a todos os homens, no qual todos pecaram'". Ds 372.

315. Ds 1512.

No 4º cânon procura justificar e fundamentar a praxe do batismo de crianças. Aqui se retoma o cânon 2º do XV Concílio Provincial de Cartago[316] e, como o fez o Concílio Cartaginês, condena os que negam que as crianças devem ser batizadas:

> "Se alguém negar que as crianças devem ser batizadas recém-saídas do útero materno" mesmo se são filhos de pais batizados[317], "ou então afirmam que as crianças vêm batizadas para a remissão dos pecados, mas que não herdam de Adão nada do pecado original que seja necessário purificar com o lavacro da regeneração" para conseguir a vida eterna[318], "e, em consequência, para elas a forma do batismo para a remissão dos pecados não deve ser considerada verdadeira, mas falsa: seja anátema (...)"[319].

Após o "anatema sit", cita Rm 5,12 como prova escriturística da doutrina defendida. A esse versículo segue a mesma fórmula utilizada em Cartago, a qual diz que a interpretação dada pelo Sínodo, segundo a qual o versículo é uma alusão ao pecado original, é a única que sempre se deu a esse versículo em todo o orbe católico:

> De fato o que o Apóstolo disse: "Por causa de um só homem o pecado entrou no mundo e com o pecado a morte, assim também a morte perpassou todos os homens, no qual todos pecaram" (Rm 5,12), deve ser entendido no sentido no qual a Igreja católica difundida por toda parte sempre interpretou[320].

No entanto, deve-se chamar a atenção para o fato de que o Concílio Tridentino não condena formalmente aqueles que afirmam que Paulo em Rm 5,12 não fala de pecado original, razão pela qual nos dois decretos o versículo e as afirmações a seu respeito vêm colocados somente após o "anatema sit"[321].

---

316. "Igualmente foi decidido: Quem negar que se devam batizar as crianças recém-nascidas, ou diz que são batizadas para remissão dos pecados, mas nada trazem do pecado original de Adão que o banho da regeneração deveria expiar – de onde segue que no caso delas a forma do batismo 'para remissão dos pecados' é compreendida não como verdadeira, mas como falsa: seja anátema. De fato, não se pode compreender diversamente quando diz o Apóstolo: 'Por um só homem entrou o pecado no mundo e pelo pecado a morte, e assim perpassou todos os homens, no qual todos pecaram', senão no sentido no qual a Igreja católica, difundida por toda parte, sempre compreendeu". Ds 223.

317. Este é um acréscimo de Trento.

318. Também "para conseguir a vida eterna" é um acréscimo do Concílio Tridentino.

319. Ds 1514.

320. Ds 1514.

321. LYONNET, S., La Storia della Salvezza nella Lettera ai Romani, p. 65-66.

2.6.1.3. Exegese recente[322]

A. Marie-Joseph Lagrange

Nos anos que seguem ao Concílio de Trento o estudo da Sagrada Escritura, pela ênfase que se dá nesse momento ao Magistério e à Tradição numa atitude de reação contra o *Sola Scriptura* de Lutero, passa quase como que por um período de hibernação.

As discussões se movem em torno dos problemas tratados no Concílio Tridentino e há um retorno a Tomás de Aquino. No que se refere ao estudo bíblico, se limita ao aprofundamento de temas como a inspiração e a defesa do cânon definido pelo Concílio[323].

Essa situação se acentua a partir da segunda metade do século XVI, podendo-se falar nesse período até mesmo de um "vazio de pesquisa e de autêntica reflexão teológica"[324].

Tal conjuntura começa a mudar na metade do século XIX quando se volta a dar à Sagrada Escritura o seu devido lugar no âmbito da Revelação. No entanto, mantém-se o tom controversial e acentua-se a autoridade da Igreja no que se refere à interpretação da Escritura como reação ao protestantismo liberal[325].

Nesse contexto surge um dos grandes pioneiros do estudo bíblico em campo católico, o Pe. Marie-Joseph Lagrange, OP (1855-1938)[326], o qual funda em 1890 a École pratique des études bibliques, atual École biblique et archéologique française, em Jerusalém, e a *Revue Biblique* no ano de 1892[327].

---

322. Autores como R. Penna, J.-N. Aletti, entre outros expoentes da exegese de Romanos, pela sua importância no estudo de Rm 5,12-21 na atualidade, têm o seu pensamento apresentado em outras partes do trabalho por serem utilizados como referencial teórico; por isso não foram inseridos na aplicação do critério de validação das alusões da "História da Interpretação" que simplesmente quer constatar se os leitores de Rm 5,12-21 foram capazes de perceber todos os efeitos de sentido pretendidos por Paulo ao utilizar as alusões a Isaías no seu escrito.

323. MARTINI, C. M.; PACOMIO, L., I Libri di Dio, p. 159.

324. LATOURELLE, R., Teologia da Revelação, p. 218.

325. MARTINI, C. M.; PACOMIO, L., I Libri di Dio, p. 167-169.

326. Em uma carta ao Pe. Giovanni Genocchi, MSC, biblista italiano, mostra que tem claro diante de si o caminho que a Igreja deve percorrer no campo dos estudos bíblicos: "O único remédio é o estudo, e ainda o estudo é o meio de fazer compreender pouco a pouco que nós não temos mais nada a esconder, nem a ensinar aos inimigos da Igreja, e que a Igreja não pode reconquistar a estima e o respeito em matéria de estudos a não ser praticando os métodos sérios com sinceridade. Todo o resto é infantilismo. Mas o mal da ignorância é precisamente ignorar que se ignora, de sorte que não se conhece nem mesmo a extensão das lacunas a preencher". Carta de Lagrange a Genocchi, 16.07.1905. Arquivo da Província Italiana dos Missionários do Sagrado Coração de Jesus – Roma cit. por TURVASI, F. Giovanni Genocchi e la Controversia Modernista, p. 117.

327. TURVASI, F., Giovanni Genocchi e la Controversia Modernista, p. 36.

Dentre tantas contribuições que deu ao desenvolvimento da exegese católica, encontram-se inúmeros comentários à Sagrada Escritura, entre os quais um à Carta aos Romanos.

Ao iniciar seu comentário à perícope em questão, trata da relação desta com a que lhe precede (Rm 5,1-11). Diz que, mesmo se o διὰ τοῦτο do v. 12a recebeu na história da exegese as interpretações mais sutis, trata-se apenas de uma simples ligação entre as perícopes, que visa uma transição mais literária, sendo os dois textos considerações independentes[328].

Chama a atenção para a interrupção do pensamento do v. 12. Segundo Lagrange, Paulo é tão tomado pelo contraste das duas partes, favorável à graça, a ponto de nem sonhar em terminar a frase que desembocaria numa igualdade perfeita entre os membros[329].

No entanto, retomando a "solução precisa" de Orígenes, assim como fizeram outros, completa o pensamento: "assim por um só homem a justiça entrou no mundo, e pela justiça a vida, de modo tal que a vida perpassou a todos os homens, na qual todos são vivificados"[330].

O termo ἡ ἁμαρτία é entendido por ele, nesse contexto, como sendo o pecado original, "por mais que signifique sempre o pecado, sem distinção de original ou atual, como uma força inimiga de Deus"[331]. "E este pecado entrou no mundo, ou seja, na consciência das pessoas, sendo que só esta pode ser infectada, por causa de um só homem"[332]. A pena pelo pecado é a morte e, assim como o pecado, e por ele, a morte também entrou no mundo, se expandindo como uma herança que passa de pai para filho[333].

Quanto ao ἐφ' ᾧ, na compreensão de Lagrange, ainda que se traduzisse em latim por *in quo*, deve-se entender, como o faz Caetano, no sentido de *in eo quod*, como se faz com o mesmo termo em Fl 3,12 e Rm 8,3. Caetano seria o primeiro teólogo escolástico a tentar harmonizar neste versículo o latim e o grego[334].

---

328. LAGRANGE, M.-J., Épître aux romains, p. 105.
329. LAGRANGE, M.-J., Épître aux romains, p. 105.
330. LAGRANGE, M.-J., Épître aux romains, p. 105.
331. LAGRANGE, M.-J., Épître aux romains, p. 105.
332. LAGRANGE, M.-J., Épître aux romains, p. 105-106.
333. LAGRANGE, M.-J., Épître aux romains, p. 106.
334. LAGRANGE, M.-J., Épître aux romains, p. 106.

Seja como for, para o biblista francês, "em grego ἐπί não é um sinônimo de *in*, 'no', e ἐφ' ᾧ não pode significar 'no qual', mas somente 'porque'"[335]. Segundo ele, a afirmação do Concílio de Trento a respeito de Rm 5,12 se aplica ao pensamento de Paulo em todo o versículo, não ao sentido de *in quo*[336].

Para Lagrange, na fórmula "porque todos pecaram" está contida a doutrina do pecado original, se se toma em consideração a explicação dada por Paulo em todo o versículo, sendo que "a palavra ἥμαρτον no tempo histórico (aoristo), parece mais indicar um ato único ao qual todos tomaram parte coletivamente que uma sucessão de atos individuais"[337].

Para Langrage, a ideia do Apóstolo vai mais além daquela do Apocalipse Siríaco de Baruc 54,15. Nesse escrito

> o autor pretende que o pecado de Adão não seja um verdadeiro pecado nos seus descendentes; é pelo pecado atual ou pelo mérito de cada um que se decide seus destinos imortais. E, no entanto, ele não ousa dizer que a morte é o castigo pelos pecados atuais. Ela não depende senão do pecado de Adão. Paulo vai mais longe: Por causa de Adão, todos pecaram: é essa afirmação que se demonstra a seguir[338].

Logo, o v. 12d, para ser coerente com a argumentação dos versículos seguintes, deve ser entendido do seguinte modo: porque (em Adão) todos pecaram[339].

Iniciando a explanação sobre o v. 15, afirma que a proposição geral do v. 14c de que Adão é a figura de Cristo não pode ser entendida como uma semelhança perfeita entre os dois, "pois pode haver entre eles semelhança ou oposição, e, mesmo no caso de semelhança, superioridade de um lado"[340].

Sendo assim, o v. 15 busca imediatamente destacar a superioridade de Cristo no que se refere ao "ponto de propagação". Esta oposição é marcada por ἀλλά, "porém". Segundo a interpretação de Lagrange, o versículo deve ser entendido do seguinte modo: se pela transgressão de um só homem entrou a morte vitoriosamente no mundo e atingiu todos os homens (para Lagrange a palavra οἱ πολλοί, ou seja, "os muitos" corresponde ao πάντας do v. 18, que quer dizer "todos"), com muito mais razão deve ser verdade que a graça que tem como fonte a bondade e

---

335. LAGRANGE, M.-J., Épître aux romains, p. 106.
336. LAGRANGE, M.-J., Épître aux romains, p. 106.
337. LAGRANGE, M.-J., Épître aux romains, p. 106.
338. LAGRANGE, M.-J., Épître aux romains, p. 107.
339. LAGRANGE, M.-J., Épître aux romains, p. 107.
340. LAGRANGE, M.-J., Épître aux romains, p. 108.

a benevolência de Deus, mas que "antes de ser comunicada à humanidade, essa graça é aquela de Cristo", através de Cristo se torna um dom que está à disposição de todos[341].

Na explanação sobre o v. 18, explica melhor em que consiste a obra redentora. A ação de Cristo, por sua justiça, que corresponde à palavra obediência do versículo seguinte, "se opôs ao pecado original, enquanto este levou ao castigo, e conduziu a humanidade à justificação da vida, ou seja, que é a vida, ou melhor, a causa da vida, o que não se pode dizer de uma simples sentença de absolvição"[342].

Ao comentar no v. 19, diz que a expressão "foram constituídos pecadores" é uma clara referência ao pecado original, "pois καθιστάναί 'instituir, constituir, estabelecer' indica mais que uma apreciação jurídica", ou seja, os descendentes de Adão são de fato pecadores[343].

Quanto à expressão "serão constituídos justos", quando se passa a falar da justificação pela obediência de Cristo, não seria uma referência ao julgamento final, "pois Paulo em toda esta passagem considera a justificação como atual", mas quer dizer que "a fonte da justificação que está em Cristo estará ainda aberta para os numerosos fiéis além daqueles que já a receberam"[344].

Finalmente, chegando ao v. 21, destaca que a morte, pela qual reinou o pecado e do qual é consequência, é tanto corporal como espiritual. Por sua vez, "o pecado, personificado como um monarca, é mais que o παράπτωμα isolado que foi oposto ao ato salvador de Cristo; ele é oposto à graça. A graça reina desde agora por meio da justiça, preparando à vida eterna"[345].

B. Stanislaw Lyonnet

S. Lyonnet, como outros autores que estudaram o paralelismo antitético Adão-Cristo em Rm 5,12-21, centraliza a sua atenção no v. 12 e na discussão sobre se na última parte desse versículo tem-se uma referência à "queda" de Gn 3 e às suas consequências para humanidade ou aos pecados pessoais[346].

---

341. LAGRANGE, M.-J., Épître aux romains, p. 108.
342. LAGRANGE, M.-J., Épître aux romains, p. 111.
343. LAGRANGE, M.-J., Épître aux romains, p. 112.
344. LAGRANGE, M.-J., Épître aux romains, p. 112.
345. LAGRANGE, M.-J., Épître aux romains, p. 113.
346. LYONNET, S., Le péché originel en Rom 5,12: L'exégèse des pères grecs et les décrets du Concile de Trente, p. 325-355; LYONNET, S., Le péché originel et l'exégèse de Rom, 5. 12-14, p. 63-84; LYONNET, S., Le sens de ἐφ' ᾧ en Rom 5, 12 et l'exégèse des Pères grecs, p. 436-456.

O autor, na obra que trata de modo mais abrangente deste assunto, *La Storia della Salvezza nella Lettera ai Romani*, chama a atenção para o fato de que Rm 5,12 "sempre teve um papel considerável na controvérsia em torno do dogma do pecado original", além do que faz perceber que o Concílio de Trento usou duas vezes o versículo contra os erros de Pelágio, dos quais, no seu contexto, era acusado Erasmo de Roterdã[347].

Ainda que Trento não tenha condenado formalmente quem nega que em Rm 5 Paulo se refere ao pecado original e ainda que nos dois decretos tenha colocado Rm 5,12 como prova escriturística após o "anatema sit"[348], "sempre pensou que um exegeta católico certamente não tinha o direito de propor da passagem em questão uma interpretação segundo a qual São Paulo aí não falasse do pecado original"[349].

S. Lyonnet concorda com Trento, a partir do momento que a exclusão de qualquer referência ao pecado original no v. 12 seria contrária ao pensamento paulino, pois excluiria a causalidade universal adâmica à qual o Apóstolo pretende em toda a perícope opor a causalidade de Cristo[350]. Além disso, chama a atenção para o fato de que quando Trento afirma que Rm 5,12 deveria ser entendido "como a Igreja Católica em toda a parte difusa sempre o entendeu", estava recorrendo ao Concílio de Cartago, o qual foi aprovado pelo Papa Zózimo[351].

Com isso o Concílio Tridentino busca responder às asserções de Erasmo de Roterdã, as quais S. Lyonnet considera importante conhecer para uma correta compreensão do decreto conciliar.

É com Erasmo de Roterdã que se começa no Ocidente a distanciar da tradução do ἐφ' ᾧ πάντες ἥμαρτον de Rm 5,12d como "in quo omnes peccaverunt" ("no qual todos pecaram"), ao traduzi-lo como "quatenus nos omnes peccavimus" ("porque nós todos pecamos"), tradução esta que vem explicada inequivocamente na obra *Paraphases in universum Novum Testamentum*: "dum nemo non imitatur primi parentis exemplum" ("enquanto ninguém deixa de imitar o exemplo do primeiro pai")[352].

---

347. LYONNET, S., La Storia della Salvezza nella Lettera ai Romani, p. 65.

348. LYONNET, S., La Storia della Salvezza nella Lettera ai Romani, p. 65-66.

349. LYONNET, S., La Storia della Salvezza nella Lettera ai Romani, p. 66.

350. LYONNET, S., La Storia della Salvezza nella Lettera ai Romani, p. 66.

351. LYONNET, S., La Storia della Salvezza nella Lettera ai Romani, p. 66.

352. LYONNET, S., La Storia della Salvezza nella Lettera ai Romani, p. 67.

Tal tradução vem justificada nas suas *"Annotationes in Novum Testamentum"*. Nesta obra, àqueles que o acusavam de pelagianismo responde que detestava essa heresia tanto quanto eles; no entanto, para ele, a Igreja tinha outros argumentos mais eficazes contra Pelágio. Segundo Erasmo seria um erro apelar a este versículo passível de tantas interpretações. Outro erro seria ter-se preferido a interpretação de Agostinho, a qual não seria a mais correta[353].

Em todo caso, segundo Erasmo, não se poderia pretender que todos os Padres do Ocidente e do Oriente tivessem compreendido esta passagem como uma prova do pecado original. Para defender essa sua tese cita longos textos de Orígenes, Crisóstomo, Teofilato e de muitos outros Padres e Escritores Eclesiásticos gregos[354].

Para Erasmo, de fato, é doutrina de toda a Igreja católica que os descendentes de Adão, em virtude do pecado do seu pai, nascem submetidos ao castigo; no entanto, para ele, em nenhuma parte a Igreja declararia que a única possibilidade de compreensão de Rm 5,12 seria como uma referência ao pecado original. O único argumento contra esta sua afirmação seria o decreto de um "Concílio africano", o qual para ele seria o de Milevi, como, de fato, era a opinião comum naquela época, mas que na verdade foi o XV Concílio de Cartago[355], o qual proibiu interpretar o citado versículo de outro modo. Porém, para Erasmo, este é apenas um Concílio provincial, sem nenhum vínculo para a Igreja católica[356].

No entanto, segundo S. Lyonnet, Erasmo e seus seguidores se equivocam em colocar toda a sua atenção em ἐφ' ᾧ πάντες ἥμαρτον, traduzido pela Vulgata como "in quo omnes peccaverunt". Outro engano que teriam cometido teria sido o de perguntar-se se Paulo neste versículo faz referência aos pecados pessoais ou àquele original. Além disso, assim como a maior parte dos Padres gregos, e alguns latinos, comentando os vv. 13-14, mas também o v. 12, falam dos pecados pessoais, Erasmo e seus seguidores teriam concluído falsamente que nesta passagem Paulo não mencionava o pecado original, e, partindo desse erro, teriam afirmado ser equivocada a declaração a respeito de que a Igreja católica sempre e em toda parte ensinou que em Rm 5,12 está contida tal doutrina[357].

Todavia, destaca S. Lyonnet, o Concílio Tridentino nunca afirmou que a Igreja católica tenha sempre visto a afirmação do dogma do pecado original "só

---

353. LYONNET, S., La Storia della Salvezza nella Lettera ai Romani, p. 67.
354. LYONNET, S., La Storia della Salvezza nella Lettera ai Romani, p. 67.
355. Foi citado quando se tratou do Concílio de Trento.
356. LYONNET, S., La Storia della Salvezza nella Lettera ai Romani, p. 67-68.
357. LYONNET, S., La Storia della Salvezza nella Lettera ai Romani, p. 72.

nas três últimas palavras deste versículo que teve o cuidado de citar duas vezes", nem que os gregos sempre fizeram destas últimas palavras a mesma exegese dos latinos. "Este somente entendeu dizer que uns e outros deduziam das observações de São Paulo neste versículo 12 uma mesma doutrina"[358].

Para o autor, o ponto de convergência entre gregos e latinos na exegese de Rm 5,12 de que fala o Concílio de Trento não estaria, de fato, na interpretação de ἐφ' ᾧ πάντες ἥμαρτον como um todo, mas naquela de ἥμαρτον.

Segundo S. Lyonnet, seria legítimo abandonar a tradução latina do ἐφ' ᾧ contudo, tal abandono teria uma condição, ou seja, conservar a interpretação que os latinos fizeram do verbo ἥμαρτον.

> Assim acreditaram, sem alguma dúvida, a quase totalidade dos exegetas e dos teólogos que adotaram a tradução "porque"; esta não pareceu "ortodoxa" a não ser sob a condição de encontrar a afirmação do pecado original não somente no versículo 12, inteiramente considerado, mas no verbo "pecaram", excluindo precisamente do pensamento do Apóstolo qualquer alusão aos pecados pessoais[359].

Por isso, segundo o pensamento de Erasmo, aqueles entre os gregos que fazem referência aos pecados pessoais ao comentar esse versículo, como é o caso de Cirilo de Alexandria e da maior parte dos outros, pareceriam, por isso mesmo, excluir toda alusão ao pecado original neste texto[360]. Em resposta Lyonnet afirma:

> Todavia, se não se contenta de uma exegese superficial, é precisamente a exegese representada por Cirilo de Alexandria e o conjunto dos gregos – não obstante estes interpretem ἥμαρτον por pecados pessoais dos filhos de Adão, ou melhor, falem de uma "imitação" dos pecados de Adão – que exprime a doutrina mais seguramente conforme ao ensinamento tradicional do pecado original, assim como foi codificado nos dois decretos do Concílio de Trento que citam os versículos paulinos[361].

De fato, destaca S. Lyonnet, no que tange ao ἥμαρτον do v. 12, Cirilo não fala somente dos pecados pessoais dos adultos, fala também de uma "imitação" do pecado de Adão, mas sem cair no pelagianismo: "Como nós nos tornamos imitadores da transgressão de Adão, à medida que todos pecaram, fomos condenados a

---

358. LYONNET, S., La Storia della Salvezza nella Lettera ai Romani, p. 72.
359. LYONNET, S., La Storia della Salvezza nella Lettera ai Romani, p. 76-77.
360. LYONNET, S., La Storia della Salvezza nella Lettera ai Romani, p. 77.
361. LYONNET, S., La Storia della Salvezza nella Lettera ai Romani, p. 77.

uma pena semelhante à sua"[362]. No entanto, ao contrário de Pelágio, para quem a imitação que os pecadores fazem de Adão pode ser comparada àquela de um artista que tenta copiar uma modelo, para Cirilo esta imitação se dá da maneira como uma criança reproduz por instinto os gestos do seu pai. No que se refere ao artista a dependência se reduz à imitação, quanto ao filho que imita o pai

> esta mesma imitação não é senão a consequência de uma dependência infinitamente mais profunda, precisamente uma dependência que vem da própria natureza. Por causa da "doença que contraiu a natureza humana", depois do pecado de Adão, os filhos de Adão, na medida em que se tornam capazes de atos livres, cometem pecados pessoais, que são uma "imitação" do pecado do seu primeiro pai[363].

Sendo assim, S. Lyonnet afirma, depois de concluir a exposição e comparação acurada de outros aspectos da exegese de Cirilo e dos outros gregos com os decretos tridentinos, que, mesmo tendo em mira o caso dos adultos, a exegese grega de Rm 5,12 não se opõe às conclusões do Concílio Tridentino referentes ao pecado original, opondo-se sim à doutrina de Pelágio[364].

Por outro lado, lembra, não se deve esquecer que a aproximação que os gregos fazem do pecado original em função daqueles pessoais dos adultos, será retomada por Santo Tomás de Aquino no contexto da sua exposição sobre os pecados atuais, na qual trata do pecado original como uma das causas destes pecados[365]. O Doutor Angélico chega a falar até mesmo de "peccata originalia" ("pecados originais"), enquanto o pecado original, sendo sua origem, conteria virtualmente os pecados pessoais, mantendo, no entanto, a distinção entre pecado original e pessoal[366].

A partir de tudo o que foi explanado, S. Lyonnet afirma que Erasmo de Roterdã estava equivocado ao dizer que a Igreja pudesse ter armas mais eficazes contra o pelagianismo que Rm 5,12 e ao mesmo tempo afirma a exatidão dos Padres de Trento ao utilizar contra Erasmo a interpretação constante deste versículo

---

362. CIRILO DE ALEXANDRIA, Explanatio in epistolam ad Romanos, V, 12: PG 74, 783b.
363. LYONNET, S., La Storia della Salvezza nella Lettera ai Romani, p. 85.
364. LYONNET, S., La Storia della Salvezza nella Lettera ai Romani, p. 92.
365. LYONNET, S., La Storia della Salvezza nella Lettera ai Romani, p. 92-93; TOMÁS DE AQUINO, Summa Theologica, Ia IIae, q. 81-83.
366. LYONNET, S., La Storia della Salvezza nella Lettera ai Romani, p. 93-94; TOMÁS DE AQUINO, Summa Theologica, Ia IIae, q. 82, a. 2, ad 1.

dada pela Igreja latina e a grega, "as duas testemunhas principais da única tradição católica"[367].

C. Lucien Cerfaux

No seu trabalho sobre a Cristologia paulina *Cristo na Teologia de Paulo* encontra-se um comentário sobre o paralelismo Adão-Cristo na Carta aos Romanos.

Para L. Cerfaux este paralelismo se iniciaria em Rm 5,10-11 e encontra o ponto de ligação entre estes versículos e o v. 12 na expressão διὰ τοῦτό "por isso": para que a humanidade fosse salva através da morte e vida de Cristo, foi necessário que o pecado seguisse o mesmo caminho, ou seja, que tivesse sido toda ela afetada por um só[368].

Segundo L. Cerfaux, em primeiro lugar está o plano divino de salvação em Cristo. Uma vez que este plano tem como intenção atingir toda a humanidade, o pecado de Adão vem como "por necessidade" para que um só homem fosse a raiz do pecado e este se estendesse, por meio de um só, a toda a humanidade. "Assim haveria concordância perfeita no plano divino entre queda e salvação"[369].

L. Cerfaux aponta para a possibilidade de que a apódose de ὥσπερ "do mesmo modo" do v. 12 se inicie com καὶ οὕτως "assim". O paralelismo estaria assim constituído: "Por necessidade (διὰ τοῦτο), do mesmo modo que o pecado – e pelo pecado a morte – entrou no mundo por um só homem, assim também a morte se estendeu a todos os homens partindo daquele por quem todos pecaram"[370].

Quanto ao polêmico ἐφ' ᾧ de Rm 5,12, o autor diz achar-se constrangido a dar razão à Vulgata quando o traduz por *in quo*, mesmo reconhecendo que gramaticalmente não é uma tradução correta. No entanto, este, tendo em vista o contexto que visa destacar a causalidade de Adão e de Cristo na difusão do pecado e na propagação da vida respectivamente, descarta a possibilidade de o traduzir como "porque": "Não está em causa que todos sejam pecadores, mas que seu pecado se origina em Adão"[371].

A opção de tradução que apresenta para ἐφ' ᾧ é "por causa daquele por quem". Mas, segundo L. Cerfaux, são exageradas todas as prevenções contra a tra-

---

367. LYONNET, S., La Storia della Salvezza nella Lettera ai Romani, p. 94-95.
368. CERFAUX. L., Cristo na Teologia de Paulo, p. 176.
369. CERFAUX. L., Cristo na Teologia de Paulo, p. 176.
370. CERFAUX. L., Cristo na Teologia de Paulo, p. 177.
371. CERFAUX. L., Cristo na Teologia de Paulo, p. 177.

dução da Vulgata que começaram com Erasmo, pois "a tradução *in quo* apresenta a vantagem incontestável de sublinhar a relação entre o pecado de Adão e o de todos os homens, que é precisamente o gonzo de toda a explanação"[372].

Logo após, esclarece o que entende por pecado: "Compreendemos aqui, por pecado, este estado de pecado que chamamos pecado original. É uma realidade quase material que se acha no mundo e afeta todos os homens"[373]. Vê nesta compreensão a única compatível com a afirmação do v. 13, o qual diz que mesmo não sendo imputados os pecados pessoais enquanto não havia Lei, a morte, consequência do pecado, reinou deste Adão até Moisés[374].

Mesmo que Adão seja a figura daquele que deveria vir (Rm 5,14), não existe equivalência entre o tipo e aquele que este representa, sendo que "há, pois, no ponto de partida da economia da queda uma só falta", enquanto que "há abundância de pecados no ponto de partida da justificação, de modo que a graça superabunda"[375].

A solidariedade de todos com Adão provém de "uma causalidade por desobediência"[376], ao passo que "para a questão da solidariedade que nos une a Cristo, não há outra razão a não ser a vontade divina, o plano divino"[377].

D. Pierre Grelot

P. Grelot em 1994 publica na *Nouvelle Revue Théologique* um artigo intitulado *Pour une lecture de Romains 5,12-21*, no qual busca uma compreensão mais adequada deste texto utilizado quase unicamente para a defesa da doutrina do pecado original[378]. Para ele a função primordial da perícope está em "exaltar a graça redentora de Cristo"[379]. Isto fica claro pelo contexto anterior, o qual fala da justificação, que coloca a humanidade "em paz com Deus por nosso Senhor Jesus Cristo (Rm 5,1)"[380]. A passagem que começa com Rm 5,12 seria uma conclusão do que até então foi dito, e prova disto seria o uso do διὰ

---

372. CERFAUX. L., Cristo na Teologia de Paulo, p. 178.
373. CERFAUX. L., Cristo na Teologia de Paulo, p. 178.
374. CERFAUX. L., Cristo na Teologia de Paulo, p. 178.
375. CERFAUX. L., Cristo na Teologia de Paulo, p. 179.
376. CERFAUX. L., Cristo na Teologia de Paulo, p. 180.
377. CERFAUX. L., Cristo na Teologia de Paulo, p. 179.
378. GRELOT, P., Pour une lecture de Romains 5,12-21, p. 496.
379. GRELOT, P., Pour une lecture de Romains 5,12-21, p. 496.
380. GRELOT, P., Pour une lecture de Romains 5,12-21, p. 496.

τοῦτό para o qual oferece duas possibilidades de tradução: "por isto" ou "eis por que"[381].

Para P. Grelot a perícope está dividida em duas seções: "uma que apresenta o reino do Pecado e da Morte sobre a humanidade (vv. 12-14); a outra mostra a passagem desta situação à salvação concedida pela graça"[382].

Na primeira seção encontrou dois problemas de tradução. O primeiro seria o καὶ οὕτως do v. 12c[383], o qual traduz-se costumeiramente como "e assim". Mas, para o autor esta tradução deixaria a frase incompleta.

Como opção apresenta duas soluções possíveis: a primeira seria aquela dada por L. Cerfaux, a qual estabelece uma equivalência entre καὶ οὕτως ∈ οὕτως καὶ que se encontrará mais adiante na perícope: "assim também", a segunda opção seria ver no καὶ uma simples partícula que introduz a apódose, como seguidamente acontece com o ω nas línguas hebraica e aramaica[384].

O segundo problema de tradução seria o ἐφ' ᾧ πάντες ἥμαρτον. O autor apresenta a tradução adotada por Agostinho, porém, opta pela tradução da Vulgata revisada, ou seja, "eo quod omnes peccaverunt". Mas, ao traduzir do latim ainda restam duas possibilidades de interpretação: "é necessário entender a locução conjuntiva no sentido causal (Lyonnet) ou em sentido consecutivo (Fitzmyer): 'porque todos pecaram' ou 'de sorte que todos pecaram?'"[385]. No entanto, Grelot escolhe uma tradução, segundo ele, "bastante neutra: 'visto que todos pecaram'. Todos pecaram: isto é um fato, se constata"[386]. A partir disto pode-se compreender então o versículo: "No ponto de partida (A): por um só homem (a), o pecado (b) e a morte (c). Como consequência (B), para todos os homens (a'), a morte (c') por causa do pecado (b')"[387].

Porém, surge um problema nos versículos 13 e 14: a morte, consequência do pecado, mesmo quando este não era imputado, não existindo uma lei, reinou no mundo. No entanto, o pecado personificado estava no mundo (12a), e disto seguiu que "todos pecaram" (12d). "E por isso, como sinal deste reino do Pecado

---

381. GRELOT, P., Pour une lecture de Romains 5,12-21, p. 497.

382. GRELOT, P., Pour une lecture de Romains 5,12-21, p. 497.

383. O autor segmenta o presente versículo em duas partes somente, por isso, o que no presente trabalho chama-se 12c Grelot denomina-se 12b.

384. GRELOT, P., Pour une lecture de Romains 5,12-21, p. 498.

385. GRELOT, P., Pour une lecture de Romains 5,12-21, p. 498-499.

386. GRELOT, P., Pour une lecture de Romains 5,12-21, p. 499.

387. GRELOT, P., Pour une lecture de Romains 5,12-21, p. 499.

sobre o mundo e desta universalidade do pecado em todos os homens, 'a Morte reinou desde Adão até Moisés'"[388].

P. Grelot chama o pecado de Adão de "pecado originário". Só a referência a este "pecado originário", diante da dificuldade sobre a origem do pecado personificado e da morte, pode fornecer uma explicação ao problema antes colocado. Porém, o "como" o pecado de um só pode ocasionar tudo isto resta um mistério[389].

Como resultado deste "pecado originário" e dos pecados que o seguiram, tem-se uma situação que caracteriza a relação da pessoa humana com Deus, quando esta nasce no seio de uma raça pecadora. "É como um Poder obscuro que pesa sobre os homens e que traz consequências para a vida psicológica, sob a forma de atração para o mal. Para caracterizar esta situação Agostinho inventou a palavra 'pecado original'"[390].

A segunda seção tem como objetivo destacar a ação de Cristo e dos efeitos da graça através de um paralelismo antitético que os opõe àqueles do pecado do primeiro Adão, sendo, porém, que os efeitos da graça ultrapassam superabundantemente os do pecado no mundo. "O 'paralelismo dos dois Adão' não passa, portanto, de uma comparação manca". Isto vem sublinhado pelas expressões que se utiliza no texto, principalmente nos vv. 16 e 17. Existem paralelismos simples como nos vv. 18, 19 e 21, "mas a diferença entre o que segue o ato de Adão e o ato de Cristo, indicada nos vv. 15 e 16, é sublinhada pelas comparações que lhes seguem imediatamente: 'se de fato..., quanto mais...!' (grego: ei gar..., polloi mallon...; latim: si enim..., multo magis...: vv. 15b e 17)"[391].

De fato, para P. Grelot, o objetivo principal de Rm 5,12-21 é destacar a redenção operada por Cristo. Adverte que o texto está emoldurado por duas menções explícitas a Ele, uma no v. 5,11 e outra em 5,21[392]. "A menção a Adão, iniciador de um mundo de morte e de pecado, não é senão para colocar em evidência, por contraste, a necessidade de uma 'reconciliação' com Deus, que Cristo precisamente operou (5,11)"[393].

E finalizando, segundo P. Grelot, a partir desta análise literária que manifesta o desenvolvimento do pensamento do Apóstolo,

---

388. GRELOT, P., Pour une lecture de Romains 5,12-21, p. 499.
389. GRELOT, P., Pour une lecture de Romains 5,12-21, p. 500-501.
390. GRELOT, P., Pour une lecture de Romains 5,12-21, p. 503.
391. GRELOT, P., Pour une lecture de Romains 5,12-21, p. 500.
392. GRELOT, P., Pour une lecture de Romains 5,12-21, p. 501.
393. GRELOT, P., Pour une lecture de Romains 5,12-21, p. 511.

resta a construção de uma reflexão teológica sistemática. No entanto, isto só terá sentido "para mim" se eu me vir situado em uma relação vivente, seja com o primeiro Adão para compreender minha condição presente, seja com o novo Adão, cujo ato de amor me liga a Deus pela superabundância de sua graça. Esta tomada de consciência deve então desembocar na oração[394].

2.6.2. Menções de Is 52,13–53,12 em Rm 5,12-21

Como se pôde apreender no item anterior, em virtude, principalmente, das disputas teológicas e exegéticas a respeito de Rm 5,12, se valorizaram sobremaneira as referências a Gn 3 em Rm 5,12-21. Por sua vez, as referências a Is 52,13–53,12 passaram despercebidas, sendo mencionadas somente em 1957 por O. Cullmann e, posteriormente, de modo sumário, por alguns poucos autores apresentados em seguida em ordem cronológica.

A. Oscar Cullmann

O. Cullmann é um dos primeiros a mencionar o fato de que, na argumentação paulina em Rm 5,12-21, não há somente alusões a Gn 3, mas que, como figura oposta a Adão, tem-se Cristo apresentado como o Servo do Senhor de Is 52,13–53,12.

Ele salienta o fato de que mesmo não se encontrando em Paulo citações explícitas de Is 52,13–53,12, com exceção da referência direta a Is 53,4 em Rm 4, 25 e a Is 53,6 em 2Cor 5,21, tendo em vista a singular posição da morte de Jesus na teologia paulina, sua identificação com o Servo Sofredor ocuparia um lugar de destaque no seu pensamento[395].

No entanto, para O. Cullmann, as três passagens mais importantes no que diz respeito à cristologia de Paulo (1Cor 15,3; Fl 2,7 e Rm 5,12-21), "destacam sem dúvida alguma a ideia do sofrimento vicário (substitutivo) do Servo de Deus"[396]. Nas duas primeiras passagens Paulo utilizaria elementos da tradição cristã primitiva, os quais são assumidos como próprios nas formulações de Rm 5,12-21[397].

O texto de 1Cor 15,3 conteria uma antiga profissão de fé anterior a Paulo, a mais antiga conservada, a qual afirma que "Cristo morreu por nossos pecados se-

---

394. GRELOT, P., Pour une lecture de Romains 5,12-21, p. 512.
395. CULLMANN, O., Cristologia del Nuevo Testamento, p. 131.
396. CULLMANN, O., Cristologia del Nuevo Testamento, p. 132.
397. CULLMANN, O., Cristologia del Nuevo Testamento, p. 132.

gundo as Escrituras", onde, segundo O. Cullmann, quase sem sombra de dúvidas, "Escrituras" dever-se-ia entender como Is 52,13–53,12[398].

Isto seria uma confirmação de que a identificação do Servo do Senhor com Jesus é anterior a Paulo, o qual, deste modo, não teria sido o criador da "doutrina da morte expiatória de Cristo"[399]. Tal proposição seria corroborada pelo fato de que, em Fl 2,6-11, antigo hino da comunidade citado por Paulo, se encontra a ideia de Servo do Senhor aplicada à humilhação de Cristo feito homem (2,7), onde 'Ebed se traduz por δοῦλος[400].

Em Rm 5,12-21, segundo O. Cullmann, Paulo "não reproduz uma profissão anterior, mas formula de maneira pessoal sua solução cristológica"[401]. Nesta perícope se encontrariam "ideias cristológicas essenciais que remontariam ao próprio Jesus", ou seja, a do Filho do Homem e a do Servo de Deus. Para o autor Rm 5,19 seria uma alusão ao Servo sofredor de Isaías: "pela obediência de um só, muitos serão justificados". Segundo O. Cullmann este texto aludiria a Is 53,11: "Meu servo justificará a muitos"[402].

B. Joachim Jeremias

Falando da interpretação cristológica que o Novo Testamento faz de textos do Dêutero-Isaías, no seu artigo sobre o verbete παῖς Θεοῦ no *Grande Lessico del Nuovo Testamento*, J. Jeremias afirma sumariamente que há duas referências a Is 52,13–53,12 em Rm 5,12-21. Estas seriam o uso de πολλοί no v. 16 [sic] e de οἱ πολλοί no 19, os quais, no entanto, provavelmente seriam fruto da utilização por parte do Apóstolo de uma tradição pré-paulina. Tal afirmação vem "sugerida pelo fato de que aí se percebe a utilização do texto hebraico"[403].

C. André Feuillet

A. Feuillet, mesmo tendo presente que a maioria dos autores omite os contatos "literários e doutrinais" entre Rm 5,12-21 e Is 52,13–53,12, mas, como afirma, seguindo os passos de O. Cullmann e J. Jeremias, defende que o texto paulino em questão "nos reenvia à profecia de Isaías sobre o martírio do Servo sofredor"[404].

---

398. CULLMANN, O., Cristologia del Nuevo Testamento, p. 132.

399. CULLMANN, O., Cristologia del Nuevo Testamento, p. 132.

400. CULLMANN, O., Cristologia del Nuevo Testamento, p. 132.

401. CULLMANN, O., Cristologia del Nuevo Testamento, p. 132-133.

402. CULLMANN, O., Cristologia del Nuevo Testamento, p. 132-133.

403. JEREMIAS, J., παῖς Θεοῦ, col. 409.

404. FEUILLET, A., L'Epître aux Romains, col. 819.

Para o autor, "os dois textos se esclarecem um ao outro, pois Paulo, o qual emprega o pensamento fundamental do oráculo profético, nos ajuda potentemente, por sua vez, a fixar o seu verdadeiro sentido"[405].

Mesmo não havendo citações formais de Is 52,13–53,12 em Rm 5,12-21, pode-se, como afirma A. Feuillet, "distinguir alusões que nos parecem indiscutíveis". Nos dois textos há uma repetição temática: "um só, perfeitamente inocente e dócil à vontade divina consegue para toda a humanidade pecadora o perdão e a reconciliação perfeita com Deus"[406].

Segundo o autor, para designar o conjunto dos beneficiários da ação salvífica do Servo sofredor, o profeta emprega quatro vezes (52,14.15; 53,11.12) o termo רַבִּים que seguidamente vem traduzido como "muitos", mas que a versão francesa *Bible de la Pléiade* traduz como *multitudes*, pois o contexto excluiria o sentido partitivo que contém a palavra "muitos", de modo que "ninguém está excluído desta ação libertadora", o que viria confirmado por 53,6 onde vem precisado que "todos" são os destinatários desta ação[407].

Do mesmo modo, em Rm 5,12-21, a um só Cristo Salvador se opõem os numerosos salvos que vêm designados por "muitos" (οἱ πολλοί) nos vv. 15 e 19 e por "todos" (πάντες) no v. 18[408].

Com base nestas afirmações o autor questiona como não seria possível ver na asserção de Rm 5,19: "pela obediência de um só a multidão será justificada" uma alusão intencional a Is 53,11: "O justo meu servo justificará as multidões"[409].

A. Feuillet chama ainda a atenção a uma particularidade do texto paulino em questão, a qual poderia se explicar pela sua relação com o texto de Isaías: enquanto que em todos os outros textos paulinos o ato de justificação é ligado à iniciativa do Pai, em Rm 5,19, no entanto, ele parece ser atribuído a Cristo como em Is 53,11 é atribuído ao Servo sofredor[410].

Para concluir, o autor afirma que colocando de um lado o Único Salvador ("pela obediência de um só") e do outro a multidão dos salvos, Paulo deixa entender que rejeita a interpretação coletiva da figura do Servo de Is 52,13–53,12[411].

---

405. FEUILLET, A., L'Epître aux Romains, col. 819.
406. FEUILLET, A., L'Epître aux Romains, col. 819.
407. FEUILLET, A., L'Epître aux Romains, col. 819.
408. FEUILLET, A., L'Epître aux Romains, col. 819.
409. FEUILLET, A., L'Epître aux Romains, col. 819.
410. FEUILLET, A., L'Epître aux Romains, col. 819.
411. FEUILLET, A., L'Epître aux Romains, col. 819.

D. David Michael Stanley

Para D. M. Stanley, Rm 5,12-21 apresenta "o mais completo e original retrato de Cristo como Redentor que Paulo nos legou"[412]. Tal originalidade pode ser mensurada pelo fato de o texto supracitado apresentar uma síntese inédita na qual se pode distinguir o valor teológico das sínteses anteriores que foram utilizadas na sua elaboração, ou seja, a "representação palestinense de Cristo como 'Ebed Yahweh" combinado com as vantagens encontradas no simbolismo adâmico da história da criação veterotestamentária[413]. Segundo o autor,

> a grande contribuição desta nova imagem de Cristo como o segundo Adão é o seu caráter essencialmente representacional. Nós vimos que a misteriosa identificação da comunidade cristã com Cristo era uma característica da experiência mística que realizou a conversão de Paulo[414].

Segundo D. M. Stanley, a soteriologia do Servo de Isaías é perceptível na descrição que Paulo realiza de Cristo como segundo Adão. De fato,

> a fórmula do Dêutero-Isaías, "os muitos", com a qual descreve o resto da humanidade em relação ao Servo reaparece perpassando toda a presente perícope (vv. 15 e 19 onde a expressão é usada duas vezes).
> A nota de obediência que aparece aqui (...) é concebida em oposição à desobediência de Adão. Deste modo, Paulo torna explícito o conceito que pertence ao caráter do 'Ebed Yahweh, mas que nunca foi realmente expresso no Quarto Cântico do Servo[415].

E. Otfried Hofius

Segundo O. Hofius, em Rm 5,15-19, existe uma referência direta a Is 52,13–53,12, através da qual Paulo explicaria que "o ato salvador de Jesus Cristo, sua morte vicária pelos pecadores e pelos ímpios (Rm 5,6.8), traz 'justificação' para 'muitos'", sendo a justificação "uma absolvição salvadora que constitui um novo ser e traz vida (...)". Esta menção a "muitos" (οἱ πολλοί) poderia ser emprestada de Is 52,13–53,12. No que se refere à expressão δίκαιοι κατασταθήσονται οἱ πολλοί (Rm 5,19b), seria seguramente baseada em Is 53,11c[416].

---

412. STANLEY, D. M., Christ's Resurrection in the Pauline Soteriology, p. 177.
413. STANLEY, D. M., Christ's Resurrection in the Pauline Soteriology, p. 177.
414. STANLEY, D. M., Christ's Resurrection in the Pauline Soteriology, p. 177.
415. STANLEY, D. M., Christ's Resurrection in the Pauline Soteriology, p. 178.
416. HOFIUS, O., The fourth Servant Song in the New Testament, p. 182.

No entanto, o autor chama a atenção para o fato de que "não se deve esquecer que a tipologia Adão-Cristo em Rm 5,12-21 fala da morte de Cristo como um evento que *inclui* os 'muitos', de modo que as palavras δίκαιοι κἀ τασταθήσονται οἱ πολλοί para Paulo implicam sem dúvida o aspecto da nova criação"[417].

Em síntese, neste *excursus* no qual buscou-se aplicar o critério da "História da interpretação" pôde-se apreender que quase todos os leitores posteriores de Rm 5,12-21 foram incapazes de ouvir todos os "ecos intertextuais" produzidos pelas alusões, para utilizar esta expressão no sentido proposto por Hays, na caverna de efeitos ressonantes da história. Provavelmente teria isto ocorrido pela interferência ocasionada pelo barulho ensurdecedor das discussões a respeito de problemas dogmáticos, nas quais se destacam as questões relativas à Antropologia Teológica, a que tão bem se prestou o texto paulino desde Ireneu de Lião, passando por Agostinho até chegar aos dias atuais. Em tais discussões, por ser mais adaptadas às argumentações, supervalorizou-se os efeitos de sentido produzidos pela alusão a Gn 3 e passou despercebida, no entanto, a importante referência a Is 52,13–53,12, que só será mencionada em 1957 por O. Cullmann[418] e, posteriormente, de modo sumário, por alguns poucos autores como se pode perceber.

É de dever sublinhar mais uma vez o caráter inconclusivo deste critério, primeiro pelo fato de os leitores posteriores pertencerem a um contexto totalmente diverso dos destinatários da missiva e, ainda, pelas razões colocadas no parágrafo precedente.

2.7. Satisfação

Tendo as alusões acima propostas conseguido suficientemente ultrapassar os obstáculos no que se refere à aplicação dos critérios anteriores, chega-se à conclusão deste labor submetendo-as à prova decisiva: faz sentido a utilização dessas alusões no seu contexto imediato? Elas iluminam o discurso circunstante aumentando a força retórica da argumentação paulina nos oito primeiros capítulos da Carta aos Romanos que são o bloco que lhes serve de contexto? Elas conseguem de modo satisfatório fazer com que o leitor se dê conta do efeito produzido pela relação intertextual?

---

417. HOFIUS, O., The fourth Servant Song in the New Testament, p. 183.
418. CULLMANN, O., Cristologia del Nuevo Testamento, p. 131-133.

Paulo, nos quatro primeiros capítulos da Carta aos Romanos, emprega todos os seus esforços para demonstrar a tese principal da missiva: o evangelho é força de Deus para salvar o mundo mediante a fé, manifestando assim a justiça de Deus (Rm 1,16-17). Para demonstrar tal tese, empregando as cores mais horrendas, pinta um quadro no qual descreve a situação da humanidade, onde judeus e gentios são condenados por um veredicto implacável que não admite exceções e privilégios: πάντες γὰρ ἥμαρτον καὶ ὑστεροῦνται τῆς δόξης τοῦ θεοῦ, "todos pecaram e foram privados da glória de Deus" (Rm 3,23).

Este é o quadro perfeito para a manifestação da "justiça de Deus" da qual se fala na tese principal da Carta (Rm 1,16-17). No entanto, esta pode ser compreendida somente à luz de sua relação antitética com a expressão ὀργὴ θεοῦ, "ira de Deus" de que fala o versículo seguinte (Rm 1,18). De fato, à proposição geral de Romanos, segue, em estreita relação de paralelismo com o versículo precedente, uma *subpropositio* que será desenvolvida nesta secção: "Manifesta-se a ira de Deus do céu sobre toda impiedade e injustiça dos homens que detêm a verdade com a injustiça" (Rm 1,18). Indício deste paralelismo é a utilização em ambas as construções do verbo ἀποκαλύπτω na sua forma passiva ἀποκαλύπτεται.

Entendendo, portanto, a "justiça de Deus" a partir de uma relação de oposição com a "ira de Deus", diante da situação desesperadora da humanidade, tal justiça se manifesta na história como misericórdia que age através de Jesus Cristo em favor de todos aqueles que pela fé a ele aderem, sendo assim "justificados gratuitamente pela sua graça através da redenção que se concretiza em Jesus Cristo" (Rm 3,24).

É esta a grande novidade do cristianismo apresentada por Paulo em Romanos: a salvação pela fé naquele que ressuscitou Jesus Cristo dos mortos, o qual foi entregue por nossas faltas e ressuscitou para nossa justificação (Rm 4,24-25; Is 53,12). Tal novidade no que se refere à salvação mediante a fé que é imputada como justiça (Rm 4,19-23) vem embasada pela *probatio ex Abraham* no capítulo 4 de Romanos, mas é em Rm 5,12-21 que Paulo, valendo-se de forma magistral da tradição judaica como foi destacado acima quando se tratou do critério da "Coerência Temática", demonstra ser um só homem a operar a salvação de toda a humanidade. De fato, se o judaísmo aceita o fato de que por um indivíduo entrou a força do pecado no mundo, deve aceitar também, com muito mais razão, a possibilidade de que um justo possa justificar os muitos e carregar sobre si as faltas dos transgressores (Is 52,11-12).

Portanto, Rm 5,12-21, através de suas alusões a Gênesis e Isaías, é a demonstração de tudo o que foi colocado anteriormente por Paulo a respeito do papel redentor de Jesus Cristo. Mas a sua função, como se verá mais adiante, não se limita a isto. Tal perícope abre uma nova seção com os vv. 20-21 que na verdade são uma *subpropositio* desenvolvida pelas sucessivas *probationes*, as quais terão por objeto exatamente os efeitos da ação redentora daquele que carregou sobre si os pecados dos muitos, ou seja, da vida nova do cristão, o qual foi liberto por Cristo da escravidão do pecado (Rm 6,1-23), da Lei (Rm 7,1-25) e é chamado a viver na esperança e no amor a vida no Espírito (Rm 8,1-39)[419]. Neste contexto, a *synkrisis* formada pela comparação da ação de Adão e de Cristo visto a partir do texto isaiano tem a função "de uma *narratio*, que precede às vezes a *probatio*, lhe fornecendo as *semina propositionum*, ou mesmo provas para os fatos (...)"[420].

Pode-se afirmar deste modo que as alusões a Is 52,13–53,12 em Rm 5,12-21 se adaptam de maneira excelente ao contexto e dão grande vigor ao tecido argumentativo elaborado por Paulo para demonstrar pontualmente que διὰ τῆς ὑπακοῆς τοῦ ἑνὸς δίκαιοι κατασταθήσονται οἱ πολλοί "através da obediência de um, justos serão constituídos os muitos" (Rm 5,19). Pode-se afirmar também que, pelo papel exercido pelas alusões a Is 52,13–53,12 na argumentação, torna-se praticamente impossível que os destinatários da Carta aos Romanos não tenham percebido satisfatoriamente tais alusões e o efeito de sentido por elas produzido.

---

419. ALETTI, J.-N., Romains 5,12-21, p. 26-30.
420. ALETTI, J.-N., Romains 5,12-21, p. 31.

Capítulo 2 | Contexto histórico-literário veterotestamentário de Is 52,13–53,12

1. Contexto histórico do texto aludido

1.1. Da história da redação de Is 40-55 à identificação do contexto histórico de Is 52,13–53,12

Tendo presente a complexidade da história redacional de Isaías, faz-se necessário como pressuposto para se determinar o contexto histórico de Is 52,13–53,12, levar em consideração algumas questões quanto à unidade redacional do Dêutero-Isaías.

A primeira delas, à qual se fez referência quando se aplicou o critério do "Volume", é se todo esse bloco tem como contexto histórico o exílio da Babilônia ou se parte dele tem sua redação no pós-exílio.

Outra questão fundamental no que se refere ao contexto histórico da perícope isaiana estudada é se os assim chamados "Quatro Cânticos do Servo" fazem parte originalmente do bloco formado por Is 40-55 ou se teriam seu processo inicial de composição separado do dito bloco.

Para a maioria dos estudiosos de Is 40-55 até os anos 1980, todo esse conjunto de capítulos era fruto do trabalho de um profeta anônimo que desenvolveu seu ministério no exílio da Babilônia, com exceção das disputas nas quais se zomba da fabricação dos ídolos e, para alguns, dos "Quatro Cânticos do Servo"[421].

---

[421]. CONROY, C., The "Four Servant Poems" in Second Isaiah in the light of recent redaction-historical studies, p. 80.

Esta visão mais simples da história redacional do Dêutero-Isaías passou a ser questionada nos anos sucessivos, dando lugar a modelos mais elaborados, os quais constam de várias camadas redacionais e, muitos estudiosos que adotam esse novo modelo, percebem, a partir dessa nova perspectiva, os "Cânticos do Servo" como parte do processo de produção do referido bloco isaiano[422].

C. Conroy propõe uma síntese dos pontos em comum do que ele considera as principais contribuições no que se refere a esta nova maneira de se ver o processo histórico-redacional de Is 40-55, ou seja, as propostas de R. G. Kratz, J. van Oorschot, U. Berges e J. Werlitz[423]. Observa que tais estudos, mesmo devendo ser encarados com um certo ceticismo quanto aos pormenores de suas propostas, quando traçam as linhas gerais do processo histórico-redacional do Dêutero-Isaías esse esforço deve ser considerado "como plausível e provável"[424].

Entre os diversos pontos em comum a essas pesquisas acima citadas há um acordo compartilhado por muitos outros estudiosos nos últimos anos de que o material atribuído ao profeta exílico denominado Segundo Isaías deve ser encontrado quase exclusivamente nos capítulos 40-48 de Isaías.

Concordam ainda que a maioria do material encontrado em Is 49-55 é fruto de várias redações realizadas em Jerusalém após o começo do retorno dos exilados em algum momento entre os anos 530 e 520 a.C.[425]. Em síntese, C. Conroy diz que

> à luz desses e outros estudos histórico-redacionais, agora parece provável que devemos pensar na gênese de Is 40-55 como um processo complexo que começou com uma coleção babilônico-exílica, seguida de adaptações e expansões de Sião, cujos estágios posteriores se estendem até ao contato editorial com 56-66 e com 1-39 (ou seja, a chamada "großjesajanische Redaktion" ou "redação pan-isaiana")[426].

---

422. CONROY, C., The "Four Servant Poems" in Second Isaiahin the light of recent redaction-historical studies, p. 80. Para um panorama destes estudos mais recentes, HERMISSON, H.-J., Neue Literatur zu Deuterojesaja (I) & (II), p. 237-284, 379-430.

423. CONROY, C., The Enigmatic Servant texts in Isaiah in the Light of recent study, p. 24-48; KRATZ, R. G., Kyros im Deuterojesaja-Buch. Redaktionsgeschichtliche Untersuchungen zu Entstehung und Theologie von Jes 40-55; OORSCHOT, J., Von Babel zum Zion; BERGES, U., Das Buch Jesaja: Komposition und Endgestalt; WERLITZ, J., Redaktion und Komposition. Zur Rückfrage hinter die Endgestalt von Jesaja 40-55.

424. CONROY, C., The Enigmatic Servant texts in Isaiah in the Light of recent study, p. 43.

425. CONROY, C., The Enigmatic Servant texts in Isaiah in the Light of recent study, p. 43.

426. CONROY, C., The Enigmatic Servant texts in Isaiah in the Light of recent study, p. 43.

Quanto aos "Quatro Cânticos do Servo", mesmo persistindo a diferença entre aqueles que defendem a existência de uma coleção formada por estes e o fato de que só em um momento posterior foram inseridos no Dêutero-Isaías e aqueles que negam a existência de tal coleção e dispõem os "Cânticos" no processo de redação do referido bloco, os estudiosos acima citados concordam que se deu uma interpretação coletiva da figura do "Servo", mesmo que, para alguns, tal interpretação teria ocorrido somente nos últimos estágios redacionais do Dêutero-Isaías o que representa um distanciamento das pesquisas anteriores na sua maioria, sendo que, para estas, a compreensão "autobiográfica" da figura do "Servo" era predominantemente defendida[427].

No entanto, depois de se tomar consciência da complexidade do processo redacional de Is 40-55, permanece em aberto a questão a respeito do contexto histórico do "Quarto Cântico do Servo".

R. G. Kratz repete as ideias comuns à pesquisa anterior, ou seja, que os três primeiros "Cânticos do Servo" (Is 42,1-4; 49,1-6; 50,4-9) foram produzidos por um profeta exílico, não sendo, porém, incorporados pelos seus primeiros discípulos nos estágios iniciais de composição do Dêutero-Isaías no estrato básico, mas somente em estágios sucessivos, formando, assim, uma coleção separada na qual o "Servo de YHWH" se referia ao próprio profeta anônimo. Quanto ao "Quarto Cântico" teria sido, provavelmente, segundo R. G. Kratz, adicionado à coleção preexistente pelos discípulos após a morte violenta do referido profeta. No entanto, o "Servo", que inicialmente era identificado como sendo o próprio profeta exílico, em estágios de composição sucessivos passa a ser identificado como Ciro (no primeiro e no segundo "Cântico"), como Sião-Jerusalém (no terceiro e no quarto "Cânticos" provavelmente) ou como o povo de Israel que retornara do exílio e o que ainda estava disperso[428].

Como representante de uma nova perspectiva sobre a história da redação de Isaías, tem-se o trabalho realizado por U. Berges[429], o qual foi capaz de colher os resultados dessas novas contribuições em um estudo que contempla tanto a forma final do livro quanto faz uma análise diacrônica do mesmo, autointitulado por este como uma "abordagem síncrona que reflete a diacrônica"[430].

---

427. CONROY, C., The Four Servant Poems in Second Isaiah in the light of recent redaction-historical studies, p. 92.

428. KRATZ, R. G., Kyros im Deuterojesaja-Buch, p. 144-147.

429. BERGES, U., The Book of Isaiah; também BERGES, U. Isaiah, p. 153-170; BERGES, U., The Book of Isaiah as Isaiah's p. 549-573; BERGES, U., Isaías. El profeta y el libro.

430. BERGES, U., The Book of Isaiah, p. 503-504.

Quanto aos "Cânticos do Servo", U. Berges rejeita a ideia de uma coleção preexistente, sendo que, para ele, estes foram elaborados para o contexto no qual estão inseridos. Tal redação teria ocorrido concomitantemente às várias etapas de formação do material do qual hoje Is 40-55 é composto.

A primeira das etapas de formação se limitaria à coleção fruto do ministério de um profeta anônimo exílico entre 550 e 539 a.C., e teria como tema central o anúncio de Ciro como instrumento do Senhor para a libertação dos exilados, não fazendo parte deste estrato nenhum dos "Cânticos do Servo". O material original deste período se encontraria em Is 40,12-46,11. Faria parte deste estrato básico um oráculo dirigido a Ciro (Is 42,5-9) que depois seria inserido no "Primeiro Cântico do Servo"[431].

A segunda etapa do processo de formação do Dêutero-Isaías é denominada por U. Berges de "Redação da *Golah*". Tal redação teria sido realizada por um grupo de exilados dispostos a retornar a Jerusalém e dataria do período entre 539 e 521 a.C.[432]. Além da inserção de alguns textos no estrato básico, adicionaram a este a maioria do material contido em Is 47-48 e uma conclusão convidando ao retorno: Is 48,20-21. Neste período ter-se-ia inserido Is 42,1-4, reinterpretando o oráculo do estrato básico (Is 42,5-9) através da transferência das funções neste atribuídas a Ciro aos exilados dispostos a retornar a Jerusalém[433].

A terceira etapa da formação de Is 40-55, segundo U. Berges, teria sido a "Primeira Redação de Jerusalém". O tema principal de que se teria ocupado esta redação seria a restauração de Sião e isto se refletiria em muitos textos de Is 49-52, os quais seriam uma expansão da "Redação da *Golah*"[434].

Essa expansão começaria com o assim chamado "Segundo Cântico do Servo" (Is 49,1-6). Neste "Cântico", o Servo seria identificado com o grupo dos repatriados, os quais querem, através da pregação, transmitir a mensagem de esperança do profeta exílico aos habitantes de Jerusalém. Is 49,1-6 teria sofrido o acréscimo dos vv. 8-12 que, a partir de Is 42,1-9, comentariam os vv. 1-6. Mais tarde, após a inserção do "Quarto Cântico do Servo", ter-se-ia acrescentado Is 49,7. Esta redação anuncia também o *kerygma* do retorno a Jerusalém dos exilados como Servo que tem por finalidade proclamar aos que ainda estão na diáspora que, porque o Senhor fez o seu retorno a Sião (Is 52,8), também estes devem vol-

---

431. BERGES, U., The Book of Isaiah, p. 315-334.

432. BERGES, U., The Book of Isaiah, p. 335.

433. BERGES, U., The Book of Isaiah, p. 335-336.

434. BERGES, U., The Book of Isaiah, p. 344.

tar a Jerusalém e seria responsável pelo estabelecimento dos primeiros contatos literários entre Is 1-32 e Is 40-52[435].

Na quarta etapa, tendo se passado algumas décadas, ter-se-ia verificado o não cumprimento dos esplêndidos anúncios das vozes proféticas anteriores, e, portanto, ter-se-ia feito necessário uma "Segunda Redação de Jerusalém", a qual teria tentado responder aos transtornos causados pelo atraso no cumprimento das profecias[436].

Tal redação seria responsável pela composição da maior parte do material contido em Is 54-55 e pela inserção de alguns textos novos nos capítulos 40-52, inclusive o "Terceiro Cântico do Servo" (Is 50,4-9) que teria tentado dar voz aos pregadores em dificuldades pela não realização do seu anúncio. Is 50,4-9, posteriormente, teria sido expandido pelo acréscimo dos vv. 10-11[437].

No que se refere ao "Quarto Cântico do Servo", para U. Berges, este "segue cronologicamente ambas as 'Redações de Jerusalém'"[438]. Isto seria comprovado pelo fato de sua redação pressupor a composição dos outros três "Cânticos" e por estar essencialmente ligado ao seu contexto, ou seja, o texto de Is 52,10-12 com seus contatos semânticos com o primeiro Êxodo e o convite a "sair"[439] e Is 54 que tem como tema principal a repovoação de Sião, o que mostraria que esse "Cântico" deve ser lido como uma expressão da restauração de Sião com quem o "Servo" se identificaria tanto no seu futuro triunfo descrito nas "passagens estruturais" (Is 52,13-15; 53,11aβ-12), como nos seus sofrimentos do passado descrito na seção considerada central por U. Berges, ou seja, Is 53,1-11aα[440]. Deste modo,

> a sua colocação entre a ordem à Diáspora para partir e os oráculos de salvação para uma Sião que deve ser restaurada, indica o foco do "Quarto Cântico do Servo", o qual está essencialmente relacionado com a restauração de Sião, tanto no âmbito interno de Israel como em relação às nações do mundo[441].

Outra afirmação de U. Berges que corrobora a datação pós-exílica do "Quarto Cântico do Servo" diz respeito à interpretação da figura do Servo. Se-

---

435. BERGES, U., The Book of Isaiah, p. 344-345.
436. BERGES, U., The Book of Isaiah, p. 360.
437. BERGES, U., The Book of Isaiah, p. 360-366.
438. BERGES, U., The Book of Isaiah, p. 377.
439. O comando do êxodo em 52.11-12 é dirigido, não à Golah, mas a todos os judeus da diáspora, que devem imitar os grupos de exilados que já retornaram. BERGES, U., The Book of Isaiah, p. 507.
440. BERGES, U., The Book of Isaiah, p. 377-378.
441. BERGES, U., The Book of Isaiah, p. 377.

gundo ele, a quase inexistência, no período anterior ao II séc. a.C., de referências à ressurreição do indivíduo (Is 53,10) frustraria a tentativa de se preencher o "vácuo biográfico"[442] do profeta anônimo exílico no Dêutero-Isaías com uma interpretação individual da figura do Servo e, como consequência, a tendência de se situar a redação do "Cântico" logo após a morte do profeta. Uma interpretação coletiva situada no pós-exílio seria muito mais adequada tendo em vista o clima de esperança de restauração que perpassa o povo nesse período e a convicção dos reportados que retornam à terra de serem os instrumentos da realização desta esperança:

> Quanto mais o Servo dá testemunho do plano de salvação de YHWH, mais ele é confrontado com uma oposição maciça, uma vez que a situação em Sião/Jerusalém pós-exilica não correspondia de maneira alguma ao clamor do Servo. Este é o pano de fundo do "Quarto Cântico do Servo" (Is 52,13–53,12). É certo que a maioria dos exegetas ainda interpreta o texto como testemunho do sofrimento e do martírio do Dêutero-Isaías (Blenkinsopp 2002, 79 que vê esta passagem como "uma espécie de panegírico ou oração fúnebre logo após a morte do profeta"). Mas, considerando a imprecisão da identificação de Dêutero-Isaías como profeta individual, essa leitura torna-se cada vez mais improvável. O que se entende pela referência ao Servo morto que vê a sua primavera (Is 53,10), dado o fato de que a esperança da ressurreição individual dificilmente ocorre na literatura do Segundo Templo antes do II séc. a.C.? Por outro lado, uma compreensão coletiva da ressurreição que implica a esperança da restauração do Israel exílico/pós-exílico está bem documentada por Ez 37.
> Neste contexto, Is 53 constitui possivelmente uma reflexão literária sobre o conflito entre os que retornaram da *Golah* e os residentes que não foram deportados em 586 a.C. ("Abraão" em Is 51,2 e Ez 33,24). E, no entanto, o Servo que regressa a casa expressa sua fervorosa esperança de que os judeus poupados da deportação aceitem o seu sofrimento como redenção pelos pecados dos "muitos", ou seja, todo o povo de Deus[443].

Em suma, verifica-se uma constante nas pesquisas a respeito do "Quarto Cântico do Servo" anteriores aos anos 1990, cujos resultados são repropostos por G. Kratz, e naquelas que representam as novas perspectivas, cujos resultados são recolhidos no trabalho de U. Berges, ou seja, em ambos os casos aponta-se para

---

442. BERGES, U., Isaiah, p. 166; KRATZ, R. G. Die Propheten Israels, p. 98; LEVIN, C., Das Alte Testament, p. 85.

443. BERGES, U., Isaiah, p. 163.

uma redação do dito "Cântico" independente e em um período posterior à redação dos três primeiros.

No primeiro caso os estudiosos concordam, em grande parte, a respeito da existência de uma coleção formada por três cânticos compostos provavelmente por um profeta anônimo no exílio à qual se teria somado o "Quarto Cântico" composto posteriormente por outros autores.

J. Werlitz, por exemplo, concorda com R. G. Kratz no que diz respeito à existência de uma coleção separada dos "Cânticos do Servo", como também fala de uma redação do "Quarto Cântico" independente dessa coleção. No entanto, defende sua inclusão no período pós-exílico no assim chamado "Primeiro Livro dos Repatriados" após 52,10[444].

Nas pesquisas que têm uma postura mais de acordo com as novas perspectivas sobre o processo redacional do Dêutero-Isaías, como U. Berges, mas também J. van Oorschot para quem Is 52,13–53,12 faz parte da primeira expansão da "Edição de Sião"[445], insere-se a composição do "Quarto Cântico" entre as diversas redações realizadas após o retorno.

Além disso, a tendência atual a uma interpretação coletiva da figura do Servo[446] poderia corroborar a afirmação que encontra o contexto histórico do último "Cântico do Servo" no pós-exílico no qual uma "ressurreição" coletiva enquanto restauração de todo o povo encontraria um ambiente muito mais propício.

Tudo isto somado à tendência hodierna em se situar a redação dos "Cânticos do Servo" nas últimas fases do longo processo redacional de Is 40-55 conduz a uma datação tardia da redação, ou ao menos da composição final, do "Quarto Cântico do Servo", mais precisamente no período persa.

A isto deve-se acrescentar o fato de que no "Quarto Cântico do Servo" pode-se perceber os conflitos próprios desse período, ou seja, nele está delineada

> a relação entre o Judaísmo de Sião e o da diáspora, por um lado (parte central), e entre Sião e o mundo das nações, por outro (marcos estruturais). Os judeus da diáspora reconhecem na Sião que está doente, mas não morta, que este Ebed pagou pela culpa dela e, à medida que fazem o caminho para casa, os reis das nações reconhecem que YHWH protege seu Ebed para sempre.

---

444. WERLITZ, J., Redaktion und Komposition, p. 282.

445. OORSCHOT, J., Von Babel zum Zion, p. 239.

446. CONROY, C., The Four Servant Poems in Second Isaiah in the light of recent redaction-historical studies, p. 92.

A revitalização antecipada e desejada de Jerusalém pelo retorno dos judeus do exílio da Babilônia – tanto mais pessoas de sua própria religião que ainda estivessem nas terras da diáspora quanto os justos das nações seguindo seus passos – levantou a questão da posição sociorreligiosa da população de Sião: quais requisitos de admissão deveriam ser aplicados e quais não deveriam estar vigentes? Desde o início, a perda da condição de Estado e o fim da monarquia tornou impossível um delineamento estritamente étnico das fronteiras, especialmente porque a administração central persa provavelmente não teria interesse em tal "nacionalização"[447].

1.2. Da queda da Babilônia aos conflitos em Yehud

Depois da morte de Nabucodonosor em 562 a.C., deu-se início a um período conturbado e cheio de conflitos internos na Babilônia no qual, em apenas sete anos, sucederam-se ao trono quatro reis. O último desses reis foi Nabonido (555–539 a.C.) que também foi, com a sua derrota por Ciro, o último monarca do império neobabilônico. Pela sua predileção pelo deus Sin que tinha como centro de culto a cidade Haran, entrou em conflito com os sacerdotes de Marduk que controlavam a cidade da Babilônia e representavam uma verdadeira potência econômica no império[448].

O assim chamado "Cilindro de Ciro"[449] justifica a queda de Nabonido e o ingresso de Ciro em Babilônia como sendo vontade de Marduk, o qual pôs-se contra Nabonido por este ter transcurado o seu culto e entregue o governo da capital do império nas mãos de Baldassar seu primogênito[450]:

(1) [Quando ... {Mar]duk, rei da totalidade do céu e da terra, o ... ... que, no seu..., torna desolado o seu} ... ... (2) ... ...{rico (?) de inte-

---

447. BERGES, U., The Book of Isaiah, p. 386.

448. BRIANT, P., Histoire de l'empire perse de Cyrus à Alexandre, p. 51-53.

449. "O cilindro é, portanto, um documento ideológico encomendado por Ciro ou pelos seus colaboradores à elite dos escribas babilônicos para legitimar seu poder na Babilônia. O texto segue os modelos literários de inscrições reais mesopotâmicas, especialmente as do rei Neoassírio Assurbanipal (668-627 a.C.), encontrando paralelos também naqueles dos reis neobabilônios, Nabonido inclusive". BASELLO, G. P., Il Cilindro di Ciro tradotto dal testo babilonese, p. 251-252.

450.[ ] Texto reconstruído.
... Texto perdido (O espaço na tradução é equivalente à lacuna no texto).
{ } Texto atestado nos fragmentos recentemente identificados.
( ) Texto integrativo ou explicativo acrescentado pelo tradutor em língua italiana.
(?) Tradução duvidosa.
(1) Número da linha.

ligência, ... aquele que controla} (?) as extremidades (da terra) (3) ... ...
... ..., ao primo[gênito(?)] (de Nabonido = Baldassar),
uma pessoa ínfima, foi confiada a senhoria do seu (= de Marduk) país (4) e ...
... ... [uma imi]tação (das estátuas dos deuses(?))
colocou no seu lugar. (5) Ele fez uma imitação do templo de Esaguil ... ...
... ... para a cidade de Ur e o resto dos centros cultuais. (6) [Ele
fez] rituais não apropriados aos seus (= aos deuses), ...
... todos os dias recitou [orações (?) não] reverentes e como insulto (7) cessou
com as ofertas regulares. In[terferiu no culto ... ... e] colocou
... no interior das cidades cultuais. Pôs fim às reverências para com Marduk,
rei dos deuses, no seu íntimo. (8) Cada dia fazia repetidamente o mal contra
a sua (= de Marduk) cidade... ... ... [Os seus habitantes], todos, arruinou com um jugo (= trabalho gratuito prestado aos senhores) que não dava
repouso. (9) Por causa dos seus lamentos, o deus dos deuses (= Marduk)
encheu-se de furor e raiva e ... ...os seus confins. Os deuses que viviam
entre eles deixaram os seus tabernáculos, (10) cheios de ira porque ele (= Nabonido) (os) tinha levado para o interior de Shuana (= Babilônia). Marduk,
o Al[tíssimo, o deus dos deuses], se voltou para todas as suas instalações nas
quais as suas (= dos deuses) habitações estavam em ruína (11) e (para) todo
o povo de Sumer e Akkad que tinha se tornado como um corpo sem vida.
Ele aplacou (o frêmito d)as suas vísc[eras] e teve piedade. A totalidade de
todos os países examinou, controlou e (12) buscou (= para buscar) o governante justo (conforme) o desejo de seu coração. Tomou a sua mão, de Ciro,
rei da cidade de Anshan, decretou o seu chamado (e) proclamou o seu nome
para o governo da totalidade do todo[451].

De fato, alguns anos antes, Ciro, que em 550 a.C. tornou-se também rei dos Medos, deu início a uma série de ofensivas para conquistar territórios em torno da Babilônia. Depois de ter vencido a batalha de Opis, localizada às margens do Tigre, a 10 de outubro de 539[452], Ciro entrou na cidade de Babilônia a 12 de outubro aclamado pelos sacerdotes de Marduk como libertador tendo-se, deste modo, o fim do império neobabilônico. Para os babilônios, por sua vez,

> a vitória de Ciro poderia significar a reconstituição do antigo império. O príncipe herdeiro, Cambise, foi reconhecido por alguns meses como "Rei da Babilônia" e talvez ele tenha presidido a festa de Ano-Novo. Mas, para

---

451. BASELLO, G. P., Il Cilindro di Ciro tradotto dal testo babilonese, p. 253-255.
452. BRIANT, P., Histoire de l'empire perse de Cyrus à Alexandre, p. 51.

o rei vitorioso, a queda de Babilônia marcou a consagração de um novo império que já se estendeu do mar Egeu até a Ásia Central[453].

Não devem passar desapercebidos os contatos lexicais entre o "Cilindro de Ciro" e Is 45, onde Ciro é chamado de "messias". De modo especial pode-se destacar as linhas 10 e 12 do cilindro e Is 45,1.4[454], onde o texto isaiano demonstra que

> para os poetas e teólogos da comunidade dos exilados de Judá, quem atuou na entrada triunfal de Ciro não foi Marduk, mas YHWH que já tinha chamado a Abraão do Oriente e, desse modo, a chamada de Ciro representava a maior continuidade possível entre a promessa e seu cumprimento (41,1-4.25-29; 45,9-13; 46,9-11; 48,12-16)[455].

Digna de menção é a segunda parte da linha 32 do texto do cilindro que muitas vezes foi compreendida como sendo uma referência aos hebreus deportados na Babilônia e utilizado para confirmar os dados bíblicos a respeito da intervenção de Ciro em favor da reconstrução do Templo de Jerusalém (Esd 1,1-4 e 6,3-5)[456].

Tal compreensão vem enfraquecida quando se tem presente o fato de que as inscrições do cilindro têm como público-alvo os babilônios e quando se percebe, pelo contexto anterior, mais precisamente nas linhas 30 e 31 do cilindro, que o que segue são referências às áreas a oriente do rio Tigre[457]:

> (27) Eu, Ciro, o rei que o venera, e Cambise, o filho (que é) a [minha] descendência [e] todo o meu exército (28) generosamente ele abençoou para que pudéssemos [andar] alegremente na sua presença em bem-estar.
> [Ao seu comando] supremo, todos os reis que estão sobre os tronos (29) em todas as extremidades (da terra), do mar superior ao mar inferior, que estão em re[giões distantes], os reis do Ocidente, que estão em tendas, todos quantos (30) me trouxeram os seus pesados tributos e no interior de Shuanna (= Babilônia) beijaram os meus pés. Desde [Shuanna (= Babilônia)] até as cidades de Ashshur e Susa, (31) Akkad, a região de Eshnunna, a cidade de Zamban, a cidade de Meturnu, Der, até o limite do país dos Guteus, (ou seja, (?) nos) centros cultuais sobre a outra margem do Tigre, cujas habitações foram abandonadas faz tempo, (32) restituí às suas sedes os deuses que

---

453. BRIANT, P., Histoire de l'empire perse de Cyrus à Alexandre, p. 55.
454. FRIED, L.S., Cyrus the Messiah?, p. 373-393. LINCOLN, B., The Cyrus Cylinder, p. 248-264.
455. BERGES, U., Isaías, p. 40.
456. BASELLO, G. P., Il Cilindro di Ciro tradotto dal testo babilonese, p. 252.
457. BASELLO, G. P., Il Cilindro di Ciro tradotto dal testo babilonese, p. 252.

habitavam no seu interior e (os) entronizei nas (suas) habitações eternas. Toda a sua gente reuni e dei a eles de volta as suas povoações[458].

No entanto, mesmo não sendo uma referência aos judeus deportados na Babilônia, tal texto pode ser uma confirmação indireta do que é afirmado em Esdras quando demonstra que tal comportamento de Ciro em relação ao culto e à restituição aos exilados das suas antigas povoações não era privilégio pretendido pelos judeus, mas fazia parte da política imperial persa[459]. De fato,

> estando a religião e a política estreitamente ligadas nas sociedades do antigo Oriente Médio, é lógico que as fontes judaicas apresentam a história sob seus aspectos religiosos. Mas qualquer decisão "religiosa" tem também implicações e objetivos políticos. Toda cidade ou todo povo tendo deuses que os protejam, é normal que eles os adorem e construam para eles santuários que constituem ao mesmo tempo locais de culto e símbolos de uma entidade política independente ou autônoma. Não é menos compreensível que um conquistador deporte os deuses, isto é, estátuas de culto e objetos cultuais, juntamente com a família real e as elites políticas e militares, eliminando assim qualquer auxílio a uma possível revolta contra a sua dominação: isso foi precisamente o que fez Nabucodonosor após a captura de Jerusalém. Por outro lado, a restauração política e religiosa de uma cidade ou comunidade é acompanhada pelo retorno – considerado indispensável pelos repatriados – das estátuas dos deuses que haviam sido deportados anteriormente para a capital do conquistador precedente. Isso é exatamente o que fez Ciro em Babilônia. O caráter "excepcional" das medidas tomadas por Ciro em favor de Jerusalém, portanto, procede apenas de uma perspectiva estreitamente judeocêntrica de nossas fontes. Recolocando-as no contexto ideológico e político do Oriente Médio, tornam-se tais medidas novamente o que elas realmente eram: um episódio certamente importante para os judeus, mas um episódio banal e comum que muitos povos do Oriente Médio já tinham experimentado no curso das dominações assíria e babilônica[460].

Ainda que restem dúvidas a respeito da exatidão das versões do assim chamado "Edito de Ciro" (Esd 1,1-4 e 6,3-5), haja vista as contradições e incertezas a

---

458. BASELLO, G. P., Il Cilindro di Ciro tradotto dal testo babilonese, p. 257.
459. BRIANT, P., Histoire de l'empire perse de Cyrus à Alexandre, p. 55-58.
460. BRIANT, P., Histoire de l'empire perse de Cyrus à Alexandre, p. 58.

respeito dos pormenores, a autenticidade das medidas nelas relatadas devem ser admitidas[461].

Isto vem confirmado pelos fatos, ou seja, mesmo não existindo um retorno maciço de judeus pelo fato de a maioria ter nascido na Babilônia e ali terem conquistado um certo grau de prosperidade, um pequeno número, guiado por Sesbassar, um descendente de Davi, fez o seu retorno a Jerusalém. Chegando, encontram uma cidade quase toda em ruínas e uma população com poucas possibilidades econômicas, além de terem de enfrentar a oposição da Samaria contra qualquer tentativa de se restabelecer o antigo esplendor de Jerusalém e do Templo. Uma das primeiras iniciativas foi o reestabelecimento do culto sacrificial pela construção de um novo altar sobre os fundamentos do antigo e a restauração das festas religiosas. Mesmo tendo-se iniciado a reconstrução do Templo posteriormente, lança-se a pedra fundamental do segundo Templo, ato de imenso valor simbólico[462].

Em 520 a.C. um outro grupo que é liderado por Zorobabel, príncipe davídico, e pelo sacerdote Josué faz o seu retorno. Nesse período tem início, de fato, a construção do "Segundo Templo", muito mais simples do que o Templo de Salomão, porém carregado de valor simbólico enquanto fulcro da identidade dos judeus de Judá e da Diáspora, o qual será dedicado em 515 a.C.[463]

Oficialmente Judá neste período é denominada Yehud. Quanto ao seu *status* político discute-se se desde os seus primórdios enquanto entidade do império persa constituía-se uma Província separada da Samaria e governada por Sesbassar e, depois, por Zorababel ou se passa a ser uma Província por volta de 445 a.C. tendo como governador Neemias[464].

Porém, longe de um retorno pacífico, o repatriamento dos exilados é cheio de embates principalmente com as populações que permaneceram na terra. Este

---

461. "Contra a ideia do cronista a respeito do 'edito de Ciro' em Esd 1,1-4 no sentido de que a permissão para reconstruir o santuário de Jerusalém e para o retorno à Judeia foram concedidos ao mesmo tempo no ano de 538 a.C., é necessário ter presente que uma repatriação em larga escala deu-se apenas sob o reinado de Dario I (521-489). Provavelmente o estopim da medida foram as revoltas que começaram a explodir na Babilônia depois da morte de Cambise II e que foram sufocadas com toda força por Dario I nos anos 522-521 a.C. Isso poderia ter sido avaliado entre membros da Golah como um sinal para arriscar o retorno à pátria". BERGES, U., Isaías., p. 40.

462. BRIANT, P., Histoire de l'empire perse de Cyrus à Alexandre, p. 57.

463. MAIER, J., Entre os dois Testamentos, p. 49-50; BRIANT, P., Histoire de l'empire perse de Cyrus à Alexandre, p. 57.

464. MAIER, J., Entre os dois Testamentos, p. 50; Para pormenores da administração persiana de Yehud SETTEMBRINI, M., L'attività letteraria ebraico-giudaica di epoca persiana e la sua compatibilità con la situazione politica, p. 158-159.

é o contexto do "Quarto Cântico do Servo"⁴⁶⁵. Tal embate, porém, preparava-se desde o tempo do exílio.

O Livro de Ezequiel mostra a oposição entre os que ficaram na terra, que eram a maioria esmagadora, e os deportados em 597 a.C. (Ez 11,15). Por seu afastamento do Templo, justo castigo pelos seus pecados, os deportados ter-se-iam afastado do próprio Deus, e, portanto, não mais pertenciam ao seu povo, perdendo assim o direito de posse da terra que se tornou propriedade exclusiva dos que nela permaneceram (Ez 33,24), os quais se consideravam o verdadeiro Israel⁴⁶⁶.

Outros textos bíblicos, no entanto, apontam para uma outra interpretação dos acontecimentos. Por exemplo, os textos de 2Rs 25,22-26 e Jr 41-43 falam do total abandono de Judá quando os que tinham permanecido na terra se refugiaram no Egito. Jr 42,1-43,7 interpreta esse fato como desobediência a uma ordem do Senhor. Depois de o ter consultado e se comprometido a fazer o que ele decretasse (Jr 42,1-6), todo o povo se recusa a permanecer em Judá como o Senhor mandara que permanecesse (Jr 43,1-4). Portanto,

> a comunidade judaica do Egito, a qual na lógica dos relatos reúne todos os Judeus que não tinham sido deportados, nasceu de uma desobediência formal a YHWH. É filha de um pecado original. De um traço, Jr 41,16-43,7 risca assim do mapa todas as comunidades judaicas que não tiveram origem na deportação, particularmente a comunidade da Palestina, que era de longe a mais numerosa, e deslegitima a comunidade do Egito, que declara aliás condenada ao extermínio. Por exclusão, fica a comunidade da Babilônia como única herdeira legítima de Judá. Os Judeus exilados na Babilônia ou os seus herdeiros na Judeia – e só eles – são Judá/Israel⁴⁶⁷.

Contrariamente a isto, F. Gonçalves chega a defender uma ideia pouco convencional, ou seja, a continuidade da monarquia em Judá durante o período da dominação babilônica:

> Esd 5,14 dá o título de governador a Sesbassar. Ag 1,1.14 e 2,2.21 faz o mesmo a Zorobabel. Seguindo essas informações, a maioria dos autores pensa que Sesbassar e Zorobabel eram governadores e que a Judeia tinha o estatuto de província. Pelo contrário, baseando-se no título de "Príncipe de Judá" que Esd 1,8 dá a Sesbassar, Liver opina que este era rei, e que a Judeia ainda era um reino vassalo da Pérsia.

---

465. BERGES, U., Isaiah, p. 163.
466. GONÇALVES, F. J., Exílio babilônico de Israel, p. 183.
467. GONÇALVES, F. J., Exílio babilônico de Israel, p. 184.

O seu estatuto teria mudado com Zorobabel. Outros pensam que a mudança se deu mais tarde. O próprio Zorobabel ainda teria sido rei. O desaparecimento da monarquia teria sido fruto de uma evolução interna à Judeia e não de uma imposição por parte do poder babilônico ou persa.

Numa só palavra, a maioria dos indícios que se podem extrair dos relatos sobre a conquista babilônica de Judá, assim como dos textos relativos à reorganização de Judá sob os Persas, parecem supor que, contrariamente à opinião comum, Judá conservou o estatuto de reino durante o período babilônico[468].

Tais concepções sobre quem seria o verdadeiro "Israel", as quais surgiram como resultado das lutas pela supremacia entre as comunidades judaicas que se formaram a partir da conquista de Judá pelos babilônios[469], são a preparação para o confronto entre os que permaneceram na terra e os que retornaram do exílio a partir do ano 538 a.C.

No entanto, aquela que se impôs foi a proposta pelos que foram exilados, isto na maioria dos textos bíblicos e até mesmo entre os historiadores modernos, os quais, ao situar o centro da vida judaica entre 597-538 a.C. na *Golah* "não fazem senão glosar a propaganda da comunidade judaica da Babilônia e dos seus herdeiros, omitindo a ideia do despovoamento total de Judá, o elemento dessa propaganda mais inverossímil do ponto de vista histórico e sem dúvida o mais caricatural"[470].

Esse conflito encontra sua forma literária em Jr 37-43, bloco com uma história redacional bastante complexa, a qual ter-se-ia iniciado em Judá, continuado na Babilônia entre os exilados, passado por uma redação deuteronomista e que ter-se-ia concluído com uma redação final "patrícia"[471], expressa nas suas diversas camadas tanto do ponto de vista dos que permaneceram na terra[472], quanto o dos que foram exilados, tornando-se, na sua forma final, um dos maiores instrumentos de propaganda dos membros da *Golah* enquanto defende que

---

468. GONÇALVES, F. J., Exílio babilônico de Israel, p. 179. Também SACCHI, P., L'esilio e la fine della monarchia davidica, p. 131-148; BIANCHI, F., Zorobabele re di Giuda, p. 133-150; BIANCHI, F., Le rôle de Zorobabel et de la dynastie davidique en Judée du VIe siècle au IIe siècle av. J.-C., p. 153-165.

469. GONÇALVES, F. J., Exílio babilônico de Israel, p. 185.

470. GONÇALVES, F. J., Exílio babilônico de Israel, p. 187.

471. STIPP, H.-J., Die Hypothese einer schafanidischen (patrizischen) Redaktion des Jeremiabuches, p. 416-418; SEITZ, C. R., Theology in Conflict, p. 203-296.

472. "O comportamento e a mensagem que os relatos de Jr 40-43 atribuem a Jeremias, o porta-voz de YHWH, expressam a convicção de que, nos primeiros tempos após as deportações de 587/6 a. C., o país de Judá continuava a ser o centro da vida judaica". GONÇALVES, F. J., Exílio babilônico de Israel, p. 183.

os que permaneceram em Judá deixaram de ser Israel pela sua própria culpa, em definitivo, tornando-se "o relato da vitória política e ideológica dos *benê haggôlâ* contra os seus compatriotas que ficaram em Judá a quando das conquistas babilônicas"[473].

A razão do conflito encontrar-se-ia nas disputas pela posse da terra segundo Ez 11,15 e 33,24, textos provavelmente escritos por um representante da concepção dos membros da *Golah*. Tal conflito envolveria a posse das terras dos ricos proprietários redistribuídas após a sua deportação entre os que permaneceram (2Rs 25,12; Jr 52,16)[474].

O embate ter-se-ia agravado com as primeiras levas que fizeram seu retorno, as quais, apesar de serem uma minoria, detinham a supremacia a eles conferida pelo poder persa e pela propaganda contrária aos que não foram deportados da qual se utilizavam para assim legitimar a sua pretensão ao direito exclusivo à terra e à reorganização da antiga Judá, agora Yehud, promovida pelos persas[475]. Em síntese,

> para fundar a sua supremacia, os Judeus da Babilônia e os seus herdeiros declararam as restantes comunidades, sobretudo a comunidade da Judeia, inexistentes e a comunidade do Egito, ilegítima e condenada à aniquilação. Quando os *benê haggôlâ* tomaram o poder na Judeia, graças à autoridade persa, a sua versão da história impôs-se. Integraram nela elementos da versão rival que davam os Judeus da Palestina, mas passaram-nos pelo molde da sua ideologia. Por isso, só temos acesso à versão palestinense dos acontecimentos através dos olhos dos *benê haggôlâ*. Isso explica o fato de que não existe uma "história" de Judá que abarque todo o período babilônico. Se existiu tal história, os *benê haggôlâ* não podiam permiti-la, pois um dos seus dogmas fundamentais era que Judá esteve então totalmente despovoado. Nessas circunstâncias, o período babilônico não podia ser senão o buraco negro de que se queixam os historiadores, mas não, como supõem, porque não havia então na Palestina quem soubesse escrever a história[476].

---

473. GONÇALVES, F. J., Exílio babilônico de Israel, p. 186.
474. GONÇALVES, F. J., Exílio babilônico de Israel, p. 186.
475. GONÇALVES, F. J., Exílio babilônico de Israel, p. 186.
476. GONÇALVES, F. J., Exílio babilônico de Israel, p. 186-187.

1.3. Relação literária e histórica da alusão com outros textos das Escrituras de Israel

Tendo-se analisado, conforme os passos metodológicos propostos por G. K. Beale, a possibilidade de que Is 52,13-53,12 tenha relação com um texto bíblico mais antigo, do qual seja uma reinterpretação, não se identificou nenhuma relação intertextual que seguisse esse padrão. No entanto, aponta-se para a possibilidade de que o texto isaiano tenha sofrido releituras por parte de pelo menos dois textos veterotestamentários[477]: Zc 12,10-13,1 e Dn 12,1-4.

1.3.1. O texto de Zc 12,10-13,1

1.3.1.1. Contexto histórico e literário de Zc 12,10-13,1

Em Zc 12,1, com a expressão "Oráculo. Palavra de YHWH", expressão utilizada também em Zc 9,1, tem-se o início de uma nova seção do Dêutero-Zacarias com a qual se conclui o Livro de Zacarias. Tal seção tem como finalidade, utilizando-se de uma linguagem escatológica, a descrição dos eventos que terão lugar בַּיּוֹם, "naquele dia", expressão que aparecerá vinte vezes no Dêutero-Zacarias, das quais dezoito vezes nessa nova seção, inclusive, no último versículo do livro em Zc 14,21[478].

A perícope na qual estão as alusões a Is 52,13-53,12 é formada por Zc 12,1-13,6. Os seus primeiros versículos, ou seja, Zc 12,1-9, pressupõem um contexto de falta de perspectiva de mudança na esfera social e política que gera uma profunda falta de esperança. Nesse contexto a única possibilidade de salvação está em uma intervenção do próprio YHWH que se levanta contra os povos para defender as únicas entidades políticas reconhecíveis nesse contexto: Jerusalém e Judá[479].

Em um novo quadro, que se afasta do cenário de guerra escatológica precedente, em Zc 12,10, fala-se da regeneração ritual dos habitantes de Jerusalém, fruto do martírio de um homem que foi traspassado sobre quem se lamentarão como a um primogênito[480]. A menção a Meguido no versículo seguinte poderia sugerir que se pensasse na morte de Josias. No entanto, tal menção poderia indicar a morte de um personagem contemporâneo ao escrito, o qual teria tentado empreender uma reforma semelhante àquela realizada por Josias (2Rs 22-23)

---

477. BEALE, G. K., Handbook on the New Testament Use of the Old Testament, p. 46.
478. ANDIÑACH, P. R., Zacarías, p. 1087.
479. ANDIÑACH, P. R., Zacarías, p. 1087; LOURENÇO, J., Sofrimento e Glória de Israel, p. 145.
480. LOURENÇO, J., Sofrimento e Glória de Israel, p. 145.

que, entre outras coisas, buscava combater a idolatria também difundida no seu contexto (Zc 10,2; 13,2)[481]. Em Zc 13,1 fala-se de uma fonte que se abre para purificar os habitantes de Jerusalém dos seus pecados, inclusive da idolatria (Zc 13,2). Assim sendo, "a conversão dos moradores de Sião é, essencialmente, um dom de YHWH e não apenas resultado dum mártir trespassado acerca do qual se lamentarão"[482], estando, deste modo, Zc 13,1 relacionado intimamente com Zc 12,10[483].

O descrédito em que haviam caído os profetas (Zc 13,2-6) e a ênfase na escatologia e no "dia de YHWH" como uma batalha travada por Deus em favor do seu povo "situam o material como um nexo com a literatura apocalíptica (...)". Sendo assim, "podemos designar para os capítulos 9-14 uma época tardia que vai desde os finais do séc. IV e se prolonga durante o séc. III"[484], ou seja, uma época de certa estabilidade político-teológica em que Judá estava sob o domínio dos Ptolomeus do Egito[485] e "durante a qual se irão apagando as vozes dos profetas e começará a crescer a expectativa messiânica e a linguagem apocalíptica como forma de expressão da nova realidade social e teológica"[486].

1.3.1.2. Contatos entre Zc 12,10-13,1 e Is 52,13–53,12

Quanto aos contatos literários e temáticos, tanto em Is 52,13–53,12 como em Zc 12,10-13,1, tem-se uma lamentação coletiva a respeito de alguém que foi traspassado e cujo sacrifício é transformado em bênção para o povo que, também em ambos os textos, é purificado de seus pecados[487].

Tanto Is 52,13–53,12 como Zc 12,10-13,1 têm um contexto semelhante, ou seja, um contexto de restauração. O primeiro, a restauração de Jerusalém no pós-exílio e o segundo, o contexto da vitória escatológica de Jerusalém sobre as nações pagãs[488], a qual poderia ser uma leitura de Is 52,13-15[489].

---

481. ANDIÑACH, P. R., Zacarías, p. 1087.
482. LOURENÇO, J., Sofrimento e Glória de Israel, p. 146.
483. LOURENÇO, J., Sofrimento e Glória de Israel, p. 146.
484. ANDIÑACH, P. R., Zacarías, p. 1079.
485. CHARY, T., Agée, Zacharie, Malachie, p. 137.
486. ANDIÑACH, P. R., Zacarías, p. 1079.
487. LOURENÇO, J., Sofrimento e Glória de Israel, p. 148; HENGEL, M., The Effective History of Isaiah 53 and the Drama of Taking Another's Place, p. 89.
488. LOURENÇO, J., Sofrimento e Glória de Israel, p. 148.
489. HENGEL, M., The Effective History of Isaiah 53 and the Drama of Taking Another's Place, p. 89.

Como diferença entre os textos pode-se identificar a perspectiva universalista de Isaías, a qual se opõe ao nacionalismo exacerbado de Zacarias, frutos de seus respectivos contextos[490].

Quanto aos personagens de que falam os dois textos, o anonimato destas figuras não permite que seja realizada uma comparação entre eles sob uma perspectiva teológica, no entanto, alguns aspectos em comum podem ser apontados.

Is 53,5a usa a raiz verbal חלל, enquanto Zc 12,10c usa a raiz verbal דקר, sinônimo de חלל, para referir-se ao personagem desconhecido, os quais têm o sentido de ser traspassado[491].

Em ambos os textos os personagens têm um importante papel na purificação dos pecados do povo, quer seja pela ação do Servo sofredor que carrega sobre si os seus pecados (Is 53,11-12), quer seja pela abertura de uma fonte salutar que purifica os habitantes de Jerusalém (Zc 13,1) após a liturgia penitencial ou lamentação pelo traspassado (Zc 12,10)[492].

Tendo como base os elementos acima postos, os quais demonstram mais um contato teológico que propriamente literário entre o texto isaiano e aquele de Zacarias, pode-se afirmar ser o texto mais recente uma releitura do texto precursor, uma releitura teológica da humilhação do Servo sofredor de Is 52,13–53,12[493], sendo este o modelo teológico do traspassado de Zc 12,10s[494].

1.3.2. O texto de Dn 12,1-4

1.3.2.1. Contexto histórico e literário de Dn 12,1-4

O Livro de Daniel apresenta-se como uma obra complexa na qual se pode encontrar tanto um conteúdo sapiencial quanto o estilo apocalíptico, além da variação linguística e de uma distribuição nem sempre lógica do material[495]. Tal complexidade poderia refletir o desenvolvimento do Livro de Daniel em diferentes etapas redacionais[496].

Nesse contexto, Dn 12,1-4 é a conclusão da grande visão apocalíptica iniciada em Dn 10. Essa conclusão faz parte do bloco formado por Dn 11,40-12,13

---

490. LOURENÇO, J., Sofrimento e Glória de Israel, p. 149.
491. HENGEL, M., The Effective History of Isaiah 53 and the Drama of Taking Another's Place, p. 88.
492. LOURENÇO, J., Sofrimento e Glória de Israel, p. 150.
493. LOURENÇO, J., Sofrimento e Glória de Israel, p. 151.
494. CHARY, T., Agée, Zacharie, Malachie, p. 205.
495. COLLINS, J. J., Daniel, p. 12-24.
496. COLLINS, J. J., Daniel, p. 24-38.

com o qual se conclui o livro. Esse bloco, por sua vez, provavelmente, teve sua redação antes da morte de Antíoco Epífanes por volta do ano 164 a.C.[497].

Com efeito, segundo o oráculo de Dn 11,40-45, a morte de Antíoco se daria após ter vencido o Egito, a Líbia e a Etiópia e acampado "entre o mar e o monte esplêndido e santo" de Sião. No entanto, ele morreu não entre o Mediterrâneo e Jerusalém, como descreve a visão apocalíptica, mas sim na Pérsia. Deste modo, a imprecisão da descrição da morte de Antíoco encontrada no Livro de Daniel aponta para que tenha sua composição anterior ao fato. Note-se também que o autor não menciona as vitórias dos macabeus, a reconquista de Jerusalém e a purificação do Templo, indício de que escreveu antes desses acontecimentos que antecederam a morte de Antíoco em novembro ou dezembro de 164 a.C.[498].

O autor do Livro de Daniel encontra-se provavelmente entre os *hasidim*, grupo de judeus piedosos mencionado em 1Mc 2,42 e 7,12. Estes, em Dn 11,33, são chamados de sábios, porém, mais do que isso, são os que "instruirão a muitos". São também os mártires (Dn 11,33-35) de que se falará também em Dn 12,1-3. Os que perseguem os *hasidim*, por sua vez, são aqueles que "transgridem a aliança" (Dn 11,32), expressão que se pode encontrar também na literatura do Mar Morto (1QM 1,2) para designar os apoiadores do processo de helenização promovido por Antíoco[499], o qual se autodiviniza (Dn 11,36) e realiza a "abominação desoladora" (Dn 11,31; 1Mc 1,54.59), ou seja, profana o Templo de Jerusalém com o sacrifício de animais impuros e o culto de divindades pagãs[500], desastre que, no entendimento dos contemporâneos do autor do Livro de Daniel, "supera até mesmo a destruição do templo em 587 a.C. e que foi entendido como a essência das 'dificuldades do final dos tempos', o que poderia ter como única consequência a imediata manifestação do reino de Deus"[501]. Neste contexto:

> A evocação da prova final toma a forma de um combate (Dn 11,40-45) que se conclui com a vitória de Deus sobre as forças do mal. Então se abre o "mundo que deve vir", do qual participarão aqueles que morreram pela fé: eles ressurgirão dos abismos para encontrar um lugar no povo novo. As estruturas religiosas do povo, focadas na prática da Lei e no culto no Templo, tornam muito claro o objeto da alusão: nota-se o lugar essencial

---

497. LOURENÇO, J., Sofrimento e Glória de Israel, p. 159.

498. LACOCQUE, A., Daniel, p. 1008-1009; MAIER, J. Entre os dois Testamentos, p. 160; HENGEL, M., The Effective History of Isaiah 53 and the Drama of Taking Another's Place, p. 90.

499. LACOCQUE, A., Daniel, p. 1008.

500. LACOCQUE, A., Daniel, p. 1008.

501. HENGEL, M., The Effective History of Isaiah 53 and the Drama of Taking Another's Place, p. 90.

que aí ocupam os "doutores" que instruem o povo e o conduzem à justiça. Os justos perseguidos são postos à morte e o autor lhes aplica aquilo que foi dito sobre o "Servo sofredor" no oráculo de Is 53,10-13 (sic)[502].

1.3.2.2. Contatos entre Dn 12,1-4 e Is 52,13–53,12

De fato, pode-se identificar como tema central de Dn 12,1-4 um importante elemento presente nas alusões isaianas aqui estudadas, ou seja, a retribuição dos justos que justificam os muitos, מַצְדִּיקֵי הָרַבִּים (Dn 12,3)[503].

Ainda que o debate sobre a interpretação de מַצְדִּיקֵי הָרַבִּים seja amplo[504], pode-se afirmar com M. Hengel que "existe espaço para a possibilidade da expiação vicária – cautelosamente aludida – na referência de Daniel ao sofrimento dos מַשְׂכִּלִים e à sua função como 'aqueles que justificam os muitos (מַצְדִּיקֵי הָרַבִּים Dn 12,3)"[505].

De fato, a raiz verbal צדק no hifil tem o significado de "justificar, conduzir à justiça". Em Dn 12,3 este hifil é um particípio no *status constructus* que precede הָרַבִּים, o que se pode traduzir como "os que justificam os muitos". Tal sintagma condiciona, como ocorre com o Servo em Is 52,13–53,12, a exaltação dos מַשְׂכִּלִים à sua ação em favor dos רַבִּים [506]: "os que justificam os muitos, [resplandecerão] como as estrelas para sempre, eternamente" (Dn 12,3cd). No entanto, no texto de Daniel, como o contexto de perseguição exige, esse tema é apresentado com uma linguagem fortemente escatológica[507].

Outro contato a ser tomado em consideração é a utilização do termo רַבִּים em Dn 12,2.3.4, sendo que em Dn 12,3 é precedido do artigo. Neste caso, ao contrário do texto isaiano no qual estes permanecem indeterminados, identificam-se os que são beneficiados pelo sofrimento dos מַשְׂכִּלִים, ou seja, o Israel fiel, aqueles que têm seus nomes inscritos no livro (Dn 12,1), aqueles que procuram ser ins-

---

502. GRELOT, P., L'Espérance juive à l'heure de Jésus, 1994, p. 42. No entanto, ao contrário do que ocorre com o texto isaiano, "existe um consenso praticamente unânime entre os estudiosos modernos de que Daniel está se referindo à ressurreição real de indivíduos dos mortos, isto por causa da linguagem explícita utilizada quando fala da vida eterna. Esta é, de fato, a única referência geralmente aceita à ressurreição na Bíblia hebraica". COLLINS, J. J., Daniel, p. 391-392.

503. LOURENÇO, J., Sofrimento e Glória de Israel, p. 160.

504. HENGEL, M., The Effective History of Isaiah 53 and the Drama of Taking Another's Place, p. 90-98.

505. HENGEL, M., The Effective History of Isaiah 53 and the Drama of Taking Another's Place, p. 98.

506. LOURENÇO, J., Sofrimento e Glória de Israel, p. 163.

507. LOURENÇO, J., Sofrimento e Glória de Israel, p. 160.

truídos nos preceitos da Lei e a eles buscam ser fiéis (Dn 11,32-35)[508]. Para A. Lacocque, a relação entre מַשְׂכִּלִים e רַבִּים aqui apresentada é uma reminiscência de Is 52,13–53,12 e constitui um midrash do "Quarto Cântico do Servo"[509].

Por sua vez, מַשְׂכִּלִים apresenta contatos com o hifil יַשְׂכִּיל de Is 52,13, o qual tem como possibilidade de tradução agir com inteligência, com sabedoria, com prudência[510].

Em suma, pode-se afirmar que os dois textos, mesmo sendo fruto de contextos e tendo gêneros literários bem distintos, apresentam contatos entre si que podem ser identificados na utilização de termos "que estão no centro da temática que lhes é própria"[511] sendo, deste modo, o texto de Daniel uma das mais antigas interpretações do "Quarto Cântico do Servo"[512].

2. Contexto literário de Is 52,13–53,12

2.1. Contexto literário anterior e posterior de Is 52,13–53,12

2.1.1. Contexto literário anterior

Tendo-se discutido a questão da unidade redacional do Dêutero-Isaías no item anterior como pressuposto à identificação do contexto histórico da perícope isaiana estudada, passa-se agora a analisar o bloco do qual Is 52,13–53,12 faz parte, ou seja, Is 49-55[513].

Este bloco trata basicamente de como, após o fim do exílio, o Servo cumprirá sua missão profética em favor do povo de Deus e, ao mesmo tempo, de ser luz das nações, missão essa que lhe foi confiada pelo Senhor, como se pode ver no "Primeiro Cântico do Servo" (Is 42,1-9)[514].

Conforme o bloco anterior o resgate de Jacó já se realizou, o que se pode verificar pela utilização do qal qatal גָּאַל, "resgatar", em Is 48,20. No entanto, a manifestação da glória do Senhor através de Israel, o seu Servo, ainda é uma pro-

---

508. LOURENÇO, J., Sofrimento e Glória de Israel, p. 161.

509. LACOCQUE, A., Le livre de Daniel, p. 170; LACOCQUE, A., Daniel, p. 1009.

510. LOURENÇO, J., Sofrimento e Glória de Israel, p. 161.

511. LOURENÇO, J., Sofrimento e Glória de Israel, p. 160.

512. LOURENÇO, J., Sofrimento e Glória de Israel, p. 162.

513. SMITH, G. V., The New American Commentary - Isaiah 40-66, p. 336-337; CONROY, C., The Enigmatic Servant texts in Isaiah in the Light of recent study, p. 43; BERGES, U., The Book of Isaiah, p. 303; SIMIAN-YOFRE, H., Sofferenza dell'uomo e silenzio di Dio nell'Antico Testamento e nella letteratura del Vicino Oriente antico, p. 183; PELLETIER, A.-M., Isaías, p. 901; GOLDINGAY, J.; PAYNE, D., Isaiah 40-55, Vol. 1, p. 19-21.

514. PELLETIER, A.-M., Isaías, p. 901-902; BERGES, U., Isaías, p. 99.

messa, o que se constata pelo uso da raiz verbal פאר no hifil yiqtol, "glorificar-se a si mesmo", em Is 49,3[515].

O instrumento dessa manifestação da glória do Senhor é exatamente o Servo o qual é chamado, apesar do rechaço ao seu ministério profético (Is 50,4-9), a ser fiel à sua missão. Deste modo, a resistência ao seu anúncio torna-se um meio para que ele dê um testemunho cada vez mais eloquente de sua fidelidade, a qual tem como consequência a glorificação do Senhor através da glorificação do seu Servo Israel (Is 52,13–53,12), o que se manifesta literariamente através do uso da raiz verbal ραπ no θαταλ no final do bloco em Is 55,5: "Eis que uma nação que não conheces chamarás e nações que não te conheceram para ti correrão, pelo Senhor teu Deus e pelo Santo de Israel, pois ele te glorificou"[516].

O primeiro capítulo (Is 49) desta expansão pós-exílica da "Redação da Golah", começa com o "Segundo Cântico do Servo", o qual foi aí interpolado. Na sua forma primitiva, era composto por Is 49,1-6. Este primeiro extrato sofreu provavelmente duas expansões: uma primeira onde é comentado a partir do "Primeiro Cântico" e de textos subjacentes em Is 49,8-12 e a incorporação de Is 49,7 a partir da reflexão realizada no "Quarto Cântico"[517].

Porém, ao contrário do "Primeiro Cântico", no qual o Servo tem a sua missão apresentada pelo Senhor, no segundo é o próprio Servo a descrevê-la aos povos (Is 49,1)[518]. É a *Golah* que se dispõe a ser testemunha da ação salvífica de Deus para com todas as nações e, imediatamente após a ordem para que se dê início ao novo êxodo em Is 48,20, se apresenta como o Servo chamado desde o seio materno, disponível para realizar as ordens do Senhor e pelo qual o seu nome será glorificado (Is 49,1-12)[519].

Essa continuidade entre a ordem para partir e a disponibilidade do Servo para fazer o que o Senhor diz[520] faz com que Is 49,1-13 seja o ponto de interseção entre a "Redação da Golah" (Is 40-48), também identificada como "Seção da Libertação de Jacó", e a "Seção da Restauração de Sião" (Is 49-55). Isso vem confirmado pelos contatos entre Is 41,1: "Calai-vos perante mim, ó ilhas, e povos

---

515. BERGES, U., Isaías, p. 99.

516. BERGES, U., Isaías, p. 99.

517. HANSON, P. D., Isaia, p. 145-146; BERGES, U., The Book of Isaiah, p. 345. A respeito do debate sobre a história redacional do Segundo Cântico do Servo. CHILDS, B. S., Isaia, p. 415-416; WATTS, J. D. W., Isaiah 34-66, p. 730-731; GOLDINGAY, J.; PAYNE, D., Isaiah 40-55, Vol. 2, p. 154.

518. GOLDINGAY, J.; PAYNE, D., Isaiah 40-55, Vol. 2, p. 154.

519. BERGES, U., Isaías, p. 100.

520. WATTS, J. D. W., Isaiah 34-66, p. 730; SIMIAN-YOFRE, H., Sofferenza dell'uomo e silenzio di Dio nell'Antico Testamento e nella letteratura del Vicino Oriente antico, p. 183.

repreendam as forças", e Is 49,1: "Ouvi ó ilhas e vós povos longínquos escutai", aos quais se podem somar as rejeições às queixas de Israel (Is 40,27) e de Sião (Is 49,14). Esses pontos de contato demonstram que "o início da 'Seção de Sião' depende estruturalmente da 'Seção da Babilônia'"[521].

Os contatos entre Is 41,1 e 49,1 demonstram também que os repatriados têm consciência de serem os continuadores da missão do profeta anônimo exílico, pois

> como o profeta de YHWH estimulou a comunidade exilada a uma nova esperança na ação salvadora de Ciro, em última análise levando à emergência do Ebed fiel, é o Servo agora que, em seu retorno, procura comunicar a certeza de um futuro glorioso à população de Jerusalém. Contra toda a desilusão, ele quer convencer a Jerusalém pós-exílica a aceitar seu chamado como central para o movimento de retorno da diáspora, do qual seu próprio regresso a casa é apenas o começo. (...) No entanto, o esperado retorno dos judeus da diáspora é apenas um trampolim para o objetivo real: a realização da salvação de Deus (ψτί'Ωψ) até os confins da terra (49,6b)[522].

A função de ponte de Is 49,1-13 entre o fim da "Redação da Golah" e o início da produção literária da "Primeira Redação de Jerusalém" é confirmada ainda em Is 49,13. Esse versículo hínico que conclui a interseção faz referência a Is 44,23, que convida ao louvor e ao júbilo, porque o Senhor "remiu Jacó e glorificou-se por meio de Israel". Em Is 49,13 também existe um convite ao louvor e ao júbilo, porém muda a motivação: "porque o Senhor consolou o seu povo e tem compaixão dos seus aflitos", introduzindo assim um tema que perpassará toda a segunda parte do Dêutero-Isaías, ou seja, a compaixão[523].

Esse júbilo universal pela ação consoladora e misericordiosa de Deus (Is 49,13) se opõe às dúvidas daqueles que creem que o Senhor abandonou e esqueceu o seu povo (Is 49,14). Deste modo, em Is 49,14-26, o Servo, que retornou do exílio, dedica-se a persuadir Jerusalém, a qual perdeu toda a esperança numa intervenção do Senhor, a voltar a confiar no seu amor. A combinação de lamento (v. 14), disputa (v. 15), anúncio de salvação (v. 18) e paradoxo (vv. 20-21) contidos nessa perícope deve ser entendida a partir do contexto de desilusão e ceticismo provocado pelo grande trauma que foi para o povo a queda de Jerusalém. Tal ca-

---

521. BERGES, U., The Book of Isaiah, p. 305.
522. BERGES, U., The Book of Isaiah, p. 344-345.
523. BERGES, U., The Book of Isaiah, p. 348.

taclismo, por suas proporções, fez com que um simples anúncio de salvação não pudesse convencer o povo que perdeu a perspectiva de um futuro melhor. Deste modo, "o trabalho persuasivo do Ebed dirigido à população de Jerusalém é análogo ao do Dêutero-Isaías com a comunidade exílica. Como Jacob/Israel reclamou que YHWH havia desconsiderado seu direito (40,27), Sião agora se queixa de que YHWH a esqueceu (49,14)"[524].

No entanto, o trabalho de convencimento do Servo não se conclui em Is 49,14-26. Pelo contrário, as acusações contra o Senhor, agora por parte dos filhos de Sião, se intensificam, implicitamente, em Is 50,1-3[525]: o Senhor não só teria esquecido de sua mãe, mas a repudiou. O Exílio e suas consequências seriam a comprovação deste fato. Porém, o Senhor mesmo responde a essa acusação ao pedir que se apresente um documento de divórcio que, no entanto, não existe, demonstrando assim que essa acusação não se sustenta[526].

Deste modo, não havendo ninguém que pudesse produzir tal documento, dever-se-ia encontrar outro motivo para a queda de Jerusalém e do Exílio, sendo que estes não poderiam ser interpretados como um divórcio imposto pelo Senhor a sua esposa Sião. Igualmente não se sustenta a ideia de que o Senhor se desfez de Jerusalém, a qual teria sido vendida a um credor não havendo, também neste caso, nenhum documento que possa provar tal venda. Não existindo tais situações na relação entre o Senhor e Sião, deve-se encontrar o que provocou a deportação nos pecados e transgressões dos próprios filhos de Jerusalém[527].

Em seguida, o "Terceiro Cântico do Servo" (Is 50,4-9), o qual vem seguido de um comentário (Is 50,10-11), apresenta-se como um salmo de confiança. O vocábulo δΩMλι ("aluno", "discípulo") que aparece duas vezes no plural no v. 4 corrobora a interpretação coletiva da figura do Servo. Tais discípulos, ao contrário dos discípulos de Isaías que esperavam o cumprimento das ameaças de castigo (Is 8,16-18), aguardam o cumprimento das promessas de salvação para que se demonstre a eficácia das palavras proféticas sobre a restauração diante do ceticismo de muitos[528].

No comentário ao "Terceiro Cântico" dos vv. 10-11, diz-se que o temor do Senhor consiste em ouvir a voz do seu Servo que se dirige aos que, mesmo andan-

---

524. BERGES, U., The Book of Isaiah, p. 348-349.

525. MELUGIN, R. F., The Formation of Isaiah 40-55, p. 156.

526. PELLETIER, A.-M., Isaías, p. 901-902; BERGES, U., The Book of Isaiah, p. 350.

527. BERGES, U., The Book of Isaiah, p. 350-351.

528. PELLETIER, A.-M., Isaías, p. 902; BERGES, U., Isaías, p. 102.

do nas trevas, são convidados a confiar no Senhor[529]. Os seus adversários serão exterminados na luz de suas tochas (Is 50,11, אוּר), imagem contraposta ao Servo que é a luz (אוֹר) das nações (Is 42,6; 49,6; 51,4)[530].

O bom êxito da missão do Servo está relacionado a quantos mais filhos de Sião ouvirem a sua voz sendo que

> sua luz resplandecerá com tanto maior fulgor quanto mais filhos de Sião colocarem-se em marcha para a pátria desde as trevas das nações nas quais estão dispersos. Os interpelados devem entender a partir dos seus ancestrais, Abraão e Sara, que o pequeno número daqueles que até então voltaram não é motivo de ceticismo, porque YHWH os abençoou e os tornou muito numerosos (51,1-3)[531].

Deve-se sublinhar o fato de que em Is 51,4 o Senhor se dirige à "minha nação" (לְאוּמִּי), sendo que em Isaías o uso de לְאֹם se refere sempre às nações estrangeiras (Is 34,1; 41,1; 43,4.9; 49,1; 60,2). Esse uso pode sugerir que os destinatários devem ser encontrados entre aqueles que ainda estão na diáspora[532].

Em Is 51,4-8, porque do Senhor procedem uma instrução (תּוֹרָה) e o seu direito como luz para os povos, anuncia-se que logo se manifestarão a sua justiça e a sua salvação que perduram para sempre. Por isso o povo que conhece a justiça e leva a instrução do Senhor no seu coração não deve temer os insultos e as injúrias dos seus inimigos, pois, se os destinatários da mensagem do Servo compartilharem o seu mesmo destino, também compartilharão a promessa a ele feita, ou seja, seus inimigos serão comidos pelas traças (Is 50,9)[533].

A.-M. Pelletier enfatiza, ao discutir a identidade do Servo, que

> a designação frequente, em passagens anteriores, de Jacó-Israel já não aparecerá mais: a partir de agora encontraremos uma série de categorias espirituais tais como "os que buscam a salvação" (51,11) os que "conheceis o que é reto" (51,7) ou, inclusive, "o povo que guarda a minha Lei em seu coração"[534].

Em Is 51,9 tem-se o início de um "poema imperativo" (Is 51,9-52,12), no qual se pode perceber a incorporação da Teologia do Êxodo pela Teologia de

---

529. PELLETIER, A.-M., Isaías, p. 902.
530. BERGES, U., Isaías, p. 102.
531. BERGES, U., Isaías, p. 102-103.
532. BERGES, U., Isaías, p. 103.
533. BERGES, U., Isaías, p. 103.
534. PELLETIER, A.-M., Isaías, p. 902.

Sião[535], perpassado de chamadas (Is 51,9.17; 52,1). Diante das promessas de que a justiça do Senhor não tardará a se manifestar, pois seus braços julgarão os povos (Is 51,5), tem-se o primeiro desses apelos dirigido exatamente ao braço do Senhor para que desperte e se revista de poder, apelo esse que se inicia com uma dupla repetição da raiz verbal עור, "despertar", no imperativo, a qual se dará também em Is 51,17 e 52,1. Nestes últimos dois versículos, porém, é o Senhor quem chama Sião para que desperte, ela que tomou o cálice da ira (Is 51,17), e se revista de fortaleza e de vestimentas gloriosas (Is 52,1)[536].

Em Is 52,10 constata-se o cumprimento das promessas feitas anteriormente, pois o poder do Senhor se fez visível a todas as nações através da reconstrução de Jerusalém e na consolação do seu povo: "o Senhor revelou o seu santo braço diante dos olhos de todas as nações e verão todas as extremidades da terra a salvação do nosso Deus"[537].

A resposta do Senhor ao apelo a ele feito em Is 51,9, no entanto, se faz sentir no oráculo de salvação de Is 51,12-16, o qual inicia-se com um duplo ψκινθα' que provavelmente está relacionado aos duplos imperativos de Is 51,9.17; 52,1. Com esta construção quer-se sublinhar que o Senhor não é um Deus que dorme, um Deus inerte (Sl 115), mas um Deus que age consolando o seu povo: "Eu sou, eu sou aquele que vos consola"[538].

O sufixo da segunda pessoa do masculino plural que acompanha a raiz verbal נחם, "consolar", no piel particípio masculino singular no *status constructus* no v. 12a, refere-se aos "resgatados do Senhor" do versículo precedente que com alegria voltam para Sião (Is 51,11). Por sua vez, o fato de que para referir-se ao coletivo dos que retornam ou àqueles que estão dispostos a retornar em v. 12b utilize-se o pronome da segunda pessoa do feminino singular אַתְּ, está a indicar que tal pronome refere-se a Sião, a qual não deve temer as resistências[539]. Porém, logo há uma mudança:

> o tratamento no feminino muda para um "tu" masculino[540]. A medida em que coloca suas palavras em seus lábios (v. 16), YHWH confere ao grupo

---

535. A utilização destas tradições para a elaboração destes escritos confirmaria, para J. Kiesow, a hipótese de que a composição destes textos teria lugar em Jerusalém. KIESOW, K., Exodustexte im Jesajabuch, p. 110-111.122.

536. BERGES, U., Isaías, p. 103. Para os contatos entre Is 51,9, Is 51,17 e Is 52,1. GOLDINGAY, J.; PAYNE, D., Isaiah 40-55, Vol. 2, p. 235-236.

537. BERGES, U., Isaías, p. 103.

538. BERGES, U., Isaías, p. 104.

539. BERGES, U., Isaías, p. 104; GOLDINGAY, J.; PAYNE, D., Isaiah 40-55, Vol. 2, p. 240.

540. GOLDINGAY, J.; PAYNE, D., Isaiah 40-55, Vol. 2, p. 241.

dos que retornam a dignidade profética. O carisma do servo Jacó/Israel na Babilônia passa àqueles que em Sião seguiram seu chamado. Em 59,21, esta capacitação profética é transmitida à descendência daqueles que retornaram. Deste modo, eles afirmam ser o Moisés de seu tempo (Dt 18,18): afirmação que, no momento no qual se formava a Torá de Moisés, não deve ter permanecido sem réplicas[541].

O "poema imperativo" conclui-se com o regresso glorioso do Senhor a Jerusalém (Is 52,7-12). Os que retornaram da Babilônia e de toda a diáspora são, ao mesmo tempo, prova do poder de Deus e os que proclamam a boa-nova (מְבַשֵּׂר) a Sião de que o Senhor reina (Is 52,7)[542]. O convite às ruínas (חָרְבוֹת) de Jerusalém em Is 52,9 para que prorrompam em gritos de júbilo é uma indicação de que a sua restauração está só no começo ou de que a comunidade como um todo ainda necessita de restauração[543].

Por fim, em Is 52,11, um apelo é dirigido a todos que ainda não voltaram para que retornem. A ausência de referências à Babilônia, ao contrário de Is 48,20, é um indício de que o convite é a toda a diáspora e não só aos que ainda se encontram na Babilônia[544]. Porém, ao contrário do que ocorreu no Egito (Ex 12,35), estes não devem trazer nada de impuro, pois se dirigem à cidade santa de Jerusalém. Aqui,

> o profeta fala como o rei egípcio que pede que os israelitas saiam do meio do seu povo (Ex 12,31), mas também retoma as palavras de Ezequiel sobre a ameaça de YHWH de vir a purificar a comunidade (20,7.10) – seria melhor tomar medidas para purificar-se a si mesmo (também 49,2)[545].

Em Is 52,12, ao contrário da saída do Egito, de onde os hebreus deviam sair às pressas (Ex 12,11; Dt 16,3) e teriam o Senhor somente à sua frente, no novo êxodo o povo não deve sair apressadamente como que em fuga, pois o Senhor irá à sua frente e à sua retaguarda[546]. Poder-se-ia aqui estar diante de um merismo: sempre e em toda parte o Senhor acompanhará o seu povo. No entanto, tal interpretação poderia enfraquecer a metáfora militar-real contida em Is 52,7-10: "É o rei que lidera o povo na batalha"[547].

---

541. BERGES, U., Isaías, p. 104.
542. GOLDINGAY, J.; PAYNE, D., Isaiah 40-55, Vol. 2, p. 264-266.
543. BERGES, U., Isaías, p. 104; GOLDINGAY, J.; PAYNE, D., Isaiah 40-55, Vol. 2, p. 268.
544. BERGES, U., Isaías, p. 104-105.
545. GOLDINGAY, J.; PAYNE, D., Isaiah 40-55, Vol. 2, p. 269.
546. BERGES, U., The Book of Isaiah, p. 354-355; PELLETIER, A.-M., Isaías, p. 902.
547. GOLDINGAY, J.; PAYNE, D., Isaiah 40-55, Vol. 2, p. 270.

2.1.2. Contexto literário posterior

À semelhança da "Primeira Redação de Jerusalém" que é emoldurada por um prólogo em Is 40,1-5; 9-11 e um epílogo em Is 52,7-12, a "Segunda Redação de Jerusalém", que compôs a maioria dos textos de Is 54-55 e os incorporou ao material precedente, também apresenta um prólogo em Is 40,3aa.6-8 e um epílogo, que começa em Is 55,10-11, onde o tema é a eficácia da palavra de Deus, e se conclui com os vv. 12-13 que têm como tema a libertação. Estes dois últimos versículos têm correspondentes na "Redação da Golah" em Is 48,20-21 e na "Primeira Redação de Jerusalém" em Is 52,12[548].

Quanto a Is 54, no que se refere ao uso de vários motivos aparentemente sem conexão nesse capítulo, fala-se de uma "tensão integrada" para descrever a integração de elementos heterogêneos em uma única estrutura. O resultado dessa integração não é a homogeneidade que se pretende ao utilizar-se repetidamente o mesmo elemento, nem o caos produzido ao se agrupar ao acaso elementos heterogêneos, mas produz-se "um todo vital, com tensões integradas em uma harmonia mais ampla"[549].

Este é o resultado da utilização da figura da estéril (Is 54,1), da viúva (Is 54,5) e da mulher abandonada (Is 54,6), as quais teriam como elemento que as amalgamasse a função de atingir qualquer pessoa que tenha sofrido algum desses dramas pessoais e fazê-los "identificar-se imediatamente a nível profundo com as vítimas dessas desgraças da vida"[550]. No entanto, apresentam-se algumas dificuldades inerentes a estes motivos e à realidade que representam: o que poderia mudar a sorte de Jerusalém apresentada como estéril, abandonada e viúva "se Deus é a causa da calamidade"?[551] Mais ainda: como pode ser o mesmo Deus que permitiu o seu sofrimento a solicitar que ela exulte de alegria?

> Este é o aspecto terrificante que assume a teodiceia em uma religião monoteísta. Nesta moldura, quando se desce a um nível mais profundo, existe uma só resposta à pergunta sobre como se podem transformar a vergonha e a desolação em restauração e bênção. A metamorfose deve proceder de Deus. No centro de tudo está a intenção. Por este motivo os vv. 7-8 são o eixo sobre o qual roda a inteira estrutura do capítulo 54. Aqui Deus descre-

---

548. BERGES, U., The Book of Isaiah, p. 360.
549. HANSON, P. D., Isaia, p. 185.
550. HANSON, P. D., Isaia, p. 185.
551. HANSON, P. D., Isaia, p. 186.

ve a mudança intencional que fornece a pedra angular de todo o edifício compositivo, construído sobre relações em tensão[552].

A partir dessa mudança intencional pode-se entender o tema central de todo esse bloco que é fruto da "Segunda Redação de Jerusalém", isto é, a restauração de Sião: "Por um momento insignificante te abandonei, mas com grande compaixão te reunirei. Em um transbordamento de ira escondi a face por um momento de ti, mas com bondade eterna terei piedade de ti, diz o Senhor teu Redentor" (Is 54,7-8).

Sendo assim, Jerusalém estéril, viúva e abandonada, entra em cena como esposa do Senhor e mãe de muitos filhos. É clara a alusão a Sara, estéril e sem filhos (Gn 11,30) que a partir de uma intervenção do Senhor torna-se fecunda. Jerusalém, porém, supera em dignidade a matriarca, pois o próprio Senhor será o seu esposo. É superior também a promessa feita a Sião em relação àquela feita a Abraão de que teria numerosa descendência e se apoderaria das portas dos seus inimigos (Gn 22,17). No caso de Sião, a sua numerosa descendência herdará os povos (Is 54,3)[553].

Em Is 54,4, Sião é convidada a não temer, a crer nas promessas e a esquecer a vergonha, pois o Deus do mundo inteiro é o seu esposo e o Senhor dos Exércitos, o Santo de Israel, o seu Redentor (Is 54,5)[554].

Deve-se em 54,7 sublinhar a utilização da raiz verbal קבץ no piel que contém a ideia de "reunir", sendo a reunião dos seus filhos dispersos condição fundamental para a restauração de Sião. Em Is 54,9-10, como se tinha feito recurso das figuras de Abraão e Sara, agora remonta-se a tempos mais antigos, aos tempos do dilúvio, para afirmar que, da mesma forma que Deus prometeu nos tempos de Noé não mais aniquilar a terra (Gn 9,16), da mesma forma promete a sua esposa Sião que dela não mais se apartará o seu amor, de modo que a sua aliança de paz com ela jamais será removida. Assim conclui-se esta primeira parte de Is 54[555].

A segunda perícope que forma Is 54, ao descrever a esplêndida reconstrução daquela que será a nova Jerusalém (Is 54,11-12), afirma que os seus filhos serão como discípulos do Senhor (לִמּוּדֵי יהוה, Is 54,13) de modo que terão a mesma atitude de discípulos do Servo do Senhor (Is 50,4), e gozarão de grande paz, pois serão protegidos pelo Senhor (Is 54,13-17):

---

552. HANSON, P. D., Isaia, p. 186.

553. CHILDS, B. S., Isaia, p. 467; BERGES, U., Isaías, p. 109.

554. BERGES, U., Isaías, p. 109.

555. CHILDS, B., S. Isaia, p. 468; BERGES, U., Isaías, p. 109.

Esta comunidade de discípulos está sob a segura proteção que Deus garante a Sião. Porque YHWH também é o criador das armas inimigas que podem trazer desgraça (54,16; cf. 45,7), somente ele pode impedir que elas mais uma vez tenham sucesso contra Sião. Como o único fundador da perdição, YHWH também é o único que garante a salvação. A promessa de apoio à segurança de Sião é a herança dos servos de YHWH (54,17; cf. 49,8; 58,14). Assim como os levitas não recebiam nenhuma parte na conquista da terra, mas viviam completamente de seu serviço a YHWH (Nm 18,20ss.; Dt 12,12; 14,27, entre outros lugares), assim também os servos, que nos dois últimos capítulos de Isaías desempenham um papel central (65,8.9.13.14.15; 66,14), devem poder confiar exclusivamente na proteção de Deus[556].

Deste modo, segundo B. S. Childs, Is 54,17 seria a conexão entre o "Quarto Cântico do Servo" e o presente capítulo, sendo que "a vida do inocente sofredor do capítulo 53 é aqui apresentada de alguma maneira como dilatada e incorporada, através do seu sofrimento, por aqueles que agora são chamados 'servos do Senhor'"[557].

No entanto, não se esgota aqui o papel deste versículo, sendo que "Is 54,17b tem a função de ser a coligação orgânica com os capítulos sucessivos do Terceiro Isaías, e demonstra que estes capítulos estão integralmente em relação com os capítulos precedentes, com a visão profética dos capítulos 40-55"[558]. De fato, pode-se verificar que, no Terceiro Isaías, "a questão de como a salvação prometida por Deus foi acolhida e realizada é afrontada com referência aos herdeiros comuns do servo"[559].

A este respeito, J. Blenkinsopp também observa que o plural "servos" ocorre normalmente apenas no Trito-Isaías, enquanto que no Dêutero-Isaías privilegia-se o singular "Servo do Senhor". Deste modo percebe-se que a exceção "servos do Senhor" de Is 54,17b tem a função de introduzir um dos temas principais de Is 56-66, ou seja, a separação da comunidade entre aqueles que são e aqueles que não são fiéis ao Senhor e, ao mesmo tempo, funciona como enlace editorial entre o Dêutero e o Trito-Isaías. Nesta perspectiva Is 55 deve ser lido como uma transição entre as duas seções[560]. Deste modo, J. Blenkinsopp afirma que se pode perceber a partir dos capítulos finais de Isaías que os "servos do Senhor"

---

556. BERGES, U., Isaías, p. 110.
557. CHILDS, B. S., Isaia, p. 469.
558. CHILDS, B. S., Isaia, p. 469.
559. CHILDS, B. S., Isaia, p. 470.
560. BLENKINSOPP, J., Isaiah 40-55, p. 366.

também conhecidos como "aqueles que tremem à sua palavra" (*haredîm* 66,5), formam uma minoria rejeitada pelas autoridades na comunidade e porque muito foi dito sobre o destino dos servos e de seus oponentes (ver a referência à *nahalah* dos servos de YHWH em 54,17b), Is 54,17b pode ser a conclusão da nossa passagem e, portanto, a conclusão de 40-54 como um todo, tendo como origem a mesma fonte do "servo". Ao adicionar este código, os servos se apropriam da salvação prometida a Jerusalém[561].

Começando com um הוֹי, que aqui não tem a função de introduzir uma lamentação como, por exemplo, em Is 5,8.11.18.20; 10,1.5; 45,9-10, mas de encorajar trazendo em si o sentido de "vamos", como em Zc 2,10-11, Is 55,1 convida os seus destinatários a virem às fontes de água (Is 12,3; Sl 46,5; 65,10; 87,7; Ez 47; Jl 4,18; Zc 14,8), que em última análise é a Torá (Sl 1) que também alimenta os seres humanos (Is 55,2b; Dt 8,3), e a tomarem a decisão de se unir aos servos com os quais, e somente com eles, o Senhor fará uma בְּרִית עוֹלָם, "aliança eterna", sendo agora estes os destinatários das promessas inquebrantáveis feitas a Davi (Is 55,3). A esse grupo o Senhor constituiu como "testemunha das nações", como "príncipe e governador dos povos" (Is 55,4) que tem como principal múnus convocar povos até então por eles desconhecidos, os quais a eles acorrerão por causa do Senhor seu Deus, o Santo de Israel (Is 55,5), dando seguimento assim à função do Servo (Is 42,6; 49,6). Como testemunha, a comunidade dos servos chama os seus ouvintes a abandonar a iniquidade e a se voltar para o Senhor que os perdoa (Is 55,7-9; 2,2-4)[562].

Fazendo referência a Is 40,6-8, mas também aos versículos precedentes, o Dêutero-Isaías encerra-se com uma expressão de confiança na eficácia da palavra transformadora e vivificante de Deus (Is 55,10-11; 55,7-9) e com uma referência ao novo êxodo (Is 55,12-13; 55,5)[563].

2.2. O texto de Is 52,13–53,12 no seu contexto

O contexto imediatamente anterior de Is 52,13–53,12 é caracterizado por uma situação de profunda mudança nas condições da vida de Sião-Jerusalém. De fato, aos tons sombrios de Is 50,4-11, seguem-se passagens que suscitam em Sião motivos de esperança e alento:

---

561. BLENKINSOPP, J., Isaiah 40-55, p. 366.

562. BERGES, U., Isaías, p. 109-110.

563. BERGES, U., Isaías, p. 110.

A boa-nova da salvação de YHWH é anunciada às nações e às terras costeiras em 51,4-8 em termos que recordam os capítulos 41-42. Seguem-se três passagens (51,9-16.17-23; 52,1-2), cada uma com um duplo imperativo ("acorda", "acorda" ou "desperta-te", "desperta-te"). Toda a ênfase desta seção é renovar a esperança na restauração de Sião, apesar do atraso na realização das promessas. A cidade se tornará esplêndida novamente pelo poder de YHWH, diante de todos os seus opressores. O clímax da sequência aparece em 52,7-12. A imaginação do poeta profético é acentuada, e somos transportados para o futuro cenário do reinado de YHWH em Sião, anunciado por mensageiros (52,7) e visto chegar pelas sentinelas (52,8). Segue-se uma explosão de alegria por parte da Jerusalém humilhada. O convite final para abandonar as terras de sua deportação e renovar a viagem do Êxodo conclui a passagem (52,11-12). Em suma, o contexto imediatamente anterior do "Quarto Cântico do Servo" é dominado pela ideia de uma grande transformação para Sião, do sofrimento e a humilhação para a vida nova e alegria"[564].

No que se refere à relação de Is 52,13–53,12 com o contexto anterior, mesmo sendo claro que Is 52,13 é o começo de uma nova perícope, deve-se ter presente que a partícula הִנֵּה, com a qual tem início o texto, nunca dá início a algo totalmente novo, mas tem a função de enlace com o que precede, como em Is 42,1 e 54,11. Deste modo, não é de se admirar que existam contatos como o tema da revelação do braço do Senhor às nações presente em Is 52,10, mas também em Is 52,15-53,1[565].

De fato, percebe-se que o "Quarto Cântico do Servo" contém a mesma ideia de transformação do contexto anteriore. Passa-se de uma situação de sofrimento e humilhação ao prorromper da vida e da alegria. Na primeira parte do "Cântico" (Is 52,13-15), assim como na terceira (Is 53,11-12), a voz do Senhor descreve essa mudança que se dá com a exaltação inesperada do Servo[566].

No que se refere ao contexto anterior, esse motivo de passagem da humilhação para a exaltação se encaixa perfeitamente na situação de Sião anteriormente descrita. No que diz respeito a Is 52,13-15, a referência a muitos povos e reis coloca o discurso em um plano nacional, e isso também corrobora a afirmação da existência de contatos entre a situação de Sião e a do Servo[567].

---

564. CONROY, C., The Enigmatic Servant texts in Isaiah in the Light of recent study, p. 37.
565. GOLDINGAY, J.; PAYNE, D., Isaiah 40-55, Vol. 2, p. 273.
566. CONROY, C., The Enigmatic Servant texts in Isaiah in the Light of recent study, p. 38.
567. CONROY, C., The Enigmatic Servant texts in Isaiah in the Light of recent study, p. 39.

A situação de humilhação, sofrimento e morte é descrita e interpretada na parte central em Is 53,1-10 onde o texto está na primeira pessoa do plural. De uma atitude inicial de incompreensão (Is 53,3b), em Is 53,4-6, passa-se a entender que a humilhação do Servo foi por "nossos" pecados e que o castigo que a ele sobreveio era devido a "todos nós". No contexto dos capítulos precedentes isso pode ser lido como apontando para o papel do Servo sofredor, enquanto grupo profético que atua em Sião, cujos esforços para persuadir seus concidadãos a respeito do propósito salvador de Senhor provou ser uma tarefa difícil, como se pode ver em Is 49 e 50[568].

Em Is 53,11-12, a voz do Senhor retorna para concluir o cântico, retomando o motivo da "reversão da situação", motivo este que também domina a proclamação das boas-novas para Sião no contexto anterior, mas também no que segue[569].

No que diz respeito a Is 54, texto imediatamente posterior ao "Quarto Cântico do Servo", debate-se intensamente sobre qual seria a sua relação com os capítulos precedentes e qual o seu papel na forma atual do Livro de Isaías. O tema da descrição de Sião como mulher antes abandonada faz com que se ligue estreitamente com Is 49,14-26 e Is 51,17-52,12, destacando-se a perfeita continuidade entre Is 54 e esta última perícope, o que leva a se presumir que o "Quarto Cântico do Servo" é uma inserção posterior. No entanto, não se deve desconsiderar os contatos temáticos existentes entre Is 52,13–53,12 e Is 54, tais como o tema da "descendência" presente em Is 53,10 e em 54,3, dos "muitos" em Is 52,14-15; 53,11-12 e em 54,1 e o da "justiça" que se encontra em Is 53,11 e em 54,14[570]. Porém, partindo de tais contatos, seria difícil determinar a natureza exata dessa continuidade, mesmo reconhecendo-se que

> se deve notar especialmente em relação ao contexto a referência aos "descendentes" que YHWH promete ao Servo no v. 10: "... ele verá sua descendência (זֶרַע) e prolongará seus dias". Isso se encaixa muito bem no contexto das promessas de novos filhos a Sião abandonada que vimos no contexto anterior (51,2) e que se desenvolverão extensamente no capítulo seguinte, onde se encontrará o mesmo termo para "prole, descendentes" em 54,3: "... seus descendentes (זַרְעֲךָ) possuirão as nações"[571].

---

568. CONROY, C., The Enigmatic Servant texts in Isaiah in the Light of recent study, p. 39.

569. CONROY, C., The Enigmatic Servant texts in Isaiah in the Light of recent study, p. 39.

570. CHILDS, B. S., Isaia, p. 464.

571. CONROY, C., The Enigmatic Servant texts in Isaiah in the Light of recent study, p. 39.

No entanto, para uma melhor compreensão da conexão entre o "Quarto Cântico do Servo" e o que o segue deve-se levar em conta Is 54,17b que "constitui o nexo decisivo" e ao mesmo tempo "fornece a motivação explícita dessa conexão"[572].

Em Is 53,11 o Senhor promete ao Servo ver o fruto do seu esforço e que por meio dele muitos seriam justificados. De fato, Is 54,17b é formulado sobre essa promessa: a missão do justo do "Quarto Cântico" é estendida através dos sofrimentos dos "servos do Senhor", os quais são responsáveis pela transmissão da verdadeira fé às gerações futuras. Is 50,10 exorta que se escute pressurosamente a voz do Servo, pois nisso consiste o temor do Senhor. Os que responderam a este apelo o fizeram confessando em Is 53 que graças ao sofrimento do Servo foram salvos. Em Is 54,17b estes recebem o que lhes espera da parte do Senhor pela sua obediência: "Esta é a herança dos servos do Senhor e a sua justiça procede de mim, diz o Senhor"[573]. Esta é a última ocorrência do termo "Servo" no Dêutero-Isaías e é significativo que se dê

> no final do esplêndido capítulo 54, que retrata a feliz inversão da miserável situação de Sião. Significativamente, esta menção está no plural: "Esta é a herança dos servos do Senhor..." (54,17), o que significa que todas as promessas feitas a Sião nos versículos anteriores são em benefício dos "servos de YHWH". Isso parece identificar os "servos de YHWH" de alguma forma com Sião; talvez se sugira que os "descendentes" de 53,10 e 54,3 são os "servos de YHWH"[574].

Tais afirmações enfatizam a estreita relação existente entre o "Quarto Cântico" e o seu contexto posterior, como também o anterior, sendo que

> a figura do Servo sofredor e da mulher sofredora Sião estão intimamente entrelaçados, fato que pode ser visto já a partir da posição de 53 entre os capítulos 52 e 54, ambos dedicados a Sião. Aqueles que professam expressando-se como "nós" pertencem à descendência do Servo e de Sião, que a partir de 54,17 são chamados de "servos". Quanto mais numerosos eles são, tanto mais numerosos (*rabbîm*) também são filhos de Sião, a mulher devastada, que "não tinha dores de parto" *(lō'-halâ)* (54,1). (...) Do mesmo modo como o servo, após os golpes e os insultos, é exaltado ao mais alto nível, também Sião é exaltada como esposa real após a mais profunda hu-

---

572. CHILDS, B. S., Isaia, p. 469.
573. CHILDS, B. S., Isaia, p. 469.
574. CONROY, C., The Enigmatic Servant texts in Isaiah in the Light of recent study, p. 40.

milhação. Quando isso acontecer, os reis das nações fecharão suas bocas, verão o que não lhes tinha sido contado, e entenderão o que não ouviram (52,15)[575].

Em suma, quando se lê Is 52,13-53,12 no seu contexto imediato anterior e posterior percebe-se uma perfeita conexão entre a figura do servo humilhado e glorificado do "Quarto Cântico" e aquela de Sião-Jerusalém que também, depois da humilhação, foi exaltada. Essa transformação é anunciada por aqueles que voltaram do Exílio e foram investidos do múnus profético do Servo Jacó-Israel (Is 51,16). À medida que estes cumprem a sua missão de proclamar aos seus compatriotas a mudança realizada pelo Senhor e, ao mesmo tempo, de levar todos os habitantes de Sião a aceitar o seu chamado para que também eles sejam servos do Senhor, aumentará o número dos descendentes de Sião e do Servo[576].

Quanto ao papel do "Quarto Cântico do Servo" no seu contexto deve-se mais uma vez sublinhar que ele está situado logo após a parte do Dêutero-Isaías na qual é mais frequente a temática do novo êxodo, exceção feita a Is 55,12-13 que, como não é possível deixar de perceber, tem a sua correspondência com o início do Dêutero-Isaías em Is 40,1-5; 9-11. Como também já se destacou, após Is 52,13-53,12, passa-se a falar da repovoação e da reconstrução de Jerusalém pelo Senhor (Is 54)[577], a qual em Is 52,9 ainda estava em ruínas (חׇרְבוֹת)[578].

Tal colocação de Is 52,13-53,12 poderia sugerir que a ação salvadora de Deus se dá através da ação e das atitudes do Servo sofredor aí apresentadas. Corroborando essa ideia está o fato de que no contexto anterior, apesar de o povo ter sido resgatado (Is 48,20), a glória do Senhor ainda não se tinha manifestado (Is 49,3)[579]. A manifestação da sua glória só se dará através da glorificação do Servo (Is 55,5; 52,13-53,12), a qual está estreitamente ligada à glorificação de Sião-Jerusalém[580].

---

575. BERGES, U., Isaías, p. 109-110.

576. CONROY, C., The Enigmatic Servant texts in Isaiah in the Light of recent study, p. 39-40; GOLDINGAY, J.; PAYNE, D., Isaiah 40-55, Vol. 2, p. 273; BERGES, U., Isaías, p. 104.

577. CONROY, C., The Enigmatic Servant texts in Isaiah in the Light of recent study, p. 38-40.

578. BERGES, U., Isaías, p. 104. GOLDINGAY, J.; PAYNE, D., Isaiah 40-55, Vol. 2, p. 268.

579. BERGES, U., Isaías, p. 99.

580. BERGES, U., Isaías, p. 99.

2.3. Análise do contexto imediato da alusão

2.3.1. Segmentação e tradução de Is 52,13–53,12 [581]

52,13a Eis que será bem-sucedido[582] o meu servo,	52,13a הִנֵּה יַשְׂכִּיל עַבְדִּי
52,13b será grande,	52,13b יָרוּם
52,13c elevar-se-á	52,13c וְנִשָּׂא
52,13d e será muito exaltado[583].	52,13d וְגָבַהּ מְאֹד
52,14a Como pasmaram por causa de ti muitos,	52,14a כַּאֲשֶׁר שָׁמְמוּ עָלֶיךָ רַבִּים
52,14b de tal modo estava desfigurado que não[584] era de homem seu aspecto	52,14b כֵּן־מִשְׁחַת מֵאִישׁ מַרְאֵהוּ
52,14c e a sua aparência não era a dos filhos de Adão	52,14c וְתֹאֲרוֹ מִבְּנֵי אָדָם
52,15a assim[585] se maravilharão muitos povos.	52,15a כֵּן יַזֶּה גּוֹיִם רַבִּים
52,15b Por causa dele reis fecharão sua boca,	52,15b עָלָיו יִקְפְּצוּ מְלָכִים פִּיהֶם
52,15c porque o que não lhes foi narrado,	52,15c כִּי אֲשֶׁר לֹא־סֻפַּר לָהֶם
52,15d viram	52,15d רָאוּ
52,15e e o que não ouviram,	52,15e וַאֲשֶׁר לֹא־שָׁמְעוּ
52,15f entenderam.	52,15f הִתְבּוֹנָנוּ
53,1a Quem deu crédito ao nosso relato?	53,1a מִי הֶאֱמִין לִשְׁמֻעָתֵנוּ
53,1b E o braço do Senhor a quem se revelou?	53,1b וּזְרוֹעַ יְהוָה עַל־מִי נִגְלָתָה
53,2a Ele cresceu como rebento diante dele	53,2a וַיַּעַל כַּיּוֹנֵק לְפָנָיו
53,2b e como raiz de terra seca.	53,2b וְכַשֹּׁרֶשׁ מֵאֶרֶץ צִיָּה

---

581. A presente tradução leva em conta as opções realizadas na crítica textual.

582. A raiz verbal λκφ no hifil traz consigo tanto a conotação de agir com inteligência, com sabedoria, com prudência, quanto a de ser bem-sucedido.

583. A raiz ηβγ, mesmo na forma qal, significa ser exaltado.

584. "Que não" é uma possível tradução para a preposição +μὶ.

585. Tal tradução de כֵּן, diversa da opção feita em Is 53,14b, justifica-se, pois se estabelece neste segmento uma relação antitética com Is 53, 14a.

53,2c Não tinha aparência nele,	53,2cלֹא־תֹאַר לוֹ
53,2d nem formosura.	53,2dוְלֹא הָדָר
53,2e Nós o vimos	53,2eוְנִרְאֵהוּ
53,2f e não tinha aspecto	53,2fוְלֹא־מַרְאֶה
53,2g que nos atraísse a ele.	53,2gוְנֶחְמְדֵהוּ
53,3a Era desprezado	53,3aנִבְזֶה
53,3b e rejeitado pelos homens.	53,3bוַחֲדַל אִישִׁים
53,3c Era homem das dores	53,3cאִישׁ מַכְאֹבוֹת
53,3d e conhecedor da enfermidade;	53,3dוִידוּעַ חֹלִי
53,3e e como alguém de quem se esconde a face,	53,3eוּכְמַסְתֵּר פָּנִים מִמֶּנּוּ
53,3f era desprezado	53,3fנִבְזֶה
53,3g e não o consideramos.	53,3gוְלֹא חֲשַׁבְנֻהוּ
53,4a No entanto, nossas enfermidades ele levou	53,4aאָכֵן חֳלָיֵנוּ הוּא נָשָׂא
53,4b e as nossas dores ele carregou.	53,4bוּמַכְאֹבֵינוּ סְבָלָם
53,4c Mas nós o consideramos um golpeado,	53,4cוַאֲנַחְנוּ חֲשַׁבְנֻהוּ נָגוּעַ
53,4d ferido por Deus	53,4dמֻכֵּה אֱלֹהִים
53,4e e afligido.	53,4eוּמְעֻנֶּה
53,5a Mas ele foi traspassado por causa de nossas transgressões,	53,5aוְהוּא מְחֹלָל מִפְּשָׁעֵנוּ
53,5b foi esmagado por causa das nossas iniquidades.	53,5bמְדֻכָּא מֵעֲוֹנֹתֵינוּ
53,5c O castigo de nossa paz estava sobre ele	53,5cמוּסַר שְׁלוֹמֵנוּ עָלָיו
53,5d e pelas suas feridas fomos curados.	53,5dוּבַחֲבֻרָתוֹ נִרְפָּא־לָנוּ
53,6a Todos nós como rebanho errávamos,	53,6aכֻּלָּנוּ כַּצֹּאן תָּעִינוּ
53,6b cada um se voltava para o seu caminho,	53,6bאִישׁ לְדַרְכּוֹ פָּנִינוּ

53,6c mas o Senhor descarregou nele as iniquidades de todos nós.	53,6cוַיהוָה הִפְגִּיעַ בּוֹ אֵת עֲוֹן כֻּלָּנוּ
53,7a Foi oprimido,	53,7aנִגַּשׂ
53,7b humilhou-se a si mesmo[586],	53,7bוְהוּא נַעֲנֶה
53,7c e não abriu sua boca;	53,7cוְלֹא יִפְתַּח־פִּיו
53,7d como carneiro foi levado para o matadouro	53,7dכַּשֶּׂה לַטֶּבַח יוּבָל
53,7e e como ovelha diante dos tosquiadores, silenciou	53,7e וּכְרָחֵל לִפְנֵי גֹזְזֶיהָ נֶאֱלָמָה
53,7f e não abriu sua boca.	53,7fוְלֹא יִפְתַּח פִּיו
53,8a Por coerção e por julgamento ele foi tomado;	53,8aמֵעֹצֶר וּמִמִּשְׁפָּט לֻקָּח
53,8b de sua geração quem lembrará?	53,8bוְאֶת־דּוֹרוֹ מִי יְשׂוֹחֵחַ
53,8c Pois foi cortado da terra dos vivos,	53,8cכִּי נִגְזַר מֵאֶרֶץ חַיִּים
53,8d pela transgressão do meu povo foi golpeado de morte.	53,8d מִפֶּשַׁע עַמִּי נֶגַע לָמוֹ
53,9a Seu túmulo foi colocado com os malfeitores	53,9aוַיִּתֵּן אֶת־רְשָׁעִים קִבְרוֹ
53,9b e com o rico, na sua morte,	53,9bוְאֶת־עָשִׁיר בְּמֹתָיו
53,9c ainda que não praticou violência	53,9cעַל לֹא־חָמָס עָשָׂה
53,9d e não houve engano em sua boca.	53,9dוְלֹא מִרְמָה בְּפִיו
53,10a Mas ao Senhor aprouve esmagá-lo,	53,10aוַיהוָה חָפֵץ דַּכְּאוֹ
53,10b fazê-lo sofrer.	53,10bהֶחֱלִי
53,10c Se ele coloca em reparação sua vida,	53,10cאִם־תָּשִׂים אָשָׁם נַפְשׁוֹ
53,10d verá descendência,	53,10dיִרְאֶה זֶרַע
53,10e prolongará os dias	53,10eיַאֲרִיךְ יָמִים
53,10f e o que apraz ao Senhor na sua mão prosperará.	53,10fוְחֵפֶץ יְהוָה בְּיָדוֹ יִצְלָח
53,11a Pelo esforço da sua vida ele verá a luz,	53,11aמֵעֲמַל נַפְשׁוֹ יִרְאֶה

---

586. A raiz verbal]nע[no nifal tem um sentido reflexivo além do passivo. JOÜON, P., Grammaire de l'Hébreu Biblique, § 51.

53,11b será satisfeito.	53,11b יִשְׂבָּע
53,11c Por seu conhecimento o justo, meu servo, justificará a muitos	53,11c בְּדַעְתּוֹ יַצְדִּיק צַדִּיק עַבְדִּי לָרַבִּים
53,11d e suas iniquidades carregará.	53,11d וַעֲוֹנֹתָם הוּא יִסְבֹּל
53,12a Por isso lhe darei uma parte entre muitos	53,12a לָכֵן אֲחַלֶּק־לוֹ בָרַבִּים
53,12b e com os poderosos partilhará o saque,	53,12b וְאֶת־עֲצוּמִים יְחַלֵּק שָׁלָל
53,12c porquanto fez despojar a si mesmo[587] até a morte	53,12c תַּחַת אֲשֶׁר הֶעֱרָה לַמָּוֶת נַפְשׁוֹ
53,12d e com os transgressores foi contado.	53,12d וְאֶת־פֹּשְׁעִים נִמְנָה
53,12e No entanto, os pecados de muitos ele levou	53,12e וְהוּא חֵטְא־רַבִּים נָשָׂא
53,12f e pela transgressão deles intercederá[588].	53,12f וְלַפֹּשְׁעִים יַפְגִּיעַ

2.3.2. Crítica textual de Is 52,13–53,12

Em Is 52,13b o aparato crítico da *Biblia Hebraica Stuttgartensia* mostra que o correspondente grego da raiz verbal intransitiva רום na forma qal yiqtol na terceira pessoa do masculino singular é omitido pela Septuaginta. Poder-se-ia explicar tal omissão como fruto de uma interferência consciente do tradutor para remediar o que ele poderia ter considerado uma redundância na construção pelo uso sequencial das raízes verbais נשא רום e גבה, as quais exprimem a mesma ideia, ou seja, a glorificação do Servo. Opta-se, contudo, pela leitura proposta pelo *Codex Leningradensis* que vem acompanhada por 1QIs[a], com o acréscimo de um ו antes de ירום, e 1QIs[b].

No versículo 52,14a o aparato crítico sugere que se leia o sufixo da segunda pessoa do masculino singular que acompanha a preposição עַל como um sufixo de terceira pessoa do masculino singular apoiando-se em dois manuscritos hebraicos, na versão siríaca e no Targum.

Poder-se-ia explicar a variante como uma tentativa de harmonizar o sufixo ao contexto no qual predomina o uso da terceira pessoa do singular. No entan-

---

587. "A si mesmo" é uma possível tradução para נַפְשׁוֹ.

588. A raiz verbal פגע no hifil significa tanto atacar, assaltar, descarregar, como em Is 53,6c, quanto interceder.

to, na linguagem poética, como também na profética, é comum uma mudança abrupta da terceira para a segunda pessoa como ocorre no texto em questão[589].

Portanto, utilizando-se o critério de crítica textual interna da *lectio difficilior* e pela pouca atestação da variante, opta-se pela leitura do *Codex Leningradensis*, também porque tal leitura é apoiada por todos os demais manuscritos, inclusive, a Septuaginta, 1QIs[a] e 1QIs[b].

Em 52,14b, 1QIs[a] acrescenta um ׳ final ao substantivo comum masculino singular no *status constructus* מִשְׁחַת, o que, provavelmente, denota a formação do *status constructus* plural ou sugere que se deveria ler aí a raiz verbal משח na forma qal qatal na primeira pessoa do singular (מָשַׁחְתִּי)[590]. O aparato crítico apresenta ainda três leituras com meras variações na vocalização: uma baseada em um manuscrito hebraico, outra na tradição babilônica e uma proposta do editor. Apresenta ainda uma outra leitura retirada da versão siríaca. Nas três primeiras se deveria ler um particípio singular masculino hofal. No entanto, parece desnecessário tal modificação na leitura do *Codex Leningradensis*, pois o uso de um substantivo ou um adjetivo no lugar de um particípio é uma das características dessa perícope (53,3)[591]. Opta-se, portanto, como preferível, pela leitura proposta pelo *Codex Leningradensis* que vem acompanhada pela Septuaginta e por 1QIs[b].

Em Is 52,15a a Septuaginta traduz ηζψ como o verbo θαυμάζω no indicativo futuro médio na terceira pessoa do plural. O aparato crítico propõe duas variantes para a raiz verbal נזה, a qual no *Codex Leningradensis* está no hifil yiqtol na terceira pessoa do masculino singular. Em ambas o verbo estaria na forma qal yiqtol; na primeira leitura proposta, porém, estaria na terceira pessoa do masculino singular e na segunda estaria na terceira pessoa do masculino plural. Apresenta ainda como variantes textuais a raiz verbal רנז na forma qal yiqitol terceira pessoa do masculino plural e a raiz verbal בזה no qal yiqtol na terceira pessoa do masculino plural com sufixo de terceira pessoa do masculino singular.

A quantidade de variantes, as quais na sua maioria não são sinônimos de נָזָה exceção feita às propostas do editor que são mudanças na forma verbal, pode colocar em dúvida a exatidão da leitura do *Codex Leningradensis*, além de nas outras ocorrências da raiz verbal ηζν nas Escrituras de Israel o objeto do verbo ser o líquido com que se asperge, e a coisa ou pessoa a ser aspergida ser quase sempre precedida pela preposição עַל [592].

---

589. GENESIUS, W.; KAUTZSCHM, E., (Eds.). Gesenius' Hebrew Grammar, § 144.

590. ITIKWIRE, V. T., The Textual Criticism of Is 52:13 – 53:12, p. 156.

591. ITIKWIRE, V. T., The Textual Criticism of Is 52:13 – 53:12, p. 156.

592. ITIKWIRE, V. T., The Textual Criticism of Is 52:13 – 53:12, p. 156.

Não obstante נזה encontrar uma ressonância no sacrifício expiatório de 53,10, no contexto próximo, no entanto, parece mais aceitável a leitura proposta pela Septuaginta que constrói um paralelismo antitético com a raiz verbal שמם do versículo anterior: "Como pasmaram a respeito dele muitos" (52,14a); "assim se maravilharão muitos povos" (52,15a). O tradutor da versão grega provavelmente teria lido aí a raiz verbal רנז.

Em 53,3d substitui-se a raiz verbal ידע na forma qal particípio passivo masculino singular no *status constructus* pela forma qal particípio ativo masculino singular no *status constructus* em 1QIs[a] e pelo correspondente na Septuaginta, na Peshita e na Vulgata ou pela forma qal qatal na terceira pessoa do masculino singular precedida da conjunção ן em 1QIs[b]. No entanto, o editor sugere que se acompanhe a leitura do *Codex Leningradensis*. Porém, pela quantidade e qualidade dos manuscritos que testemunham a forma qal particípio ativo masculino singular, a qual adapta-se melhor ao contexto, opta-se por tal leitura.

Em 53,8d, em lugar do substantivo comum masculino singular absoluto נֶגַע, o aparato crítico da *Biblia Hebraica Stuttgartensia* sugere que se leia a raiz verbal נגע no pual qatal na terceira pessoa do masculino singular ou no nifal também qatal na terceira pessoa do masculino singular. O aparato crítico pede que se confira 1QIs[a] onde se tem נוגע, o que provavelmente deve-se ler como um verbo qal particípio masculino singular absoluto (Dn 8,5), e a Septuaginta, a qual traduz o vocábulo em questão com o verbo ἄγω no indicativo aoristo passivo terceira pessoa do singular, restando assim a construção: ἀπὸ τῶν ἀνομιῶν τοῦ λαοῦ μου ἤχθη εἰς θάνατον.

Levando-se em conta a falta de concordância entre as tradições textuais e o contexto, ao qual se adapta muito mais um verbo na voz passiva (pual ou nifal) que um substantivo, prefere-se como mais atendíveis as leituras propostas pelo aparato crítico, as quais implicariam em uma mera mudança na vocalização no que diz respeito à leitura proposta pelo *Codex Leningradensis*.

Aqui entra-se, porém, um outro problema textual apresentado pelo aparato crítico no mesmo segmento: a leitura testemunhada pelo *Codex Leningradensis* que vê no fim do segmento a preposição לְ com um sufixo da terceira pessoa do masculino plural vem substituída pela leitura εἰς θάνατον na Septuaginta. O aparato crítico sugere que aí se leia o substantivo absoluto מָוֶת precedido pela preposição לְ e pelo artigo. O contexto próximo, onde se pode ler "pois foi cortado da terra dos vivos" (53,8c) e "seu túmulo foi colocado com os malfeitores" (53,9a), sugere como mais atendível a leitura proposta pela Septuaginta. Portanto, tendo presente o contexto e o testemunho da Septuaginta, opta-se pela leitura proposta pelo aparato crítico. Deste modo, o segmento 53,8d dever-se-ia traduzir assim: "Pela transgressão do meu povo ele foi golpeado de morte".

Em Is 53,9b o *Codex Leningradensis* lê o substantivo comum מׂוֶת na forma masculina plural no *status constructus* precedido pela preposição בְּ e seguido de um sufixo da terceira pessoa do masculino singular. Tal leitura, porém, apresenta dificuldades para se adequar ao contexto. Por sua vez, 1QIs^a contém a variante בומתו, ou seja, "sua tumba", o que, no entanto, poderia ser explicado pelo deslocamento de uma *mater lectionis*[593]. Na Septuaginta, na Peshita e na Vulgata o correspondente de מׂוֶת está no singular. O aparato crítico propõe que se leia בְּמֹתוֹ, *sepulchum sum*.

Pela maior quantidade de testemunhas que leem מׂוֶת no singular, pela Septuaginta e a Vulgata encontrarem-se entre estas e por esta leitura melhor adaptar-se ao contexto prefere-se tal variante. Portanto, deve-se ler em Is 53,9b בְּמוֹתוֹ, ou seja, o substantivo comum מׂוֶת no masculino singular no *status constructus*, precedido da preposição B. e seguido de um sufixo da terceira pessoa do masculino singular.

Em 53,11a os manuscritos do Mar Morto 1QIs^a e 1QIs^b, depois de יִרְאֶה adicionam אוֹר e a Septuaginta o equivalente φῶς. Tal vocábulo, porém, vem omitido pelo *Codex Leningradensis* e o equivalente pela Vulgata, de modo que as duas tradições textuais deixam a raiz verbal ηαρ e o equivalente latino sem complemento, enquanto 1QIs^a e 1QIs^b põem אוֹר e a Septuaginta φῶς como objeto direto do verbo. O aparato crítico aponta para uma omissão ocasionada pela semelhança entre estas palavras.

Pode-se dizer que os textos de 1QIs^a, 1QIs^b e a Septuaginta são testemunhas de grande peso pela sua antiguidade e, portanto, constituem uma forte evidência da atendibilidade da variante que trazem. Além disso, se deve ter presente o fato de testemunharem tradições textuais diferentes.

No que se refere à crítica interna, pode-se afirmar que אוֹר assume um lugar apropriado no seu contexto não apresentando problemas estilísticos, sintáticos ou semânticos. No entanto, o princípio da *lectio brevior*, mas também da *lectio difficilior*, poderiam ser aqui tomados em consideração para se escolher o texto leningradense como mais atendível. Mesmo assim, o peso de tradições textuais diferentes e antigas que trazem uma variante que se adapta tão bem ao contexto leva a optar por 1QIs^a, 1QIs^b e pela Septuaginta.

A variante do texto leningradense pode ser explicada pela semelhança entre a forma das consoantes finais de יִרְאֶה e אוֹר no hebraico antigo, como se pode

---

593. ITIKWIRE, V. T., The Textual Criticism of Is 52:13 – 53:12, p. 161.

ver por exemplo em 1QIs^a, a qual provocou a omissão de אוֹר por um copista por *homoiotéleuton*.

Provavelmente para que não se dê a justaposição de nomes, o aparato crítico sugere que em Is 53,11c se transponha צַדִּיק para depois de בְּדַעְתּוֹ. Porém, poder-se-ia entender esta construção na forma que se encontra como uma aposição explicativa. Sendo assim, עַבְדִּי seria o termo principal e צַדִּיק um adjetivo.

No entanto, alguns estudos apresentam צַדִּיק como sendo uma ditografia produzida pela repetição das últimas consoantes de יַצְדִּיק e preferem omiti-lo. Porém, צַדִּיק está presente em todas as versões[594].

Em suma, pode-se dizer, quanto à proposta do aparato crítico, que em nenhum manuscrito צַדִּיק se encontra após בְּדַעְתּוֹ. Sendo assim, trata-se de uma mera conjectura e, portanto, pela falta de testemunhos a favor da transposição proposta pelo aparato crítico opta-se pela leitura contida no texto leningradense. Pelo mesmo motivo rejeita-se a proposta de omissão de צַדִּיק.

Em 53,12e, observando-se as diferentes tradições textuais, percebe-se que o substantivo comum masculino singular no *status constructus* חֵטְא, testemunhado pelo *Codex Leningradensis*, se apresenta em 1QIs^a e 1QIs^b como um substantivo comum masculino plural no *status constructus* pelo acréscimo de um י final, o que vem traduzido pela Septuaginta com o acusativo feminino plural ἁμαρτίας. Poder-se-ia explicar a diferença pela omissão não intencional do י pelo copista do *Codex Leningradensis*, o que não seria difícil de ocorrer pela dimensão da consoante. Tendo presente que testemunhas antigas e representantes de diferentes tradições textuais contêm a forma plural, considera-se tal leitura mais atendível.

Em Is 53,12f, tendo como base os escritos do Mar Morto 1QIs^a,1QIs^b, os quais contêm pequenas variações, e a Septuaginta, que aí lê τὰς ἁμαρτίας αὐτῶ, o aparato crítico da *Biblia Hebraica Stuttgartensia* propõe que se possa ler em lugar do particípio qal plural masculino absoluto פֹּשְׁעִים, testemunhado pelo *Codex Leningradensis*, o substantivo comum masculino singular no *status constructus* com sufixo da terceira pessoa do masculino plural פִּשְׁעָם. Os testemunhos de 1QIs^a,1QIs^b e da Septuaginta são suficientes para que se possa preferir a variante ao texto leningradense.

2.3.3. Análise semântica

A metodologia empregada nesta pesquisa pede que se execute agora não uma análise lexicográfica propriamente dita, mas que se verifique a existência de algum problema de caráter semântico que possa ter influenciado o uso neotestamentário

---

594. GELSTON, A., Knowledge, Humiliation or Suffering, p. 129.

do texto isaiano⁵⁹⁵. Alguns vocábulos utilizados nessa perícope, por sua ambivalência semântica ou pela sua especificidade, pedem uma análise mais aprofundada.

2.3.3.1. A raiz verbal שׂכל

Quanto à sua etimologia, a raiz verbal שׂכל, da mesma raiz do termo שֶׂכֶל, "compreensão", é atestada nas Escrituras de Israel quase de modo exclusivo no hifil, com exceção de 1Sm 18,30, e traz o sentido de "ser perspicaz"⁵⁹⁶.

Por sua vez, em 1Sm 18,30 a raiz verbal שׂכל está na forma qal e, com base no seu contexto, deve ser entendido como "ter sucesso". No entanto, K. Koenen sugere uma possível correção do texto para o particípio masculino singular hifil מַשְׂכִּיל, "prudente", sendo que, em 1Sm 18,14-15, Davi vem definido com este termo duas vezes e pelo fato de que "a queda de um מ se explica facilmente como haplografia"⁵⁹⁷.

Em Gn 48,14, tem-se a raiz verbal שׂכל, na forma piel, a qual poderia ser um outro verbo com a raiz homônima a שׂכל, sendo que traz o sentido de "encruzar". No entanto, provavelmente, não se trataria de duas raízes distintas, mas de uma mesma raiz, a qual conteria o sentido tanto de "encruzar" como de "compreender"⁵⁹⁸.

No que diz respeito às línguas semíticas, a raiz λκφ existe também no aramaico e no siríaco. No aramaico bíblico⁵⁹⁹ שְׂכַל na forma ativa hitpeel traz o significado de "observar", "ver", "contemplar" (Dn 7,8). O substantivo שָׂכְלְתָנוּ, presente em Dn 5,11.12.14, exprime a perspicácia de Daniel, a qual se demonstraria pela sua capacidade de interpretar os sonhos⁶⁰⁰.

Em aramaico judaico a raiz שְׂכַל na forma ativa haphel significa "ser perspicaz", "tornar atento" e na forma, também ativa, hitpeel "tornar perspicaz" e "compreender"⁶⁰¹.

Em siríaco⁶⁰² o verbo equivalente à raiz verbal hebraica λκφ, significa, na forma ativa pael, "tornar atento", "anunciar" e na forma etpael, que corresponde à forma passiva ou reflexiva do pael, "compreender"⁶⁰³.

---

595. BEALE, G. K., Handbook on the New Testament Use of the Old Testament, p. 44.

596. KOENEN, K., שׂכל, col. 751.

597. KOENEN, K., שׂכל, col. 753.

598. KOENEN, K., שׂכל, col. 751.

599. Para as formas verbais aramaicas, ARAÚJO, G. R., Gramática do Aramaico Bíblico, p. 83.

600. KOENEN, K., שׂכל, col. 767.

601. KOENEN, K., שׂכל, col. 752.

602. Para as formas verbais siríacas ROBSON, T., Paradigms and Exercises in Syriac Grammar, p. 52.

603. KOENEN, K., שׂכל, col. 752.

Nas Escrituras de Israel a raiz שׂכל ocorre noventa e uma vezes, sendo que sessenta e uma delas na forma verbal hifil, dezesseis na forma do substantivo שֵׂכֶל, e quatorze na forma do termo técnico מַשְׂכִּיל no *praescriptum* dos Salmos[604]. Das ocorrências no hifil, vinte duas vezes apresenta-se no particípio e quatorze vezes no infinitivo, sendo que no infinitivo é, na maioria das vezes, usado como substantivo, correspondendo, portanto, a שֵׂכֶל[605].

Na Septuaginta a raiz שׂכל é traduzida de vinte seis modos diferentes. Destes, os que mais se destacam são: συνιέναι, "compreender", "perceber claramente", quarenta e uma vezes; νοεῖν, "reflexão racional", "compreensão", dezessete vezes e como ἐπίστασθαι, "apreensão intelectual", "entendimento", seis vezes. O termo técnico מַשְׂכִּיל, que ocorre no *praescriptum* dos Salmos, vem traduzido como σύνεσις, "compreensão", "inteligência". É digno de menção o fato de que "exceto em Pr 17,8, os Setenta não traduzem nunca a raiz שׂכל no sentido de 'ter sucesso'. Áquila traduz שׂכל quase sempre com formas da raiz ἐπίστ̂"[606].

Deve-se dizer, para concluir, que a raiz שׂכל não diz respeito à mera capacidade intelectual, conceito ligado à raiz חכם, porém, trata-se de uma faculdade humana genérica, mais precisamente do uso do bom-senso que exige de quem o possui ações condizentes como a prática do direito e da justiça (Jr 23,5; Sl 36,4; 101,2). Desta combinação depende o sucesso, "por isso שׂכל pode denotar sucesso e fortuna. Isto é, pode significar uma vida realizada ou um sucesso singular (...)"[607]. No contexto em que é usado שׂכל é Deus a conceder ao ser humano שֵׂכֶל (1Cr 22,12), ou a transmitir-lhe o conhecimento (Dn 9,12; Ne 9,20; Sl 32,8), dando-lhe a capacidade de reconhecê-lo, às suas obras e à sua Lei, "por isso Deus está com ele (1Sm 18,14; 2 Rs 18,7) e ele tem sucesso"[608].

2.3.3.2. O substantivo דַּעַת

A raiz ידע, "(re) conhecer, saber", a mesma do substantivo דַּעַת, está presente em todas as línguas semitas[609] e, contando-se com os seus derivados, aparece 1109 vezes nas Escrituras de Israel, das quais cinquenta e uma vezes nos textos em aramaico. O substantivo דַּעַת, por sua vez, ocorre noventa vezes: em Provér-

---

604. KOENEN, K., שׂכל, col. 753.

605. KOENEN, K., שׂכל, col. 753-754.

606. KOENEN, K., שׂכל, col. 755.

607. KOENEN, K., שׂכל, col. 756.

608. KOENEN, K., שׂכל, col. 756.

609. SCHOTTROFF, W., ידע, col. 942; BERGMAN, J., יָדַע, col. 560-561.

bios, quarenta vezes; em Jó, onze vezes; em Eclesiastes, oito vezes. É, porém, mais rara em Isaías onde aparece nove vezes; em Oseias, quatro vezes; e em Malaquias uma vez[610].

O substantivo דַּעַת, na Septuaginta, vem traduzido de vinte e uma maneiras diferentes, das quais citam-se como exemplo as mais utilizadas: γνῶσις, "conhecimento", vinte e nove vezes; ἐπίγνωσις, "conhecimento", "verdadeiro conhecimento", cinco vezes; αἴσθησις, "percepção", dezenove vezes; σύνεσις, "inteligência", "sagacidade", seis vezes; ἐπιστήμη, "conhecimento", "compreensão", "experiência", cinco vezes; βουλή/βούλημα, "decisão", três vezes; σοφία, "sabedoria", "perspicácia", duas vezes. Para a tradução de termos derivados da raiz ידע a Septuaginta permanece nos limites desse mesmo campo semântico[611].

Nas Escrituras de Israel a raiz ידע vem utilizada em paralelo com uma experiência sensorial visível (Nm 24,16-17; Dt 2,2), experiência esta que, às vezes, é condição para que esse conhecimento se dê (Gn 18,21; Ex 2,25). Também a experiência auditiva precede ידע (Ex 3,7), sendo ambos os sentidos constitutivos do processo cognitivo (Ex 3,7; Lv 5,1; Nm 24,16-17; Dt 29,3; 33,9; Is 32,3) podendo ידע ter uma função sintetizadora do conhecimento sensorial (Ex 3,7)[612].

Além disso, a raiz ידע pode se referir ao saber que provém da percepção, da experiência e do conhecimento, o qual pode ser apreendido e transmitido (Gn 12,11; 15,13). No entanto, o sentido de ידע não se limita ao aspecto cognitivo, devendo-se levar em consideração o aspecto de contato prático, ou seja, o conhecimento, tal como expresso por ידע, se dá no contato prático com o que se conhecerá[613].

No entanto, a extensão semântica de ידע ultrapassa os limites do conhecimento puramente sensitivo e vai em direção de "prestar atenção", "dirigir-se com primor". Isto fica claro quando a raiz ידע vem utilizada em paralelo com שִׂים לֵב "pôr o coração" (Is 41,22) e com a raiz verbal שׂכל, "ser prudente" (Is 41,20; 44,18) por exemplo[614].

Na literatura sapiencial o termo חָכְמָה,"sabedoria", não denota só a sabedoria de Israel, o que se pode perceber pela associação com outros termos, como

---

610. SCHOTTROFF, W., ידע, col. 946; BERGMAN, J., יָדַע, col. 562-563. Na contagem de J. Bergmann a raiz [dy ocorre 1119 vezes nas Escrituras de Israel.

611. BERGMAN, J., יָדַע, col. 563-564.

612. BOTTERWECK, G. J., יָדַע, col. 571-572; SCHOTTROFF, W., ידע, col. 947-950.

613. BOTTERWECK, G. J., יָדַע, col. 572; SCHOTTROFF, W., ידע, col. 972-975.

614. BOTTERWECK, G. J., יָדַע, col. 572.

em Provérbios, onde o substantivo דַּעַת ocorre quarenta vezes e ocupa um grande espaço ao lado de חָכְמָה, o qual ocorre trinta e nove vezes.[615]

Pode-se dizer que neste livro existem duas concepções de דַּעַת. Uma que provém de material proverbial mais antigo (Pr 10-29), e outra mais recente (Pr 1-9). Na mais antiga דַּעַת está mais ligado a realidades relativas à convivência humana, enquanto na mais recente se verifica um processo de "teologização" do termo. É do Senhor que vem a חָכְמָה e da sua boca procede a דַּעַת (Pr 2,6) e, quando o ser humano as recebe, elas o afastam do mau caminho (Pr 2,10-12). O Senhor, pela חָכְמָה e pela דַּעַת, fundou e ordenou o céu e a terra (Pr 3,19-20)[616].

Destaca-se também no Livro dos Provérbios o uso de יִרְאַת יהוה, "temor do Senhor" e de דַּעַת אֱלֹהִים "conhecimento de Deus" como sinônimos em Pr 2,5 (também Pr 1,29; 9,10), termos que indicam em que consiste a verdadeira religiosidade. Enquanto o primeiro expressa a reverência devida a Deus, o segundo "significa o conhecimento de Deus e o caminhar nas suas vias" (Is 11,2)[617].

2.3.3.3. A raiz verbal צדק

A raiz צדק, com a mesma concepção que tem em âmbito veterotestamentário, encontra termos correspondentes em egípcio, em acádico, em árabe, em fenício e em aramaico[618].

Destaca-se entre eles o termo egípcio *Maat*, que, não obstante seja traduzido como "verdade", contém o significado de "ordem do mundo", ou seja, de estado de justiça fixado na natureza e na sociedade no ato da criação, podendo significar, de acordo com o contexto, aquilo que é justo, que é o bem, o direito, a ordem, a verdade[619].

Na Mesopotâmia existem dois termos acádicos que correspondem à raiz hebraica צדק. O primeiro designa a justiça de uma sentença, a verdade que vem expressa e a ordem no país. O segundo, por sua vez, a atendibilidade de um sinal premonitório, mas também a fidelidade de um servo e a verdade que se diz[620].

Em árabe a raiz correspondente a צדק na sua forma verbal significa "ser verdadeiro", mas também "crer, ter como verdadeiro", enquanto que, na forma de

---

615. BOTTERWECK, G. J., יָדַע, col. 576.
616. BOTTERWECK, G. J., יָדַע, col. 577.
617. BOTTERWECK, G. J., יָדַע, col. 578. O tema do דַּעַת אֱלֹהִים será retomado no item que trata da Análise Teológica.
618. KOCK, K., צדק, col. 639; RINGGREN, H., צָדַק, col. 513.
619. KOCK, K., צדק, col. 642; RINGGREN, H., צָדַק, col. 513.
620. KOCK, K., צדק, col. 641-642; RINGGREN, H., צָדַק, col. 514.

substantivo não significa somente "verdade", mas também na poesia é a expressão do ideal beduíno do homem: "coragem, atendibilidade, bravura, etc." [621].

Nas Escrituras de Israel a raiz צדק aparece 523 vezes, sendo mais recorrente na literatura profética, sobretudo no Dêutero-Isaías, e na literatura sapiencial[622].

A raiz verbal צדק ocorre com mais frequência na forma qal, piel e hifil, constatando-se uma exceção quando aparece no nifal em Dn 8,14 e no hitpael em Gn 44,16[623].

No debate sobre a concepção veterotestamentária de justiça tem-se de um lado uma interpretação jurídica dos termos que provêm da raiz צדק onde este vem entendido basicamente como conformidade com as normas. A partir dessa interpretação, o papel de quem administra a justiça, em última análise o próprio Deus, é distribuir a recompensa ou a punição, de acordo com a observância ou não das normas[624].

Em uma outra concepção entende-se צדק como sinônimo de salvação e libertação, estando em relação não com as normas estabelecidas por Deus, mas em relação ao próprio Deus. Nesse contexto

> a intervenção salvífica e libertadora de Deus não está em contraste com a sua justiça, mas sim é uma expressão da mesma. Uma justiça divina punitiva pode manifestar-se somente como um efeito secundário que atinge quem procura impedir a intervenção salvífica de Deus [625].

Quanto à forma hifil da raiz verbal צָדַק, esta ocorre doze vezes nas Escrituras de Israel e significa "declarar justo", "auxiliar a obter justiça" ou "absolver". Destaca-se, além desses significados aquele de "libertar", "salvar", "socorrer" que o termo assume em Is 50,8; 53,11; Sl 82,3; Dn 12,3 quando expressa o direito do pobre e do oprimido de obter justiça. Quanto ao sujeito agente da justiça tem-se o juiz ou aquele que tem o poder de fazer valer a justiça ou o direito (Ex 23,7; Dt 25,1; 2Sm 15,4; 1Rs 8,32; Is 5,23; Jó 27,5; Pr 17,15)[626].

---

621. RINGGREN, H., צָדַק, col. 516.

622. KOCK, K., צדק, col. 644; JOHNSON, B., צָדַק, col. 516.

623. KOCK, K., צדק, col. 640.

624. JOHNSON, B., צָדַק, col. 516.

625. JOHNSON, B., צָדַק, col. 516.

626. JOHNSON, B., צָדַק, col. 524.

2.3.4. Crítica lexical e gramatical

Nessa etapa busca-se, de acordo com a proposta metodológica de G. K. Beale, identificar as particularidades lexicais e gramaticais do texto e o papel desempenhado pelos versículos aludidos no fluxo interno da perícope isaiana[627].

Na primeira parte da perícope, Is 53,12-15, Deus, como orador, apresenta o seu Servo que, depois de ser humilhado, é exaltado sobremaneira. Destaca-se a dupla função da interjeição הִנֵּה de Is 52,13a, a qual tem o papel de ser a ligação com o que precede[628], e, ao mesmo tempo, de marcar o início de uma nova perícope, chama a atenção para o que segue[629], ou seja, a exaltação do Servo que é apresentada com uma série de verbos que formam frases assindéticas aditivas. O primeiro e o segundo verbos estão no yiqtol (Is 52,13ab) e os dois últimos no wᵉqatal (Is 52,13cd), forma que "se emprega sobretudo para uma ação futura posterior a uma outra ação"[630]. Esse primeiro conjunto de frases tem como sujeito o próprio Servo.

Em Is 53,14a introduz-se com um כַּאֲשֶׁר a primeira de duas frases comparativas, a qual tem como sujeito רַבִּים (Is 52,14a). Essa frase tem a função de prótase[631] e vem seguida de duas orações nominais subordinadas causais explicativas em 14b e 14c, as quais se referem ao sujeito de Is 52,13a, ou seja, ao Servo. Em Is 53,15a tem-se a segunda frase comparativa, cujo sujeito é גּוֹיִם רַבִּים, a qual se inicia com um כֵּן, constituindo-se uma apódose[632] e estabelecendo uma relação antitética com a primeira.

Quanto à posição da preposição seguida do sufixo da terceira pessoa do masculino singular עָלָיו não existe unanimidade entre os tradutores, a qual é entendida às vezes como complemento de Is 52,15a e às vezes da proposição seguinte (Is 52,15b). Nesta pesquisa optou-se pela segunda possibilidade tendo em vista o uso da mesma proposição em Is 52,14a, frase com a qual Is 52,15a está relacionada, com um sufixo diverso[633].

A partir de Is 52,15a muda o sujeito que em todo o v. 15 serão os מְלָכִים. Em 53,15c-f tem-se duas frases verbais relativas objetivas, ambas introduzidas com

---

627. BEALE, G. K., Handbook on the New Testament Use of the Old Testament, p. 44.
628. GOLDINGAY, J.; PAYNE, D., Isaiah 40-55, Vol. 2, p. 273.
629. JOÜON, P., Grammaire de l'Hébreu Biblique, § 105d.
630. JOÜON, P., Grammaire de l'Hébreu Biblique, § 119c.
631. JOÜON, P., Grammaire de l'Hébreu Biblique, § 174a.
632. JOÜON, P., Grammaire de l'Hébreu Biblique, § 174b.
633. Veja-se o item que trata da crítica textual de Is 52,13–53,12.

אֲשֶׁר (Is 52,15ce), as quais têm a função de explicar a admiração dos reis de Is 53,15a, fazendo para tanto referência à exaltação do Servo.

Em Is 53,1a percebe-se uma mudança da terceira pessoa do plural para a primeira pessoa do plural, o que denota o início de um discurso feito por um "grupo" (Is 53,1-10), o qual é introduzido por duas frases verbais interrogativas retóricas. Pode-se perceber a ênfase dada ao sujeito das frases, o pronome interrogativo מִי[634] na primeira e o זְרוֹעַ יהוה na segunda, pela sua disposição sujeito-predicado[635].

O "grupo" fala explicitamente como orador da seção na primeira pessoa do plural até o v. 6a, e, referindo-se ao Servo na terceira pessoa do singular, descreve (Is 53,1-3) e interpreta a sua humilhação e sua relação com o "grupo" (Is 53,4-5).

Em Is 53,6ab, tendo como sujeito כֻּלָּנוּ, descreve a situação de pecado do "grupo", a qual foi aludida em Is 53,5ab ao se interpretar o porquê do sofrimento do Servo, interpretação esta que vem retomada em Is 53,6c, onde, o "grupo" considera o Senhor como aquele que lança as suas iniquidades sobre o Servo.

Tendo como sujeito a terceira pessoa do singular, em Is 53,7a, retoma-se a descrição do sofrimento do Servo com a predominância da ação verbal ativa com duas frases despidas, ou seja, onde o sujeito e o predicado são desprovidos de um atributo ou complemento (Is 53,7ab)[636], duas comparativas (Is 53,7de) e duas negativas (Is 53,7) em uma sequência que se conclui em Is 53,7f.

Is 53,8a-9b continua a descrição da humilhação do Servo, porém agora com a predominância da ação verbal passiva e o uso, no v. 8, da preposição מִן, a qual é utilizada quatro vezes: as duas primeiras para indicar como o Servo foi tomado (v. 8a), a terceira de onde (v. 8c), e à quarta deve-se atribuir o sentido instrumental como pede a presença na construção de uma forma passiva[637], pela qual se optou na crítica textual, e não aquele de causa principal como em Is 53,5ab.

A isto seguem-se duas frases negativas em Is 53,9cd, sendo a primeira precedida pela preposição עַל que aqui tem um sentido concessivo[638]. Tais frases observam a forma poética de inversão de termos, exprimindo um juízo sobre o Servo.

Por sua vez, Is 53,10 é composto por seis proposições que descrevem o sofrimento do Servo. A primeira (Is 53,10a) e a última (Is 53,10f) utilizando a raiz

---

634. JOÜON, P., Grammaire de l'Hébreu Biblique, § 37a.
635. JOÜON, P., Grammaire de l'Hébreu Biblique, § 154g, 161.
636. JOÜON, P., Grammaire de l'Hébreu Biblique, § 153.
637. JOÜON, P., Grammaire de l'Hébreu Biblique, § 132d.
638. JOÜON, P., Grammaire de l'Hébreu Biblique, § 171e.

חפץ, "aprazer", revelam a finalidade do sofrimento do Servo: fazer prosperar na sua mão o que apraz ao Senhor (Is 53,10f).

Com esta última frase conclui-se a descrição do sofrimento do Servo. Nela o sujeito é seguido pelo objeto instrumental, o que dá ênfase ao sujeito. O uso da preposição בְּ[639] seguido do termo יד indica que o Servo sofredor se torna instrumento da realização do que apraz ao Senhor.

No entanto, na estrutura do v. 10, o segmento Is 53,10f, em conjunto com Is 53,10de, constituem apódoses da prótase, a qual é a proposição condicional precedida pela partícula אִם que está em Is 53,10c[640]. Sendo assim, a realização das afirmações de Is 53,10def está condicionada pela prótase.

Em Is 53,11ab resume-se tudo o que foi dito pelo "grupo", tanto no que diz respeito à descrição do sofrimento do Servo (Is 53,1-10b) com a locução genitiva "pelo esforço da sua vida", quanto no que se refere ao resultado desse sofrimento (Is 53,10def) com os sintagmas "ele verá a luz" e "será satisfeito".

Em Is 53,11c-12 inicia-se a segunda fala do Senhor com a afirmação de que "pelo seu conhecimento", o justo, "justificará a muitos" (Is 53,11c). Deve-se salientar que o segmento 11c inicia-se com o predicado enfatizando a ação verbal e ainda o fato de que o verbo nesse segmento se encontra no hifil indicando o sujeito como causa de tal ação.

Com a conjunção causal לָכֵן, inicia-se Is 53,12a. Esse fato demonstra que no presente versículo pode-se contemplar o resultado de todo o sofrimento do Servo. Nesta seção somente nessa frase aparece o sujeito na primeira pessoa do singular, explicitando que é o próprio Senhor quem dará a recompensa ao Servo pelo seu sofrimento compreendido como oferenda de expiação pelos pecados dos muitos (Is 53,10c).

Quanto aos segmentos 12a e 12b deve-se destacar que os verbos estão no piel o que sublinha a mesma intensidade na ação do Senhor (12a) e naquela do Servo (12b).

O segmento Is 53,12c está ligado ao precedente pela locução prepositiva indicadora de causalidade תַּחַת אֲשֶׁר. Nele a raiz verbal ערה está na forma hifil tendo o sentido de "fazer despojar" e vem seguido de נַפְשׁוֹ, que aqui tem o sentido de "a si mesmo", o que reforça a ideia da entrega voluntária que o Servo fez da sua própria vida, presente também em Is 53,10c. As frases "porquanto fez despojar a si mesmo até a morte" (Is 53,12c) e "com os transgressores foi contado"

---

639. Quando o objeto é um instrumento, tem-se, às vezes, a construção com B. no lugar do acusativo. JOÜON, P., Grammaire de l'Hébreu Biblique, § 125m.

640. JOÜON, P., Grammaire de l'Hébreu Biblique, § 167c.

(Is 53,12d), são um resumo do sofrimento do Servo feito pelo próprio Senhor enquanto locutor da seção.

Is 53,12e, como nos segmentos 12c e 12d, traz o verbo no qatal, fazendo referência assim a algo já consumado, ao contrário de Is 53,12f onde o verbo está no yiqtol, apontando para a missão futura do Servo. Nesse segmento o Senhor, como locutor da seção, interpreta o sentido do seu sofrimento como אָשָׁם, "sacrifício de expiação" (Is 53,10c), ao afirmar que, apesar de ser contado entre os transgressores (Is 53,12d), "os pecados de muitos ele levou" e, ao mesmo tempo, que ele aceitou tal sacrifício, como está subentendido pela interpretação dada.

2.3.5. Crítica do gênero literário

No que se refere ao gênero literário daquele que vem convencionalmente chamado "Quarto Cântico do Servo", apesar das inúmeras tentativas de se resolver a questão, não há consenso entre os estudiosos. Muitos comentadores chegam até mesmo a renunciar à tentativa de classificação, por considerá-lo único tanto na forma quanto no conteúdo[641].

Para C. R. North, tal dificuldade de se classificar quanto ao gênero a perícope isaiana "não é surpreendente para uma passagem em que se evoca tal gama de emoções humanas", bastando, em um primeiro momento, dizer que "o Cântico consiste nas palavras de um orador humano ou oradores, posto em meio a uma estrutura formada por pronunciamentos feitos por YHWH". Faz esta afirmação, pois, "não há acordo entre os críticos da forma quanto à categoria (gênero) a que os versículos 'nós' mais se aproximam; por exemplo, se a um salmo penitencial ou a um salmo de ação de graças"[642].

J. Begrich concorda com C. R. Noth quanto à forma do "Quarto Cântico", porém, defende que a parte central de Is 52,13–53,12, ou seja, em Is 53,1-11a, seja a imitação de um salmo individual de ação de graças emoldurado por dois discursos do Senhor (52,13-15; 53,11b-12). Contudo, J. Begrich destaca uma diferença essencial entre a parte central do "Quarto Cântico do Servo" e um salmo de lamentação ou de ação de graças, ou seja, no centro do "Quarto Cântico" o orador não é aquele que sofre ou aquele que é salvo como ocorre nos gêneros sálmicos mencionados, mas o Servo sofredor é aquele do qual o "grupo" fala. O propósito dos oráculos que começam e concluem a perícope seria o de dar autoridade àquilo que considera a imitação de um salmo individual de ação de graças com a inten-

---

641. WHYBRAY, R. N., Thanksgiving for a Liberated Prophet, p. 112.

642. NORTH, C. R., The Second Isaiah, p. 234.

ção de convencer os leitores de que se trata de uma verdadeira profecia a respeito da morte e ressurreição do profeta e a sua explicação[643].

Também C. Westermann percebeu indícios de um salmo individual de ação de graças, porém, em Is 53,2-11a. No entanto, chegou à conclusão de que, pelas características próprias do texto isaiano, tal gênero literário seria somente o seu pano de fundo, sendo que na forma que se apresenta existem basicamente duas diferenças entre a parte central do "Quarto Cântico do Servo" e o gênero salmo de ação de graças: em primeiro lugar, como já havia notado J. Begrich, o narrador não é a própria pessoa que experimentou a libertação, sendo que se está diante de uma narração em terceira pessoa e, em segundo lugar, os que narram a angústia e a libertação do Servo são aqueles que foram salvos por aquilo que lhe aconteceu, sendo o Servo o instrumento dessa salvação[644]. Sendo assim, a narração de Is 53,1-11a

> contém uma segunda vertente que está intimamente ligada a ela, ou seja, a narração também é uma confissão por parte daqueles que experimentaram a salvação. Esta segunda vertente é particularmente clara nos vv. 4ss onde aqueles que relatam a humilhação e a exaltação do Servo confessam que o sofrimento do mesmo foi causado por sua culpa[645].

Em suma, diante dessa falta de consenso a respeito do gênero literário do "Quarto Cântico do Servo", opta-se por afirmar a originalidade da sua composição. De fato, para O. Steck, o texto isaiano não foi composto a partir de um determinado gênero literário nem pela junção de diferentes gêneros, pelo fato de que, se fosse entendido como lamentação individual, um oráculo de YHWH não o deveria preceder. Por outra parte, se fosse entendido como um cântico de ação de graças um oráculo não o poderia seguir. Deste modo, deve-se concluir que a novidade, apresentada pelo locutor divino e pelo humano no texto isaiano, contida na figura do Servo que através do seu sofrimento trouxe a justificação aos "muitos", deveria ser expressa a partir de uma peça literária que figurasse tal novidade não só no seu conteúdo mas também na sua forma[646].

Tendo-se concluído a impossibilidade de definir o gênero literário do texto isaiano estudado, deve-se indagar, ao menos, a respeito do seu estilo literário.

---

643. BEGRICH, J., Studien zu Deuterojesaja, p. 62-66.
644. WESTERMANN, C., Isaiah 40-66, p. 256-257.
645. WESTERMANN, C., Isaiah 40-66, p. 257.
646. STECK, O. H., Gottesknecht und Zion, p. 24-25.

Quanto à afirmação de que os quatro, assim chamados, "Cânticos do Servo" seriam poemas hínicos, M. Treves declara que

> nem no estilo nem nos conteúdos eles devem ser classificados como líricos (...). Eles têm, de fato, o paralelismo solto que se encontra na maioria das páginas proféticas. Mas o argumento do qual tratam torna improvável que tenham sido compostos para serem configurados para a música e cantados. Eles não faziam parte da liturgia do Templo, não eram canções privadas, não eram marchas militares. Eles eram – como a maioria das páginas proféticas – sermões, avisos, anúncios e oráculos[647].

Do mesmo parecer é C. Conroy para quem não existe nenhuma indicação nos "Cânticos do Servo" que demonstre que eles têm como característica própria o fato de terem sido compostos para serem executados como cânticos, preferindo referir-se a eles como "Poemas do Servo"[648].

Porém, diante da ausência de uma métrica regular na perícope isaiana estudada[649], poder-se-ia levantar um questionamento quanto ao seu estilo poético. No entanto, J. Goldingay e D. Payne respondem a esse questionamento afirmando que tal ausência

> não levanta qualquer dúvida sobre se a seção é poesia. Ela possui a densidade e a alusividade da poesia, e um papel-chave é nela exercido pela analogia e pela metáfora, particularmente as analogias dos vv. 2, 6 e 7, e as metáforas sacramentais e político-militares em 52,13-15 e 53,10-12. Sua ordem de palavras geralmente não é a da prosa (por exemplo 52,15ab; 53,1b). Existem muitos exemplos de paralelismo (por exemplo, cada um dos treze pares de linhas de 52,14ab a 53,6a), o que é uma característica formal da poesia hebraica. Os versículos 4-6 em particular são especialmente caracterizados por paralelismo "sintético", enquanto em muitas outras linhas a segunda parte difere bastante acentuadamente da primeira na sua métrica (veja, por exemplo, vv. 13, 15a, la, 7a, 8a, 10a, 11abb, 12agd). Estes dois aspectos da retórica do poema no uso que faz do paralelismo dizem respeito ao seu conteúdo: as repetições sublinham pontos, as diferenças inesperadas sublinham a natureza inesperada de seu conteúdo[650].

---

647. TREVES, M., Isaiah LIII, p. 98.
648. CONROY, C., The Enigmatic Servant texts in Isaiah in the Light of recent study, p. 24.
649. GOLDINGAY, J.; PAYNE, D., Isaiah 40-55, Vol. 2, p. 277.
650. GOLDINGAY, J.; PAYNE, D., Isaiah 40-55, Vol. 2, p. 278.

2.3.6. Análise teológica

O centro do "Quarto Cântico" não é a humilhação e o sofrimento do Servo, como poderia parecer pela ênfase dada a esses temas, mas sim uma mudança total no que tange ao próprio Servo e aos "muitos". Tal mudança ocorre pela compreensão que ele tem do seu sofrimento e pelo seu "conhecimento de Deus", que o leva à oferta de sua vida em favor da multidão[651]. A partir disso ocorre a mudança na sua própria situação, a qual passa de um rechaço completo ao reconhecimento do seu sofrimento vicário, da humilhação à exaltação. Ocorre também uma mudança na situação dos "muitos" cujas transgressões são "carregadas" por ele[652]. Estes são os temas fundamentais do texto isaiano estudado, que, ao mesmo tempo, apresenta a dificuldade de ser, nas Escrituras de Israel, como já foi dito, a única afirmação de que alguém morreu pelos pecados dos "muitos"[653].

Essa relação entre a "compreensão", o "conhecimento", a "exaltação" e a "justificação dos muitos" vem salientada por H. Simian-Yofre, o qual, discutindo a tradução da forma hifil yiqtol da raiz verbal שׂכל que está em Is 52,13a, a relaciona com o substantivo דַּעַת derivado de ידע presente em Is 53,11c, onde se afirma que "por seu conhecimento o justo, meu servo, justificará muitos", preferindo a tradução "compreenderá" para יַשְׂכִּיל[654].

De fato, por trás da raiz verbal שׂכל, como observa K. Koenen, existe uma concepção que vai muito além do que vem destacado pela maioria das traduções modernas, a qual une em si os aspectos de "ser sensato", "agir com sagacidade", "conhecer a Deus", "observar os seus mandamentos", o que tem como consequência o "conduzir uma vida plena de sucesso" e o "ser superior". K. Koenen chama a atenção para o fato de que todos esses aspectos estão presentes cada vez que a raiz שׂכל é usada, mesmo que somente um desses aspectos esteja em primeiro plano[655].

Portanto, como se percebe, pode-se estar diante do uso intencional de um lexema que desde o início do "Quarto Cântico" destacaria a sua ideia central, ou seja, a profunda ligação entre a "compreensão" e o "conhecimento de Deus" do Servo e a sua exaltação e o oferecimento de sua vida pelos "muitos".

---

651. FEUILLET, A., L'Epître aux Romains, col. 819.

652. BERGES, U., Isaías, p. 105.

653. Veja-se o item no qual se aplicou o critério da "Plausibilidade Histórica".

654. SIMIAN-YOFRE, H., Sofferenza dell'uomo e silenzio di Dio nell'Antico Testamento e nella letteratura del Vicino Oriente antico, p. 224.

655. KOENEN, K., שָׂכַל, col. 756.

Quanto ao termo דַּעַת, na crítica profética feita por Oseias, a sua falta ou o seu rechaço é muitas vezes utilizado em paralelo à "apostasia" (Os 5,7; 6,7), "rebelião" (Os 7,14; 9,15) "infidelidade" (Os 6,7), à falta de אֱמֶת e de חֶסֶד (Os 4,1)[656].

O significado de דַּעַת na literatura profética se faz perceber particularmente em Os 6,6 onde o Senhor afirma que prefere o conhecimento de Deus (דַּעַת אֱלֹהִים) ao holocausto (עֹלָה). Também na literatura profética a falta de דַּעַת e o sofrimento têm, muitas vezes, uma relação causal: "Por isso o meu povo foi para o exílio, por falta de conhecimento" (Is 5,13)[657].

Nos tempos da salvação prometida por Deus (Os 2,1), o דַּעַת אֱלֹהִים será concedido a todo o povo, deste modo, "toda a terra será cheia do conhecimento do Senhor" (Is 11,9). Também sobre o rei ungido estará o espírito de conhecimento e de temor do Senhor (Is 11,2; 33,6)[658].

Nesse contexto do anúncio do reino de paz na literatura profética (Is 11,2.9; 33,6; 53,11)

> a concepção profética de דַּעַת destaca-se de modo particular sobre o pano de fundo dos anúncios de desgraça que são descritos: o דַּעַת é um esforçar-se por YHWH pedido ao ser humano, um comportamento ético religioso; a falta ou a posse do דַּעַת decidem a salvação ou a ruína de toda a comunidade, de modo que esta constitui uma responsabilidade recíproca que cessará somente no tempo da salvação: "Todos eles me conhecerão (...). Então perdoarei as suas culpas e não me recordarei mais dos seus pecados" (Jr 31,34). Só a remissão dos pecados torna possível o definitivo "conhecimento de Deus" (Is 53,11) e leva a uma mais estreita comunhão com ele (...)[659].

Deste modo, confirma-se a estreita relação entre os conceitos de שֵׂכֶל e דַּעַת, defendida por H. Simian-Yofre, e o papel que estes conceitos jogam na exaltação do Servo e na justificação dos "muitos" enquanto o conhecimento é a causa instrumental dessa justificação em Is 53,11c[660], sendo que esse conhecimento o levou a colocar sua vida em sacrifício de expiação.

Chega-se assim a outro tema fundamental da perícope isaiana em estudo, à condição *sine qua non* para a exaltação do Servo e a realização do que apraz ao

---

656. BOTTERWECK, G. J., יָדַע, col. 590.
657. BOTTERWECK, G. J., יָדַע, col. 591.
658. BOTTERWECK, G. J., יָדַע, col. 591.
659. BOTTERWECK, G. J., יָדַע, col. 591.
660. JOÜON, P., Grammaire de l'Hébreu Biblique, § 125m.

Senhor por meio de sua mão, tema este presente na proposição condicional de Is 53,10c: "Se ele coloca em reparação sua vida".

Portanto, a exaltação do Servo e a realização da vontade do Senhor, que não é, em última análise, o sofrimento do Servo, mas a justificação dos "muitos", dependem da compreensão que o Servo tem do seu sofrimento e da sua capacidade de, movido pelo seu conhecimento de Deus, pela sua fidelidade, entregar a sua vida como reparação pelos pecados.

No entanto, surge a questão a respeito de como o sofrimento do Servo pode ser capaz de justificar a multidão. Deve-se recordar que se está no período pós-exílico, no qual existe um profundo interesse no que diz respeito à reflexão sobre como reparar os pecados, sendo que nesse período se vê a relação entre Deus e o seu povo como que abalada pelo pecado. A confirmação por tal interesse apresenta-se nos escritos sacerdotais do Pentateuco onde pode-se notar "a particular dedicação com a qual eram oferecidos os sacrifícios pela culpa e pelo pecado"[661].

No "Quarto Cântico", no qual o Servo vem comparado a um carneiro levado ao matadouro (Is 53,7d), põe-se como condição para a sua exaltação que ele ofereça a sua vida como אשם. Deste modo, segundo D. Kellermann, "o sofrimento substitutivo do justo é o sacrifício pela culpa dos muitos. A morte do Servo, como no caso de um sacrifício por uma culpa, salva os pecadores da morte"[662]. Porém, como poder-se-ia entender essa entrega do Servo?

Segundo G. Fohrer, tentou-se apontar a origem da ideia do sofrimento substitutivo em algumas práticas e ideias das antigas religiões médio-orientais, tais como a aparição do rei babilônico na festa do ano-novo como portador dos pecados do povo e o rito de substituição do rei por um rei de fachada durante eclipses lunares ou solares. Mas, para ele, não existe praticamente nada nesse contexto que contribua de modo significativo para esclarecer a oferta vicária da vida do Servo de Is 52,13–53,12 que levou à justificação dos "muitos", para assim elucidar algo que jamais foi narrado e ouvido, um pensamento expresso de modo inédito pelo autor do "Quarto Cântico"[663].

Por esse motivo, G. Fohrer recorreu para explicar a entrega da vida do Servo entendida como sacrifício a um conceito próprio do campo semântico sacrificial judaico, ou seja, ao conceito de אשם[664], o qual está presente em Is 53,10c. Para ele, de fato, אשם

---

661. KELLERMANN, D., אשם, col. 944.

662. KELLERMANN, D., אשם, col. 944-945.

663. FOHRER, G., Stellvertretung und Schuldopfer in Jes 52,13-53,12, p. 36-40.

664. KELLERMANN, D., אשם, col. 931-950.

designa um sacrifício oferecido por um sacerdote quando um indivíduo involuntariamente transgrediu um dos mandamentos divinos. O ritual do sangue, no qual o sangue do animal sacrificado é derramado sobre todo o altar, é o mais importante ato do procedimento sacrificial. Agora o sangue do "Servo de YHWH" foi também derramado na sua execução, e essa execução é igualada ao procedimento sacrificial em Is 53,10. O servo é o animal do sacrifício que Deus, como sacerdote oficiante, "esmagou", ou seja, abateu, porque isso lhe "aprouve" – em outras palavras, porque ele aceitou o Servo como adequado para o sacrifício[665].

No entanto, para B. Janowski, a equiparação do Servo ao animal do sacrifício é insustentável, pois no texto isaiano não existe menção ao sangue derramado do Servo. Além disso, דכא, "esmagar" (Is 53,5b.10a), não faz parte do campo semântico sacrificial e um vocabulário cúltico é ausente do restante da perícope[666].

B. Janowski recorda que אשם originalmente não pertencia ao vocabulário referente ao sacrifício, mas a um contexto no qual se tinha como tema a "transgressão" e o "delito" (Gn 26,10). Tal termo, tendo sofrido um longo processo de evolução, passa a significar uma obrigação de reparar uma transgressão. Tal obrigação, nessa perspectiva, surge a partir de uma situação de transgressão na qual o transgressor deve prover uma compensação material para reparar a sua transgressão[667].

Aplicando-se esse conceito a Is 53,10c, percebe-se no contexto o povo incapaz de reparar sua própria culpa, o qual lança essa "obrigação" sobre um outro para que assim obtenha a salvação. Deste modo,

> essa libertação vem de um inocente que entregou sua vida de acordo com o plano de YHWH (v. 10c) e como consequência de seu próprio ministério (vv.7-9). A "entrega de sua própria vida como meio de limpar a transgressão" é, deste modo, idêntico a "assumir as consequências das ações dos outros"[668].

Assim sendo, o Servo "carregou" as transgressões dos outros sobre si, assumindo a אשם que pesava sobre eles, ou seja, a sua obrigação de reparação pelas suas próprias culpas e o fez pelo modo como compreendeu o seu sofrimento e pelo seu conhecimento de Deus em uma oferenda de toda a sua vida e ministério

---

665. FOHRER, G., Stellvertretung und Schuldopfer in Jes 52,13-53,12, p. 27.
666. JANOWSKI, B., He Bore Our Sins, p. 67-68.
667. JANOWSKI, B., He Bore Our Sins, p. 68-69.
668. JANOWSKI, B., He Bore Our Sins, p. 69.

como sacrifício de reparação (Is 53,10c), despojando-se a si mesmo até a morte (Is 53,12c) para a justificação dos "muitos" (Is 53,11c).

3. Comparação das tradições textuais de Is Is 53,11-12

Texto Leningradense	Septuaginta
53,11a מֵעֲמַל נַפְשׁוֹ יִרְאֶה	53,11a ἀπὸ τοῦ πόνου τῆς ψυχῆς αὐτοῦ δεῖξαι αὐτῷ φῶς
53,11b יִשְׂבָּע	53,11b καὶ πλάσαι
53,11c בְּדַעְתּוֹ יַצְדִּיק צַדִּיק עַבְדִּי לָרַבִּים	53,11c τῇ συνέσει δικαιῶσαι δίκαιον εὖ δουλεύοντα πολλοῖς
53,11d וַעֲוֺנֹתָם הוּא יִסְבֹּל	53,11d καὶ τὰς ἁμαρτίας αὐτῶν αὐτὸς ἀνοίσει
53,12a לָכֵן אֲחַלֶּק־לוֹ בָרַבִּים	53,12a διὰ τοῦτο αὐτὸς κληρονομήσει πολλοὺς
53,12b וְאֶת־עֲצוּמִים יְחַלֵּק שָׁלָל	53,12b καὶ τῶν ἰσχυρῶν μεριεῖ σκῦλα
53,12c תַּחַת אֲשֶׁר הֶעֱרָה לַמָּוֶת נַפְשׁוֹ	53,12c ἀνθ' ὧν παρεδόθη εἰς θάνατον
53,12d וְאֶת־פֹּשְׁעִים נִמְנָה	53,12d καὶ ἐν τοῖς ἀνόμοις ἐλογίσθη
53,12e וְהוּא חֵטְא־רַבִּים נָשָׂא	53,12e καὶ αὐτὸς ἁμαρτίας πολλῶν ἀνήνεγκεν
53,12f וְלַפֹּשְׁעִים יַפְגִּיעַ	53,12f καὶ διὰ τὰς ἁμαρτίας αὐτῶν παρεδόθη

Deve-se na presente etapa metodológica destacar a partir dos dados da crítica textual as diferenças entre as tradições textuais de Is 53,11-12, textos aludidos nos versículos de Rm 5,12-21 que foram considerados nessa pesquisa como contendo alusões ao texto isaiano[669]. Sublinha-se também nesse passo as possíveis influências de tais variantes no uso paulino do texto isaiano[670].

A primeira diferença seria a omissão do lexema אוֹר de Is 53,11a no *Codex Leningradensis*, o qual está presente em 1QIs^a e 1QIs^b e na Septuaginta. Pode-se dizer com segurança que tal omissão não influencia em nada o uso que Rm

---

669. Veja-se o item a respeito da validação das alusões a Is 52,13–53,12 em Rm 5,12-21.

670. BEALE, G. K., Handbook on the New Testament Use of the Old Testament, p. 49-50. Pede-se também que se destaque a repetição de padrões semânticos e sintáticos no *Codex Lenigradensis*, na Septuaginta e no texto neotestamentário em estudo, porém, isto foi feito ao se aplicar o critério do "Volume".

5,12-21 faz do texto isaiano, sendo que Paulo não faz nenhuma referência a essa palavra.

Em 53,12e, percebe-se que a raiz חטא no *Codex Leningradensis* está na forma de substantivo comum masculino singular no *status constructus*, enquanto que, em 1QIsᵃ e 1QIsᵇ se apresenta como substantivo comum masculino plural no *status constructus*. A Septuaginta, por sua vez, concordando com os escritos do Mar Morto, traduz o lexema com o substantivo feminino no acusativo plural ἁμαρτίας. Também nesse caso a variante não influencia em nada o uso que Paulo faz dos textos de Is 52,13–53,12 sendo que consiste somente numa mudança do singular para o plural.

Em Is 53,12f os exemplares de Isaías do Mar Morto em melhor estado no lugar do particípio qal plural masculino absoluto פֹּשְׁעִים testemunhado pelo *Codex Leningradensis*, leem um substantivo masculino plural[671] com pequenas variações: 1QIsᵃ (פשעיהמה) e 1QIsᵇ (פשעימה). A Septuaginta, por sua vez, também lê aí um substantivo plural: τὰς ἁμαρτίας

Neste caso a variante poderia ter alguma influência no uso paulino de Isaías, sendo que, em Rm 5,15ab, o vocábulo τὸ παράπτωμα vem utilizado duas vezes, o qual, sendo um substantivo, está gramaticalmente mais próximo de 1QIsᵃ, 1QIsᵇ e da Septuaginta. Chama a atenção o fato de que a Septuaginta, em Is 53,12d, traduza פֹּשְׁעִים por τοῖς ἀνόμοις e em Is 53,12f prefira a leitura τὰς ἁμαρτίας, o que poderia sugerir a confirmação da leitura proposta por 1QIsᵃ, 1QIsᵇ e pela Septuaginta, a qual provavelmente foi utilizada por Paulo por influência da tradução grega.

Em outros casos, porém, há quem sugira a utilização do texto hebraico por Paulo, como J. Jeremias ao afirmar que o uso de πολλοί, em Rm 5,16 e de οἱ πολλοί, em Rm 5,19 seriam alusões a Is 52,13–53,12 em Rm 5,12-21, as quais refletiriam tradições pré-paulinas próximas ao hebraico[672].

4. Tradições interpretativas de Is 53,11-12

Segundo G. K. Beale, o propósito desse passo metodológico é identificar como as passagens específicas utilizadas no texto neotestamentário estudado foram compreendidas no judaísmo anterior e posterior a esse uso e determinar se

---

671. ITIKWIRE, V. T., The Textual Criticism of Is 52:13-53:12, p. 163.
672. JEREMIAS, J., παῖς Θεοῦ, col. 409.

essa compreensão poderia ter alguma importância para a apropriação do texto das Escrituras de Israel realizada pelo texto do Novo Testamento[673].

Tendo-se verificado os escritos de Qumran que contêm alusões a Is 52,13–53,12 (Regra da Guerra, Hodayot)[674], não se encontraram interpretações específicas do texto isaiano aludido em Rm 5,12-21, ou seja, do texto de Is 53,11-12, podendo-se dizer o mesmo da literatura apócrifa (Jubileus, Parábolas de Henoc e 4 Esdras)[675] e daquela rabínica que já foi analisada ao se aplicar o critério da "Plausibilidade Histórica". Portanto, limitar-se-á esta pesquisa a aprofundar um texto, o qual, mesmo sendo posterior à Carta aos Romanos, pode trazer em si tradições mais antigas, ou seja, o Targum de Isaías também chamado de Targum de Jónatas[676].

Sendo que, para além de ser uma tradução destinada à liturgia da sinagoga, "o targum é também uma interpretação que visa explicitar o sentido oculto da Escritura"[677] e, ao mesmo tempo, "uma 'recomposição do texto' que tem uma lógica e uma coerência próprias, fruto das circunstâncias históricas (...)"[678], situou-se a sua análise entre as tradições interpretativas e não entre as tradições textuais. Essas características são vistas com mais força, porém, "nas perícopes mais polêmicas, especialmente naquelas que foram objeto de disputa entre a comunidade judaica e a comunidade cristã"[679] como é o caso de Is 52,13–53,12.

De fato, logo no seu começo, a versão targúmica desse texto identifica o Servo de Is 52,13 com o Messias exaltado e glorificado: "Eis o meu servo, o Messias, ele prosperará, será exaltado, elevado e será muito forte". A partir da versão de Is 52,14 passa a se referir ao sofrimento, não do Messias, mas de figuras, as quais às vezes são identificadas com o povo de Israel, às vezes com os gentios (Is 52,14; 53,3-9). Na parte final do "Cântico", porém, torna a falar a respeito da figura do Messias glorioso e de seu papel na sua versão de Is 53,11-12[680].

---

673. BEALE, G. K., Handbook on the New Testament Use of the Old Testament, p. 46. Para tanto utilizou-se como bibliografia de apoio, além das fontes, as seguintes obras: JANOWSKI B.; STUHLMACHER P., (Eds.), The Suffering Servant: Isaiah 53 in Jewish and Christian Sources; LOURENÇO, J. Sofrimento e Glória de Israel; LOURENÇO, J., Targum de Is 52,13–53,12, p. 155-166.

674. MARTINEZ F. G., (Ed.), Testi di Qumran, p. 196-235. 512-586.

675. SPARKS, H. F. D. (Ed.), Apócrifos do Antigo Testamento, 1999, p. 18-130.186-207; SPARKS, H. F. D. (Ed.), Apócrifos do Antigo Testamento, 2000, p. 290-325.

676. JONATHAN BEN UZZIEL, The Chaldee Paraphrase on the Prophet Isaiah.

677. LOURENÇO, J., Targum de Is 52,13–53,12, p. 155.

678. LOURENÇO, J., Targum de Is 52,13–53,12, p. 158.

679. LOURENÇO, J., Targum de Is 52,13–53,12, p. 155.

680. ADNA, J., The Servant of Isaiah 53 as Triumphant and Interceding Messiah, p. 189.

Quanto à datação do Targum de Isaías, situa-se a sua composição entre os anos 70 e 135 d.C.[681]. Nesse ambiente pode-se perceber como um primeiro condicionamento exercido pelo contexto na hermenêutica do texto targúmico a polêmica judaico-cristã a respeito do Messias. Essa polêmica foi motivada pelo fato de a comunidade cristã primitiva ter utilizado o texto isaiano como chave de leitura da vida, da morte e da ressurreição de Jesus Cristo:

> O reconhecimento de Jesus crucificado como Servo sofredor e de Jesus ressuscitado como Servo glorioso e messias de Israel constitui o princípio de divergência entre as duas hermenêuticas: a judaica e a cristã. Para a comunidade judaica, reorganizada agora sobre a fidelidade à Torá e depois da destruição do Templo e das derrotas impostas pelos romanos, era impossível manter intacta a tradição e a esperança messiânica a partir dum texto como Is 53, especialmente no que concerne ao sentido do sofrimento e humilhação. Assim, importava que a leitura cristã do poema fosse combatida no seu próprio terreno por uma outra leitura que constituísse ela mesma uma resposta efetiva às inquietações do povo de Israel. Antes de mais, impunha-se, por um lado, o abandono da tradução dos Setenta, já que ela se tinha tornado a Bíblia da comunidade cristã e, por outro, encontrar uma chave de leitura messiânica que não entrasse em contradição com a imagem "ortodoxa" do messias davídico, no que concerne à sua dimensão gloriosa[682].

Como segundo fator a influenciar a hermenêutica targúmica do "Quarto Cântico" tem-se as derrotas dos judeus no seu combate contra os romanos nos anos 70 e 132 d.C., com a consequente destruição de Jerusalém e do Templo, a cessação do culto oficial e a diáspora[683].

No entanto, a polêmica judaico-cristã sobre a identidade do Messias e as catástrofes ocasionadas pelas intervenções militares dos romanos estão entrelaçadas no que diz respeito à sua influência sobre a hermenêutica targúmica do texto isaiano estudado:

> De fato, esperando o judaísmo, na sequência das revoltas contra Roma, uma libertação nacional, a qual tinha sido tentada em desespero de causa por Bar Kokbah, não era possível conceber agora que a mesma fosse alcançada através dum messias sofredor ou reduzida apenas a uma dimensão mera-

---

681. ADNA, J., The Servant of Isaiah 53 as Triumphant and Interceding Messiah, p. 189. Segundo J. Lourenço "a datação do targum dos profetas não é pacífica, remontando provavelmente à época dos Amoraim". LOURENÇO, J., Targum de Is 52,13–53,12, p. 158.
682. LOURENÇO, J., Targum de Is 52,13–53,12, p. 159.
683. LOURENÇO, J., Targum de Is 52,13–53,12, p. 159.

mente espiritual. Mais do que nunca, a esperança dum messias guerreiro e vencedor dos inimigos impunha-se e era a única forma de manter viva a identidade nacional face à diáspora imposta pelo imperador Adriano na sequência da derrota de Bar Kokbah[684].

Nesse contexto os textos de Is 52,13–53,12 aludidos em Rm 5,12-21, põem em destaque a figura do Messias glorioso, o qual tem como principal função conduzir os rebeldes e pecadores à observância da Lei[685]. Essa função do Messias só poderá ser compreendida a partir da perspectiva da teologia rabínica sobre a centralidade da Lei[686].

Percebe-se nestes versículos a mudança daquilo que era no texto hebraico a recompensa do Servo pelos seus sofrimentos e os frutos desse sofrimento, ou seja, a sua glorificação e a justificação dos "muitos" pelo papel funcional do Messias enquanto será ele a impor a observância da Lei, a qual é na compreensão judaica a única mediadora da salvação[687], a castigar os pagãos e a interceder pelos pecados dos muitos[688].

Esta última função poderia ser, segundo alguns, uma referência ao papel do Sumo Sacerdote no Dia da Expiação, o qual seria exercido pelo Messias, e é, provavelmente, algo que remete à reconstrução do Templo que deve ser feita pelo Messias[689] sendo essa a condição para a celebração do Dia da Expiação e, portanto, para o perdão dos pecados[690].

Partindo-se dessas observações, pode-se ler a versão targúmica dos textos isaianos aludidos no texto paulino estudado. Eis o texto:

> Ele livrará as suas almas da servidão das nações; verão a vingança sobre os seus inimigos; ficarão satisfeitos com o despojo de seus reis. Por sua sabedoria ele justificará os justos, a fim de a muitos fazer guardarem a Lei e intercederá pelos seus pecados. Por isso, dividirei para ele o despojo de muitos povos e os tesouros de fortes fortificações. Ele dividirá o despojo

---

684. LOURENÇO, J., Targum de Is 52,13–53,12, p. 160.

685. RUIZ DE LA PEÑA, J. L., O Dom de Deus, p. 82-83.

686. LOURENÇO, J., Targum de Is 52,13–53,12, p. 164.

687. RUIZ DE LA PEÑA, J. L., O Dom de Deus, p. 83.

688. LOURENÇO, J., Targum de Is 52,13–53,12, p. 164.

689. "Ele edificará a casa do santuário que foi profanada por causa dos nossos pecados. Ele foi entregue por causa de nossas iniquidades. Através da sua doutrina a paz se multiplicará sobre nós e através do ensinamento de suas palavras nossos pecados serão perdoados". JONATHAN BEN UZZIEL, The Chaldee Paraphrase on the Prophet Isaiah, p. 183.

690. A respeito do debate sobre o papel do Messias como intercessor, ADNA, J., The Servant of Isaiah 53 as Triumphant and Interceding Messiah, p. 214-222.

porque entregou a sua vida até a morte e fará os rebeldes guardarem a Lei. Ele intercederá pelos pecados de muitos, e quanto aos transgressores, cada um será perdoado por causa dele[691].

Quanto a uma possível contribuição dessa interpretação para a leitura paulina, a hermenêutica targúmica parece não ter exercido nenhuma influência sobre a interpretação que Paulo faz de Is 53,11-12, enquanto, ao menos na forma atual do texto targúmico, esta afirmação seria um anacronismo, ainda que esta forma atual possa estar baseada em tradições anteriores a Paulo e que estas possam ter sido conhecidas por ele[692], além do que é uma antítese da apresentação que o Apóstolo faz de Jesus Cristo como único mediador da salvação.

---

691. JONATHAN BEN UZZIEL, The Chaldee Paraphrase on the Prophet Isaiah, p. 184-185.
692. LOURENÇO, J., Targum de Is 52,13–53,12, p. 158.

Capítulo 3 | Contexto neotestamentário e uso hermenêutico, teológico e retórico de Is 52,13–53,12 em Rm 5,12-21

1. Contexto histórico da Carta aos Romanos

Aquela que foi cognominada de *caput mundi* era considerada de suma importância pelo Apóstolo por razões geopolíticas, as quais, porém, estavam subordinadas à principal razão, ou seja, à expansão do cristianismo. Tais razões se encontram no fato de Roma localizar-se estrategicamente no centro do mundo mediterrâneo, na posição de destaque atribuída às suas comunidades cristãs desde então, mas também e especialmente no fato de fazer parte do campo missionário daquele que se considerava o Apóstolo dos gentios. No entanto, a principal razão da importância que lhe é atribuída está na possibilidade de que as suas comunidades cristãs fossem, na perspectiva de Paulo, um auxílio para sua possível missão até os confins da terra então conhecida, ou seja, a Espanha[693].

1.1. Roma, a ideologia imperial e suas comunidades cristãs nos tempos de Paulo

1.1.1. O contexto social de Roma nos tempos de Paulo

Na época de Paulo, Roma tinha uma população cosmopolita, pois atraía povos de todas as partes do império e de outras regiões contando com uma população de um milhão de habitantes aproximadamente. O processo migratório ocorrido aos tempos da república com a chegada em Roma de pessoas provindas das pro-

---

693. REASONER, M., Roma e il Cristianesimo Romano, p. 1345; MURPHY-O'CONNOR, J., Paulo, p. 332-334; BARBABLIO, G., Teologia Paolina, p. 516.

víncias da Itália e da Grécia, foi superado em muito por aquele que se deu desde o começo do império quando afluíam para a capital pessoas da Anatólia, do Egito, da África, da Espanha e, posteriormente, da Gália e das terras germânicas[694].

Não se deve desconsiderar a migração judaica, seja pela sua importância para o estudo do cristianismo em Roma[695], seja pelo fato de que os judeus contavam aí com uma quantidade considerável de pessoas conduzidas por Pompeu, em 62 a.C., para a Urbe como prisioneiros destinados a se tornarem escravos. Estima-se que no séc. I d.C. vivessem em Roma por volta de 40.000 judeus[696], os quais, com o conjunto dos estrangeiros, não eram tratados com benevolência sendo objeto de discriminação racial[697].

No que diz respeito à sua estratificação, a sociedade romana se dividia em três categorias: os cidadãos romanos, as pessoas livres e os escravos. A categoria dos cidadãos romanos estava composta pela classe senatorial, formada por famílias ricas de onde provinham os senadores, os quais tinham a função de zelar pelas tradições romanas. Com o império o seu *status* foi diminuindo, e passaram a ser admitidos como senadores cavaleiros e pessoas provindas das províncias. Encontra-se, ainda, entre os cidadãos romanos a classe equestre, assim chamada porque nas suas origens era formada por pessoas que, em caso de guerra, podiam proporcionar um cavalo para as batalhas, ou seja, por pessoas que possuíam certa riqueza. No séc. I d.C. essa classe emergente encontrou o seu auge, sendo que os altos funcionários romanos eram recrutados dela, os quais se aproveitavam do cargo para enriquecer ainda mais. O restante dos cidadãos romanos formava a plebe, que constituía a grande maioria. Esta classe era formada por professores, artesãos, médicos, entre outros[698].

As pessoas livres residentes em Roma gozavam dos privilégios dos cidadãos romanos, ou seja, participavam das eleições dos magistrados, eram isentos de impostos, não eram submetidos à tortura e às condenações infames como a morte de cruz, não estavam submetidos aos tribunais romanos[699].

---

694. REASONER, M., Roma e il Cristianesimo Romano, p. 1345.

695. GIGNAC, A., L'épître aux Romains, p. 45; PENNA, R., Lettera ai Romani, introduzione, versione, commento, p. XIX.

696. Para R. Penna eram de vinte a trinta mil, enquanto que, para A. Gignac entre vinte e cinquenta mil. PENNA, R., Lettera ai Romani, introduzione, versione, commento, p. XXXI; GIGNAC, A., L'épître aux Romains, p. 47.

697. REASONER, M., Roma e il Cristianesimo Romano, p. 1345-1346.

698. SEGALLA, G., Panoramas del Nuevo Testamento, p. 45-46.

699. SEGALLA, G., Panoramas del Nuevo Testamento, p. 45.

Os escravos formavam uma grande massa social, sendo que cada pessoa de posse em Roma tinha por volta de doze deles. Não possuíam nenhum estatuto jurídico verdadeiro e próprio. Podiam ser declarados livres mediante o pagamento de certa quantia, o que acontecia com certa frequência, chegando a ocupar postos importantes depois de libertos. Quando os seus proprietários eram cidadãos romanos, ao serem declarados livres, passavam a ter a cidadania romana. No entanto, a grande maioria dos escravos estava em uma situação lastimável[700].

1.1.2. Ideologia imperial versus cristianismo

Quanto à ideologia imperial, esta traria grandes consequências à vida dos cristãos. Tinha uma máquina de propaganda muito eficiente, a qual prometia a todos os povos a sua *pax et securitas*, *slogan* da propaganda política de Roma nas províncias conquistadas[701]. Prometia a *pax romana* que "não era mera qualidade estática ou simplesmente ausência de guerra, mas busca dinâmica exigindo vigilância constante e desejo permanente de batalhar contra o inimigo"[702].

No que diz respeito à relação de Roma com os povos conquistados, pode-se dizer que "a história de Roma é uma história de contínua luta, integração e assimilação do estrangeiro, que tende a construir, (...), uma categoria contraposta àquela da perfeita romanidade"[703].

Um meio para a regularização dessa relação entre Roma e os estrangeiros foi, desde os tempos da república, a

> aquisição da cidadania romana, fruto da *pax romana*, que não cancela para o indivíduo a pátria natural (veja-se a célebre reflexão sobre as "duas pátrias" de Cícero, *De legibus* II, 2.5) e que, por sua vez, introduz o fecundíssimo (e tipicamente pragmático) princípio da equidade (não igualdade) jurídica ao interno de um Estado fundado sobre o consenso[704].

Neste contexto de profunda tensão dialética, fruto do expansionismo militar romano, para regulamentar o direito de cidadania romana, surgem as leis Valéria, Júlia e Pórcia[705].

---

700. SEGALLA, G., Panoramas del Nuevo Testamento, p. 46.
701. ELLIOTT, N., Libertando Paulo, p. 250.
702. CROSSAN, J. D.; REED, J. L., Em Busca de Paulo, p. 100.
703. COSI, D. M., Greci, romani e stranieri, p. 135.
704. COSI, D. M., Greci, romani e stranieri, p. 135.
705. FABRIS, R., Paulo, p. 34.

As mais importantes para o contexto do Novo Testamento eram a Lei Júlia e a Lei Valéria. A primeira, "relativa à *vis publica*, proibia a qualquer magistrado condenar à morte ou submeter à flagelação um cidadão romano contra o seu direito de apelação"[706]. A Lei Valéria, por sua vez, "estabelecia para cada cidadão romano o direito de apelar contra a *coercitio* – sentença executiva ou punição – dos magistrados"[707]. E no que se refere à Lei Pórcia, esta impunha "penas severas (degradação e incapacidade para cargos públicos) contra os magistrados que submetessem os cidadãos romanos à fustigação"[708].

No entanto, desde o começo do império com o término da guerra civil, essa *pax*, conquistada pela força do poderio bélico dentro e fora dos muros de Roma, teve suas consequências também no campo religioso com a exaltação da figura do imperador como aquele que com seu poder impõe tal paz[709] a ponto de ser considerado um "deus". Tal fato deu força à ideologia imperial e coesão ao império:

> As longas guerras civis haviam terminado e restaurava-se a paz interna. Aproximava-se a Idade Áurea. E Otaviano, depois chamado de Augusto, realizara este feito. Ele era Senhor, Salvador, Redentor e Libertador. Era também Divino, Filho de Deus, Deus e Deus de Deus. Essas coisas não resultavam simplesmente de propaganda de cima para baixo, unilateralmente. Tratava-se de ideologia de mão dupla aceita multilateralmente. Essa era a teologia imperial romana, argamassa ideológica capaz de manter dinamicamente unido o império[710].

Quando Paulo escreveu Romanos em 55-56 d.C.[711] Nero era o imperador de Roma[712]. A supervalorização da sua figura com a consequente acentuação do

---

706. FABRIS, R., Paulo, p. 34.

707. FABRIS, R., Paulo, p. 35.

708. FABRIS, R., Atos dos Apóstolos, p. 320.

709. "Augusto escreveu em seus Atos que 'as vitórias asseguravam a paz'. Bem-aventurados os que fazem a guerra para obter a paz". CROSSAN, J. D.; REED, J. L., Em Busca de Paulo, p. 100.

710. CROSSAN, J. D.; REED, J. L., Em Busca de Paulo, p. 15.

711. MURPHY-O'CONNOR, J., Paulo, p. 336.

712. "No ano 54 d.C., Cláudio foi envenenado por sua esposa Agripina, que o assassinou para entronizar seu filho Nero, fruto de seu primeiro matrimônio, adotado por Cláudio. Conseguiu-se realizar a mudança sem provocar revolta. Como o novo soberano tinha apenas 17 anos de idade, primeiramente o prefeito dos pretorianos e o filósofo Sêneca, um dos homens mais influentes e mais ricos de Roma, administraram o governo. Os anos de sua regência foram bem-sucedidos. Mas, quando Nero assumiu o governo, tornou-se um homem descomedido. Gostava de apresentar-se publicamente como artista, portava-se como amigo e promotor da cultura grega e procurava conferir esplendor divino à sua soberana majestade. Sem escrúpulos, mandava matar as pessoas que de alguma forma pudessem se contrapor a ele". LOHSE, E., Contexto e Ambiente do Novo Testamento, p. 194-195.

culto à pessoa do imperador trouxe consequências muito mais profundas para os cristãos do que aquelas trazidas pela acusação de terem incendiado Roma, quando, em 64 d.C., para que se afastasse de Nero a acusação de ter sido ele o autor do incêndio, os cristãos serviram de bode expiatório diante da população romana desencadeando-se assim a primeira perseguição ao Cristianismo[713]. Tais consequências, que levariam a séculos de perseguição, vinham, de um lado, da convicção que os cristãos tinham da identidade de Jesus Cristo como Κύριος e Filho de Deus e, do outro lado, do entendimento por parte das autoridades romanas de "que proclamar Jesus como Filho de Deus significava negar deliberadamente a César seu mais alto título e que anunciar Jesus como Senhor e Salvador era traição calculada"[714].

Além disso, a consciência das comunidades cristãs de serem a "assembleia do Senhor" e os herdeiros da promessa feita a Abraão, que dizia respeito a todos os povos da terra, se contrapunha veementemente às pretensões do império:

> As *ekklésia* de Paulo são, portanto, comunidades locais de uma sociedade alternativa à ordem imperial romana. Mas a sociedade alternativa está arraigada na história de Israel, em oposição à *Pax Romana*. Quem conhece a Bíblia Hebraica reconhece imediatamente o fato de que, quando Paulo fala da "*ekklésia* de Deus", o fundamento básico é a *qehal* YHWH, a "assembleia do SENHOR", a assembleia do Israel histórico (quer como um todo ou numa dada região; 1Cor 1,2; 10,32). Na orientação dada por Deus aos assuntos humanos, a história, que estivera percorrendo Israel, e não Roma, finalmente chegara a seu termo. As promessas feitas a Abraão, de que todos os povos seriam abençoados por intermédio de sua semente, tinham sido agora realizadas na crucificação de Jesus Cristo e em sua exaltação no céu como o Senhor escatológico (acima de e substituindo César, o senhor e salvador imperial)[715].

1.1.3. As comunidades judaicas e cristãs de Roma

Estas "assembleias do Senhor" da cidade de Roma se formaram em torno das sinagogas, as quais não devem ser confundidas com edifícios de culto. Se assim o fossem seriam denominadas não sinagogas, mas "lugares de oração", que em grego se dizia por metonímia προσευχή "(lugar de) oração" e na transliteração

---

713. LOHSE, E., Contexto e Ambiente do Novo Testamento, p. 195.

714. CROSSAN, R., Em Busca de Paulo, p. 21.

715. HORSLEY, R. A., Paulo e o império, p. 208.

latina *proseuka*⁷¹⁶. Eram cinco tais sinagogas neste período: a dos Hebreus, dos Vernáculos (onde se falava grego), dos Augustenses (sob a proteção de Augusto nos seus primórdios), dos Agrippenses (que teve como protetor Agripa) e a dos Volumnenses (sob a proteção de Volumnius)⁷¹⁷. De fato,

> estas sinagogas se pareciam com os *collegia* (latim) e *thiases* (grego), ou seja, associações autorizadas sob a base de um agrupamento profissional e cultural. Não parece que tiveram uma organização central, nem bairro judeu, ao contrário de Alexandria. Os judeus se agrupavam em três bairros populares onde se encontravam imigrantes de língua grega: O Transtevere e o seu cemitério Monteverde (mencionado por Fílon), Porta Capena, com o início da Via Áppia (mencionado por Juvenal) e Suburra. A descoberta de uma casa de oração do I séc. na porta de Óstia, faz pensar que uma ou outra das sinagogas mencionadas em Roma tinha os meios para possuir um edifício onde se reunir⁷¹⁸.

Como prova do surgimento das comunidades cristãs romanas no contexto das sinagogas, tem-se a famosa explicação de Suetônio na *Vida de Cláudio* 25,4 do decreto de Cláudio expulsando os judeus como resultado dos desentendimentos entre judeus e cristãos por causa de um personagem, o qual identifica-se com Cristo, que o autor acreditava ser alguém presente em Roma: "Ele expulsou os judeus que constantemente provocavam desordens por instigação de Chrestus"⁷¹⁹. No entanto, para J. Murphy-O'Connor foram expulsos apenas membros de uma única sinagoga, "razão pela qual a ordem de expulsão não é mencionada em nenhuma fonte judaica como desastre para os judeus de Roma"⁷²⁰.

No entanto, nas comunidades cristãs havia também pessoas provindas da gentilidade, tementes a Deus (Rm 1,6). Porém, não obstante o fato de que muitos dos seus componentes tivessem origem gentílica, tais comunidades mantinham-se fiéis a uma parte das tradições judaicas, sem, no entanto, imporem a circuncisão⁷²¹. Prova disto, para Barbaglio, é o fato de que Paulo não toca na Carta aos Romanos no assunto da circuncisão⁷²².

---

716. PENNA, R., Lettera ai Romani, introduzione, versione, commento, p. XXX.
717. BARBABLIO, G., Teologia Paolina, p. 507; GIGNAC, A., L'épître aux Romains, p. 47.
718. GIGNAC, A., L'épître aux Romains, p. 47.
719. MURPHY-O'CONNOR, J., Paulo, p. 337.
720. MURPHY-O'CONNOR, J., Paulo, p. 337.
721. TAMEZ, E., Contra toda Condenação, p. 153.
722. BARBABLIO, G., Teologia Paolina, p. 510.

De fato, para Brown e Meier[723], no Novo Testamento não se deve falar simplesmente de Cristianismo judaico e Cristianismo gentio, pois a situação do cristianismo primitivo seria muito mais complexa. Para estes existiria uma variedade muito maior de correntes de pensamento dentro do cristianismo. Um primeiro grupo exigia a observância da Lei, incluindo-se a circuncisão. Outro grupo, do qual fariam parte Tiago e Pedro, excluía a obrigatoriedade da circuncisão, mas impunha aos convertidos outras práticas judaicas. Formavam outro grupo cristãos provindos da gentilidade e judeus convertidos que não impunham nem a circuncisão, nem outras práticas judaicas, porém, ainda estavam ligados ao culto e às festividades judaicas, a este grupo pertenceriam Paulo e Barnabé. Um quarto grupo era mais radical: além de excluir a circuncisão e outros costumes judaicos, não se aferrava ao culto e às festas.

Segundo R. Penna as comunidades de Roma teriam seguramente uma composição mista, sendo porém difícil estabelecer a porcentagem de judeus e pagãos que as compunham, "podendo-se, de qualquer maneira, reputar que os cristãos da cidade, não sendo possível saber se algum provinha diretamente do paganismo, eram todos 'judeu-cristãos', quer tivessem provindo do judaísmo, quer do paganismo"[724].

O comentador romano mais antigo do *corpus paulinum* conhecido como *Ambrosiaster*, no Prólogo desta sua obra, também assinala o fato da forte ligação das comunidades cristãs de Roma nos tempos de Paulo com os costumes judaicos:

> Consta, portanto, que nos tempos dos Apóstolos alguns judeus que estavam sob o domínio romano habitavam em Roma. E, entre estes, aqueles que tinham acreditado, ensinaram aos romanos, mesmo professando a fé em Cristo, a conservar a observância da Lei (...). Aqueles que, provenientes do judaísmo, acreditavam e compreendiam Cristo de maneira imprópria eram prontos a declarar que a Lei devia ser conservada como se em Cristo não se encontrasse a plenitude da salvação (...). Deste modo, [Paulo] emprega todas as suas energias para subtrair-lhes da Lei, sendo que a "Lei e os profetas vão até João", e para alinhá-los somente na fé em Cristo, como que defendendo o Evangelho contra a Lei, não destruindo a Lei, mas preferindo o Cristianismo[725].

---

723. BROWN, R.; MEIER, J. P., Antioche et Rome, p. 19-28.

724. PENNA, R., Lettera ai Romani, introduzione, versione, commento, p. XXVII.

725. AMBROSIASTER, Ambrosiastri qui dicitur commentarius in epistulas paulinas, p. 5-7.

A ligação dos cristãos de Roma com a herança religiosa judaica fazia com que aqueles mantivessem certas reservas "sobre Paulo e o seu Evangelho livre da Lei, como se, por uma parte, levasse logicamente a uma concepção amoral da existência, livre de toda exigência ética e, por outra parte, esvaziasse de conteúdo a história salvífica de Deus com o povo de Israel"[726].

Quanto à localização das comunidades cristãs da Urbe, estas se encontravam em regiões pobres da cidade, muito provavelmente a maioria delas nos meios populares de Transtévere e Porta Capena com uma presença menos expressiva entre estes dois bairros em torno do Aventino, ou seja, praticamente nos mesmos lugares onde viviam as comunidades judaicas. De qualquer maneira, os cristãos na sua maioria, encontravam-se fora dos muros da cidade, sendo que no I séc. d.C. não existiam ainda os Muros de Aurélio e, portanto, os bairros onde preferencialmente habitavam se encontravam "extramuros". No entanto, existiam também pessoas com posses, às quais o Apóstolo pede que auxiliem os irmãos com os seus bens (Rm 12,13)[727].

Paulo, na Carta aos Romanos, não se refere a nenhum edifício cristão destinado ao culto nem com a utilização do substantivo προσευχή e muito menos com ἐκκλησία que só a partir do III séc. d.C. passará a designar um local de culto.

O termo ἐκκλησία é presente em Rm 16,1.4.5.16.23 designando não a totalidade dos cristãos de Roma, como em 1Cor 1,2 ("À igreja de Deus que está em Corinto"), Gl 1,2 ("À igreja da Galácia") ou 1Ts 1,1 ("À igreja dos tessalonicenses"), mas pequenos grupos de "igrejas" assim ditas domésticas[728]. De fato, em Rm 16, Paulo faz menção a pequenas comunidades que se reuniam em casas particulares, a partir do que se pode identificar algumas dessas possíveis *domi ecclesiarum* de Roma, ou seja, casas que serviam de lugar de encontro para as assembleias dos cristãos:

a) Quando Paulo saúda Priscila e Áquila em Rm 16,3-5, saúda também τὴν κατ' οἶκον αὐτῶν ἐκκλησίαν, "a igreja que está em sua casa".

b) Ao saudar Asíncrito, Flegonte, Hermes, Pátrobas, Hermas em Rm 16,14 se refere também τοὺς σὺν αὐτοῖς ἀδελφούς, "aos irmãos que estão com eles".

c) Quando saúda Filólogo e Júlia, Nereu e a sua irmã, e a Olimpas em Rm 16,15 fala também de τοὺς σὺν αὐτοῖς πάντας ἁγίους "todos os santos que com eles estão".

---

726. BARBABLIO, G., Teologia Paolina, p. 510.

727. GIGNAC, A., L'épître aux Romains, p. 53; TAMEZ, E., Contra toda Condenação, p. 151-152.

728. PENNA, R., Lettera ai Romani, introduzione, versione, commento, p. XXX.

d) Pode-se ainda falar de duas possíveis residências cedidas a escravos pelos seus senhores Aristóbulo e Narciso para as assembleias cristãs (Rm 16,10-11)[729].

A partir destes dados e de estudos arqueológicos a respeito da *domus* romana, a qual teria somente dois ambientes apropriados para a reunião de pessoas, o *triclinium* (refeitório) e possivelmente o *atrium*, podendo conter no máximo vinte pessoas, R. Penna afirma que o número dos cristãos em Roma nos tempos de Paulo seria entre cem e duzentos em confronto com o total de pessoas que ali residiam, ou seja, um milhão, entre os quais vinte a trinta mil judeus[730].

Deve-se ainda destacar que os cristãos de Roma, quando Paulo lhes escreve, já não participam de assembleias sinagogais, mesmo tendo muitos deles como origem o judaísmo. As assembleias cristãs em residências são prova dessa separação que poderia ter se exacerbado depois do edito de Cláudio. Corroborando a afirmação desta separação está o fato de que dez anos depois da Carta aos Romanos, quando Nero desencadeou a primeira perseguição aos cristãos, os judeus não foram chamados em causa, pois, também diante da sociedade romana, os dois grupos eram considerados realidades bem distintas[731].

1.2. A situação de Paulo e sua ligação com as comunidades cristãs de Roma

1.2.1. Paulo, um judeu convencido da deflagração do reinado escatológico de Deus com a morte e a ressurreição de Jesus

Paulo era um judeu nascido na diáspora[732], o qual recebeu sua formação inicial em Tarso, onde conhece a língua e a cultura grega, inclusive a arte retórica.

---

729. PENNA, R., Lettera ai Romani, introduzione, versione, commento, p. XXX-XXXI; MURPHY-O'CONNOR, J., Paulo, p. 331.

730. PENNA, R., Lettera ai Romani, introduzione, versione, commento, p. XXXI.

731. PENNA, R., Lettera ai Romani, introduzione, versione, commento, p. XXXV.

732. Pelo fato de ter nascido na diáspora tem toda uma preocupação em enfatizar as suas origens, a sua identidade, como em Rm 11,1 e Fl 3,5. MURPHY-O'CONNOR, J., Paulo, p. 47. Segundo R. Fabris "Paulo nasceu no início da era cristã em Tarso. A data de seu nascimento é deduzida de modo aproximativo pelo que escreve o autor dos Atos dos Apóstolos, quando apresenta pela primeira vez Saulo, no momento da morte de Estêvão, que se deu na metade dos anos 30 d.C. Ele fala de 'um jovem chamado Saulo', encarregado de guardar os mantos daqueles que apedrejavam Estêvão. O termo grego *neanías*, 'jovem', nos escritores gregos e helenistas da época é reservado para a pessoa de uma idade que vai dos vinte e quatro aos quarenta anos. Numa breve carta escrita ao seu amigo Filemon, nos meados dos anos 50 d.C., Paulo se apresenta como *presbytes*, 'velho' (Fm 9). Para o médico Hipócrates, um *presbytes* pode ter de cinquenta a sessenta anos de idade. Portanto, se Paulo nos anos 30 d.C. tem 25/30 anos – 55/60 por volta da metade dos anos 50 d.C. – podemos levantar a hipótese de que ele tenha nascido na primeira década da era cristã, entre 5 e 10 d.C.". FABRIS, R., Paulo, p. 18.

Em tal contexto tem seu primeiro contato com a Septuaginta, a qual inicialmente era utilizada também como livro didático para a aprendizagem da leitura, mas que depois se tornou fonte de inspiração para os seus ensinamentos, como se percebe pela familiaridade que tem com esta versão grega. Mesmo sendo o seu conhecimento raro na diáspora, Paulo deve ter aprendido também a língua hebraica e/ou a aramaica[733].

Indo a Jerusalém se liga ao grupo dos fariseus (Fl 3,5)[734], e lá "se distinguia no judaísmo mais do que muitos coetâneos" (Gl 1,14), considerando-se um fariseu zeloso e até mesmo irrepreensível quanto à observância da Lei (Fl 3,5-6)[735].

Esse zelo o faz perseguir a Igreja (Gl 1,13; Fl 2,6; 1Cor 15,9), o que vem confirmado pelos Atos (8,3; 9,1-2). Porém, a afirmação de Lucas (At 9,2) de que foi a Damasco com cartas dos sacerdotes saduceus para trazer prisioneiros para Jerusalém os membros da comunidade, vem questionada por Murphy-O'Connor, sendo que uma aliança entre saduceus e fariseus parece sumamente improvável. Além disso, para este autor, a autoridade dos sacerdotes se limitava à Judeia, não podendo Paulo prender pessoas que estavam na província romana da Síria[736].

Seja qual for a motivação que o levou a Damasco, um acontecimento nas suas proximidades modificou completamente a sua vida. Fala de um encontro com Cristo (Gl 1,15-17; 1Cor 9,1; 15,8).

Mas o que se deu com Paulo naquele momento? Pode-se falar de uma "conversão" daquele fariseu que se considerava um judeu zeloso e observante das tradições e da Lei do seu povo a ponto de se autointitular "irrepreensível" (Fl 3,5-6)?

> Para responder essa pergunta é importante conhecer o que devemos entender exatamente por conversão. Nos Evangelhos Sinóticos, estabelece-se uma conexão entre "conversão" e o iminente advento do reino de Deus (Mc 1,14-15). "Conversão" significa literalmente mudança; mudança em relação ao caminho que se vem seguindo. O sentido religioso adota esse aspecto: conversão implica afastar-se do pecado e voltar-se a Deus; fazer um esforço a partir desse momento para seguir os caminhos de Deus. É significati-

---

733. MURPHY-O'CONNOR, J., Paulo, p. 61-65.

734. MURPHY-O'CONNOR, J., Paulo, p. 71-74.

735. "O termo *ioudaismós* foi cunhado na época dos Macabeus, quando deslancha o movimento dos hasidím ou assideus, que desemboca no movimento dos fariseus. É nesse ambiente que o termo *zêlos* é associado ao compromisso militante na observância da lei judaica (1Mc 2,23-28). Em defesa das tradições dos pais, os Macabeus se reportam à figura bíblica do 'zelota' Fineias (Nm 25,6-13). Compreende-se, então, que Paulo, quando faz o seu autorretrato de judeu fiel na observância da lei e das tradições dos antepassados, pode associar os dois atributos de 'zelota' e 'fariseu'". FABRIS, R., Paulo: Apóstolo dos gentios, p. 49.

736. MURPHY-O'CONNOR, J., Paulo, p. 289.

vo que Paulo não descrevesse o episódio perto de Damasco em termos de "conversão". Não se considerava um pecador. Era um zeloso apaixonado pela Torá, não um homem que se negasse a obedecer aos mandamentos de Deus. A visão apocalíptica não o levou a pensar que devia converter-se no sentido do termo que antes descrevemos. Porém, sua vida mudou profunda e radicalmente[737].

De fato, este encontro com Cristo não mudou apenas a sua existência, vai muito além e o faz relativizar tudo em que antes se apoiava, inclusive a Lei (Fl 3,5-8). Assim sendo, pode-se dizer que a verdadeira mudança ocorrida neste homem que se considerava irrepreensível quanto à observância da Lei (Fl 3,6) e por isso um separado, não só dos outros povos, mas também daqueles que faziam parte do seu próprio povo, o que ele realmente deixou para trás foi a atitude que tinha como fariseu "de medir a justiça, primariamente, em termos do caráter distinto da aliança, e de uma prática competitiva dentro do judaísmo, que procurava superar os outros judeus no grau e na qualidade da sua observância da Torá"[738].

Além disso, o encontro com Cristo na estrada de Damasco dá as bases do Evangelho que será a partir de então apregoado por Paulo:

> Seu encontro com Cristo revelou a verdade do que ele outrora considerava falso, forçando uma nova avaliação do que viria a ser os polos cristológico e soteriológico do seu evangelho. Cristo era o novo Adão, a personificação da humanidade autêntica. A Lei já não era obstáculo para a salvação dos pagãos; eles poderiam ser salvos sem se tornarem judeus[739].

Deste modo, o seu encontro com Cristo e a decorrente mudança ocorrida em Paulo dão as chaves para a compreensão de algo que seria constitutivo a partir destes eventos na vida daquele que se tornará o Apóstolo dos gentios e buscará incluir através do Evangelho os que se encontravam distantes[740].

Porém, deve-se notar que o que acontece para Paulo de alguma maneira não é uma total ruptura com o judaísmo, mas uma certa continuação, sendo que

---

737. HEYER, C. J., Paulo, p. 47.

738. DUNN, J., A teologia do Apóstolo Paulo, p. 404.

739. MURPHY-O'CONNOR, J., Paulo, p. 93.

740. "Resumindo, portanto, chegamos ao primeiro esclarecimento sobre contra o que Paulo reagia na sua proclamação da justificação pela fé. Reagia contra o seu zelo anterior pela lei, embora não conforme normalmente se entende. Também começamos a ver mais claramente que a lei começou a tornar-se preocupação para Paulo, mas primariamente no seu papel de definição de fronteiras, isto é, de separar judeus de gentios". DUNN, J., A teologia do Apóstolo Paulo, p. 408.

ele simplesmente reconhece em Jesus o Messias esperado por Israel. Além disso, era difusa entre os hebreus a doutrina dos *eons*, que inclusive está presente em Rm 5,12-21, a qual dividia a história em períodos e afirmava que "no fim dos tempos, o instinto do mal seria erradicado do coração humano e a lei externa não seria mais necessária. Paulo acredita precisamente viver nos últimos tempos e esperava o retorno iminente do Messias"[741].

Tal concepção da história baseada na doutrina dos *eons*, a qual na literatura apocalíptica tem a função de levar a comunidade a crer que está vivendo os tempos escatológicos, e, portanto, de incutir nela a esperança de uma intervenção divina iminente e, além disso, a compreensão que Paulo tem de Jesus como Messias esperado por Israel, como novo começo da humanidade são os fundamentos da doutrina paulina sobre o "reino de Deus". De fato, "toda a teologia de Paulo é marcada pela ideia de fundo de que a realização das promessas escatológicas de Deus se inicia com a ressurreição de Jesus dos mortos"[742].

Verifica-se assim a importância na escatologia paulina da doutrina relativa ao "reino de Deus", o qual de alguma maneira se identifica em Paulo com a ideia de "reino de Cristo". Tal identificação serve para demonstrar como no pensamento paulino a escatologia e a cristologia se entrelaçam[743].

Aqui está a novidade da apocalíptica cristã em relação à apocalíptica judaica: a esperada intervenção de Deus na história já se inicia com a morte e ressurreição de Jesus Cristo, sendo a ressurreição o tema central da escatologia paulina enquanto inaugura o mundo futuro[744].

No entanto, mesmo sendo o reino uma realidade que já se inicia com Cristo Jesus, só terá a sua plena realização em um tempo futuro. De fato, existem textos nos escritos paulinos que falam do "reino" como uma realidade presente, já experimentada pelos que creem, como Rm 14,17 e 1Cor 4,20[745].

Por outro lado, há textos que se referem ao "reino de Deus" como uma realidade futura, como algo que os cristãos devem ainda esperar. Exemplo disto tem-se em 1Ts 2,12. Este versículo está inserido em um contexto em que se fala da parusia de Cristo (1Ts 1,10 e 2,19)[746].

---

741. FERNÁNDEZ, V., Le meilleur de la Lettre aux Romains procède du judaïsme de Paul, p. 411.

742. KREITZER, L. J., Regno di Dio/Cristo, p. 1289.

743. KREITZER, L. J., Regno di Dio/Cristo, p. 1290.

744. KREITZER, L. J., Risurrezione, p. 1334; ZUMSTEIN, J., A cruz como princípio de constituição da teologia paulina, p. 313.

745. KREITZER, L. J., Regno di Dio/Cristo, p. 1290.

746. KREITZER, L. J., Regno di Dio/Cristo, p. 1290.

Como se vê, há uma tensão entre o "já" e o "ainda não" no que diz respeito à realização do reino de Deus, o qual, ao mesmo tempo em que é uma realidade presente, palpável, atuante na vida das comunidades cristãs, ainda se espera a sua plena realização.

Porém, apesar da sua importância no pensamento de Paulo, as referências explícitas ao conceito "reino de Deus" são relativamente raras em seus escritos. Isto é algo surpreendente ao se pensar com quanta força o Apóstolo enfatiza o caráter messiânico de Jesus Cristo e com que frequência o reino é associado ao Messias de Deus nas Escrituras de Israel e na literatura judaica extracanônica[747].

Segundo J. Dunn, o Apóstolo seria cauteloso em usar o termo reino, para não difundir a ideia de Jesus como rei. Tal ênfase seria politicamente arriscada sendo que foi este o motivo formal da sua condenação à morte, juntando-se a isto o fato de que o ministério de Paulo se dava nas cidades mais importantes do império romano[748].

Como confirmação deste cuidado de Paulo em não enfatizar a ideia de Jesus como messias-rei, J. Dunn vê na expressão "segundo a carne" (κατὰ σάρκα) de 2Cor 5,16, onde o Apóstolo afirma que "ainda que também tenhamos conhecido Cristo segundo a carne, contudo agora já não o conhecemos deste modo", um paralelo de Rm 1,3 onde diz que o Jesus "nasceu da descendência de Davi segundo a carne"[749]. Para J. Dunn,

> de acordo com seu peso habitual em Paulo (especialmente em contraste com κατὰ πνεῦμα) a frase qualificadora κατὰ σάρκα poderia provavelmente indicar alguma hesitação em enfatizar a messianidade davídica de Jesus. Proclamar um messias real era mais provocatório (e politicamente perigoso) que proclamar um messias sofredor (...)[750].

---

747. O termo reino (βασιλεία) aparece somente quinze vezes no *corpus* paulino, ao passo que os sinóticos utilizam aproximadamente cento e cinco vezes este termo. A expressão reino de Deus (ou seus equivalentes) aparece somente oito vezes nas cartas de Paulo. KREITZER, L. J. Regno di Dio/Cristo, p. 1290. No entanto, mesmo não utilizando explicitamente muitas vezes a expressão "reino de Deus" seria impossível, devido à influência que a apocalíptica exerceu sobre Paulo, que esta realidade não perpassasse todo o seu pensamento. De fato, ela se faz fortemente presente na literatura paulina através de um de seus sinais mais visíveis: a justiça. A ênfase dada nos escritos paulinos ao termo δικαιοσύνη (justiça) que vem utilizado cinquenta e sete vezes no *corpus* paulino contra sete vezes nos sinóticos, "sugeriu a alguns que Paulo, até certo ponto deliberadamente, substituiu a ênfase de Jesus no reino pela sua própria ênfase na justiça". DUNN, J. D. G., A teologia do Apóstolo Paulo, p. 233.

748. DUNN, J. D. G., A teologia do Apóstolo Paulo, p. 233.

749. DUNN, J. D. G., A teologia do Apóstolo Paulo, p. 225-226.

750. DUNN, J. D. G., A teologia do Apóstolo Paulo, p. 226.

No entanto, o anúncio de Jesus como o messias sofredor (1Cor 1,23), algo essencial na hermenêutica que Paulo faz de Is 52,13–53,12 em Rm 5,12-21, mais do que uma busca do politicamente correto, é o "princípio constitutivo" da teologia do Apóstolo, o qual vem assim apresentado por J. Zumstein:

> Como herdeiro da tradição querigmática que vê na confissão da morte e da ressurreição do Cristo o acontecimento escatológico da salvação, Paulo constrói sua teologia concentrando-se nesse acontecimento fundador, mas ele o interpreta de maneira original, com a ajuda do conceito de "cruz", de modo que "a linguagem da cruz" se torna o princípio constitutivo da sua teologia. A linguagem da cruz se expressa em dois diferentes e importantes discursos: a teologia da cruz e o ensinamento sobre a justificação[751].

De qualquer maneira, a partir do seu encontro com Cristo, Paulo toma plena consciência de que a esperada intervenção de Deus na história já se iniciou através da vinda do Messias esperado por Israel, Jesus Cristo, o qual, assumindo a condição de servo e sendo obediente até a morte, e morte de cruz (Fl 2,8), através de sua morte e ressurreição, que constituem o ponto culminante da sua ação salvífica, inaugura o reinado de Deus neste mundo justificando os muitos e tomando sobre si as suas iniquidades, realizando assim a nova criação (Is 53,11-12; Rm 5,19).

1.2.2. Até os confins da terra com o auxílio de Roma

Outro fato importante é a consciência que o Apóstolo tem de ter sido chamado a evangelizar os gentios. Em Gl 1,15-16, uma clara referência a Is 49,5-6, afirma: "Quando aprouve a Deus, que me separou desde o ventre de minha mãe e me chamou pela sua graça, revelar seu Filho em mim, para que o anunciasse entre as nações, não consultei imediatamente carne nem sangue".

Como o Servo no "Segundo Cântico", o Apóstolo afirma que o Senhor o escolheu desde o ventre materno para a missão, missão essa que vai muito além de simplesmente restaurar as tribos de Jacó e reagrupar os filhos de Israel que estavam dispersos, ele é chamado a ser luz das nações e levar a salvação de seu Deus até os confins da terra (Is 49,5-6).

Vê-se também neste texto uma clara referência a Jr 1,5: "Antes que te formasse no útero te conheci, e antes que saísses do seio te santifiquei e por profeta às nações te dei".

---

751. ZUMSTEIN, J., A cruz como princípio de constituição da teologia paulina, p. 313.

Estas referências mostram que Paulo vê a sua mudança e chamado como parte do desígnio de Deus para levar a salvação entre os gentios. Esta vocação, por conseguinte, não seria algo posterior, fruto de uma suposta expansão de helenistas em Jerusalém. O fato que confirma isto é que o primeiro feito de Paulo, após a conversão, foi a sua partida "para a Arábia" (Gl 1,17)[752] que "no tempo de Paulo indica a zona transjordânica ao norte e ao sul além da Arabá, do Mar Morto ao Mar Vermelho"[753].

Deste modo, Paulo sente realizada plenamente a sua missão de judeu missionário. V. Fernández chega a afirmar, assumindo a teoria de Frans Rosenzweig, que é no momento da conversão que "ele toma consciência de que é precisamente através do cristianismo que Israel poderia ser plenamente 'luz das Nações'"[754].

A apoiar esta afirmação tem-se A. Chouraqui, o qual, falando da mudança que ocorre no judaísmo no que diz respeito à sua ação missionária no período posterior à destruição do Segundo Templo e da transformação do pensamento talmúdico sobre o proselitismo, defende a ideia de que no período anterior a tal destruição existia um forte elã missionário no judaísmo, cheio de fervor e eficácia. Tal transformação teria ocorrido porque foi necessário à comunidade judaica voltar-se para si, para a sua preservação e a salvaguarda da Torá tendo em vista a sua sobrevivência[755].

Depois do regresso da sua missão entre os nabateus na Arábia, volta a Damasco e ali permanece por três anos (Gl 1,18). Perseguido por Aretas, que provavelmente era Aretas IV, o Árabe, rei dos nabateus, o qual teria chegado a Damasco no ano 37 d.C.[756], Paulo foge para Jerusalém onde encontra Pedro (2Cor 11,32; Gl 1,18). Em Gl 1,21 diz que daí foi para a Síria e Cilícia[757].

Os Atos dos Apóstolos ajudam a preencher uma lacuna deixada na biografia de Paulo pelos seus escritos neste período que vai da viagem para a Síria e a Cilícia até sua chegada à Galácia[758]. Estes afirmam que Barnabé, judeu-cristão da Diáspora (At 4,36), foi enviado pela igreja de Jerusalém a Antioquia (At 11,22).

---

752. MURPHY-O'CONNOR J., Paulo, p. 93-95. Para R. Fabris "provavelmente Paulo deixa Damasco e escolhe outra região de atividade missionária por precaução, para evitar um confronto com a colônia judaica da cidade". FABRIS, R., Paulo, p. 164.

753. FABRIS, R., Paulo, p. 164.

754. FERNÁNDEZ, V., Le meilleur de la Lettre aux Romains procède du judaïsme de Paul, p. 413.

755. CHOURAQUI, A., Il pensiero ebraico, p. 42.

756. MURPHY-O'CONNOR J., Paulo, p. 20-21.; FABRIS, R., Paulo, p. 164-169.

757. FABRIS, R., Paulo, p. 180-181.

758. MURPHY-O'CONNOR. J., La Vida de Pablo, p. 239.

Tendo encontrado Paulo em Tarso, Barnabé o conduz ao local para onde tinha sido enviado[759].

Conforme J. Murphy-O'Connor o envio de Barnabé para aquela comunidade deve-se ao sofrimento porque esta passou causado pela agitação política dos judeus revoltados pela decisão do imperador Gaio de erigir em Jerusalém uma estátua de si mesmo, representando Júpiter no Templo. Barnabé teria sido enviado para reanimar a comunidade. A sua missão teria muito mais efeito se estivesse acompanhado por um ex-perseguidor da Igreja que havia abraçado a fé. Isto teria um grande valor simbólico, pois mostraria àquela comunidade perseguida a força transformadora da graça suscitando nela a esperança de um futuro melhor[760].

De qualquer forma é importante, para se compreender a Carta aos Romanos, ter presente essa ligação entre o Apóstolo e a igreja de Antioquia. Depois do primeiro contato com a comunidade de Antioquia foi enviado por esta, juntamente com Barnabé, como missionário a Chipre e a outras cidades do interior da Ásia Menor (At 13-14)[761]. Estes dados vêm confirmados por outra fonte distinta da obra lucana: 2Tm 3,11.

Aqui há uma diferença entre os Atos e o testemunho de Paulo: Em Gl 1,21 Paulo fala que depois de sair de Jerusalém após sua primeira visita, na qual esteve com Pedro (Gl 1,18), foi para a Síria e a Cilícia. Em Gl 2,5 diz que na Assembleia de Jerusalém lutou para que o Evangelho "permanecesse convosco" (διαμείνῃ πρὸς ὑμᾶς). Logo, em algum momento antes da Assembleia de Jerusalém, esteve entre os gálatas. Os Atos, por sua vez, colocam a Assembleia de Jerusalém antes da primeira estada de Paulo na Galácia (At 16,6).

Contudo, pelas evidências contidas nos escritos do próprio Paulo, opta-se pela primeira hipótese defendida por J. Murphy-O'Connor[762]. A segunda encontra em Rinaldo Fabris um defensor[763].

Após adquirir experiência, "Antioquia o encarregou de atuar de forma independente no oeste da Ásia Menor"[764] (At 15,36-41). Uma grave enfermidade o

---

759. MURPHY-O'CONNOR, J., La Vida de Pablo, p. 239.

760. MURPHY-O'CONNOR, J., La Vida de Pablo, p. 239. Para R. Fabris a motivação da ida de Barnabé em busca de Paulo seria simplesmente o fato dele ser um "perito na missão junto aos pagãos". FABRIS, R., Paulo, p. 191.

761. FABRIS, R., Paulo, p. 197-227.

762. MURPHY-O'CONNOR, J., Paulo, p. 39-43.

763. FABRIS, R., Paulo, p. 117.

764. MURPHY-O'CONNOR, J., La Vida de Pablo, p. 239.

leva à Galácia (Gl 4,13; At 16,6), onde passou do outono de 46 d.C. ao inverno de 48 d.C.[765].

Após sua permanência entre os gálatas esteve na Macedônia, em Filipos (At 16,12) e em Tessalônica (At 17,1), partindo depois para Atenas após uma perseguição (At 17,5-15).

Na primavera de 50 d.C., parte para Corinto (At 18,1), de onde volta para Antioquia[766]. Aqui se chega a um ponto de grande interesse para a compreensão do contexto histórico da Carta aos Romanos.

Ao chegar em Antioquia encontra a comunidade profundamente conturbada. Sua prática missionária livre da Lei estava sendo contestada pelos judeu-cristãos da Judeia, os quais insistiam na necessidade da circuncisão. Por isso Barnabé e Paulo foram enviados a Jerusalém a fim de esclarecer a situação[767]. A segunda visita ocorre quatorze anos após o seu primeiro encontro com a igreja de Jerusalém (Gl 2,1).

Chega-se a um acordo sobre a não necessidade da circuncisão para que um gentio possa aderir ao cristianismo (Gl 2,9). Paulo se compromete a enviar ajuda financeira a Jerusalém (Gl 2,10)[768]. Para J. Murphy-O'Connor esse acordo vem motivado pelo fato de Tiago querer preservar a identidade dos cristãos de origem judaica, sendo que se os pagãos ao abraçarem a fé cristã fossem circuncidados, estes não seriam mais que judeus nominais[769]. No entanto, para R. Fabris, "as cláusulas de Tiago podem dar a impressão de que os pagãos convertidos à fé cristã são equiparados aos prosélitos acolhidos nas comunidades judaicas"[770].

A preocupação de Tiago em fortalecer a identidade dos judeu-cristãos pode-se ver claramente nos eventos ocorridos da comunidade de Antioquia, a qual já tinha chegado a um acordo sobre a questão alimentar entre os judeu-cristãos e os provenientes da gentilidade quando uma delegação mandada ali por Tiago insiste na observância das leis alimentares (Gl 2,11-14)[771].

Neste momento Paulo toma consciência do perigo de querer se colocar a Lei no lugar de Cristo (Gl 2,15-21) e de que está em jogo o seu papel soteriológico. Alcança-se a salvação pela observância da Lei ou pela fé em Jesus Cristo? Ele

---

765. MURPHY-O'CONNOR, J., La Vida de Pablo, p. 239-240.

766. MURPHY-O'CONNOR, J., La Vida de Pablo, p. 240.

767. FABRIS, R., Paulo, p. 229.

768. Para a dupla reconstrução dos fatos a partir da obra lucana e do ponto de vista de Paulo FABRIS, R., Paulo, p. 229-232.

769. MURPHY-O'CONNOR, J., Paulo, p. 154-156.

770. FABRIS, R., Paulo, p. 241.

771. MURPHY-O'CONNOR, J., Paulo, p. 163-164.

veio para salvar a todos, através de sua morte e ressurreição, ou somente os judeus têm acesso à salvação através da observância da Lei? Para se aderir a Jesus Cristo é necessário abraçar o modo de viver dos judeus? Esses acontecimentos fazem Paulo ver a gravidade da situação: estava em jogo o próprio papel de Cristo como salvador de toda a humanidade[772].

Neste contexto acontece a ruptura entre Paulo e a comunidade de Antioquia e, a partir deste momento, vem acentuado o fato de que sua missão não procede de nenhum mandato humano, mas vem do próprio Deus, através de Cristo[773].

No entanto, Paulo se preocupa com a comunhão com a igreja de Jerusalém e segue visitando as comunidades da Ásia Menor, procurando apoio para a coleta (1Cor 16,1). Neste momento vê em Éfeso um local propício para a difusão do evangelho em toda a Ásia (At 18,19)[774].

Entretanto, emissários judaizantes de Antioquia, a qual retrocedeu da sua prática missionária aderindo ao pensamento de Jerusalém, difundem suas novas ideias nas comunidades fundadas por Paulo, às quais consideravam igrejas filhas de Antioquia. Neste contexto, situa-se a Carta aos Gálatas[775]. Está-se no inverno de 53 d.C.[776].

Durante o verão de 53 d.C. Paulo é preso, provavelmente por alguns meses, em Éfeso. A partir do cárcere escreve Filipenses, onde fala do perigo dos judaizantes (Fl 3,2-4,1) e Filemon[777].

Neste período, Apolo exerce seu ministério em Corinto (1Cor 3,6; At 19,1). Seu regresso a Éfeso (1Cor 16,12) foi a ocasião da primeira carta escrita por Paulo a Corinto, a qual está perdida (1Cor 5,9)[778]. Na primavera de 54 d.C. chegam a Éfeso informações a respeito da comunidade de Corinto da parte da casa de Cloé, os quais se encontravam escandalizados (1Cor 1,11; 5,1s). Para confirmar estas notícias, que não passavam de rumores, Paulo manda a Corinto Timóteo (1Cor 4,17). Apenas este tinha partido, chega uma carta de Corinto com questões para que Paulo desse o seu parecer (1Cor 1,7). Tendo isto em mãos escreveu o que se tem hoje como 1 Coríntios. Esta carta não é muito bem aceita pelos chamados espirituais, atraídos pelo ensino de Apolo[779].

---

772. MURPHY-O'CONNOR, J., Paulo, p. 164-166.

773. Compare-se Gl 1,1 com 1Ts 1,1. MURPHY-O'CONNOR, J., Paulo, p. 169.

774. MURPHY-O'CONNOR, J., Paulo, p. 176.

775. FABRIS, R., Paulo, p. 440-441.

776. MURPHY-O'CONNOR, J., Paulo, p. 189-191.

777. FABRIS, R., Paulo, p. 414-421; MURPHY-O'CONNOR, J., Paulo, p. 185-189.

778. FABRIS, R., Paulo, p. 489.

779. MURPHY-O'CONNOR, J., La Vida de Pablo, p. 241. Para uma descrição da crise na igreja de Corinto. FABRIS, R., Paulo, p. 461-495.

Logo que a carta é enviada chega Timóteo com notícias de que encontrou um ambiente hostil. Paulo tem que ir para Corinto! No entanto, lá encontra os judaizantes e é insultado por estes, os quais haviam recebido a hospitalidade dos espirituais. A comunidade, segundo Paulo, não se coloca do seu lado (2Cor 2,1-11; 7,5-16)[780]. Este parte para a Macedônia (2Cor 1,16)[781].

Tendo voltado a Éfeso escreve a "carta das lágrimas" (2Cor 2,4)[782]. A situação ali se agrava e tem que partir de lá fundando uma comunidade em Trôade que seria um importante vínculo entre aquelas da Ásia Menor e as da Europa (2Cor 2,12)[783].

De Trôade vai para a Macedônia onde, encontrando-se com Tito, recebe boas notícias provindas de Corinto: os coríntios tinham se arrependido e declaram sua reconciliação com Paulo (2Cor 7,5-9)[784].

Porém, nem todos os problemas estavam resolvidos. Os judaizantes continuam seus ataques pessoais contra Paulo. Escreve então 2Cor 1-9, "onde expõe sua visão profundamente cristológica do ministério no qual o sofrimento facilita a visibilidade da graça (2Cor 4,10-11)"[785]. Nesta carta pretende acabar com a possibilidade de os espirituais serem convencidos pelos judaizantes[786].

A carta parece ter surtido efeito, de modo que Paulo aproveita para propor-lhes a coleta em favor dos pobres de Jerusalém. Os judaizantes, por sua vez, retomam as acusações contra Paulo, agora no que diz respeito à ajuda financeira das comunidades. Como resposta escreve 2Cor 10-13 na qual "se vê a qualidade de sua formação retórica"[787].

Com a prometida visita de Paulo aos coríntios (2Cor 12,14; 13,1) é provável ter ocorrido uma reconciliação, pois a Acaia cumpre o compromisso com a coleta em favor dos pobres de Jerusalém (Rm 15,26)[788].

Paulo fez tudo o que estava a seu alcance por Corinto. Busca outro campo missionário, busca anunciar o evangelho até os confins da terra (Gl 1,15; Is 49,6). Pretende ir à Espanha passando por Roma (Rm 15,24.28). Para isto tenta

---

780. Para uma reconstrução dos acontecimentos desta visita MURPHY-O'CONNOR, J., Paulo, p. 298-300; FABRIS, R., Paulo, p. 490-491.

781. MURPHY-O'CONNOR, J., La Vida de Pablo, p. 241.

782. FABRIS, R., Paulo, p. 491-492.

783. MURPHY-O'CONNOR, J., La Vida de Pablo, p. 241; FABRIS, R., Paulo, p. 491-492.

784. FABRIS, R., Paulo, p. 492.

785. MURPHY-O'CONNOR, J., La Vida de Pablo, p. 241.

786. MURPHY-O'CONNOR, J., La Vida de Pablo, p. 241.

787. MURPHY-O'CONNOR, J., La Vida de Pablo, p. 242.

788. MURPHY-O'CONNOR, J., La Vida de Pablo, p. 242.

aproximar-se das comunidades cristãs de Roma com as quais não tinha relações e consequentemente eram por ele tão pouco conhecidas[789].

Prova do pouco conhecimento das comunidades cristãs de Roma por parte de Paulo é o modo como redige a primeira parte da Carta aos Romanos (Rm 1-11) onde trata de um assunto fundamental para o futuro do cristianismo: a salvação pela fé em Jesus Cristo, salvação esta que não exclui ninguém, nem a judeus, nem a gregos. De fato, o estilo redacional utilizado em Romanos, o qual difere do estilo de outras cartas do Apóstolo[790] destinadas a comunidades que conhecia profundamente aponta para a veracidade desta afirmação:

> Um aspecto saliente do estilo de Rm 1-11 confirma que Paulo só tinha uma compreensão genérica da igreja de Roma. Ele se dirige a um interlocutor, trata de objeções e conclusões falsas e se expressa em uma troca dialogal completa. Essa combinação de censura e persuasão é típica da diatribe, técnica didática usada nas salas de aula das escolas filosóficas. (...) Outra inferência é que as questões e objeções não exprimem os problemas específicos daqueles a quem escreve, mas sintetizam as experiências de muitos novos convertidos. (...) Paulo não teria tido de usar interlocutores típicos imaginários se estivesse a par do que realmente diziam e faziam em Roma. A ausência da técnica da diatribe em outras cartas deve-se ao conhecimento detalhado do cenário local. Por exemplo, a maneira como Paulo lida com os temas concretos e altamente específicos dos coríntios não tem nada em comum com as objeções estilizadas de Romanos[791].

O pouco conhecimento da realidade das comunidades romanas provavelmente levou Paulo a pedir que Priscila e Áquila[792] ao voltar de Roma lhe informassem sobre sua situação, o que leva J. Murphy-O'Connor a afirmar que Rm 1-12

---

789. MURPHY-O'CONNOR, J., Paulo, p. 327; FABRIS, R., Paulo, p. 497-498.

790. "A última carta de Paulo é certamente um caso singular, mas isto não quer dizer que ela seja basicamente diferente das demais cartas. Apesar das aparências contrárias, o Apóstolo sempre foi fiel a si mesmo. As notícias que recebia de Roma levaram-no a incluir na carta que enviou a passagem que anteriormente havia escrito para esclarecer suas concepções, a fim de apresentá-lo àquela comunidade. Paulo não deixa de ser um homem prático. A diferença em relação às demais cartas consiste em que, nesta, ele depende menos de questões concretas e, consequentemente, seus argumentos parecem revestir-se de um tom abstrato e teórico. Porém, quem lê atentamente essa carta descobrirá que também, neste caso, é um teólogo contextual quem fala". HEYER, C. J., Paulo, p. 189.

791. MURPHY-O'CONNOR, J., Paulo, p. 337.

792. "Chama a atenção a ausência (em Atos) de qualquer informação de que Áquila e Priscila haviam se convertido ao cristianismo pela pregação de Paulo. Parece claro que, anteriormente, já eram seguidores de Cristo. Evidentemente, a pregação cristã havia chegado a Roma em uma etapa relativamente recente". HEYER, C. J., Paulo, p. 89.

teria sido escrito no inverno de 55-56 d.C. e o restante após a chegada de Priscila e Áquila a Corinto na primavera de 56 d.C.[793].

1.2.3. As motivações da Carta aos Romanos

Muitas propostas foram feitas no que tange à motivação que levou Paulo a escrever a Carta aos Romanos[794]. Alguns, por exemplo, defenderam um motivo pastoral, o qual seria pacificar as comunidades formadas supostamente por uma maioria pagã que desprezava a minoria de origem judaica[795]; outros uma motivação apologética segundo a qual Paulo se utilizaria da potencial influência das comunidades cristãs da capital do império sobre as demais para difundir suas ideias[796]; e outros ainda uma motivação teológica[797]. No entanto, deve-se buscar não só uma, mas várias motivações que levaram o Apóstolo a redigir esta missiva. A própria carta oferece alguns dados.

Logo em seu início, após a prolongada apresentação do emissor e dos destinatários (Rm 1,1-7), na "ação de graças" (Rm 1,8-15), Paulo manifesta o desejo de ir ter com os romanos (Rm 1,10), para confirmar-lhes através da comunicação de algum dom espiritual (Rm 1,11), porém, usando um tom diplomático corrige-se: "isto é, nos confortar mutuamente convosco pela fé que é comum a vós e a mim" (Rm 1,12). Manifesta o desejo de anunciar ali também o evangelho aos gentios (Rm 1,13-15). Resumindo, Roma é o destino lógico daquele que foi chamado para evangelizar os incircuncisos, o qual se propôs muitas vezes ali realizar essa missão, mas por motivos alheios à sua vontade não o pôde fazer (Rm 1,13)[798].

Em Rm 15,14-23 anuncia os seus projetos de viagem e declara concluída a sua missão no Oriente (Rm 15,23). O seu trabalho missionário partiu de Jerusalém e alcançou até a Ilíria (Rm 15,19). Como Apóstolo dos gentios (Rm 15,15-19), lança o olhar para o Ocidente desejando ir a Roma (Rm 15,29) ao se dirigir para a Espanha (Rm 15,24.28). Desejava, há muito, ir até a capital do Império, porém o trabalho missionário o impediu (Rm 15,22-23). No entanto, antes deveria levar a Jerusalém o resultado da coleta (Rm 15,25-26). Pede o apoio dos cristãos de Roma com as suas orações para que possa escapar da mão dos infiéis que estão na Judeia

---

793. MURPHY-O'CONNOR, J., Paulo, p. 336.

794. Para uma exposição detalhada das diversas teses a respeito do motivo que levou Paulo a escrever Romanos, BARBABLIO, G., Teologia Paolina, p. 510-514; DUNN, J. D. G., Romans 1-8, p. liv-lviii.

795. DUNN, J. D. G., Romans 1-8, p. lvi-lviii.

796. DUNN, J. D. G., Romans 1-8, p. lvi.

797. BARBABLIO, G., Teologia Paolina, p. 511

798. BARBABLIO, G., Teologia Paolina, p. 514-515.

e para que o resultado da coleta seja bem aceito pela comunidade de Jerusalém (Rm 15,30-31). Se isto acontecesse, iria a Roma (Rm 15,32)[799].

Vê-se aí, portanto, o desejo do Apóstolo de anunciar o Evangelho até os confins da terra, ou seja, até a Espanha, extremo ocidental do mundo conhecido naquela época, isto com o apoio dos cristãos de Roma, apoio este não só financeiro[800], mas, como sugere J. Murphy-O'Connor, também apoio moral, ou seja, deseja ser um enviado da igreja de Roma, assim como o foi da igreja antioquena[801].

No entanto, Romanos também sugere que o Apóstolo das gentes, pelo especial carisma a ele confiado, queria anunciar o Evangelho entre os gentios não convertidos que estavam em Roma, pois esta cidade "entra de direito no campo da sua responsabilidade missionária"[802].

2. Contexto literário de Rm 5,12-21

No presente item discutir-se-á alguns aspectos diacrônicos do estudo da Carta aos Romanos tais como a sua unidade, integridade e autoria, mas também analisar-se-á, a partir de uma perspectiva sincrônica, o bloco que forma o contexto anterior e posterior da perícope paulina em questão, a função deste bloco na Carta, sua estrutura literária e seu tema. Além do que, tratar-se-á da função da própria perícope no seu contexto.

2.1. A unidade, integridade e a autenticidade da Carta aos Romanos

Do ponto de vista da crítica textual chamam a atenção algumas variantes textuais que poderiam ser indícios da existência de um trabalho de composição na Carta aos Romanos. O primeiro deles é a omissão do topônimo Roma no código G (séc. IX) em Rm 1,7: "Àqueles que estão em Roma..." e Rm1,15: "também a vós que estais em Roma...". Note-se também a grande variedade de deslocamentos da doxologia final de Rm 16,25-27 nos diferentes manuscritos. Como exemplo pode-se ver a transposição da doxologia para o fim de Rm 14 no código Y (séc. VIII-IX), para o fim de Rm 15 como em P[46] (± 200 d.C.),

---

799. BARBABLIO, G., Teologia Paolina, p. 515.

800. O verbo προπέμπω como é utilizado no Novo Testamento em Rm 15,24, mas também em At 15,3; 20, 38; 21,5; 1Cor 16,6.11; 2Cor 1,16 e 3Jo 6, tornou-se um termo técnico que indica a provisão de uma comunidade cristã para o trabalho missionário. MURPHY-O'CONNOR, J., Paulo, p. 332-333.

801. MURPHY-O'CONNOR, J., Paulo, p. 332-334.

802. BARBABLIO, G., Teologia Paolina, p. 516.

para o fim de Rm 16 como em A (séc. V) ou sua simples omissão como em F e G (séc. IX)[803].

Com base nos dados de crítica textual foram elaboradas algumas teorias a respeito da composição de Romanos das quais, como exemplo, apresentam-se as que seguem.

A primeira é aquela elaborada por J. B. Lightfood, segundo o qual Paulo teria escrito inicialmente toda a Carta aos Romanos conforme o texto atual, com exceção da bênção de Rm 16,24 e da doxologia de Rm 16,25-27. Somente depois o próprio Apóstolo a teria reduzido, transformando-a em uma carta circular com a omissão das menções a Roma em Rm 1,7.15 e de Rm 15-16 que contêm material de caráter pessoal, concluindo-se, porém, com a doloxogia de Rm 16,25-27[804]. J. B. Lightfood explica assim o trabalho de composição que teria sido realizado por Paulo e a sua finalidade:

> Em algum período posterior da sua vida, não improvavelmente durante uma das suas estadias em Roma, ocorreu ao Apóstolo dar a essa Carta uma maior circulação. Para este fim ele realizou duas mudanças na mesma, ou seja, apagou toda menção a Roma nos parágrafos iniciais por meio de ligeiras alterações e retirou os dois últimos capítulos que continham material de caráter pessoal, adicionando ao mesmo tempo uma doxologia como conclusão do todo. Com isto pronto ele a disponibilizou para circulação geral, possivelmente com a finalidade de preparar uma visita pessoal em países nos quais ainda não tinha penetrado[805].

A segunda teoria que tem como autor K. Lake, ao contrário da primeira, defende que Paulo teria escrito originalmente uma Carta com quatorze capítulos na forma de epístola geral sem fazer nenhuma menção às comunidades cristãs romanas. As referências a Roma de Rm 1,7.15 e Rm 15-16[806] seriam acréscimos posteriores feitos pelo próprio Apóstolo[807] na sua estadia em Corinto para que pudesse ser enviada a Roma por ocasião de uma ida de Febe de Cencrea para a capital do Império, a qual, porém, necessitava de uma apresentação por parte de

---

803. MURPHY-O'CONNOR, J., Paulo, p. 327-328. Para a totalidades das variantes ver NESTLE, E.; ALAND, K. (ed.), Novum Testamentum Graece, p. 517.

804. LIGHTFOOD, J. B., Biblical Essays, p. 315-319.

805. LIGHTFOOD, J. B., Biblical Essays, p. 319.

806. Segundo K. Lake, "não há razões para duvidar da tradição que conecta os capítulos 15 e 16 ou que ambos foram – de alguma maneira – enviados por São Paulo a Roma". LAKE, K., The Shorter Form of St. Paul's Epistle to the Romans, p. 515.

807. LAKE, K., The Shorter Form of St. Paul's Epistle to the Romans, p. 520.

Paulo. "Esta era a ocasião para enviar uma breve carta introduzindo Febe e expondo seus planos de visitar Roma em sua próxima viagem"[808].

Porém, continuando sua reconstrução, K. Lake afirma que Paulo, ao saber das dificuldades entre judeus e gentios nas comunidades de Roma e tendo escrito alguns anos antes uma missiva geral sobre este mesmo argumento, a qual chama de "recessão breve", "anexou uma cópia e fez sua 'carta de apresentação' começar de tal maneira a continuar os pensamentos com os quais ele tinha concluído anteriormente"[809]. Deste modo, ter-se-ia chegado à forma atual da Carta aos Romanos.

A terceira teoria, elaborada por H. Gamble, e baseada na análise das variantes do texto de Romanos, diz que no II séc. existiriam de fato três formas diferentes da Carta: uma com quatorze, outra com quinze e outra com dezesseis capítulos; no entanto somente a versão com dezesseis capítulos seria a original. Afirma isto após ter-se debruçado no estudo de Rm 16 e percebido que todos os elementos deste capítulo são notadamente típicos do encerramento de uma epístola[810]. Para ele, se esta terminasse antes de Rm 16 careceria de uma conclusão epistolar. Além disso, as características peculiares deste capítulo só teriam uma explicação plausível se também este fosse endereçado às comunidades de Roma. Deste modo, para H. Gamble, estão estabelecidos a unidade de Romanos, a qual originalmente seria formada por dezesseis capítulos e ao mesmo tempo a destinação destes dezesseis capítulos a Roma[811].

A eliminação de Rm 15 e 16 e das referências às comunidades cristãs de Roma teriam se dado porque "Romanos foi submetida a uma revisão consciente com uma única intenção, a qual seria converter a Carta de uma comunicação especifica em um documento adequado para um público mais amplo e geral, ou, em uma palavra, 'catolicizar' a Carta"[812].

P. Lampe, por sua vez, explica a existência de uma versão mais curta de Romanos como sendo produto de uma intervenção de Marcião. Também a unidade e a integridade da Carta são defendidas por ele, ou seja, ela seria formada na sua origem por Rm 1,1-16,24. Porém, Marcião, no início do II séc., teria retirado Rm 15,1-16,24 do texto original por motivações teológicas e teria concluído a nova versão reduzida com a doxologia de Rm 16,25-27 que depois, porém, foi incorporada à versão original. As principal motivação para a remoção de Rm 15,1-16,24

---

808. LAKE, K., The Shorter Form of St. Paul's Epistle to the Romans, p. 521.
809. LAKE, K., The Shorter Form of St. Paul's Epistle to the Romans, p. 522.
810. GAMBLE Jr., H., The Textual History of the Letter to the Romans, p. 84-95.
811. GAMBLE Jr., H., The Textual History of the Letter to the Romans, p. 177.
812. GAMBLE Jr., H., The Textual History of the Letter to the Romans, p. 115-116.

seria a existência de algumas partes do texto que contradiziam sua aversão às Escrituras de Israel, tais como as citações de Rm 15,3.9-12.21, a referência à importância dos escritos veterotestamentários para a instrução em Rm 15,4 e a menção a Cristo como servidor da circuncisão em Rm 15,8[813].

Quanto às propostas que tentam explicar a composição da Carta aos Romanos a partir da crítica literária e temática, existem algumas teorias, das quais se apresentam três como exemplo, que consideram que a Carta na sua forma atual é a combinação de partes autônomas na sua gênesis.

A primeira tentativa, defendida por R. Scroggs, se limita a tentar explicar a composição de Rm 1-11, corpo central da Carta, como resultado da junção de duas homilias feitas pelo Apóstolo em momentos diversos. Segundo esta teoria tal trabalho de composição teria como autor o próprio Paulo. A primeira homilia teria como tema o sentido da história de Israel, seria destinada aos judeu-cristãos e saturada de citações das Escrituras de Israel, corresponderia a Rm 1-4.9-11 e a segunda a Rm 5-8, teria como tema a vida nova em Cristo e como público os cristãos provindos do paganismo. Paulo teria feito esta interpolação porque a simples junção das partes teria produzido uma Carta sem conexão entre os seus componentes, e, utilizando a técnica rabínica da *gezerah shavah*[814], deveria ficar claro que a justificação imputada a Abraão porque teve fé (Rm 4) teria também que ser imputada aos que cressem em Jesus Cristo (Rm 5-8)[815].

Outra tentativa de explicar a composição de Romanos, realizada por W. Schmithals, defende que Paulo tenha escrito duas Cartas diversas. A sua forma atual seria trabalho de um redator posterior que combinou as duas missivas e as preencheu com interpolações. A primeira Carta seria formada por Rm 1,1-4,25 + 5,12-11,36 + 15,8-13 e teria sido escrita em Éfeso no começo da chamada terceira viagem missionária. Teria por objetivo transformar supostos cristãos de origem pagã que imigraram para Roma em uma comunidade que abraçasse o pensamento paulino e, portanto, se libertasse da Lei, de modo que pudesse ser um auxílio para Paulo quando se dirigisse à Espanha. A segunda Carta seria formada por Rm 12,1-21 + 13,8-10 + 14,1-15,4a.7.5-6 + 15,14-32 + 16,21-23 + 15,33. Escrita a partir de Corinto quando Paulo decide deixar o Oriente e empreender o caminho para Roma passando por Jerusalém. Sua finalidade seria parenética, ensejando impedir que os "fracos", por motivo de escândalo, retornassem ao judaísmo. Rm

---

813. LAMPE, P., Zur Textgeschichte des Römerbriefes, p. 273-277.

814. TREBOLLE BARRERA, J., A Bíblia Judaica e a Bíblia Cristã, p. 576.

815. SCROGGS, R., Paul as Rhetorician, p. 271-298.

15,33 e 16,1-20 seria uma carta destinada aos efésios e o restante do texto seria formado por pequenos fragmentos e interpolações[816].

A terceira teoria, defendida por W. Simonis, afirma também que no início existiriam dois textos, no entanto, com a diferença de que o trabalho redacional seria fruto da intervenção, além de Paulo, de outros três redatores. O primeiro seria um tratado ao qual pertenceria Rm 1,18-11,35 que teria sido escrito por Paulo quando prisioneiro em Roma e refletiria suas disputas com os judeus da Urbe. O segundo teria sido escrito nos anos noventa por um redator romano servindo-se dos Atos, de 1 e 2 Coríntios, de Efésios, além do texto paulino precedente, ao qual teria acrescentado algumas glosas, e que, com o acréscimo de Rm 1,1-17 e de parte de 11,36-16,27, teria sido convertido em uma Carta. O contexto de sua elaboração seria o de uma disputa entre cristãos provindos da gentilidade e do judaísmo sobre questões alimentares e a observância do sábado. Um outro redator, após a excomunhão de Marcião, a esta Carta teria acrescentado Rm 13,1-7 e 16,17-20. Como conclusão do processo redacional, um redator final teria dado a forma atual ao texto acrescentando Rm 16,1-16[817].

No que se refere às teorias de J. B. Lightfood, K. Lake, H. Gamble e P. Lampe que partem das variantes textuais nos diversos manuscritos da Carta aos Romanos pode-se dizer que todas elas têm em comum a defesa da origem paulina de toda a missiva, com exceção de P. Lampe que atribui a Marcião a doxologia de Rm 16,25-27. Também são dignos de destaque os argumentos colocados pela terceira proposta com base nas características conclusivas de Rm 16, os quais apontam para a unidade da Carta. Deste modo, se pode dizer com A. Gignac, que "a existência original de uma versão longa 1,1-16,24 parece uma aquisição, depois de Gamble"[818]. No que tange a uma versão intermediária da Carta (Rm 1,1-15,33) que mereça ser identificada como autêntica, a qual, porém, seria racionalmente mais aceitável do que aquela malresumida (Rm 1,1-14,23), "resta uma especulação, se apoiando somente no P^{46} e sobre outra hipótese, ou seja, aquela da existência de um bilhete a Éfeso (...)"[819].

Quanto às teorias embasadas na crítica literária e temática de Romanos, pode-se dizer que a primeira proposta tem a vantagem de tentar explicar a aparente descontinuidade entre Rm 8 e 9. No entanto, não esclarece o porquê da per-

---

816. SCHMITHALS, W., Der Römerbrief als historisches Problem, p. 180-211.
817. SIMONIS, W., Der gefangene Paulus, p. 15-88.
818. GIGNAC, A., L'épître aux Romains, p. 41.
819. GIGNAC, A., L'épître aux Romains, p. 41-42.

feita ligação em Rm 4 e 5. Tal teoria, pela falta de uma argumentação contundente, não sai do campo das hipóteses e, portanto, demonstra a total artificialidade e fragilidade da construção[820].

Quanto à segunda tentativa de se explicar a composição de Romanos com base na crítica literária, pode-se questionar a afirmação da origem exclusivamente gentílica dos seus destinatários, além de não se ter no texto indícios que deem credibilidade à afirmação de que a forma atual da Carta é resultado da junção de duas missivas escritas em momentos diferentes[821].

O mesmo tipo de crítica baseada na ausência de suporte textual para as afirmações dos seus defensores, as quais sem tal suporte não passam de meras conjecturas, se pode fazer também à primeira e à terceira propostas.

Diante de tudo o que foi colocado, considera-se, portanto, plausível a afirmação da autenticidade, unidade, integridade original e da destinação da missiva às comunidades cristãs da capital do Império Romano.

2.2. Rm 1-8, sua função, estrutura literária e tema

Em Romanos encontram-se vários estilos e formas de composição. Como carta de estilo helênico, começa com uma saudação e apresentação (*praescriptum* Rm 1,1-7), seguida, no entanto, de algo próprio das cartas de Paulo: a "ação de graças paulina" (Rm 1,8-15), termina com uma saudação final (*postscriptum* Rm 15,33), dá notícias (Rm 15,17-32), envia cumprimentos (Rm 16), tem um tom dialogal, exprime desejos, pedidos, exortações (Rm 12-15), etc.[822]

Porém, na Carta aos Romanos encontra-se também um tecido argumentativo longo e teórico que faz com que se aproxime a um discurso com forte influência da retórica clássica[823].

Quanto a Rm 1,18-8,39, percebe-se que a argumentação paulina desenvolve-se de maneira unificada, sendo que à afirmação da justificação pela fé em Jesus Cristo 1,18-4,25 seguem de modo lógico as consequências dessa justificação para a vida do cristão (Rm 5-8)[824].

---

820. PENNA, R., Lettera ai Romani, introduzione, versione, commento, p. L.

821. PENNA, R., Lettera ai Romani, introduzione, versione, commento, p. LI-LII.

822. ALETTI, J.-N., Romanos, p. 1416.

823. ALETTI, J.-N., Romains 5,12-21, p. 3-32; ALETTI, J -N., La présence d'un modèle rhétorique en Romains, p.1-24.

824. ALETTI, J.-N., Romanos, p. 1417.

No que diz respeito a Rm 9-11, vê-se que esses capítulos formam um conjunto à parte sem conexão direta com o seu contexto anterior e posterior[825], distinguindo-se como um verdadeiro e próprio *excursus*[826]. De fato, poder-se-ia passar de Rm 8,39 a 12,1 sem prejuízo nenhum à sequência do discurso, sendo que as consequências da justificação, a vida nova do cristão está intimamente ligada à parte parenética da Carta, ou seja, "o batizado deduz as consequências do seu agir a partir da dignidade do seu estatuto, da transformação do seu ser e da esperança que lhe é outorgada pelo Pai"[827]. Percebe-se também que em Rm 9-11 "a unitariedade é bem sugerida pela sua homogeneidade concernente à função histórico-salvífica de Israel e ao problema posto pela sua incredulidade no que diz respeito ao evangelho, além do fato da sua ligação um pouco negligente com o capítulo precedente"[828].

Tendo em vista o que foi posto, mesmo com a ressalva de que Rm 9-11 tem, de fato, uma ligação semântica com a *propositio* principal de Romanos, prefere-se tratar este bloco como uma unidade epistolar independente não só da seção precedente, Rm 5-8, mas também de todo o bloco formado por Rm 1,18-8,39 que apresenta uma delimitação argumentativa bem clara[829].

O bloco formado por Rm 1,18-8,39, por sua vez, constitui duas seções bem distintas, as quais formam os dois conjuntos probatórios centrais da Carta aos Romanos, sendo que tais seções têm por função ser o embasamento teórico-doutrinal da *propositio* principal da Carta (Rm 1,16-17), ou seja, a salvação pela adesão a Jesus Cristo, a possiblidade de que por um só homem Deus opere a salvação de todo o gênero humano.

Paulo demonstra tal tese de modo magistral nestas seções elaboradas segundo o modelo retórico, as quais são estruturadas da seguinte maneira:

A primeira (1,18-4,25) contém duas *subpropositiones*:

	1,18-3,20	3,21-4,25
Subpropositio	1,18	3,21-22
Probatio	1,19-3,18	3,23-4,22
Peroratio	3,19-20	4,23-25

---

825. ALETTI, J.-N., Romanos, p. 1417.
826. ALETTI, J.-N., Romanos, p. 1418.
827. ALETTI, J.-N., Romanos, p. 1447-1448.
828. PENNA, R., Lettera ai Romani, introduzione, versione, commento, p. LXVII.
829. PENNA, R., Lettera ai Romani, introduzione, versione, commento, p. LXVII-LXVIII.

A segunda, por sua vez, forma um só bloco argumentativo mais elaborado:

	5,1-8,39
Exordium	5,1-11
Narratio Pro-	5,12-21
positio	5,20-21
Probatio	6,1-8,30
Peroratio	8,31-39[830]

A primeira seção, formada por duas *subpropositiones*, tem como primeiro tema a pecaminosidade universal, ou seja, todos, sem exceção nem privilégios, gentios e judeus, estão em uma situação de pecado e as consequências desta situação (Rm 1,18-3,20). O segundo tema da seção vem logo em seguida como consequência do primeiro: todos necessitam de uma intervenção salvífica de Deus para serem salvos do poder do pecado. Essa intervenção se deu através de seu Filho Jesus Cristo e se tem acesso aos seus frutos mediante a fé (Rm 3,21-4,25).

O primeiro tema é tratado a partir do ponto de vista do judaísmo, dos seus princípios, e a partir destes princípios, reflete sobre como se dá a retribuição divina. No segundo tema, a partir da sua própria teologia, Paulo apresenta a doutrina da justificação pela fé sem a mediação das obras da lei mosaica[831].

Sendo que, para o Apóstolo, o que verdadeiramente importa é uma fé em ação, ação esta que tem como movente a caridade (Gl 5,6), como sequência lógica desses conjuntos probatórios, surge o tema da segunda seção, na qual Paulo passa a falar das consequências da ação salvífica para a vida concreta daquele que pela fé adere a Jesus Cristo (Rm 5,1-8,39).

2.3. Contexto literário anterior e posterior de Rm 5,12-21

2.3.1. Contexto literário anterior

Após a tese principal de toda a argumentação paulina que diz: "De fato, não me envergonha o evangelho, pois é a potência de Deus para salvação de todo o que crê; judeu por primeiro, mas também o grego. De fato, a justiça de Deus nele se revela a partir da fé e na fé, como está escrito: 'Mas o justo a partir da fé vive-

---

830. ALETTI, J.-N., La présence d'un modèle rhétorique en Romains, p. 20-22.

831. ALETTI, J.-N., La Lettera ai Romani, p. 21.

rá'"(Rm 1,16-17), o Apóstolo, no primeiro conjunto probatório da primeira seção (Rm 1,18-3,20), descreve a situação da humanidade sem Cristo Jesus[832].

De Rm 1,18 a 3,20, Paulo mostra que Deus se manifestou aos gentios e se revelou ao povo judeu, no entanto, tanto uns como os outros encontram-se mergulhados numa situação de pecado que engloba a todos. Eis a *subpropositio* desenvolvida nesta primeira parte: "De fato, revela-se a ira de Deus do céu sobre toda a impiedade e injustiça dos homens, que mantém a verdade prisioneira da injustiça" (Rm 1,18)[833].

Essa ideia já está presente em escritos anteriores de Paulo. Em Gl 3,22 afirma que a "Escritura aprisionou tudo sob o pecado", indicando assim a abrangência e o caráter vinculador desta realidade da qual ninguém pode se subtrair[834].

Na Carta aos Romanos, em um primeiro momento, descreve a culpabilidade dos gentios (Rm 1,18-32). Referindo-se à manifestação de Deus a estes através da criação, trata da defecção da razão por parte deles no que se refere à recusa de Deus que se dá a conhecer através das suas obras e à consequente idolatria (Rm 1,19-23), ao que segue uma defecção dos padrões éticos (Rm 1,24-32). Deste modo, Paulo pode afirmar que Deus os entregou à sua inteligência incapaz de discernir, à sua razão incapaz de situar-se na sua realidade e de tomar decisões de acordo com a mesma razão praticando o que não convém: παρέδωκεν αὐτοὺς ὁ θεὸς εἰς ἀδόκιμον νοῦν, ποιεῖν τὰ μὴ καθήκοντα (Rm 1,28), o que gera toda sorte de injustiça e violência.

Deste modo, "mudaram a verdade de Deus com a mentira, adoraram e serviram à criatura ao invés do Criador" (Rm 1,25); "trocaram a glória de Deus incorruptível por imagem à semelhança do homem corruptível, aves, quadrúpedes e répteis" (Rm 1,23), e como consequência desta perversão da inteligência tem-se a perversão da vontade, de modo que a partir dos vv. 29-31 o Apóstolo lista atos que descrevem a degradação moral da pessoa humana e as motivações egocêntricas de suas relações interpessoais.

No entanto, poder-se-ia perguntar, como o faz J.-N. Aletti, se Paulo teria como alvo em Rm 1,19-32 somente os gentios ou se nestes versículos se refere a toda a humanidade?

> Não, não só os pagãos: certo, os vícios elencados em 1,29-31 são propriamente aqueles que os judeus estigmatizavam nos incircuncisos, e os versículos 1-5 de Rm 2 poderiam ter como alvo as contradições dos filósofos e

---

832. ALETTI, J.-N., Romanos, p. 1419-1428.

833. ALETTI, J.-N., Romanos, p. 1420-1427.

834. RUIZ de la PEÑA, J. L., O Dom de Deus, p. 73.

sábios gregos; mas Paulo omite deliberadamente a palavra "pagãos"! Um versículo como 1,23, no qual é óbvia a alusão ao bezerro de ouro (Sl 106 [105],20), mostra por sua vez que o Apóstolo enumera entre os idólatras também os israelitas do passado. Mas, se dirá: o Israel dos tempos de Paulo não tinha nada que fizesse pensar a um povo idólatra propenso como era à fidelidade à aliança. Certo, mas não nominando nem os pagãos nem os judeus, utilizando-se de uma denominação genérica – "os homens que..." – Paulo quer evitar qualquer designação precipitada[835].

Paulo em Rm 2,1 interrompe a descrição de fatos realizada nos versículos anteriores e se dirige aos seus leitores com perguntas e ameaças procurando desacomodar os seus interlocutores das suas seguranças[836]. Dirige-se a todos aqueles, judeus e gentios, que se julgando superiores aos que cometem atos iníquos, os condenam. Porém, condenando-os, julgam-se a si mesmos, pois realizam as mesmas ações (Rm 2,1-3.17-24). De modo que a Lei não se torna causa de justificação (Rm 2,12-13; 3,20), mas de julgamento mais severo: "De fato, quantos sem a Lei pecaram, sem a Lei também perecerão, e quantos com a Lei pecaram, pela Lei serão julgados" (Rm 2,12).

Sendo assim, "de fato, os judeus, mas também os gregos, todos estão sob o pecado (ἁμαρτία)" (Rm 3,9). Aqui Paulo emprega o termo ἁμαρτία em um sentido não usual. Foi pela primeira vez utilizado em Gl 3,22, mas é em Rm 3,9-18 que vem esclarecida esta declaração enigmática de Gálatas com diversas citações das Escrituras de Israel,

> nas quais a humanidade aparece como injusta, insensata, transviada, pervertida, malvada (cf. Rm 1,29-31). Em oposição aos seus antepassados, entretanto, Paulo recusa-se a ver a responsabilidade humana comprometida nessa situação. A imperfeição dos indivíduos não é responsabilidade pessoal deles. É atribuída ao poder do Pecado. A raça humana é desorientada e desvirtuada por um poder maior que qualquer um de seus membros[837].

Depois desta descrição Paulo passa a tratar de outro tema partindo de uma afirmação categórica, a qual virá seguida de uma argumentação. Com um νυνὶ δὲ, "agora porém" (Rm 3,21), o Apóstolo se afasta da carregada descrição

---

835. ALETTI, J.-N., La Lettera ai Romani, p. 22.
836. ALETTI, J.-N., La Lettera ai Romani, p. 21-22.
837. MURPHY-O'CONNOR, J., Paulo, p. 339.

da humanidade sem Cristo e afirma que assim como "todos pecaram e estão privados da glória de Deus" (Rm 3,23), para todos, judeus e gregos, sem exceção, da mesma forma "sem a Lei a justiça de Deus se revelou testemunhada pela Lei e pelos profetas, ou seja, a justiça de Deus através da fé em Jesus Cristo para todos os que creem, pois não existe distinção" (Rm 3,21-22). Esta é a *propositio* desta seção do discurso[838].

O tema da "justiça de Deus", tão debatido e malcompreendido na história da exegese[839], vem aqui apresentado, como única explicação para a impunibilidade dos pecados anteriores a Jesus Cristo. Esta justiça, portanto, deve ser entendida com a emissão de uma sentença divina, a qual foi uma sentença de perdão (Rm 3,25-26). Deste modo, não existe motivo para ninguém se vangloriar, pois todos são justificados pela fé (Rm 3,27-31).

Segue-se a isto a *probatio ex Abraham* (Rm 4,1-25). Com uma série de argumentos escriturísticos Paulo fundamenta a tese da justificação pela fé: Abraão foi justificado pela fé antes da circuncisão (Rm 4,9-12), a promessa a Abraão ou à sua descendência de herdar o mundo não vem através da Lei, mas através da fé (Rm 4,13-22). Em Rm 4,23-25, o Apóstolo faz a ligação desta perícope com o texto que se segue, relacionando a fé de Abraão à fé do cristão[840].

Tendo como base a justificação pela fé, Rm 5,1-11, começa a tratar, ainda que de modo alusivo, do empenho moral que deriva desta nova situação (vv. 1.3.4). No entanto, é forte nesta perícope uma atenção ao futuro, um chamado à esperança (vv. 2.4.5). Os vv. 6-11, por sua vez, ilustram, tendo como base o acontecimento salvífico da morte de Jesus Cristo, a certeza da esperança no cumpri-

---

838. ALETTI, J.-N., Romanos, p. 1427.

839. Eis o testemunho de Lutero a respeito da interpretação que dava à expressão "justiça de Deus" em Romanos no Prefácio à edição de suas obras (1545): "Estava inflamado pelo desejo de entender bem um vocábulo usado na Epístola aos Romanos, no capítulo primeiro, onde diz: 'A justiça de Deus se revelou no Evangelho', pois até então o considerava com terror. Esta palavra 'justiça de Deus', eu a odiava, porque o costume e o uso que dela fazem atualmente todos os doutores me tinha ensinado a interpretá-la filosoficamente. A compreendia como a justiça (...) pela qual Deus é justo e pune os culpados. Não obstante a irrepreensibilidade da minha vida de monge me sentia pecador diante de Deus; a minha consciência era extremamente inquieta, e não tinha nenhuma certeza de que Deus fosse aplacado pelas minhas obras satisfatórias. Por isso não amava aquele Deus justo e vingador, antes, o odiava, e se não o blasfemava em segredo, por certo me indignava e murmurava contra ele dizendo: Não basta talvez que ele nos condene à morte eterna por causa do pecado dos nossos pais e que nos faça sofrer com a severidade da sua lei? É preciso ainda que aumente o nosso tormento com o Evangelho e que também nele nos faça anunciar a sua justiça e a sua cólera? Estava fora de mim, de tão desconcertada a minha consciência (...)". MIEGGE, M., Martin Lutero 1483-1546. La riforma protestante e la nascita delle società moderne, p. 31.

840. ALETTI, J.-N., Romanos, p. 1428-1430.

mento da salvação através da argumentação *qal wahomer*, "do leve ao pesado", "do menos ao mais"⁸⁴¹.

2.3.2. Contexto literário posterior

Seria lógico, depois de Rm 5,1-11, passar-se para as consequências da justificação pela fé trazida por Cristo para a vida dos que creem, o que de fato se dá depois de Rm 5,12-21 a partir do capítulo VI. No entanto, a *subpropositio* com as ideias que desenvolve esta seção encontra-se em Rm 5,20-21: "A Lei interveio para que abundasse a transgressão, mas onde abundou o pecado, superabundou a graça, para que como o pecado reinou para a morte, assim também a graça reinasse por meio da justiça para a vida eterna através de Jesus Cristo nosso Senhor"⁸⁴².

A argumentação tem início com uma pergunta retórica que poderia refletir uma má interpretação do pensamento paulino, a qual está relacionada à *subpropositio*: "Que, pois, diremos? Continuaremos no pecado para que a graça abunde?". De fato, partindo da constatação,

> ao mesmo tempo histórico e teológica, segundo a qual Deus manifesta sua justiça/verdade em relação à injustiça/mentira dos homens, o Apóstolo tinha deduzido a existência de um verdadeiro e próprio problema: se o homem, realizando o mal, dá a possibilidade a Deus de manifestar a sua graça, por que afinal de contas deveria ainda ser considerado pecador? Não se deveria ao contrário admitir que "devemos praticar o mal para que dele venha o bem" (3,8)? Uma tal prospectiva que pareceria antecipar o moto luterano *Pecca fortiter sed fortius fide*, é abertamente refutada por Paulo já em 3,8, onde ele qualifica como caluniosa a atribuição a si de um tal axioma. Porém, não obstante a importância do que está em jogo, ele havia abandonado provisoriamente o argumento. Agora, ao contrário, também sobre a base de uma reemersão daquela problemática com o que foi apenas dito em 5,20-21 ("onde abundou o pecado superabundou a graça"), se abre uma nova seção epistolar, precisamente com a retomada daquela mesma temática, como se vê a partir da interrogação de abertura: "Que pois diremos? Continuaremos no pecado para que a graça abunde?" (6,1); ou seja, o desdobramento da graça de Deus sobre a situação universal de pecado favorece talvez a permanência no próprio pecado? Toda a argumentação que vem em seguida

---

841. KUSS, O., La Lettera ai Romani, p. 266.

842. ALETTI, J.-N., Romanos, p. 1436-1437.

é dirigida não só a responder negativamente, mas sobretudo a fornecer as motivações para mostrar que assim não é e nem deve ser[843].

Portanto, dirimindo esta possível má compreensão do seu pensamento esclarece que, no batismo, o cristão é inserido no mistério da morte e ressurreição (Rm 6,1-14), de modo que morre e é sepultado com Cristo, "para que como Cristo foi ressuscitado dos mortos pela glória do Pai, assim também nós em novidade de vida vivamos" (Rm 6,4)[844].

Depois disto, com outra pergunta começa a tratar da temática liberdade-escravidão: "O que então? Pecaremos porque não estamos sob a Lei, mas sob a graça? De modo algum!" (Rm 6,15).

Ao responder este possível questionamento a respeito da liberdade cristã, afirma que esta não deve ser confundida com permissividade, pois os que creem já não vivem sob a escravidão do pecado cuja consequência é a morte, mas foram libertos para o serviço de Deus e da justiça que tem por fim a vida eterna (Rm 6,15-23)[845].

Em Rm 7,1-6 tem-se a conclusão da argumentação desta unidade epistolar (vv. 1-4) e a preparação para a que segue (vv. 5-6)[846]. Logo após, falando em primeira pessoa e retomando o tema da situação da humanidade sem Cristo, a qual está submetida aos caprichos do pecado, o Apóstolo "exprime todas essas faces do ser humano em condição de escravidão mediante a personificação de um 'eu' que sem Cristo se encontra envolvido no espiral do pecado e incapaz de sair"[847] (Rm 7,7-25).

Deste modo, Paulo personifica retoricamente a humanidade sem Cristo, escrava da lei do pecado e da morte: "Não consigo entender o que eu faço, pois, de fato, não faço aquilo que eu quero, mas aquilo que odeio" (Rm 7,15). O fato de que neste texto Paulo não se refere à sua situação no momento presente, nem a dos outros cristãos, mas à situação daqueles que, como ele também no passado, não aderiram a Cristo pela fé, pode-se deduzir de todo o contexto literário e de modo especial de Rm 8 quando o Apóstolo afirma que agora não há mais condenação para aqueles que estão em Cristo (Rm 8,1), não por simples imputação de justiça, mas porque a lei do Espírito os libertou da lei do pecado e da morte (Rm 8,2).

---

843. PENNA, R., Lettera ai Romani, introduzione, versione, commento, p. 409-410.

844. ALETTI, J.-N., Romanos, p. 1437-1439.

845. ALETTI, J.-N., Romanos, p. 1440.

846. ALETTI, J.-N., Romanos, p. 1440-1441.

847. GRANADOS ROJAS, J. M., La teologia della riconciliazione nell'epistolario paolino, p. 28.

De fato, J. Lambrecht, reconhecendo que Paulo em Rm 7,7-25 está se utilizando do artifício da personificação retórica, mas ao mesmo tempo deixando claro que o Apóstolo fala da sua experiência pessoal antes de sua adesão a Cristo e daquela de cada pessoa que vive sem Cristo, afirma que "o aspecto certamente retorico do 'eu' não deve obscurecer o caráter essencialmete pessoal desse capítulo paulino (...). Em Rm 7 Paulo descreve a sua situação pré-cristã, não a cristã", mas ao mesmo tempo Lambrecht lembra que "o passado de Paulo pode se tornar o presente de quem quer que seja"[848].

Toda a argumentação desta unidade epistolar tem como *Leitmotiv* a pergunta retórica "a Lei é pecado?", à qual segue uma resposta que será desenvolvida em toda a perícope: "De modo algum!" (Rm 7,7).

Em um primeiro momento (vv. 7-13), Paulo fala da relação entre o pecado (ἡ ἁμαρτία) e a Lei mosaica. Ela, embora sendo santa (Rm 7,12), além de servir de instrumento do pecado, é incapaz de tirar, os que a ela estão submetidos, da situação de morte a que o pecado os submeteu. Nos vv. 14-25 o autor tem como finalidade mostrar a debilidade da pessoa que, mesmo conhecendo o seu dever, não é capaz de cumpri-lo.

Sanders afirma que entre essas duas subunidades há uma contradição. Em Rm 7,7-13 a Lei seria instrumento de pecado, sendo que esta incita à transgressão, ao passo que em Rm 7,14-25 não existiria relação alguma entre Lei mosaica e transgressão[849]. Veja-se o quadro:

Rm 7,7-13	*Rm 7,14-25*	
Vontade de Deus ↓ Pecado → Lei → transgressão	Vontade de Deus ↓ Lei	"outra lei" = Pecado ↓ Transgressão

Para Aletti, porém, tal contradição não existe, pois em Rm 7,7-13

> Paulo não fala de transgressão, nem de desobediência, nem de queda, nem de rechaço: paradoxalmente o texto passa do desejo à morte do 'eu'. Por

---

848. LAMBRECHT, J., The Wretched 'I' and Its Liberation, Paul in Romans 7 and 8, p. 90. Tal entendimento difere, por exemplo, da compreensão que Lutero teve deste texto, o qual, como fundamento para o seu princípio *Pecca fortiter sed fortius fide*, entendeu, no Prefácio à Epístola de São Paulo aos Romanos, que no "capítulo sétimo Paulo ainda chama a si mesmo de pecador e, não obstante isso, afirma no oitavo capítulo que nada há de condenável naqueles que estão em Cristo (...)". LUTERO, M., Comentarios de Martín Lutero, p. 14.

849. SANDERS, E. P., Paulo, a lei e o povo judeu, p. 88-89.

que? (i) Nesta passagem não é a lei a provocar a transgressão, mas só o desejo (função cognitiva), e põe em relevo a natureza essencialmente sedutora e enganosa do pecado: no mesmo momento em que o pecado se serve da lei para seduzir o "eu", esta mesma lei desvela o caráter enganoso do pecado. A lei não engana e, portanto, não é pecaminosa. (ii) A passagem não insiste na transgressão, mas na adesão profunda do sujeito ao mandamento (divino) – infelizmente só no nível do querer. O que se sublinha é a divisão do "eu". (iii) Ao não falar de desobediência, Paulo elimina a questão da responsabilidade do sujeito e põe em relevo a sua impotência total. (iv) Uma última razão explica a eliminação da responsabilidade do "eu": o verdadeiro sujeito da má ação é o pecado que habita nele[850].

Em Rm 7,14-25 Paulo, utilizando-se da retórica, tenta precisar as tão fortes afirmações feitas por ele na perícope anterior. Jean-Nöel Aletti vê aqui várias figuras, entre elas a da *correctio*, que tem como objetivo esclarecer semanticamente tudo o que se acaba de dizer para atenuar ou reforçar seu conteúdo. Em Rm 7,15 a correção se faz com a ajuda de um trocadilho de verbos. Nos vv. 17 e 20 pela oposição entre sujeitos. No v. 19 pela oposição entre verbos e complementos. Vê também uma *concessio* no v. 14 na qual admite o ponto de vista do interlocutor fictício para destacar os limites da sua afirmação. Nos vv. 23-25 ter-se-ia uma *antanaclasis*, o que consiste na utilização do mesmo vocábulo, neste caso a Lei, em um sentido diferente ou mesmo oposto[851].

No capítulo VIII, com a expressão οὐδὲν ἄρα νῦν, "agora, pois, nenhuma" que recorda o νυνὶ δε, "agora porém" de Rm 3,21, o Apóstolo também aqui se distancia da descrição da situação da humanidade sem Cristo, a qual é escrava da lei do pecado e da morte e começa uma nova argumentação com a seguinte exclamação: "Agora, pois, nenhuma condenação para os que estão em Cristo Jesus, pois a lei do Espírito de vida em Cristo Jesus te libertou da lei do pecado e da morte" (Rm 8,1-2)[852].

Assim se inicia a última parte deste bloco da Carta aos Romanos, passando a falar da vida nova do cristão, o qual não está sob o domínio do pecado, mas do Espírito e por isso para ele não há mais condenação, sendo que está em uma situação diferente da descrita em Rm 7,7-25. A razão (*ratio*) para isto é que "a lei do Espírito de vida em Cristo Jesus te libertou da lei do pecado e da morte" (Rm 8,2).

---

850. ALETTI, J.-N., Romanos, p. 1442-1443.

851. ALETTI, J.-N., Romanos, p. 1443.

852. ALETTI, J.-N., Romanos, p. 1445-1446.

De fato, nota-se que até Rm 8,17 tem-se a oposição entre os dois tipos de humanidade, a que está sob o regime do pecado e a que está sob o Espírito[853].

A primeira explicação da *ratio* está a seguir: "o que de fato era impossível à Lei, a qual estava debilitada por causa da carne, Deus, enviando o seu Filho em semelhança à carne do pecado e por causa do pecado, condenou o pecado na carne para que a justiça da Lei se cumprisse em nós que não vivemos segundo a carne, mas segundo o Espírito" (Rm 8,3-4)[854].

A principal explicação desta nova situação dos batizados é cristológica, sendo que esta se deu somente pela intervenção salvífica de Jesus, o qual assumiu a carne impotente e marcada pelo pecado, ou seja, o ser humano todo em sua fragilidade, vencendo o pecado onde ele mesmo exerce o seu domínio, ou seja, na própria carne[855].

Os vv. 5-8 expõem os princípios gerais da oposição carne/Espírito. Depois vem a aplicação destes princípios aos batizados que receberam o Espírito de vida (vv. 9-11), os quais, por esta razão, são capazes de um agir ético que conduz à vida (vv. 12-13). Por terem recebido o espírito de filiação, os batizados devem agir como filhos de Deus e herdeiros, com Cristo, na medida em que sofrem com Ele (Rm 8,14-17)[856].

Na próxima perícope (Rm 8,18-30), Paulo retoma a temática do sofrimento, a qual foi introduzida no v. 17 e à qual já fez menção em Rm 5,3. Este não pode fazer com que o cristão perca a esperança, sendo até mesmo útil, pois gera a perseverança[857].

No entanto, agora há uma ampliação. O sofrimento atinge a toda a criação, a qual está sob o efeito da lei do pecado e da morte. Toda a criação geme, suspira, sofre e juntamente com ela a humanidade, pois faz parte dela. Tudo isso, pois anseia à glória prometida por Deus a seus filhos.

Neste ponto há uma ruptura entre o pensamento paulino e a apocalíptica, a qual fala de uma oposição radical e definitiva entre o mundo presente, ao qual é radicalmente contra os que creem e tende à ruína, e o mundo futuro, o da justiça e do Reino de Deus: "A humanidade (e o mundo com ela) levam já dentro de si as sementes da redenção"[858].

---

853. ALETTI, J.-N., Romanos, p. 1446.

854. ALETTI, J.-N., Romanos, p. 1446.

855. ALETTI, J.-N., Romanos, p. 1446.

856. ALETTI, J.-N., Romanos, p. 1446-1447.

857. ALETTI, J.-N., Romanos, p. 1447.

858. ALETTI, J.-N., Romanos, p. 1447.

Em Rm 8,31-39 tem-se o epílogo ou a *peroratio* do discurso. Aqui há algo característico dos epílogos: a amplificação e a recapitulação dos temas principais da argumentação. Expressam-se com força a fé e a esperança de Paulo: Deus nos deu tudo em Jesus Cristo, e nada nos poderá separar do seu amor manifestado nele[859].

2.4. A função de Rm 5,12-21 no seu contexto

Na contextualização literária surge a pergunta: qual a função que ocupa Rm 5,12-21 neste bloco da Carta aos Romanos, que vai do capítulo 1 ao 8? Houve quem defendesse que essa perícope pertenceria à primeira parte deste bloco como no caso de O. Kuss, o qual afirma que Rm 5 é uma primeira conclusão da argumentação que se iniciou em Rm 1,16-17:

> O capítulo V é como um arco, que partindo do passado e do presente se lança para o futuro, que levará definitivamente à conclusão a obra iniciada com a fiel aceitação da mensagem da salvação. O cap. V, portanto, visto no seu conjunto, pertence, não obstante a singular posição que ocupa, à primeira parte de Rm 1-8; a partir de 6,1 o curso dos pensamentos se move em torno do difícil problema da ética dos justificados[860].

No entanto, segundo O. Kuss, Rm 5, pelas suas peculiaridades, ocupa uma posição intermediária no seu contexto e a sua inserção no bloco de que faz parte cria algumas dificuldades[861].

Tal opinião é defendida também por J. D. Dunn para quem essa perícope deve ser entendida, juntamente com Rm 5,1-11, como a conclusão da seção formada por Rm 1,18-5,21. A continuidade com a perícope precedente é assinalada pelo uso de πολλῷ μᾶλλον em Rm 5,9.10 e em Rm 5,15.17, mas também pela repetição da ênfase no tema da justificação e da graça, de que se tinha tratado em Rm 5,1-2, em Rm 5,15-21, como também da fórmula conclusiva "através de Jesus Cristo nosso Senhor" em Rm 5,11 e Rm 5,21[862]. Porém, vê-se particularmente tal continuidade pela reemersão da reversão de tema, implícita em Rm 5,1-11, "nos termos explícitos dos dois homens de quem os atos singulares de desobediência e

---

859. ALETTI, J.-N., Romanos, p. 1447.
860. KUSS, O., La Lettera ai Romani, p. 267.
861. KUSS, O., La Lettera ai Romani, p. 267.
862. DUNN, J. D. G., Romans 1-8., p. 271.

de obediência encapsulam e determinam o caráter de duas eras que juntas abarcam a história da humanidade"[863].

Porém, não obstante o que foi exposto, considera Rm 6-8 e Rm 9-11 como desenvolvimento das conclusões contidas em Rm 5 no que diz respeito ao indivíduo (Rm 5,1-11) e à humanidade como um todo (Rm 5,12-21) uma vez que essas conclusões incidem no momento presente tanto sobre o indivíduo (Rm 6-8) como sobre Israel (Rm 9-11)[864].

Como síntese de todas estas colocações, pela função especial de Rm 5 na argumentação paulina em Romanos, J. D. Dunn chega a afirmar que Rm 5 teria a função de ser um capítulo "ponte" na Carta aos Romanos[865].

Também para R. Penna todo este capítulo integra a primeira parte do bloco formado por Rm 1-8. Mesmo reconhecendo que Rm 5 não constitui uma *peroratio* ou epílogo do conjunto argumentativo precedente, afirma que está ligado à afirmação cristológica conclusiva de Rm 4 e a desenvolve em forma de *hatimah* (fechamento) rabínica, a qual tem a função de conclusão homilética[866].

Para R. Penna, portanto, Rm 5 é considerado como conclusão da primeira parte do bloco formado por Rm 1-8. Porém, não obstante isso, percebe a peculiar posição que a perícope ocupa em tal bloco e chama a atenção para o fato de que

> para render-se conta da função de Rm 5 no contexto epistolar, é necessário partir da admissão metodologicamente honesta segundo a qual, qualquer que seja a escolha realizada, este capítulo é semanticamente denso e por isso não se pode com muita facilidade reduzi-lo a um único papel argumentativo. (...) Rm 5 é como uma plataforma giratória ferroviária que se pode mover para conectar indiferentemente o vagão sustentado por ela a um ou a outro trem. Com efeito, Rm 5 tem uma função ambivalente no interior da estratégia argumentativa da Carta. De uma parte, se pode sustentar seja que ele se desconecta daquilo que o precede porque o ator principal não é mais Deus (como em 1-4), mas Jesus Cristo, mesmo subsistindo o fato de que agora não se tem uma prospectiva propriamente cristológica, porém, soteriológica, seja que este pareça introduzir uma nova seção, que chega até o capítulo 8 e se concentra sobre o tema do Espírito nos corações e da esperança escatológica. Por outra parte, uma série de considerações de ordem lexical e temática, e sobretudo retórica, vinculam o capítulo à exposição

---

863. DUNN, J. D. G., Romans 1-8, p. 242-243.
864. DUNN, J. D. G., Romans 1-8, p. 243.
865. DUNN, J. D. G., Romans 1-8, p. 243.
866. PENNA, R., Lettera ai Romani, introduzione, versione, commento, p. LXX-LXXI.

precedente, do qual representaria uma homogênea ampliação doutrinal em forma de solene conclusão[867].

A. Gignac considera Rm 5 uma seção pequena que, no entanto, é autônoma e tem a função de ser a transição entre as duas grandes seções da Carta. Seguindo a lógica da apresentação do seu evangelho em Rm 1,16-17, Paulo, depois de ter tratado exaustivamente do tema da justiça de Deus em Rm 1,18-4,25, se debruçará sobre o tema da salvação em Jesus Cristo em Rm 6-8. Entre as duas seções está Rm 5 como o eixo no qual se articula toda a Carta, sendo que retoma numerosos elementos de Rm 1,18-4,25 e ao mesmo tempo introduz diferentes pontos que serão tratados em Rm 6-8. Deste modo, o capítulo ocupa um lugar estratégico na argumentação de Romanos[868].

Pode-se afirmar então que Rm 5 é uma parada que "permite ao leitor retomar o fôlego, mas para logo recomeçar a corrida. A seção fornece, portanto, um sumário, uma recapitulação da sucessão de discursos sobre a justiça encadeando tudo em direção de algo de novo"[869].

A. Feuillet, por sua vez, defende a ideia de que a segunda seção do bloco formado pelos capítulos I-VIII começa com Rm 5,12-21. Para ele Rm 5,12-7,6 trata do mesmo tema: a pessoa de Cristo morto e ressuscitado que repara os danos causados pela falta de Adão. Além disso, a oposição morte-vida asseguraria a unidade literária desta seção. Isto seria comprovado pelos temas das perícopes: a morte em Adão e a vida em Cristo (Rm 5,12-21); a participação pelo batismo na morte e na vida nova de Cristo (Rm 6,1-11); a obrigação moral imposta pelo batismo de fugir do pecado cujo salário é a morte e de colocar-se a serviço da justiça que conduz à santidade e à vida eterna (Rm 6,12-23); o batizado, tendo morrido com Cristo, morreu para a Lei mosaica para pertencer a Cristo ressuscitado dentre os mortos (Rm 7,1-6)[870].

Existe autores que defendem, no entanto, a tese de que Rm 5,1 daria início a uma nova seção, a qual terminaria com o capítulo VIII. Entre estes encontra-se J.-N. Aletti, para o qual o capítulo IV seria a conclusão de toda a argumentação precedente.

Para ele Rm 1,18-3,20 e 3,21-4,25 teriam a mesma função de desenvolver a *propositio* principal da Carta aos Romanos, sobretudo Rm 1,17. Depois de mostrar que nenhum privilégio pode ser evocado frente à retribuição divina,

---

867. PENNA, R., Lettera ai Romani, introduzione, versione, commento, p. LXI.

868. GIGNAC, A., L'épître aux Romains, p. 206-207.

869. GIGNAC, A., L'épître aux Romains, p. 208.

870. FEUILLET, A., Le règne de la mort et le règne de la vie (Rom. V, 12-21), p. 517.

sendo que equiparou a situação dos judeus e dos pagãos em Rm 1,18-3,20, Paulo afirma que a justiça de Deus se manifesta sem discriminação alguma para todos a partir da fé (Rm 3,21-4,25). Além disso, ter-se-ia o fato de que Paulo a partir de Rm 5,1 abandona o tema da salvação pela fé, tratado em Rm 1-4, o qual tem uma perspectiva "teológica", sendo que aí fala da justiça divina, e passa para uma perspectiva soteriológica em Rm 5-8, enquanto aqui se trata do agir e do estado presente e futuro do batizado[871].

Entre defensores desta posição encontra-se também C. Cranfield para quem a principal razão para isto seria a natureza dos conteúdos de Rm 5, que segundo o autor

> é paralelo, em virtude de seu conteúdo, aos três capítulos seguintes; coincidindo os capítulos, neste trecho de Romanos, com as seções lógicas. Em cada um dos quatro capítulos a primeira subseção é uma declaração básica concernente à vida prometida ao homem que é justo pela fé ou concernente ao significado de justificação[872].

G. Barbaglio é da mesma opinião. Um dos seus argumentos é que Hab 2,4, citado em Rm 1,17 "mostra dois polos distintos e coligados, a justiça pela fé e a vida, esta em dependência daquela"[873]. Segundo ele, Paulo tendo já abordado o primeiro polo em Rm 1-4,

> passa para o segundo nos capítulos 5-8 tratando das consequências da justiça acontecida para os que creem: uma vida de paz com Deus e de esperança na glorificação final (5,1-11), portanto um presente positivo de liberdade do Pecado e da Lei (capítulos 6-7) e um futuro radioso de libertação da Morte (capítulo 8)[874].

Percebe-se, porém, que o autor não consegue encontrar um lugar adequado para Rm 5,12-21.

Outro argumento seria que nos capítulos I-IV trata-se de questões gerais e de princípios. "Prova disto é o uso de pronomes indefinidos de universalidade (...): 'todos' (3,9; 3,23-24), 'todo ser humano' (πᾶσα σὰρξ: 3,20), 'o homem' (3,28); 'todo o mundo' (3,19), 'a multidão dos povos' (4,17)"[875]. Na segunda seção, no entanto, utiliza-se, com exceções como Rm 5,12-21 onde se utiliza "todos" e

---

871. ALLETI, J.-N., Romanos, p. 1431-1432.
872. CRANFIELD, C. E. B., Carta aos Romanos, p. 101.
873. BARBAGLIO, G., Teologia Paolina, p. 596.
874. BARBAGLIO, G., Teologia Paolina, p. 596
875. BARBAGLIO, G., Teologia Paolina, p. 597

"muitos" e Rm 7,7-25 onde vem utilizado o "eu", "o 'nós' dos que creem e fizeram a experiência da graça de Deus, alternado com o 'vós', note-se também o uso do vocativo 'ó irmãos' (7,1.4; 8,12). É a vida dos membros das comunidades cristãs a ser objeto da reflexão teológica"[876].

Mais uma vez a argumentação não consegue englobar Rm 5,12-21, que como a primeira seção fala de questões gerais e usa pronomes indefinidos de alcance universal como G. Barbaglio reconhece[877].

Também para Schlier, Rm 5-8, segundo ele a seção mais importante da Carta, é independente de Rm 1-4. Utilizando-se da estatística do uso de termos ligados ao campo semântico do tema da justificação pela fé tão recorrente em Rm 1-4, afirma que este vem abandonado em Rm 5-8. No entanto, ao se analisar tais estatísticas que dariam base à sua afirmação percebe-se por exemplo que δίκαιος, o qual apareceu em Rm 1,17; 2,13; 3,10.26, reaparece também em Rm 5,7.19 em referência ao ser humano; o termo δικαίωσις que está em Rm 4,25, se encontra também em Rm 5,18; δικαίωμα, que por sua vez, está presente em Rm 1,32; 2,26 e aparece em Rm 5,16.18. Tais exemplos da utilização deste campo semântico em Rm 5-8 fazem-no reconhecer a existência de uma ramificação do tema da justificação pela fé neste bloco[878].

Note-se, também, que Schlier entende que Rm 5-8 tem os seus pressupostos no bloco que o precede e ao mesmo tempo tem a função de desenvolver o tema predominante no bloco anterior. Ou seja, o evento da justificação pela fé possibilitada pela obra salvífica de Jesus Cristo, no entanto, em relação aos dons que tal justificação proporciona àquele que crê[879].

A que conclusão se pode chegar diante do que foi exposto? Para responder esta questão é importante ter presente as observações acima colocadas por O. Kuss, R. Penna, H. Schlier e J. D. Dunn a respeito do papel singular que o capítulo V ocupa no seu contexto, as quais mesmo dizendo respeito a todo o capítulo onde a perícope está inserida, podem iluminar a pesquisa a respeito da função de Rm 5,12-21.

Dito isto, retornando-se à discussão a respeito da função de Rm 5,12-21, afirma-se que, mesmo defendendo-se a ideia de que Rm 5-8 forma uma nova unidade literária, deve-se, no entanto, notar a função especial que ocupa tal perícope no seu contexto.

---

876. BARBAGLIO, G., Teologia Paolina, p. 597

877. BARBAGLIO, G., Teologia Paolina, p. 597

878. SCHLIER, H., Commento Teologico del Nuovo Testamento, p. 239.

879. SCHLIER, H., Commento Teologico del Nuovo Testamento, p. 238-239.

O texto de Rm 1,18-3,20 quer demonstrar que todos estão sob o jugo do pecado, judeus e gregos. A outra parte deste bloco, Rm 3,21-4,25, trata da justificação trazida por Jesus Cristo, independentemente da Lei, por meio da fé, para todos, judeus e gregos. Não se pode deixar de ver que Rm 5,12-21 praticamente resume estes dois temas e repete-os de modo simplificado em forma de *synkrisis*. Tem-se até mesmo a impressão de que em Rm 1,18-4,25 as duas unidades temáticas antecipam o paralelismo antitético. Além do que foi posto, recorda R. Penna, a respeito de Rm 5, e J.-N. Aletti, referindo-se a Rm 8,31-39, que uma das características dos epílogos ou *perorationes* é a recapitulação, exatamente o que realiza Rm 5,12-21 em relação aos capítulos I-IV, como se demonstrou[880]. Isto vem confirmado por Barbaglio:

> De certo modo Paulo voltou a prospectar a ação salvadora de Cristo, já apresentada em 3,21-26, sobre o pano de fundo da perspectiva apocalíptica da humanidade dominada pelo pecado e destinada à condenação eterna de 1,18-3,20, sobretudo na sua conclusão em 3,9 e 19: todos sob o domínio do Pecado; todo o mundo culpado diante de Deus[881].

Com isso não se quer negar de modo algum a ligação de Rm 5,12-21 com os capítulos 6 a 8. Isto seria impossível diante dos contatos semânticos entre a perícope e o bloco que a segue:

O termo νόμος que aparece em 5,13.20, repete-se em 6,14.15; 7,1.2.3. 4.5.6.7.8.9.12.14.16.21.22.23.25; 8,2.3.4.7. A palavra ἁμαρτία que ocorre em 5,12.13.20.21, repete-se em 6,1.2.7.10.11.12.13.14.16.17.18.20.22.23; 7,5.7.8.9.11. 13.14.17.20.23.25; 8,2.3.10. Outro exemplo tem-se com o termo θάνατος. Este, que na perícope estudada aparece em 5,12.14.17.21, volta em 6,3.4.5.9.16.21.23; 7,5.10.13.24; 8,2.6.38. A palavra χάρις que aparece em 5,15.16.17.20.21, está também em 6,1.14.15.17;7,25. Por sua vez ζωη, que está em 5,17.18.21 reaparece em 6,4.22.23; 7,10; 8,2.6.10.38[882].

Com base nisto, deve-se concordar com J.-N. Aletti quando afirma que Rm 5,12-21 contém uma *narratio* (Rm 5,12-19) precedida por um *exordium* (Rm 5,1-11). Tal *narratio* tem a função de dar base à *propositio* que está em Rm 5,20-21, a qual vai ser desenvolvida nos capítulos VI-VIII. Para Aletti Rm 5,12-19, mesmo não contendo nada de narrativo, contém indiscutivelmente as *semina propositionum*, o que é uma característica inconfundível das *narrationes*. "Paulo mais uma

---

880. ALLETI, J.-N., Romanos, p. 1447.
881. BARBAGLIO, G., Teologia Paolina, p. 603.
882. ALETTI, J.-N., Romains 5,12-21, p. 30.

vez mostra sua originalidade, sua maneira própria de conduzir o leitor às questões que quer debater"[883].

Tal originalidade, no entanto, é bem maior do que tudo o que foi exposto até este ponto. Se de um lado a *narratio* resume o que foi dito em Rm 1,18-4,25, ao mesmo tempo dá base às afirmações do bloco que a precede e as faz inteligíveis.

Em Rm 5,12-21, vêm esclarecidas as afirmações da primeira parte da argumentação sobre o pecado (Rm 1,18-3,20). Em primeiro lugar vem eliminada toda possibilidade de se interpretar a universalidade do pecado como consequência de um defeito da natureza do ser humano, como algo inerente ao Criador ou a qualquer força a-histórica. Tal situação é consequência de ato livre do ser humano, ou seja, da desobediência, da transgressão de um só homem, através da qual o pecado entrou no mundo.

Além disso, como apontado acima quando se aplicou o critério da "Coerência Temática" para a validação das alusões, Paulo usa o fato de que a tradição judaica aceite que um só homem possa ser mediador da entrada do pecado no mundo, pecado este que atingiu todos os seres humanos, para construir através da argumentação *qal wahomer* e em combinação com outra ideia também presente em correntes do judaísmo, a *narratio* contida na perícope paulina estudada, a qual demonstra a possibilidade de um só homem ser instrumento para a redenção de todo o gênero humano. Deste modo, se Deus permitiu que por um só homem o pecado, e pelo pecado a morte, pudesse ter feito seu ingresso no mundo, com muito mais razão, permitiu também que um só homem possa ser o mediador da salvação de toda a humanidade:

> Portanto, como através de uma transgressão veio para todos os homens a condenação, assim através da justiça de um veio para todos a justificação da vida. Como, de fato, através da desobediência de um homem pecadores foram constituídos os muitos, assim também através da obediência de um, justos serão constituídos os muitos (Rm 5,18-19).

Demonstra-se assim, que, de fato, além de conter uma *narratio* que resume o que foi dito em Rm 1,18-4,25 e uma *subpropositio* que será desenvolvida em Rm 6-8, Rm 5,12-21 tem a função de esclarecer certos aspectos de temas anteriormente apresentados e trazer argumentos que alicercem a afirmação da primeira seção do bloco sobre a salvação trazida a todos por um só homem: Jesus Cristo (Rm 1,16-17; 3,21-28).

---

883. ALETTI, J.-N., Romains 5,12-21, p. 31.

Deste modo, tendo-se presente todos os argumentos expostos e deixando de lado as rigorosas estruturas, às quais alguns tendem a querer enquadrar o texto, pode-se afirmar que Rm 5,12-21 é o elo entre as duas seções que compõem os oito primeiros capítulos da Carta aos Romanos.

3. Uso de Is 52,13-53,12 em Rm 5,12-21

3.1. Análise do uso interpretativo de Is 52,13-53,12 em Rm 5,12-21

Nesse passo metodológico proposto por G. K. Beale, busca-se interpretar sob os vários ângulos da exegese a perícope neotestamentária em que ocorre a alusão a exemplo do que foi realizado com o texto veterotestamentário aludido. Feito isso, por fim, buscar-se-á determinar sob qual categoria hermenêutica Paulo utilizou Is 52,13-53,12 em Rm 5,12-21[884].

3.1.1. Análise do contexto imediato da alusão em Rm 5,12-21

3.1.1.1. Segmentação e tradução de Rm 5,12-21

12a Διὰ τοῦτο ὥσπερ δι' ἑνὸς ἀνθρώπου ἡ ἁμαρτία εἰς τὸν κόσμον εἰσῆλθεν	12a Por isso, como por um homem o pecado entrou no mundo
12b καὶ διὰ τῆς ἁμαρτίας ὁ θάνατος,	12b e, através do pecado, a morte,
12c καὶ οὕτως εἰς πάντας ἀνθρώπους ὁ θάνατος διῆλθεν,	12c e assim a morte passou a todos os homens,
12d ἐφ' ᾧ πάντες ἥμαρτον	12d porque todos pecaram.
13a ἄχρι γὰρ νόμου ἁμαρτία ἦν ἐν κόσμῳ,	13a Antes, de fato, da lei havia pecado no mundo.
13b ἁμαρτία δὲ οὐκ ἐλλογεῖται μὴ ὄντος νόμου,	13b O pecado, no entanto, não é imputado não havendo lei,
14a ἀλλὰ ἐβασίλευσεν ὁ θάνατος ἀπὸ Ἀδὰμ μέχρι Μωϋσέως	14a mas a morte reinou desde Adão até Moisés
14b καὶ ἐπὶ τοὺς μὴ ἁμαρτήσαντας ἐπὶ τῷ ὁμοιώματι τῆς παραβάσεως Ἀδὰμ	14b também sobre os que não pecaram à semelhança da desobediência de Adão,

---

884. BEALE, G. K., Handbook on the New Testament Use of the Old Testament, p. 50-52.

14c ὅς ἐστιν τύπος τοῦ μέλλοντος	14c o qual é tipo do que devia vir.
15a Ἀλλ' οὐχ ὡς τὸ παράπτωμα, οὕτως καὶ τὸ χάρισμα·	15a Mas não [acontece] com a transgressão o mesmo que com a dádiva.
15b εἰ γὰρ τῷ τοῦ ἑνὸς παραπτώματι οἱ πολλοὶ ἀπέθανον,	15b Se, de fato, pela transgressão de um muitos morreram,
15c πολλῷ μᾶλλον ἡ χάρις τοῦ θεοῦ καὶ ἡ δωρεὰ ἐν χάριτι τῇ τοῦ ἑνὸς ἀνθρώπου Ἰησοῦ Χριστοῦ εἰς τοὺς πολλοὺς ἐπερίσσευσεν.	15c muito mais a graça de Deus e o dom gratuito de um homem, Jesus Cristo, para muitos abundou.
16a καὶ οὐχ ὡς δι' ἑνὸς ἁμαρτήσαντος τὸ δώρημα·	16a E não [acontece] como por um [só] que pecou, [o mesmo que com] o dom.
16b τὸ μὲν γὰρ κρίμα ἐξ ἑνὸς εἰς κατάκριμα,	16b Por um lado, de fato, o julgamento [veio] a partir de um para a condenação,
16c τὸ δὲ χάρισμα ἐκ πολλῶν παραπτωμάτων εἰς δικαίωμα.	16c Por outro lado, a dádiva a partir de muitas transgressões [conduziu] à justificação.
17a εἰ γὰρ τῷ τοῦ ἑνὸς παραπτώματι ὁ θάνατος ἐβασίλευσεν διὰ τοῦ ἑνός,	17a Se, de fato, pela transgressão de um a morte reinou através de um [só],
17b πολλῷ μᾶλλον οἱ τὴν περισσείαν τῆς χάριτος καὶ τῆς δωρεᾶς τῆς δικαιοσύνης λαμβάνοντες ἐν ζωῇ βασιλεύσουσιν διὰ τοῦ ἑνὸς Ἰησοῦ Χριστοῦ.	17b muito mais os que recebem a profusão da graça e do dom da justificação para a vida reinarão através de um, Jesus Cristo.
18a Ἄρα οὖν ὡς δι' ἑνὸς παραπτώματος εἰς πάντας ἀνθρώπους εἰς κατάκριμα,	18a Portanto, como através de uma transgressão [veio] para todos os homens a condenação,
18b οὕτως καὶ δι' ἑνὸς δικαιώματος εἰς πάντας ἀνθρώπους εἰς δικαίωσιν ζωῆς[885]	18b assim também, através de um ato de justiça, [veio] para todos os homens a justificação para a vida
19a ὥσπερ γὰρ διὰ τῆς παρακοῆς τοῦ ἑνὸς ἀνθρώπου ἁμαρτωλοὶ κατεστάθησαν οἱ πολλοί,	19a Como, de fato, através da desobediência de um homem, muitos foram constituídos pecadores,

---

885. BLASS, F. W.; DEBRUNNER, A., Grammatica del Greco del Nuovo Testamento, § 166,1.

19b οὕτως καὶ διὰ τῆς ὑπακοῆς τοῦ ἑνὸς δίκαιοι κατασταθήσονται οἱ πολλοί.	19b assim também, através da obediência de um, muitos serão constituídos justos.
20a νόμος δὲ παρεισῆλθεν, ἵνα πλεονάσῃ τὸ παράπτωμα·	20a A lei interveio para que abundasse a transgressão,
20b οὗ δὲ ἐπλεόνασεν ἡ ἁμαρτία, ὑπερεπερίσσευσεν ἡ χάρις,	20b mas onde abundou o pecado, superabundou a graça
21a ἵνα ὥσπερ ἐβασίλευσεν ἡ ἁμαρτία ἐν τῷ θανάτῳ,	21a para que como o pecado reinou para a morte,
21b οὕτως καὶ ἡ χάρις βασιλεύσῃ διὰ δικαιοσύνης εἰς ζωὴν αἰώνιον διὰ Ἰησοῦ Χριστοῦ τοῦ κυρίου ἡμῶν.	21b assim também a graça reinasse por meio da justificação para a vida eterna através de Jesus Cristo nosso Senhor.

3.1.1.2. Crítica textual

Para a crítica textual de Rm 5,12-21 tomar-se-á as variantes a partir da 28ª Edição Crítica do *Novum Testamentum Graece* de Nestle-Aland[886]. Em quase todas as variantes há poucos testemunhos, além do que a alguns dos manuscritos que as apresentam falta antiguidade e/ou boa qualidade. Nestes casos opta-se pela leitura proposta pela edição crítica.

No v. 12c em alguns manuscritos falta um sujeito para διῆλθεν. A omissão de ὁ θάνατος ocorre no código D (D^p ou 06, Codex Claromontanus[887], séc. VI). Outros que a apresentam são o F (Codex Augiensis[888]) e o G (Codex Boernerianus[889]), ambos textos ocidentais que remontam ao séc. IX.

Note-se também que a omissão do equivalente de ὁ θάνατος além de ocorrer no *Ambrosiaster* como se vê no aparato crítico, se dá quando este versículo é citado por Ambrósio[890] e Agostinho[891], provavelmente por influência dos ma-

---

886. NESTLE, E.; ALAND, K. (ed.), Novum Testamentum Graece.
887. Cat. Aland II.
888. Cat. Aland II.
889. Cat. Aland III.
890. AMBRÓSIO DE MILÃO, Expositio Evangelii secundum Lucam, 4, 67: PL 15, 1632c.
891. AGOSTINHO DE HIPONA, De peccatorum meritis et remissione et de baptismo parvulorum ad Marcellinum, I, 9, 9: PL 44, 114.

nuscritos das antigas traduções latinas da Bíblia, agrupadas sob o título de *Vetus latina* ou *Itala* onde também ocorre a omissão.

Pela importância deste versículo para a Teologia não se pode deixar de dar um juízo a respeito de tal omissão. Partindo da crítica externa, levando-se em conta a pouca antiguidade e confiabilidade dos manuscritos que atestam as variantes, e o fato de todos os manuscritos que atestam a omissão de ὁ θάνατος estarem limitados ao Ocidente, o que leva a crer que se influenciaram uns aos outros, opta-se pela leitura ὁ θάνατος διῆλθεν.

Pela ligação literária entre eles, as variantes dos vv. 13 e 14 serão tratadas em conjunto. São três as variantes apresentadas pelo aparato crítico da 28ª edição do *Novum Testamentum Graece* no que diz respeito ao verbo ἐλλογέω na sua forma médio-passiva presente ἐλλογεῖται como aparece no texto da edição crítica do v. 13b:

- Na primeira, corretores do Código Sinaítico (a¹, corretores do séc. IV a VI[892]), substituíram ἐλλογεῖται pela forma ἐλλογαται que é simplesmente uma contração de ἐλλογεῖται. Tal variante é atestada também no manuscrito em minúsculas 1881[893] do séc. XIV do Mosteiro de Santa Catarina no Sinai.
- A segunda é a forma ἐλλογατο (aoristo passivo) a qual aparece no Código Alexandrino[894] do séc. V e no código minúsculo 1505[895] que atesta esta leitura com alguma pequena variação, datado de 1084 d.C. do monte Athos.
- Uma terceira é uma correção da leitura original do Código Sinaítico[896]. A substituição é pela forma ἐνελογεῖτο (imperfeito médio-passivo) e vem acompanhado pela maioria das antigas versões latinas (*Vetus latina*) e pela *Editio Clementina* da Vulgata de 1592 com o equivalente *imputabatur*.

Outra variante a ser tratada é a omissão da partícula negativa μὴ do v. 14b testemunhada pelo manuscrito 614[897] do séc. XIII e também nas correções de leituras originais dos manuscritos minúsculos 1739[898] do séc. X, 2495[899], datado

---

892. Cat. Aland I.
893. Cat. Aland II.
894. Cat. Aland I.
895. Cat. Aland III.
896. Cat. Aland I.
897. Cat. Aland III.
898. Cat. Aland I.
899. Cat. Aland III.

entre os séc. XIV e XV, e na versão latina do séc. V. Ocorre também a omissão da partícula negativa na versão latina m do séc. X, em parte das citações de Orígenes e no *Ambrosiaster*.

Quanto à crítica interna dos dois casos precedentes, ou seja, as variantes do verbo ἐλλογέω no v. 13b e a omissão da partícula negativa μὴ no v. 14b, observa-se que em Rm 5,12-14 encontra-se um exemplo do estilo de argumentação rabínica[900]:

Em Rm 5,12 Paulo expõe um enunciado:
12a Por isso, como por um homem o pecado entrou no mundo
12b e através do pecado a morte,
12c e assim a morte passou a todos os homens,
12d porque todos pecaram.

Depois se tem uma repetição em Rm 5,13a do tema anunciado no versículo precedente:
13a Antes, de fato, da lei havia pecado no mundo.

Em seguida, em Rm 5,13b tem-se uma possível objeção ao que foi dito:
13b O pecado, no entanto, não é imputado não havendo lei.

Como conclusão, tem-se a resposta em Rm 5,14:
14a Mas a morte reinou desde Adão até Moisés
14b também sobre os que não pecaram à semelhança da desobediência de Adão,
14c o qual é tipo do que devia vir.

O versículo 13b, portanto, é um princípio utilizado dentro da argumentação que segue o modelo do diálogo rabínico como possível contestação à afirmação paulina de que havia pecado no mundo antes da Lei. Deste modo, a melhor opção para a exposição deste princípio é a forma médio-passiva presente no texto da edição crítica como preferível e de forma contraída na primeira variante.

No que diz respeito à crítica externa, não obstante a qualidade de alguns manuscritos que trazem as variantes, como por exemplo o Código Sinaítico no primeiro caso e o Alexandrino no segundo, a escassez de testemunhos que as atestem faz com que se opte pela leitura proposta pela edição crítica, ou seja, a forma ἐλλογεῖται

Quanto à omissão da partícula negativa μὴ do v. 14b, tem-se neste versículo a resposta à contestação do versículo anterior com a constatação de um simples fato, ou seja, "reinou a morte desde Adão até Moisés também sobre os que não pecaram à semelhança da transgressão de Adão". Tendo presente que a construção proposta pelo aparato crítico melhor se adapta à linha argumentativa desenvolvi-

---

900. MONTAGNINI, F., Rom 5,12-14 alla luce del dialogo rabinico, p. 23.

da pelo Apóstolo, pode-se dizer que esta leitura é preferível àquela proposta pela variante.

Passando à crítica externa, pela pouca qualidade e antiguidade dos manuscritos que testemunham a variante, com exceção das citações de Orígenes e do *Ambrosiaster* no que se refere à antiguidade, opta-se pela leitura proposta pela edição crítica.

Em 16a ocorre a substituição do particípio aoristo genitivo ἁμαρτήσαντος pelo substantivo no genitivo ἁμαρτήματος em D (Codex Claromontanus[901], séc. VI), F (Codex Augiensis[902], séc. IX) e em G (Codex Boernerianus[903], séc. IX) e em 16c a inserção de ζωῆς depois de δικαίωμα em D (Codex Claromontanus[904], séc. VI) e do equivalente latino em alguns manuscritos da Vulgata. A primeira variante parece ser uma harmonização ao contexto no qual aparecem vários substantivos em -μα[905]. No entanto, pela pouca antiguidade e qualidade dos manuscritos que atestam tal variação opta-se pela leitura da edição crítica. O acréscimo de ζωῆς 16c, por sua vez, parece ser influenciado pela construção semelhante à variante que se dá em 18c: εἰς δικαίωσιν ζωῆς. Pelo fato desta variante ser testemunhada somente pelo código D (Codex Claromontanus[906], séc. VI) e por alguns manuscritos da Vulgata, opta-se pela leitura testemunhada por todos os outros manuscritos.

Em 17a τῷ τοῦ ἑνὸς vem substituído por ἐν ἑνὸς nos manuscritos minúsculos 1739[907] do séc. X e 1881[908] do séc. XIV e pelo equivalente latino na versão latina m do séc. X e na Vulgata Stuttgartiensis de 1983, a substituição ocorre também em Orígenes. Vem substituído por ἐν ἑνὶ em A (Codex Alexandrinus[909], séc. V), F (Codex Augiensis[910], séc. IX) e G (Codex Boernerianus[911], séc. IX) e por ἐν τῷ ἑνὶ em D (Claromontanus[912], séc. VI). Em todos estes casos, recorrendo-se

---

901. Cat. Aland II.
902. Cat. Aland II.
903. Cat. Aland III.
904. Cat. Aland II.
905. PENNA, R., Lettera ai Romani, introduzione, versione, commento, p. 364.
906. Cat. Aland II.
907. Cat. Aland I.
908. Cat. Aland II.
909. Cat. Aland I.
910. Cat. Aland II.
911. Cat. Aland III.
912. Cat. Aland II.

à crítica externa, pela pouca atestação das variantes, opta-se pela leitura proposta pela edição crítica.

Último caso a ser analisado é o do desconforto causado pelos genitivos independentes seguidos τῆς δωρεᾶς τῆς δικαιοσύνης no v. 17b, o qual levou os copistas a modificar o sintagma:

- Substituindo o genitivo pelo acusativo τὴν δωρεὰν em 6[913] do séc. XIII e 104[914] de 1087 d.C.
- Ou adicionando καί. depois de τῆς δωρεᾶς em Y (Codex Athous Lavrensis[915], séc. VIII-IX), 0221[916] do séc. IV, 365[917] do séc. XIII, 1505[918] de 1084 d.C., e o equivalente latino na Vulgata e parte da *Vetus latina* e o siríaco em todos os manuscritos siríacos.
- Ou omitindo τῆς δωρεᾶς como fazem B (Codex Vaticanus, séc. IV), o manuscrito copta sahídico do séc. VIII, a versão latina de Ireneu e o *Ambrosiaster*.
- C (Codex Ephraemi[919], séc. V) omite τῆς δικαιοσύνης.

Porém, levando-se em conta o critério da crítica textual interna segundo o qual se deve escolher sempre a leitura mais difícil à mais fácil, e levando-se em conta também o critério da quantidade, confiabilidade e a antiguidade dos manuscritos que testemunham as variantes, opta-se pela leitura τῆς δωρεᾶς τῆς δικαιοσύνης

3.1.1.3. Análise semântica

Como no passo metodológico referente à análise de termos da perícope veterotestamentária, também em relação ao texto neotestamentário a metodologia não pede uma análise lexicográfica, mas busca-se neste item dirimir algum problema de caráter semântico ou analisar termos que mereçam uma atenção especial por sua importância para a compreensão da perícope e, consequentemente, da alusão estudada[920].

---

913. Cat. Aland III.
914. Cat. Aland III.
915. Cat. Aland III.
916. Cat. Aland III.
917. Cat. Aland III.
918. Cat. Aland III.
919. Cat. Aland II.
920. BEALE, G. K., Handbook on the New Testament Use of the Old Testament, p. 44.

3.1.1.3.1. O termo ἁμαρτία

A ideia de pecado nas Escrituras de Israel é expressa de vários modos e com diferentes matizes, os quais nem sempre conseguem ser abrangidos pelas opções de tradução adotadas pela Septuaginta e pela Vulgata. Por exemplo, os termos אשם e עָוֹן, os quais trazem a ideia de "culpa", "dano a ser reparado", "defeito", vêm traduzidos pela Septuaginta por palavras do campo semântico de ἁμαρτία, ἀδικία e ἀνομία, os quais não conseguem exprimir as ideias subjacentes aos termos hebraicos[921].

No entanto, tal dificuldade de tradução se deve, mais do que à imperícia dos tradutores, à própria língua hebraica, sendo que os termos para culpa, transgressão, delito, ofensa em hebraico não se limitam exclusivamente à linguagem religiosa ou teológica, de modo que se possa dizer que algum deles é um perfeito equivalente do conceito de "pecado"[922].

No que diz respeito especificamente ao termo ἁμαρτία, é utilizado para traduzir na Septuaginta com maior frequência o termo hebraico חטאת; e o faz duzentos e trinta e oito vezes. O termo עָוֹן, por sua vez, vem traduzido por ἁμαρτία setenta vezes. Além disso, ἁμαρτία traduz trinta e sete vezes os derivados da raiz חטא[923].

É exatamente na Septuaginta que ἁμαρτία se afasta do uso que lhe era próprio e obtém uma conotação

> moral e religiosa, que lhe faltava no mutável uso grego comum e naquele "trágico" de Aristóteles, e exprime assim um conceito no qual a culpa é reconhecida como algo que brota da vontade, da má intenção, ou seja, de uma consciente separação e confronto com Deus. E pelo fato de que a mais vaga e genérica palavra usada na linguagem profana a significar "erro" (...) foi escolhida para exprimir a inexorável ideia bíblica do pecado, ela obteve maior peso que todos os seus sinônimos, e se tornou apta a exprimir a relação do pecado com Deus muito mais nitidamente (...)[924].

O conceito de ἁμαρτία no Novo Testamento – onde também pode significar um ato singular, uma característica da natureza humana ou uma potência personificada – passa por uma transformação, obtendo uma conotação que contrasta

---

921. QUELL, G., ἁμαρτάνω, col. 715-718.
922. QUELL, G., ἁμαρτάνω, col. 723.
923. QUELL, G., ἁμαρτάνω, col. 719.
924. STÄHLIN, G., ἁμαρτάνω, col. 796-797.

com todas as precedentes, sendo às vezes entendida como "uma força que afasta o homem de Deus e o impulsiona à hostilidade contra ele"⁹²⁵.

No que diz respeito à personificação de ἁμαρτία no Novo Testamento, isto ocorre com maior frequência em Rm 5-7. O pecado como um ator entra em cena no mundo (Rm 5,12). Estava morto (Rm 7,8), mas, tomou vida (Rm 7,9). Habita no ser humano (Rm 7,17.20) e produz a paixão (Rm 7,5) e a concupiscência (Rm 7,8). Apodera-se do ser humano, o qual, sem Cristo, está submetido a ele (πάντας ὑφ' ἁμαρτίαν, Rm 3,9) tornando-se seu escravo (Rm 6,16.20)⁹²⁶.

No entanto, para Paulo, é somente a partir da cruz de Cristo que se revela a realidade do pecado. Esta é a premissa para que se possa compreender o pensamento paulino sobre tal realidade, pensamento esse que se pode resumir em dois princípios. O primeiro deles é que a obra de Cristo diz respeito ao ser humano enquanto pecador. O segundo afirma que essa obra consiste na libertação do ser humano, enquanto "o livra desse seu modo de ser e o renova a partir dos seus alicerces⁹²⁷.

3.1.1.3.2. O termo χάρις

O uso linguístico de χάρις se fundamenta na sua afinidade com o verbo χαίρω, sendo que, "aquilo que alegra, por um lado, é a condição que suscita a alegria, e, por outro, é a ação que a prepara"⁹²⁸. Para entender a relação de intercâmbio de χάρις com χαίρω é necessário ter presente o modo particular como os antigos gregos se relacionavam com o mundo. Neste contexto "χάρις é a natureza agradável, a graça, que se apreende não a partir do que é belo, mas a partir da alegria que o belo difunde (...); ela é uma condição cheia de alegria, o favor do destino (...), o aspecto fascinante das pessoas (...)"⁹²⁹.

No helenismo, χάρις se torna o efeito do fascínio, ou seja, o "encantamento amatório". O seu uso pode expressar também um sentimento, uma sensação como a simpatia, e, além disso, pode ser compreendido como a manifestação dessa simpatia em atos concretos, na cortesia e na complacência⁹³⁰.

---

925. STÄHLIN, G., ἁμαρτάνω, col. 797.
926. STÄHLIN, G., ἁμαρτάνω, col. 800.
927. STÄHLIN, G.; GRUNDMANN, W., ἁμαρτάνω, col. 837.
928. CONZELMANN, H., χάρις, col. 529.
929. CONZELMANN, H., χάρις, col. 530.
930. CONZELMANN, H., χάρις, col. 531.

Na época clássica o termo χάρις é largamente utilizado. Nesse contexto também significa o favor dos deuses, não assumindo, no entanto, o matiz religioso um papel central. Pode ser entendido como complacência, favor, alegria, prazer, reconhecimento. Em Aristóteles é compreendido como gratuidade no serviço aos outros[931].

Na Antiguidade tardia, o entendimento do termo χάρις se desenvolve em duas direções, mostrando-se tal desenvolvimento de particular interesse para o Novo Testamento. De um lado se torna uma expressão que denota uma demonstração de "favor" por parte do soberano. Tem no plural o sentido de "dom" como δωρεαί. Pode significar também uma "concessão de graça" em um processo[932]. Por outro lado, χάρις se torna uma força, a qual é até mesmo personificada[933]. Em um processo de grande transformação esse conceito que continha a ideia de força sobrenatural, a força do amor, do juramento, se torna uma "potência que provém do mundo superior, uma qualidade religiosa"[934].

Na Septuaginta o termo χάρις traduz o hebraico חֵן[935], que, porém, desde cedo é muito menos difuso que a raiz verbal חנן[936], a qual

> não exprime somente um sentimento benévolo, uma disposição interior da qual provém, como consequência, atos concretos de socorro como algo distinto; significa mais do que isso a atitude de uma pessoa que se volta ao outro com um determinado ato de bondade (...). Segundo o Sl 119,29, o Senhor faz graça dando a sua Lei[937].

No entanto, a raiz verbal חנן não tem em si mesmo um caráter teológico. Mesmo assim, das cinquenta e seis vezes que vem utilizada, em quarenta e uma delas o sujeito é o Senhor. Dessas quarenta e uma vezes, vinte e seis estão no Livro dos Salmos, onde no imperativo, na forma da invocação "tem misericórdia", ocorre dezenove vezes[938].

O substantivo חֵן, porém, vem pouco utilizado nos Salmos, sendo este um dado revelador de que este termo "conserve bem pouco do significado de 'graça

---

931. CONZELMANN, H., χάρις, col. 533-534.
932. CONZELMANN, H., χάρις, col. 535-536.
933. CONZELMANN, H., χάρις, col. 537-538.
934. CONZELMANN, H., χάρις, col. 538.
935. ZIMMERLI, W., χάρις, col. 538.
936. ZIMMERLI, W., χάρις, col. 539.
937. ZIMMERLI, W., χάρις, col. 540.
938. ZIMMERLI, W., χάρις, col. 542.

divina', com tudo aquilo que isso comporta"[939]. Ocorre somente duas vezes: uma no Sl 84,12, onde se diz que o Senhor concede graça e glória e outra no Sl 45,3 para falar da graça difusa sobre os lábios do esposo real[940].

No entanto, para compreensão do uso neotestamentário de χάρις não seria muito proveitoso partir do termo veterotestamentário חן. O seu uso em Lucas poderia recordar o termo hebraico, mas "onde isso ocorre, χάρις não é um conceito teológico"[941].

Em Paulo, χάρις, sendo o termo que melhor exprime a sua ideia do evento salvífico, ocupa um lugar central. Utilizado na maioria das vezes no singular, nem sempre, porém, traz o sentido específico que assume na doutrina paulina da graça (1Ts 5,28; Rm 1,7; 6,17; 7,25; 1Cor 15,57; 16,13)[942].

Naquilo que é específico da compreensão paulina de graça, o Apóstolo salienta o aspecto da benevolência concedida gratuitamente, destacando a liberdade do dom (Rm 3,24-25; 5,15.17), estando o foco não na natureza divina, mas na manifestação histórica da salvação através de Jesus Cristo. Paulo fala "não do 'Deus benévolo', mas da graça que é realizada na cruz de Cristo"[943], a qual vem atualizada pelo anúncio do Evangelho. O evento da cruz de Cristo vem identificado com χάρις, o favor de Deus, dando a esse evento um valor absoluto[944].

A potência da graça se mostra na vitória sobre o pecado como se vê em Rm 5,20, onde a superabundância da graça não se refere a algo quantitativo, mas qualitativo-estrutural:

> No que se refere ao pecado e à morte, que é o seu fruto, ela não só é superior, mas também estruturalmente diversa, porque não irrompe de modo fatal, como a morte; é, ao contrário, uma escolha livre (Rm 11,5s) e, portanto, quantitativamente considerada, constitui uma exceção[945].

3.1.1.4. Crítica lexical e gramatical

Nesta etapa metodológica busca-se, seguindo a proposta de G. K. Beale, identificar as particularidades lexicais e gramaticais do texto paulino e, ao mesmo

---

939. ZIMMERLI, W., χάρις col. 549.
940. ZIMMERLI, W., χάρις, col. 549.
941. CONZELMANN, H., χάρις, col. 577.
942. CONZELMANN, H., χάρις, col. 581-583.
943. CONZELMANN, H., χάρις, col. 584.
944. CONZELMANN, H., χάρις, col. 584.
945. CONZELMANN, H., χάρις, col. 587-588.

tempo, entender que lugar ocupam as alusões a Is 53,11-12 no fluxo da perícope paulina[946].

A perícope começa com a locução διὰ τοῦτο que a liga àquela anterior. De fato, para R. Penna, tal locução

> funciona como um gancho com o que foi apenas dito e, ao mesmo tempo, como junção sintática no interior da mesma argumentação, mas não como abertura de uma seção totalmente nova. Esta simples observação gramatical é muito importante para que se possa compreender o exato ângulo semântico dos vv. 12-21: eles mantêm o modelo cristológico da seção imediatamente precedente. De modo que, desde agora se pode ver que na nova seção se acentuará aquilo que Cristo realizou, muito mais do que foi feito por Adão[947].

No v. 12, o pensamento vem interrompido. Faz-se necessário esclarecer alguns aspectos sem os quais seria impossível uma verdadeira compreensão da ideia que Paulo deseja apresentar. Por isso, no v. 12, existe um anacoluto, ou seja, uma frase subordinada, a qual vem iniciada com a conjunção subordinativa ὥσπερ, "como", sem a frase principal, ou seja, uma prótase sem apódose.

Quanto ao ἐφ' ᾧ de Rm 5,12d considera-se uma locução conjuntiva, como vem entendido em 2Cor 5,4 e Fl 3,12[948], com sentido causativo[949].

Destaca-se aqui, como foi exposto anteriormente, que Paulo nos vv. 12-14, seguindo o estilo da argumentação rabínica[950], antes de prosseguir a argumentação, responde a uma possível objeção a respeito da imputabilidade da transgressão quando não existe a lei, com a exposição de um simples fato: a morte imperou de Adão a Moisés, mesmo sobre aqueles que não pecaram de modo semelhante à transgressão de Adão, ou seja, mesmo sobre aqueles que não transgrediram uma lei positiva[951].

O v. 15 vem ligado ao precedente com um adversativo ἀλλα,[952] colocando-se em nítido contraste com a afirmação ὅς ἐστιν τύπος τοῦ μέλλοντος do v. 14 com que se conclui a argumentação anterior. Se Adão é a figura, o tipo daquele

---

946. BEALE, G. K., Handbook on the New Testament Use of the Old Testament, p. 51.
947. PENNA, R., Lettera ai Romani, introduzione, versione, commento, p. 369-370.
948. BLASS, F. W.; DEBRUNNER, A., Grammatica del Greco del Nuovo Testamento, § 235,3.
949. ZERWICK, M., Biblical Greek illustrated by examples, § 127.
950. MONTAGNINI, F., Rom 5,12-14 alla luce del dialogo rabinico, p. 23.
951. DALBESIO, A., Paolo di Tarso, p. 491.
952. BLASS, F. W.; DEBRUNNER, A., Grammatica del Greco del Nuovo Testamento, § 448.

que devia vir, dever-se-ia utilizar um οὕτως, "assim", correspondente ao ὥσπερ, "como" do v. 12 que daria continuidade à frase interrompida expondo-se agora a ação de Cristo e as suas consequências. No entanto, o Apóstolo continua tentando esclarecer o seu pensamento mostrando que não pode haver igualdade entre os dois polos da comparação, entre a influência de Adão e a de Cristo sobre a humanidade, entre a transgressão e o dom. Isto se percebe pela construção das frases: Ἀλλ' οὐχ ὡς ... οὕτως ...[953].

Nos vv. 15-17, as orações que visam demonstrar a superioridade de Cristo não têm a mesma estrutura. Os vv. 15 e 16 constam de uma afirmação (15a e 16a) e de uma motivação (15bc e 16bc), enquanto no v. 17 não se encontra uma afirmação, mas somente uma motivação, que entre os primeiros lexemas tem um γὰρ, presente também no início dos segmentos 15b e 16b, indício de que a motivação do v. 17 se refere às teses de 15a e 16a, isto é, à demonstração da desigualdade entre Adão e Cristo[954].

Também há diferença nos vv. 15-17 quanto à utilização da argumentação rabínica *qal wahomer*. Nos vv. 15 e 17 a utilização de πολλῷ μᾶλλον a torna explícita, enquanto que, no v. 16 aparece só implicitamente.

Deve-se dizer que é no v. 15, exatamente no início da comparação entre Adão e Jesus Cristo, que se encontra a primeira alusão a Is 53,11-12: "Se, de fato, pela transgressão de um muitos morreram, muito mais a graça de Deus e o dom gratuito de um homem, Jesus Cristo, para muitos abundou" (Rm 5,15bc). É após o πολλῷ μᾶλλον, sintagma que ressalta a superioridade do segundo polo da comparação em relação ao primeiro, que Paulo, utilizando-se da alusão, relaciona pela primeira vez na perícope Jesus Cristo à figura do Servo remetendo o pensamento do ouvinte ou do leitor ao "Quarto Cântico do Servo" e ao seu contexto.

A desigualdade entre os dois pontos da comparação e a superioridade da influência de Cristo também vêm demonstradas por outro fato literário. Na comparação, as orações subordinadas dizem respeito ao primeiro polo da comparação, enquanto as orações principais dizem respeito ao segundo[955].

Portanto, não existe igualdade entre os dois, a não ser no que se refere ao ponto exato da comparação: ἑνὸς – πάντες/οἱ πολλοὶ[956]. Por isso, só excepcionalmente ocorre o nome dos dois protagonistas na comparação entre eles. Adão no v. 14, e Jesus Cristo nos vv. 15.17, mas sempre como especificação de ἑνὸς.

---

953. SCHLIER, H., Commento Teologico del Nuovo Testamento, p. 287.

954. SCHLIER, H., Commento Teologico del Nuovo Testamento, p. 287-292.

955. RUIZ DE LA PEÑA, J. L., O Dom de Deus, p. 90.

956. BLASS, F. W.; DEBRUNNER, A., Grammatica del Greco del Nuovo Testamento, §§ 244; 245,1; 246,2.

Depois desse esforço literário para se esclarecer o ponto exato da comparação entre os dois polos, Paulo prossegue seu raciocínio nos vv. 18-19 com um ἄρα, "que denota uma conclusão tirada do que foi dito precedentemente"[957], e um οὖν[958], que "indica aqui, como em outros lugares, o retorno ao tema principal (depois de observações intermediárias), ou seja, no nosso contexto, o retorno a 5,12a-c"[959].

Deve-se destacar uma particularidade do segmento 18b, ou seja, o genitivo de finalidade ou de efeito do sintagma εἰς δικαίωσιν ζωῆς, o qual se deve entender como "justificação para a vida"[960].

No fluxo interno da perícope, é nesse ponto, ou seja, na conclusão da comparação entre Adão e Cristo, que se encontra a segunda alusão a Is 53,11-12: "Como, de fato, através da desobediência de um homem, muitos foram constituídos pecadores, assim também, através da obediência de um, muitos serão constituídos justos" (Rm 5,19ab). Mais uma vez os destinatários da Carta aos Romanos são convidados a ler o presente texto à luz do texto veterotestamentário aludido, o qual mostra a figura do Servo Sofredor que oferecendo a sua vida como reparação, torna-se mediador da justificação dos muitos. Como conclusão, Paulo forja a tese principal desta perícope, a qual se encontra nos vv. 20-21, sendo que esta será desenvolvida nos capítulos 6 a 8 de Romanos.

3.1.1.5. Crítica do gênero literário

Analisando-se a *dispositio rhetorica* de Rm 5,12-21, percebe-se que os vv. 12-19 têm a função de *narratio*, como já foi salientado, e, como tal, dão base a uma *propositio* contida nos vv. 20-21[961]. Diante disso, poder-se-ia perguntar se os vv. 12-19 pertencem a alguma variante do gênero literário narrativo.

Para responder essa questão deve-se determinar quais são as características de uma *narratio* e qual seria a sua função dentro do modelo retórico clássico. Segundo Aristóteles, esta consta de duas partes:

> uma que não depende da arte, já que o orador em nada é causa dos fatos que expõe, e outra que depende da arte. Esta última parte consiste em mostrar

---

957. SCHLIER, H., Commento Teologico del Nuovo Testamento, p. 295.
958. BLASS, F. W.; DEBRUNNER, A., Grammatica del Greco del Nuovo Testamento, § 451,7.
959. SCHLIER, H., Commento Teologico del Nuovo Testamento, p. 295.
960. BLASS, F. W.; DEBRUNNER, A., Grammatica del Greco del Nuovo Testamento, § 166,1.
961. ALETTI, J.-N., La présence d'un modèle rhétorique en Romains, p. 20-22.

que o fato existe ou que é incrível, ou que é tal ou tal, ou que tem tal importância, ou mesmo em expor todos estes caracteres a um tempo[962].

E mostrando como deve ser uma *narratio*, afirma:

> O que fica bem aqui não é nem a rapidez, nem a concisão, mas a justa medida. Ora, a justa medida consiste em dizer tudo quanto ilustra o assunto, ou prove que o fato se deu, que constituiu um dano ou uma injustiça, numa palavra, que ele teve a importância que lhe atribuímos[963].

Portanto, sendo, ao menos a primeira parte da perícope, uma *narratio*, a qual, segundo Aristóteles, é uma exposição detalhada de um determinado fato, poder-se-ia afirmar que pertence ao gênero narrativo. No entanto, para J.-N. Aletti, Rm 5,12-19 não contém nada de narrativo, tendo, porém, a função de *narratio* e sendo considerada como tal simplesmente por dar base a uma *propositio*[964].

Analisando, porém, o texto paulino em questão, percebe-se que Paulo não se atem meramente à retórica na sua elaboração, mas o seu texto é fruto também da utilização de procedimentos exegéticos judaicos, tornando-se, como toda a Carta, um compêndio das formas da exegese judaica e dos modelos literários então em vigor. Portanto, diante disso, se torna impossível enquadrá-lo em um gênero literário específico, devendo-se ao menos identificar as formas literárias utilizadas na sua composição.

No que diz respeito às manifestações literárias de índole judaica, marcantes nos escritos paulinos, destaca-se o paralelismo antitético. Tal paralelismo encontra-se constantemente nos escritos do Apóstolo, e, de modo especial, no texto objeto deste estudo[965].

No entanto, esse paralelismo se manifesta através de outra forma literária clássica: a *synkrisis*, ou seja, se manifesta através de uma comparação entre duas figuras, dois modos de ser e agir[966], que conforme a nomenclatura latina tem o nome de *comparatio*[967].

---

962. ARISTÓTELES, Arte retórica e arte poética, p. 260.
963. ARISTÓTELES, Arte retórica e arte poética, p. 260-261.
964. ALETTI, J.-N., Romains 5,12-21, p. 31.
965. DALBESIO, A., Paolo di Tarso, p. 40.
966. ALETTI, J.-N., Romains 5,12-21, p. 5.
967. PENNA, R., Lettera ai Romani, introduzione, versione, commento, p. 365.

O uso da *synkrisis* ou *comparatio* é "bem conhecido na retorica antiga, onde é fundamentalmente considerado como uma forma de *aúxesis* ou *amplificatio* (...)"[968].

Note-se também a semelhança de estilo entre o texto em questão e a exegese rabínica na utilização da argumentação *qal wahomer*, "do leve ao pesado" para destacar que o centro de interesse é a ação salvífica de Cristo (Rm 5,15.17)[969].

A influência da literatura apocalíptica também se faz notar na divisão da história em períodos, presente, por exemplo, em 4Esd e na perícope paulina estudada[970].

De fato, para o III capítulo de 4Esd a história humana é dividida em quatro períodos:

- período do paraíso (3,4-7a);
- período de Adão até a Lei (3,7b-17);
- período da Lei a Davi (3,18-22);
- período de Davi à construção do templo (3,23-27).

Paulo, por sua vez, em Rm 5,12-21 também vê a história dividida em quatro períodos:

- período dos progenitores (v. 12);
- período de Adão à promulgação da Lei (vv. 13-14);
- período que segue o ingresso da Lei (vv. 20-21);
- E antes mesmo de se referir ao terceiro período faz referência à época de Cristo (vv. 15-19)[971].

Em suma, diante do que foi exposto, reafirma-se, pela complexidade literária da perícope em questão e pela originalidade de Paulo na sua elaboração[972], que esta não se encaixa em nenhum gênero literário preestabelecido, mas é resultado da utilização de vários recursos literários tanto da literatura clássica como judaica, inclusive fazendo alusão a um texto também ímpar do ponto de vista literário e teológico das Escrituras de Israel.

---

968. PENNA, R., Lettera ai Romani, introduzione, versione, commento, p. 365.

969. DALBESIO, A., Paolo di Tarso, p. 482.

970. Deve-se dizer, porém, que o original de 4Esd é geralmente datado por volta do final I séc. d.C., de modo que se exclui a possibilidade de que Paulo tenha se servido dele como modelo literário. Na realidade, provavelmente Paulo utiliza ideias que corriam no I séc. e que vão aparecer seja em seus escritos seja em 4Esd. COLLINS, J. J., A imaginação apocalíptica, p. 281.

971. DALBESIO, A., Paolo di Tarso, p. 482.

972. ALETTI, J.-N., Romains 5,12-21, p. 31.

3.1.1.6. Análise teológica

Um problema teológico que se poderia apresentar no esquema de Rm 5,12-21, à primeira vista, é o fato de que esse texto poderia passar a ideia de um destino fatídico que pesa sobre toda a humanidade. Esta maneira de pensar, porém, corresponde mais à tradição pré-paulina do que ao próprio Paulo como se demonstrará mais adiante. Importa, por conseguinte, analisar onde e como ele rompe e recompõe o esquema tradicional.

O horizonte do genuíno pensamento paulino não abandona o terreno da história restringindo-se à reflexão sobre a origem do homem e sobre as causas cósmico-míticas da sua queda, tais com o diabo ou o destino (Gn 6,1-2; Sb 2,24; Henoque 6-9). Ele se atém, desde o início, à consideração do pecado de Adão (Rm 5,12a), que consiste no intenso desejo de fazer prevalecer a própria vontade contra Deus, o qual caracteriza cada pessoa humana (Rm 5,12d), o que resultou na morte para todos (Rm 5,12c). O pecado é, assim, sem derivação, a sua própria causa, estando Paulo longe "da concepção do mito gnóstico que olhava a humanidade como uma massa de vítimas inocentes de um trágico destino originário"[973].

A própria formulação do segmento 12d excluiria a ideia de destino: ἐφ' ᾧ πάντες ἥμαρτον. No entanto, na exegese de Rm 5,12-21, sempre houve grande dificuldade para se encontrar uma tradução adequada para o ἐφ' ᾧ. Foi entendido por alguns como uma preposição (ἐπί) seguida de um pronome relativo (ᾧ)[974]. Porém, se assim o fosse, a tradução correta seria "no qual", supondo que se refira a "um homem", ou "por causa do qual", referindo-se novamente o relativo a "um homem". Nas duas opções de tradução, "um homem" não poderia ser o antecedente do pronome relativo, sendo que este está demasiado distante na construção. Além disso, no pensamento paulino é inaceitável considerar passivos os que estão sob a influência de Cristo (Rm 5,17.19) ou de Adão[975].

Sendo assim, a opção mais aceitável é aquela defendida pela maioria dos autores hodiernos[976] e adotada pela Nova Vulgata que traduz o ἐφ' ᾧ como *eo quod*[977], ou seja, vê no ἐφ' ᾧ uma locução conjuntiva como vem entendido em 2Cor 5,4 e Fl 3,12[978]. No entanto, considerando-se ἐφ' ᾧ uma locução conjuntiva tem-se várias opções de tradução: "porque todos pecaram", "de sorte que todos

---

973. BARBAGLIO, G., Alla Chiesa di Roma, p. 303.
974. LOZANO LOZANO, A., Romanos 5, p. 182-190.
975. SCHLIER, H., Commento Teologico del Nuovo Testamento, p. 297.
976. LOZANO LOZANO, A., Romanos 5, p. 209-210.
977. Nova Vulgata Bibliorum Sacrorum Editio, p. 2119.
978. BLASS, F. W.; DEBRUNNER, A., Grammatica del Greco del Nuovo Testamento, § 235,3.

pecaram", "cumprida a condição que todos pecaram" ou "visto que todos pecaram"[979]. Optou-se pelo sentido causativo[980] tendo em vista o contexto anterior de Rm 5,12-21, no qual vem assinalada a culpabilidade tanto dos judeus como dos gentios: "todos, de fato, pecaram ..." (Rm 3,23), não por mera imputação de culpa alheia, mas porque, de fato, mesmo sendo isto consequência do pecado de Adão, tanto uns como outros desobedeceram ou a lei natural (Rm 2,14-16), no caso dos gentios, ou os mandamentos da Lei (Rm 2, 1-11), no caso dos judeus, como vem explicitado nos três primeiros capítulos de Romanos.

A este respeito pode-se destacar um texto judaico, o Apocalipse Siríaco de Baruc, com uma orientação semelhante:

> Se bem que Adão tenha pecado primeiro e trazido sobre todos os homens a morte prematura, todavia todos os que nasceram dele conservam a responsabilidade de preparar para si tormentos futuros, ou de escolher a glória que há de vir. (...) Pois Adão carregou a sua responsabilidade pessoal somente; cada um de nós é o seu próprio Adão (4 Baruc 54,15.19)[981].

No entanto, para Paulo, o pecado não é certamente apenas uma falha individual. Para se designar a transgressão concreta usam-se outros termos: παράβασις e παράπτωμα[982]. O pecado é antes de tudo, na concepção paulina, a "força do pecado", é uma potência escravizante, personificada, que domina a sociedade e leva as pessoas que dela fazem parte a cometer atos pecaminosos. A isto Paulo chamou de ἡ ἁμαρτία. De fato, esta é a opinião de C. E. B. Cranfield quando, comenta o "muitos foram constituídos pecadores" (Rm 5,19a):

> Paulo quer dizer que, pelo pecado de Adão, todos os demais homens (excetuado Jesus) foram constituídos pecadores no sentido de que tendo o pecado conseguido entrada outrora na vida humana, por meio daquela falta, os homens todos por sua vez, viveram vidas pecaminosas. Os muitos foram não condenados pela transgressão de algum outro, a saber, o pecado de Adão, mas porque como consequência da transgressão de Adão, eles mesmos se tornaram pessoalmente pecadores[983].

---

979. LYONNET, S., Il Vangelo di Paolo, p. 82.
980. ZERWICK, M., Biblical Greek illustrated by examples, § 127.
981. SPARKS, H. F. D. (Ed.), Apócrifos do Antigo Testamento, 2000, p. 189-190.
982. LADARIA, L. F., Antropologia Teologica, p. 243.
983. CRANFIELD, C. E. B., Carta aos Romanos, p. 122.

Deste modo, a situação de morte de caráter universal em que se encontra a humanidade depende de dois fatores: o primeiro deles seria ἡ ἁμαρτία, "o pecado", enquanto fator causal anterior à decisão pessoal, e o segundo ἥμαρτον, "pecaram", enquanto ação que brota de uma opção pessoal pelo pecado. E assim, o "todos pecaram" do v. 12d, diz respeito ao pecar pessoal dos homens, porém como consequência da natureza corrompida herdada de Adão.

Contudo esse reinado do pecado era figura imperfeita do reinado da vida, pois, "não [acontece] com a transgressão o mesmo que com o dom" (v. 15a). Para acentuar esta ideia no desenvolver do discurso Paulo repete duas vezes πολλῷ μᾶλλον, "muito mais" (vv. 15.17) fazendo perceber que os dois polos do paralelismo antitético Adão-Cristo não são equivalentes.

É necessário salientar também que assim como o Apóstolo não acolheu a ideia de um trágico destino a propósito da humanidade adâmica, ainda menos acolhe a ideia de destino no concernente à relação da nova humanidade com Cristo.

Efetivamente, o dom e a potência da graça devem ser recebidos na fé, como demonstra Rm 5,19: "Assim também, através da obediência de um, muitos serão constituídos justos".

Neste versículo, portanto, Paulo reconhece também a existência de dois fatores: o fator de causalidade – de fato, a preposição διὰ, regendo o genitivo, como no v. 19, indica a causa instrumental, ou seja, neste caso, a obediência de Jesus Cristo[984], anterior ao homem e a opção pessoal, ou seja, δίκαιοι κατασταθήσονται, "serão constituídos justos" aqueles que pela fé aderem a Ele:

> No v. 19b se menciona mais uma vez δικαίωσις como efeito da obra de Cristo, enquanto se diz que, em virtude da obediência de um só, os muitos foram tornados justos. Por causa do paralelismo de 19a: ἁμαρτωλοὶ κατεσ τάθησαν οἱ πολλοί com δίκαιοι κατασταθήσονται οἱ πολλοί não se pode naturalmente querer dizer que "os muitos" serão (juridicamente) considerados ou declarados justos, segundo um uso linguístico que tem paralelos helenísticos (também 3Mc 1,1; 3,5). De fato, por razão da falta de Adão os seus descendentes não foram declarados pecadores, mas se tornaram pecadores. Assim "os muitos", os homens todos compreendidos, em virtude da obediência de Cristo não serão declarados justos. Isto naturalmente só se o homem pertence aos λαμβάνοντες do v. 17b. No seu entendimento a obra de Cristo se estende a todos os homens, isto é, é para o proveito de todos os homens como *gratia praeveniens*, como χάρις, aberta a todos. Há relevância

---

984. ZERWICK, M., Biblical Greek illustrated by examples, § 112.

o fato de que nem todas a aceitam. Aqueles, porém, que a aceitam como pressuposto da vida presente e da futura "tornam-se justos", não no sentido de que assumam a qualidade de δίκαιοι, mas sim no sentido que a obediência a Cristo, a sua justiça os faz ser justos e a δικαιοσύνη θεοῦ, operante na obediência de Cristo, lhes abrange no seu âmbito[985].

De fato, a doutrina da justificação pela fé perpassa toda a Carta aos Romanos (Rm 3,21.22.26.27; 4,9.13.18; 5,1-2, etc.), no entanto, Paulo entende essa fé justificante como assentimento livre e adesão à pessoa de Jesus Cristo e às consequências práticas desta adesão (Rm 4,18-21; 6,1-23; 8,5-13). A graça, portanto, em Rm 5,12-21, não é algo dado "a fim de deixar com que os homens continuem no pecado (6,1)", não é algo que salva o ser humano contra a sua vontade, mas esta é uma "nova realidade, um domínio estabelecido de uma vez para sempre por Jesus Cristo. (...) Seu fundamento é a nova justiça de Cristo, e seu alvo é a vida eterna (5, 21)"[986].

Deste modo, ao contrário do que a maioria dos autores apresentados no critério da "História da Interpretação"[987] considerava, sendo que toda a ênfase foi posta no v. 12, é nos vv. 20-21 que se tem o ápice da perícope, ou seja, a ênfase não está no reinado do pecado e da morte, mas na superabundância da graça por meio de Jesus Cristo.

A abrangente visão que se teve da história da humanidade, que é a história da salvação, todo esforço para deixar claro o exato ponto de comparação do paralelismo antitético Cristo/Adão, ou seja, o *um/todos*, tem como finalidade preparar a proclamação da vitória da graça e da vida, por meio de um só, sobre o pecado e a morte, aliás tudo o que precedeu o evento Cristo na história humana, inclusive a Lei, estava a serviço desta vitória[988].

No entanto, o Apóstolo, mais uma vez, deixa claro que não há igualdade entre os efeitos da ação do pecado e da graça, a graça superabunda. Como se pode ver no v. 21, está-se, agora, em uma outra fase da história da salvação onde o que impera é a graça, não mais o pecado. Este império da graça tem a

---

985. SCHLIER, H., Commento Teologico del Nuovo Testamento, p. 297.

986. ESSEN, H. H., Graça, p. 912.

987. Item 2.6. do I Capítulo.

988. "Paulo continua a assinalar nos vv. 12-21 a conclusão a ser tirada do que se disse nos vv. 1-11. O fato de esta reconciliação ser realizada no caso dos crentes, não se sustenta por si mesma: significa que algo foi realizado por Cristo, algo tão universal na sua efetividade quanto o foi o pecado do primeiro homem. Paulo não fala mais apenas sobre a Igreja: sua visão agora inclui toda a humanidade". CRANFIELD, C. E. B., Carta aos Romanos, p. 113.

sua παρουσία por meio da justiça, διὰ δικαιοσύνης, da justiça de Deus em ato, a qual concede o perdão ao pecador e o torna justo, justiça da graça (Rm 3,21s; 5,17), que veio e atua através de Jesus Cristo e tende para um futuro, o qual, ao contrário do futuro para que tende o pecado, ou seja, a morte, tende para a vida eterna (Rm 5,21b)[989].

No quadro geral deste acontecimento, Paulo consigna também um espaço histórico à Lei dada por Moisés, situando-a entre Adão e Cristo. "A Lei, portanto, não é, como ensinavam os rabinos, uma das sete coisas criadas antes do mundo. Não é nem mesmo, como se lê, por exemplo em Abot 6,11, a mediadora da criação, enquanto sabedoria de Deus. Não é 'eterna'"[990]. A Lei é histórica e tem o seu papel na história. Ela é um pedagogo que conduz a humanidade a Cristo (Gl 3,24).

Mesmo fazendo abundar a transgressão (v. 20a), não é ela que dá origem ao pecado, sendo que, "antes da Lei, de fato, pecado havia no mundo" (Rm 5,13). O fazer abundar a transgressão tem uma finalidade indireta, oculta, salvadora. O v. 20b revela esta finalidade da Lei: ela indiretamente faz superabundar a graça. De fato, o crescimento, o avultar (πλεονάζω) da transgressão a faz superabundar (ὑπερπερισσεύω). Portanto, a finalidade indireta da Lei é a superabundância da graça, sendo que "o dom a partir (ἐκ) de muitas transgressões [conduziu] à justificação" (Rm 5,16c)[991]. Somente a Lei, o confronto da Lei com o ser humano sem Cristo, coloca realmente em evidência a realidade da situação da pessoa humana em Adão.

Portanto, o que há em Paulo não é um afastamento do judaísmo, a sua finalidade não é substituir a circuncisão, ou outras práticas judaicas, pelas normas do Novo Testamento. De fato, em Gálatas afirma: "De fato, em Jesus Cristo nem a circuncisão nem a incircuncisão tem valor algum, mas a fé que pela caridade opera" (Gl 5,6). Ele vai mais fundo, vai à essência mesma do judaísmo[992].

---

989. SCHLIER, H., Commento Teologico del Nuovo Testamento, p. 302-303.

990. SCHLIER, H., Commento Teologico del Nuovo Testamento, p. 301.

991. SCHLIER, H., Commento Teologico del Nuovo Testamento, p. 300-30.

992. Aqui não se pode esquecer da interpretação de Santo Tomás de Aquino, o qual retoma Santo Agostinho, da nova lei em São Paulo, segundo a qual a esterilidade da lei externa, sem a graça, não é só característica da Lei judaica, mas toca também até mesmo os preceitos evangélicos: "O Apóstolo diz, na segunda carta aos coríntios, que a letra mata, mas o Espírito dá vida. E Santo Agostinho, explanando sobre esta afirmação, diz que por 'letra' se entende qualquer escrito que está fora do homem, até mesmo os preceitos morais contidos no Evangelho. De tal maneira que mesmo a letra do Evangelho mataria se não existisse a graça interior da fé que cura". TOMÁS DE AQUINO, Summa Theologica, Ia IIae, q 106, a 2, resp.

Paulo vê a necessidade de superar toda sorte de legalismo, toda sorte de autossoteriologismo, que põe em risco o Evangelho da salvação por graça mediante a fé, pregado por ele[993].

Há textos bíblicos, entre os quais Os 4,1, e extrabíblicos que manifestam o judaísmo como uma religião fundada na confiança no amor de Deus, na אֱמוּנָה, a qual é uma "atitude de profunda confiança que conduz ao autêntico cumprimento da Lei" e "está no coração da exigência de toda a Torá"[994]. Como exemplo dessa atitude pode-se destacar o texto das *Regras da Comunidade* proveniente de Qumran:

> (...) se tropeço, as misericórdias de Deus são minha salvação para sempre; se caio no pecado da carne, na justiça de Deus, que subsiste eternamente, está minha justificação; se desencadeia a minha aflição, ele tirará minha alma da fossa e firmará meus passos no caminho; me tocará com as suas misericórdias, e, por meio da sua graça, introduzirá a minha justificação; me julgará na justiça da sua verdade e na abundância da sua bondade expiará para sempre todos os meus pecados; na sua justiça me purificará da impureza do ser humano e do pecado dos filhos dos homens, para que louve a Deus por sua justiça e o Altíssimo pela sua majestade. Seja tu bendito meu Deus que abre o coração do teu servo ao conhecimento[995].

Outros textos falam do cumprimento da Lei a partir do interior do coração pela ação divina nos tempos em que se estabelecerá a nova Aliança: Jr 31,3.33-34; Ez 11,29-30; 36,25-27.

Em outra passagem, chamando o povo à conversão, Ezequiel o recorda de sua responsabilidade pessoal no seu relacionamento com Deus, a qual está intimamente ligada à prática ou não de ações de forte conotação comunitária, como a não exploração do pobre e do necessitado, o dar o pão ao faminto, o vestir o nu, a prática do direito e da justiça e o cumprimento de certas prescrições legais (Ez 18,1-30). Observando o rompimento da Aliança por parte do povo que não respondeu positivamente ao chamado do Senhor para que andasse no caminho da vida por Ele traçado, o profeta lança um último apelo antes do Exílio: "Lançai fora todas as vossas transgressões com que transgredistes, e formai para vós um coração novo e um espírito novo (...)" (Ez 18,31).

---

993. Sobre a "extraordinária inversão de posições de Deus e da Lei nos escritos rabínicos" MURPHY-O'CONNOR, J., Paulo, p. 340-341.

994. FERNÁNDEZ, V., Le meilleur de la Lettre aux Romains procède du judaïsme de Paul, p. 411.

995. 1QS 11,12-14. MARTINEZ F. G., (Ed.), Testi di Qumran, p. 94.

No entanto, para a pessoa humana, sem o auxílio da graça, o preceito pode somente dar consciência do pecado e incitar o desejo de transgredi-lo, como afirmará mais tarde Paulo: "A lei interveio para que abundasse a transgressão" (Rm 5,20a).

Para que o povo pudesse responder ao chamado de Deus através de um amor concreto que passasse pelos irmãos, seria necessária uma intervenção de Deus na história humana. Daí a promessa desse Deus, que nunca abandona o seu povo a si mesmo, de que ele mesmo lhe daria um coração novo e um espírito novo, retirando-lhe o coração de pedra do peito e dando-lhe um coração de carne (Ez 36,26).

Retomando Jeremias, o profeta Ezequiel fala ainda dos tempos de uma Nova Aliança, onde, ao contrário daquela selada em tábuas de pedra na saída do Egito, Deus escreveria a sua Lei nos corações das pessoas e todos conheceriam o seu Nome (Jr 31,31-34). Essa promessa seria cumprida através da ação do espírito de Deus em todo o povo, fazendo-o andar de acordo com os seus estatutos (Ez 36,27).

Paulo certamente tem presente todos esses textos quando fala da justificação pela fé, ao afirmar que "a esperança não decepciona, porque o amor de Deus foi derramado em nossos corações através do Espírito Santo que nos foi dado" (Rm 5,5), ou, ainda, ao dizer aos cristão de Corinto que eles eram cartas de Cristo escritas não em tábuas de pedra, mas em corações de carne, não com tinta mas com o Espírito do Deus vivo (2Cor 3,2-3).

O Apóstolo está convencido de estar nos tempos do cumprimento das promessas feitas pela boca dos profetas, está convencido de estar nos tempos da Nova Aliança. Nestes novos tempos, a Lei já não é um mandamento externo, incapaz de fazer cumprir aquilo que ordena, pois agora é o próprio "amor de Cristo que nos impulsiona" (2Cor 5,14). Tudo isto, portanto, vem realizado pela mediação de um só homem: Cristo Jesus.

Deste modo, Paulo faz ver que "por um só homem" entrou o pecado como força maléfica personificada no mundo e todos, se deixando escravizar por ela, pecaram; todos, não podendo ninguém se vangloriar diante de Deus. No entanto, "por um só homem", sem a mediação da Lei, a todos sem exceção alcança a ação da graça que se mostra superabundante, sendo que todos, judeus e gentios, são convidados a aderir livremente a este dom de salvação por graça mediante a fé em Jesus Cristo. Assim, através de um só homem, Jesus Cristo, os muitos são justificados e o que é a essência da Lei pode ser difundida a todas as nações.

3.1.2. Uso da alusão a Is 53,11-12 em outras perícopes do Novo Testamento e estudo comparativo deste uso

A metodologia empregada nesta pesquisa pede agora que se verifique a utilização da alusão a Is 53,11-12 em outros textos neotestamentários, além de Rm 5,15.19, e que se faça uma análise comparativa deste uso[996].

3.1.2.1. Uso da alusão a Is 53,11-12 em outros textos neotestamentários

Quanto às referências aos textos veterotestametários no Novo Testamento, não existe unanimidade no que diz respeito à sua listagem, o que não difere no que diz respeito às alusões a Is 53,11-12. Como exemplo dessa falta de entendimento quanto à utilização de Is 53,11-12 apresentam-se duas tabelas.

A primeira contém a proposta de R. J. Dixon que na obra *An Examination of the Allusions to Isaiah 52:13-53:12 in the New Testament* faz um trabalho crítico a respeito das referências apontadas pela 27ª edição do *Novum Testamentum Graece* de Nestle-Aland e pela 3ª edição da *UBS Greek New Testament*, considerando improváveis ou duvidosas algumas, excluindo outras e ao mesmo tempo propondo outras possíveis alusões por ele consideradas transcuradas nas referidas listas, as quais estão assinaladas com um asterisco[997]. Eis a proposta de R. J. Dixon:

Texto Neotestamentário	Texto Isaiano
Mc 9,31	Is 53,12*
Mc 10,33-34	Is 53,12*
Mc 10,45	Is 53,11*
Mc 14,21	Is 53,12*
Mc 14,24	Is 53,11-12
Mc 14,49	Is 53,12
Mc 15,27	Is 53,12
Lc 11,22	Is 53,12 Improvável/ duvidosa
Lc 22,37	Is 53,12
Jo 1,29	Is 53,12*

---

996. BEALE, G. K., Handbook on the New Testament Use of the Old Testament, p. 51.

997. DIXON, R. J., An Examination of the Allusions to Isaiah 52:13-53:12 in the New Testament, p. 220-223.

At 3,13	Is 53,11
Rm 4,24	Is 53,12 Improvável/ duvidosa
Rm 4,25	Is 53,11 Is 53,12*
1Cor 15,3	Is 53,11* Is 53,12
Fl 2,7	Is 53,12 Improvável/ duvidosa
Hb 9,28	Is 53,12
1Jo 3,5	Is 53,11[998]

O segundo esquema mostra as alusões a Is 53,11-12 no Novo Testamento apontadas pela 28ª edição do *Novum Testamentum Graece* de Nestle-Aland:

Texto Neotestamentário	Texto Isaiano
Mt 26,28	Is 53,12
Mt 27,38	Is 53,12
Mc 14,24	Is 53,11-12
Mc 14,49	Is 53,12
Mc 15,27	Is 53,12
Lc 11,22	Is 53,12
Lc 22,37	Is 53,12
Lc 23,34	Is 53,12
At 3,13	Is 53,11
Rm 4,25	Is 53,12
1Cor 15,3	Is 53,12
Fl 2,7	Is 53,11
Hb 9,28	Is 53,12
1Jo 3,5	Is 53,11-12
1Pd 2,24	Is 53,12

---

998. DIXON, R., An Examination of the Allusions to Isaiah 52:13-53:12 in the New Testament, p. 221-223.

3.1.2.2. Estudo comparativo do uso da alusão a Is 53,11-12 em outras perícopes do Novo Testamento com o seu uso em Rm 5,12-21

Tomar-se-á como base para este estudo comparativo a proposta da 28ª edição do *Novum Testamentum Graece* de Nestle-Aland pela sua atendibilidade e pelo reconhecimento que possui no mundo acadêmico[999].

Dentre todas as referências a Is 53,11-12 contidas no Novo Testamento, somente uma delas é uma citação direta de Isaías, a qual situa-se em Lc 22,37. Destaca-se também essa citação por ser o único exemplo em que uma referência a Is 52,13-53,12 está em um dito atribuído ao próprio Jesus e onde ele aplica a si mesmo palavras do "Quarto Cântico".

Percebe-se, no entanto, que tal citação não depende da Septuaginta que assim traduz o hebraico em Is 53,12d: kai. evn toi/j avno,moij evlogi,sqh. De fato, a citação neotestamentária, que é formulada do seguinte modo: kai. meta. avno,mwn evlogi,sqh, substitui o evn pelo meta. e omite o artigo, o que leva alguns estudiosos a corroborar esta conclusão, como por exemplo P. Stuhlmacher, para quem "em Lc 22,37, Is 53,12 é citado não de acordo com a Septuaginta, mas de acordo com o texto hebraico: 'Ele foi contado com os transgressores' (μετὰ ἀνόμων = אֶת־פֹּשְׁעִים)"[1000]. Além disso, para ele

> a formulação do dito é só parcialmente lucana e nela Jesus se submete à vontade de Deus revelada a ele em Isaías 53, de modo não menos obediente do que o faz nos outros ditos (...). Ele estava pronto para se deixar (e seus fiéis seguidores) ser "contado com os transgressores" e terminar a sua vida como Deus, através de sua palavra nas Escrituras, determinou para ele[1001].

Diferentemente de Rm 5,15.19 em Lc 22,37 não se faz nenhuma referência ao sofrimento vicário e ao significado da morte de Jesus que são características fundamentais do uso de Is 53,11-12 em Rm 5,12-21[1002].

A partir dessa particularidade da referida citação podem-se agrupar as referências que diferem do uso interpretativo feito por Paulo do texto isaiano, as quais enfatizam a Paixão, buscando demonstrar que ela se deu como cumprimento das Escrituras.

---

999. NESTLE, E; ALAND, K. (ed.), Novum Testamentum Graece, p. 860. Para um aprofundamento a respeito das referências propostas por R. J. Dixon. DIXON, R. J., An Examination of the Allusions to Isaiah 52:13-53:12 in the New Testament, p. 109-219.

1000. STUHLMACHER, P., Isaiah 53 in the Gospel and Acts, p. 152-153.

1001. STUHLMACHER, P., Isaiah 53 in the Gospel and Acts, p. 153.

1002. HOOKER, M. D., Jesus and the Servant, p. 86.

As duas primeiras de que aqui se trata, como a citação direta de Lc 22,37, são referências a Is 53,12d. Tais referências, no entanto, se limitam a uma alusão ao texto em nível temático[1003], não apresentando contatos semânticos. São elas Mt 27,38 e Mc 15,27, passagens nas quais se fala da crucifixão de Jesus entre dois ladrões (λῃσταί).

Quanto a Mc 14,49, segundo M. D. Hooker, "não há motivo para associar essas palavras a Is 53 em particular: é muito provável que a expressão 'as escrituras' se refira a uma compreensão do Antigo Testamento como um todo, ao invés de algum texto em particular"[1004]. R. J. Dixon, por sua vez, sugere um contato entre a versão da Septuaginta de Is 52,12f: καὶ διὰ τὰς ἁμαρτίας αὐτῶν παρεδόθη, "e por causa de suas iniquidades foi entregue", e a prisão de Jesus, sendo para ele a melhor fonte da alusão o passivo παραδίδωμι[1005].

As três últimas passagens em que se pode afirmar conter alusões a Is 53,11-12 em um contexto de que se fala do sofrimento de Cristo, sem, no entanto, referir-se a este como sacrifício de reparação pelos pecados dos "muitos", são At 3,13, Fl 2,7 e Lc 23,34.

Os dois primeiros textos têm como particularidade referir-se no seu contexto também à glorificação do Servo, o que bastaria para associá-los a Is 52,13-53,12 como um todo, sendo que nessa perícope fala-se exatamente da humilhação e da glorificação do Servo. No entanto, tais alusões têm como base principalmente a repetição dos equivalentes gregos de עֶבֶד. Em At 3,13 com a expressão τὸν παῖδα αὐτοῦ Ἰησοῦν, sendo παῖς um termo utilizado para traduzir עֶבֶד[1006]. Isso não obstante o fato de que em Is 53,11 a Septuaginta tenha traduzido עַבְדִּי pelo particípio presente δουλεύοντα ao contrário de Is 52,13 onde vem traduzido como παῖς, sendo que o autor dos Atos poderia ter presente ao fazer a alusão não a Septuaginta, mas diretamente o texto hebraico. Pelo contrário, em Fl 2,7, texto analisado quando aplicou o critério da "Plausibilidade Histórica", Paulo, pelo emprego do termo δοῦλος, parece fazer uso da Septuaginta.

Quanto à referência a Is 53,12 em Lc 23,34 proposta pela 28ª edição do *Novum Testamentum Graece* de Nestle-Aland[1007], provavelmente fundamenta-se no pedido de Jesus para que o Pai perdoasse aos seus algozes, o que seria uma

---

1003. BEALE, G. K., Handbook on the New Testament Use of the Old Testament, p. 31.

1004. HOOKER, M. D., Jesus and the Servant, p. 254.

1005. DIXON, R. J., An Examination of the Allusions to Isaiah 52:13-53:12 in the New Testament, p. 165.

1006. ZIMMERLI, W., παῖς Θεού, col. 331-332.

1007. NESTLE, E; ALAND, K. (ed.), Novum Testamentum Graece, p. 860.

referência ao texto hebraico de Is 53,12f: וְלַפֹּשְׁעִים יַפְגִּיעַ, onde a raiz verbal פגע no hifil traz o sentido de interceder.

Em Lc 11,22, embora exista um certo volume na presumida alusão, o que pode-se perceber pela repetição no texto lucano e na versão da Septuaginta de Is 53,12 do adjetivo ἰσχυρός e do substantivo σκῦλα, a afirmação da existência de tal alusão não superaria a aplicação do critério da satisfação, sendo que a perícope isaiana e a lucana tratam de temas desconexos entre eles. De fato, no que se refere ao texto de Isaías, a ênfase está na recompensa dada ao Servo. Lucas, ao contrário, enfatiza o poder que Jesus tem de fazer algo[1008]. A partir disso pode-se deduzir que não faria nenhum sentido a utilização da alusão no contexto neotestamentário e, portanto, deve-se excluir a possibilidade de que se trate de uma alusão ao texto isaiano[1009].

Passa-se agora a analisar outro grupo de presumidas alusões, as quais estariam mais próximas ao uso interpretativo feito por Paulo em Rm 5,15.19.

Para P. Stuhlmacher, por ser a leitura mais difícil, poder-se-ia afirmar que a formulação das palavras da instituição contidas em Marcos poderia trazer a tradição mais antiga a respeito da instituição. A redação de 1Cor 10,16-17 mostraria que, além da tradição pré-lucana citada em 1Cor 11,23-25, Paulo conheceu também "a forma das *verba testamenti* reproduzida por Marcos"[1010].

No que diz respeito à alusão proposta em Mc 14,24, P. Stuhlmacher diz que este texto faz referência tanto a Ex 24,8 quanto a Is 53,10-12 e "por meio desta dupla alusão mostra que a paixão do Servo Sofredor era entendida como um evento de expiação até mesmo pelo próprio Jesus"[1011].

Esta compreensão da paixão do Servo como um evento de expiação está presente em Mt 26,28, onde existe também uma alusão ao sangue da בְּרִית de Ex 24,8 e onde se repetem as palavras da tradução que a Septuaginta faz do hebraico de Is 53,12e πολύς, como em Mc 14,24, e ἁμαρτία.

Os textos de 1Cor 15,3 e Rm 4,25 também aludem a Is 53,12 interpretando o sentido da morte de Jesus como sendo "por nossas transgressões" (1Cor 15,3) ou "por nossos pecados" (Rm 4,25), contendo o primeiro uma tradição pré-paulina[1012]. De fato, em Is 53,12 se diz que o Servo "despojou a si mesmo até a morte" (Is 53,12c), e, em seguida, afirma-se que, mesmo tendo sido contado com os trans-

---

1008. DIXON, R. J., An Examination of the Allusions to Isaiah 52:13-53:12 in the New Testament, p. 273-274.
1009. BEALE, G. K., Handbook on the New Testament Use of the Old Testament, p. 33.
1010. STUHLMACHER, P., Isaiah 53 in the Gospel and Acts, p. 152.
1011. STUHLMACHER, P., Isaiah 53 in the Gospel and Acts, p. 152.
1012. Veja-se o item 2.5. do I Capítulo.

gressores (53,12d), na verdade "o pecado de muitos ele levou" (Is 53,12e). Como se pode perceber, tal alusão, superaria com facilidade a aplicação dos critérios da "Coerência Temática" e da "Satisfação"[1013].

O mesmo se pode afirmar de Hb 9,28 e 1Pd 2,24, textos nos quais, também fazendo-se alusão a Is 53,12 e interpretando-se o sentido da morte de Jesus, afirma-se, no primeiro, que "Cristo ofereceu-se uma vez só para levar os pecados de muitos" e, no segundo, que "os nossos pecados ele mesmo levou em seu corpo sobre o lenho". Além desse contato temático, os textos de Hebreus e 1 Pedro trazem o mesmo verbo utilizado pela Septuaginta para traduzir o hebraico αφ'ν", "levar", de Is 53,12e, ou seja, o verbo ἀναφέρω.

A referência a Is 53,11-12 em 1Jo 3,5 proposta pela 28ª edição do *Novum Testamentum Graece* de Nestle-Aland[1014], poderia se fundamentar nos contatos entre a afirmação de que Jesus ἐφανερώθη, ἵνα τὰς ἁμαρτίας ἄρῃ,"manifestou-se para tirar os pecados", na epístola joanina, e aquelas αὐτὸς ἁμαρτίας πολλῶν ἀνήνεγκεν καὶ διὰ τὰς ἁμαρτίας αὐτῶν παρεδόθη, "ele levou os pecados dos muitos e por causa dos pecados deles ele foi entregue", no texto isaiano.

No entanto, ainda que haja certa semelhança de vocabulário entre os textos, em 1Jo 3,5 é através da sua manifestação que Jesus Cristo tira os pecados. Ao contrário, a versão da Septuaginta de Is 53,12f afirma que, apesar de ter sido contado entre os transgressores (Is 53,12d), é pelo seu sofrimento e pela sua morte que o Servo leva os pecados dos muitos. Partindo disso pode-se afirmar que tal proposta de alusão não supera a aplicação do critério da "Coerência Temática", não se adaptando o texto aludido à linha argumentativa desenvolvida na epístola joanina[1015].

3.1.3. O uso hermenêutico da alusão ao texto de Is 52,13-53,12 [1016]

Deve-se recordar, antes de se determinar em que categoria hermenêutica Paulo enquadra a alusão que faz ao texto de Is 52,13-53,12 no seu uso em Rm 5,12-21, que a interpretação paulina das Escrituras de Israel não se dá de maneira isolada, a vácuo, mas está inserida no contexto de uma enorme efervescência no que diz respeito à interpretação e atualização dos textos bíblicos por parte das

---

1013. BEALE, G. K., Handbook on the New Testament Use of the Old Testament, p. 33.

1014. NESTLE, E.; ALAND, K. (ed.), Novum Testamentum Graece, p. 860.

1015. BEALE, G. K., Handbook on the New Testament Use of the Old Testament, p. 33.

1016. Para as diversas formas de uso hermenêutico das Escrituras de Israel no Novo Testamento BEALE, G. K., Handbook on the New Testament Use of the Old Testament, p. 55-93.

diferentes correntes do judaísmo do seu tempo, os quais têm alguns pontos em comum entre eles, que, em parte, foram também assumidos por Paulo[1017].

Referindo-se à hermenêutica judaica do I séc. e a esses pontos em comum às suas diversas correntes interpretativas, R. N. Longenecker afirma que o primeiro desses pontos é o fato de que "todos os intérpretes judeus acreditavam na inspiração divina das Escrituras, acreditavam que estavam lidando com as próprias palavras de Deus e que essas palavras estavam plenas de significado para as pessoas em suas circunstâncias atuais"[1018].

Quanto aos procedimentos interpretativos, segundo R. N. Longenecker, tanto os fariseus quanto os exegetas "não conformistas", como, por exemplo, os autores de Jubileus, 1 Henoque, Assunção de Moisés, 4 Esdras e 2 Baruc, usavam uma interpretação literalista particularmente em questões relativas à *Halacá*, como, possivelmente, também Fílon. Os fariseus e os "não conformistas" também utilizavam a exegese alegórica, de um modo bem menos radical que aquele de Fílon, e procedimentos midráshicos não como uma interpretação arbitrária do texto, mas segundo as sete regras atribuídas a Hillel nas quais os traços exegéticos distintivos do judaísmo farisaico são claramente visíveis[1019]. Pela sua importância para a compreensão da hermenêutica paulina, a qual utilizou-se de alguns deles, são aqui enumerados:

1. *Qal wahomer* (...): o que se aplica a um caso menos importante certamente se aplicará a um mais importante.

2. *Gezerah Shawah* (...): analogia verbal entre versículos; onde se utilizam as mesmas palavras em dois casos diferentes, segue-se que as considerações a respeito de um se aplicam a ambos.

3. *Binyan ab mikathub 'ehad* (...): construção de uma família a partir de um único texto; quando a mesma frase é encontrada em várias passagens, uma consideração fundamentada em uma delas se aplica às outras passagens.

4. *Binyan 'ab mishene kethubim* (...): construção de uma família a partir de dois textos; quando um princípio é estabelecido relacionando-se dois textos, esse princípio pode então ser aplicado a outras passagens.

5. *Kelal upherat* (...): o geral e o particular; um princípio geral contido em um versículo pode ser restringido por uma particularização do mesmo em outro

---

1017. HAYS, R. B.; GREEN, J., The Use of the Old Testament by New Testament Writers, p. 130.

1018. LONGENECKER, R. N., Biblical Exegesis in the Apostolic Period, p. 33.

1019. LONGENECKER, R. N., Biblical Exegesis in the Apostolic Period, p. 33. K. Snodgrass aponta, porém, para a possibilidade de que tais regras tenham sua origem na retórica helenística. SNODGRASS, K., The Use of the Old Testament in the New, p. 42-43.

versículo; ou inversamente, uma regra particular pode ser estendida a um princípio geral.

6. *Kayoze' bo bemaqom 'aher* (...): como é encontrado em outro lugar; uma dificuldade em um texto pode ser resolvida comparando-o com outro com o qual tenha pontos de semelhança gerais, embora não necessariamente essa semelhança tenha que ser verbal.

7. *Dabar halamed me'inyano* (...): o significado de uma palavra é estabelecido pelo seu contexto[1020].

De fato, o judaísmo farisaico, partindo de uma necessidade prática de vincular a tradição oral às Escritura de Israel e de dar um certo aparato teórico àquilo que considerava as várias camadas de significado nos textos bíblicos, construiu sobre a herança midráshica e, continuando o processo de desenvolvimento do midrash, transformou-o em algo que considerou quase "científico"[1021].

Na mesma perspectiva de desenvolvimento que leva cada grupo a ter suas características próprias quanto aos procedimentos hermenêuticos, a comunidade de Qumran, estando convencida de ser o "resto" justo do povo de Deus, o qual teria como missão preparar o caminho para o Senhor na espera do desenlace escatológico, e também de que Deus teria revelado a interpretação dos mistérios proféticos ao seu Mestre, baseou sua interpretação dos textos bíblicos em uma perspectiva de revelação, e, mesmo continuando a usar a exegese midráshica na interpretação de alguns textos bíblicos, o faz sob sua abordagem mais carismática[1022].

Nesse contexto hermenêutico situa-se outro método utilizado particularmente pela comunidade de Qumran, o *pesher*. Esse termo é derivado de uma raiz aramaica que significa "solução" e, mais do que explanar a respeito de um determinado texto, tem por fim "determinar onde um texto se encaixa"[1023]. Esse método parte do pressuposto de que

> o texto contém um mistério comunicado por Deus que não é entendido até que se faça conhecer a solução por um intérprete inspirado. No *pesher* o ponto de partida para o entendimento não é o texto do Antigo Testamento, mas um evento histórico ou uma pessoa. Por visualizar um texto

---

1020. LONGENECKER, R. N., Biblical Exegesis in the Apostolic Period, p. 20-21; SNODGRASS, K., The Use of the Old Testament in the New, p. 43.

1021. LONGENECKER, R. N., Biblical Exegesis in the Apostolic Period, p. 34.

1022. LONGENECKER, R. N., Biblical Exegesis in the Apostolic Period, p. 34.

1023. SNODGRASS, K., The Use of the Old Testament in the New, p. 41.

a partir do enquadramento de um evento, uma interpretação feita pelo *pesher* proporciona uma solução do mistério envolvida em compreensão. De fato, o *pesher* afirma: "Esse [evento ou pessoa] é isto [de que a Escritura fala]. Por exemplo, o *Pesher* de Habacuc de Qumran compreende o julgamento pronunciado contra a Babilônia (Hab 2,7-8) como referente a um sacerdote perverso de Jerusalém que causou dificuldades para a comunidade (1QpH 8,13-14)[1024].

Fílon, por sua vez, partindo da tradição exegética judaica de Alexandria e incorporando sobremaneira categorias gregas em seu pensamento, desenvolveu a exegese alegórica, a qual tornou-se quase exclusiva nos seus procedimentos interpretativos[1025].

Como pode-se perceber, cada um desses grupos desenvolveram as características distintivas de seus métodos hermenêuticos a partir do um diferencial doutrinal e ideológico próprio, chegando, no caso dos fariseus, e em maior grau, os membros da comunidade de Qumran, a alterar a forma dos textos bíblicos[1026].

Foi nesse ambiente e a partir de alguns desses pressupostos próprios do judaísmo, somados aos pressupostos teológicos e hermenêuticos próprios do cristianismo, os quais serão analisados ao se tratar do uso teológico da alusão ao texto isaiano[1027], que Paulo realizou a hermenêutica de Is 52,13-53,12, que, no contexto de Rm 5,12-21, está em uma relação de paralelismo antitético ou *synkrisis* com a alusão a Gn 3.

No entanto, para uma correta análise do uso hermenêutico que Paulo faz das Escrituras de Israel, deve-se recordar mais uma vez a função da perícope neotestamentária estudada na estrutura argumentativa de Romanos, ou seja, que Rm 5,12-21 contém uma *narratio* (Rm 5,12-19), a qual tem a função de dar base à *propositio* que está em Rm 5,20-21, a qual vai ser desenvolvida nos capítulos VI-VIII.

Porém, ao mesmo tempo, essa *narratio* resume o que foi dito em Rm 1,18-4,25, fundamentando as afirmações do bloco que a precede e esclarecendo as afirmações da primeira parte da argumentação sobre o pecado (Rm 1,18-3,20).

Além disso, Paulo usa o fato de a tradição judaica aceitar que um só homem possa ser mediador da entrada do pecado no mundo para demonstrar através da

---

1024. SNODGRASS, K., The Use of the Old Testament in the New, p. 41-42.

1025. LONGENECKER, R. N., Biblical Exegesis in the Apostolic Period, p. 34.

1026. LONGENECKER, R. N., Biblical Exegesis in the Apostolic Period, p. 34-35.

1027. BEALE, G. K., Handbook on the New Testament Use of the Old Testament, p. 95-102

argumentação *qal wahomer* a possibilidade de que um só homem possa ser instrumento da redenção de todo o gênero humano.

Nesse contexto, vê-se o uso das duas alusões em uma estrutura argumentativa complexa. Primeiramente, pode-se perceber a utilização da alusão a Gn 3, alusão esta estudada por M. A. Seifrid a partir do método proposto nesse livro cujos resultados foram apresentados na obra *Commentary on the New Testament Use of the Old Testament*[1028], onde o uso hermenêutico que Paulo faz dessa passagem recebe o nome de "argumento tipológico" a partir do qual "provê a estrutura mais ampla na qual o 'lugar' da graça de Deus é demarcado"[1029].

Pode-se dizer então que Paulo interpreta Gn 3 como uma tipologia do evento Cristo (Rm 5,14c: ὅς ἐστιν τύπος τοῦ μέλλοντος) e utiliza a alusão a tal texto em sua argumentação com a finalidade de comprovar o cumprimento indireto de uma "profecia tipológica" das Escrituras de Israel. De fato, esse uso é considerado por G. K. Beale uma profecia anunciada não pelas palavras dos profetas, mas, de modo indireto, por acontecimentos e visa demonstrar que a justificação dos muitos em Jesus Cristo é o cumprimento do que foi anunciado implicitamente pelos acontecimentos narrados em Gn 3[1030]. O exato ponto de comparação dos dois eventos é logicamente a influência do *um* sobre os *muitos*.

O uso de Is 53,11-12, versículos aludidos por Paulo em Rm 5,12-21, por sua vez, também pode ser considerado um argumento na estrutura da perícope paulina, porém, neste caso não um "argumento tipológico", mas um "argumento profético".

No entanto, poder-se-ia como possível objeção a essa proposta, no contexto das diversas interpretações da figura do Servo Sofredor, especular se Paulo interpretou o sofrimento de um desses personagens ou da coletividade como um τύπος da ação de Cristo. Porém, pelo papel de Jesus Cristo no pensamento paulino como único mediador da salvação dever-se-ia descartar essa possibilidade e afirmar a inserção do uso do texto isaiano na categoria de cumprimento direto de profecia.

De fato, na estrutura de Is 52,13-53,12 a maior parte dos segmentos dos versículos aludidos dessa perícope, ou seja, Is 53,11c-12, está na forma de um oráculo no qual o próprio Deus interpreta o sofrimento da figura enigmática do Servo, anuncia a sua recompensa e os frutos desse sofrimento em favor dos mui-

---

1028. SEIFRID, M. A., Romans, p. 628-631.

1029. SEIFRID, M. A., Romans, p. 629.

1030. BEALE, G. K., Handbook on the New Testament Use of the Old Testament, p. 57-58.

tos. Este oráculo vem interpretado pelo Apóstolo como referência direta a Jesus Cristo e a justificação dos muitos por meio dele (Rm 5,15c.17b.21b).

Portanto, segundo as categorias do uso hermenêutico das Escrituras de Israel apresentadas por G. K. Beale, a alusão ao texto isaiano utilizada por Paulo em Rm 5,12-21 indica de fato o cumprimento direto de uma profecia anunciada explicitamente pelas palavras contidas em um livro profético[1031].

Sendo assim, se está diante de duas profecias, uma tipológica, feita através de acontecimentos, e de outra realizada através de palavras proféticas. Ambas as profecias apontam para o mesmo evento e, como são apresentadas por Paulo, estão estreitamente relacionadas entre si no esforço do Apóstolo de apresentar Jesus Cristo como único mediador da salvação.

De fato, pelo que afirma o Apóstolo em Rm 5,15b: "se, de fato, pela transgressão de um muitos morreram" e em Rm 5,19a: "como, de fato, através da desobediência de um homem, muitos foram constituídos pecadores", verifica-se que, pela utilização do "muitos" próprio da perícope isaiana em textos que são uma clara alusão ao Gênesis, a profecia tipológica é interpretada pela ótica do texto isaiano. Por outro lado, a influência do *um* sobre *os muitos* que se deu tipologicamente em Gn 3, segundo a hermenêutica paulina, se repete no anúncio direto do evento Cristo realizado pelo oráculo profético (Is 53,11c-12).

Nessa estrutura as duas alusões estão estreitamente interligadas, sendo que o recurso ao oráculo isaiano reforça a argumentação baseada no uso tipológico da narrativa do Gênesis, que, por sua vez, dá força através da argumentação *qal wahomer* à afirmação a respeito da salvação dos muitos através do sofrimento do Servo anunciada no oráculo.

3.2. Análise do significado teológico

3.2.1. Área da Teologia para a qual pode contribuir a alusão a Is 53,11-12 em Rm 5,12-21

No primeiro momento da análise do uso teológico da alusão a Is 52,13-53,12, a presente proposta metodológica pede que se identifique a qual área da Teologia a alusão pode fornecer algum contributo[1032].

Levando-se em consideração os resultados da aplicação do critério da "História da Interpretação", verifica-se que a grande maioria dos estudiosos, não

---

1031. BEALE, G. K., Handbook on the New Testament Use of the Old Testament, p. 56-57.

1032. BEALE, G. K., Handbook on the New Testament Use of the Old Testament, p. 52.

se dando conta da existência ou não dando o devido peso à alusão veterotestamentária em questão, supervalorizou a alusão a Gn 3 no contexto dos mais acirrados debates no que diz respeito à doutrina do pecado original. Consequência disso é que a maioria dos estudos utilizou o paralelismo Adão-Cristo de Rm 5,12-21 somente como base para o ensinamento a respeito da universalidade do pecado, que tem sua origem em Adão, a começar por Agostinho[1033] até os dias atuais, como se pode ver no artigo de J. L. Caballero *Rm 5,12 y el pecado original en la exégesis católica reciente*, onde afirma que "são dois, de modo muito particular, os textos bíblicos relacionados com a doutrina sobre o pecado original: Gn 2,25-3,24 e Rm 5,12-21"[1034].

Não desconsiderando a importância do texto paulino para a compreensão da realidade do pecado e da sua universalização, até mesmo porque é a partir do evento Cristo que se passa a conhecer a gravidade da situação da humanidade anterior a ele ou sem ele[1035], defende-se que se fosse levada em consideração a utilização da alusão a Is 52,13-53,12 na construção do paralelismo antitético Adão-Cristo, mas também o contexto no qual está inserida tal alusão, o qual fala de uma transformação radical na situação de Jerusalém e do povo de Deus no pós-exílio, até mesmo pela importância da perícope paulina em questão no debate teológico ontem e hoje, essa maior valorização da alusão ao texto isaiano poderia lançar uma nova luz sobre o estudo da Antropologia Teológica corroborando o esforço realizado para que se dê o devido lugar na reflexão teológica sobre o ser humano à ação de Jesus Cristo como novo início da humanidade e às consequências dessa ação que são fruto da superabundância da graça[1036].

1033. AGOSTINHO DE HIPONA, Contra duas Epistolas Pelagianorum, IV, 4, 7: PL 44, 614.

1034. CABALLERO, J. L., Rm 5,12 y el pecado original en la exégesis católica reciente. Também L. F. Ladaria em sua obra Antropologia Teologica, onde situa o estudo da perícope paulina no capítulo que trata da situação de pecado da humanidade como consequência do refuto da graça original. LADARIA, L. F., Antropologia Teologica, p. 241-250. Veja-se também LOZANO LOZANO, A. Romanos 5. La vida de los justificados por la fe y su fundamento, la reconciliación por nuestro Señor Jesucristo; LADARIA, L. F., Teología del pecado original y de la gracia; SAYÉS, J. A., El pecado original en la última década (1991-1999), p. 33-84; SAYÉS, J. A., Antropología del hombre caído; SAYÉS, J. A., Teología de la creación; BRAMBILLA, F. G., La questione teologica del peccato originale, p. 465-548; BRAMBILLA, F. G., Antropologia teologica; SCOLA, A.; MARENGO, G.; PRADES, J. Antropología teológica.

1035. STÄHLIN, G.; GRUNDMANN, W., ἁμαρτάνω, col. 837.

1036. MIRANDA, M. F., A salvação de Jesus Cristo.

3.2.2. Categorias bíblico-teológicas para as quais pode contribuir a alusão a Is 53,11-12 em Rm 5,12-21

Em sua obra *Paulo – Novas Perspectivas*, N. T. Wright, como foi salientado, faz perceber que para R. Hays as alusões aos textos das Escrituras de Israel existentes nos escritos de Paulo fazem parte do seu interesse central, o qual é anunciar que a morte e a ressurreição de Cristo são um novo capítulo na história da salvação. Por isso, buscando-se o sentido dessa história, se poderia iluminar o evento salvífico Jesus Cristo[1037].

Para ele bastaria uma alusão às narrativas contidas nas Escrituras de Israel para que isto remetesse o leitor à história primitiva e indicasse que o novo texto deveria ser entendido à luz do texto precursor. Para isso serviria uma mera referência ao texto mais antigo, o qual abrange aspectos que vão além daqueles contidos explicitamente na referência[1038].

No entanto, mesmo não partindo das alusões a Is 53,11-12 e ao seu contexto literário, mas simplesmente fazendo referência ao contexto histórico, religioso e cultural do judaísmo do período do Segundo Templo, N. T. Wright e L. Cathedral chegaram à conclusão de que o texto de Rm 5,12-21, como toda a Carta aos Romanos, deveria ser lido a partir da categoria bíblico-teológica do novo êxodo[1039].

De fato, N. T. Wright e L. Cathedral, apresentando aquilo que consideram o pano de fundo histórico e teológico da Carta aos Romanos, fazem uma descrição do judaísmo do Segundo Templo, o qual tinha como elementos que distinguiam o seu mundo simbólico o Templo, a Torá, a terra e a sua identidade racial. Quanto àquilo que eles chamaram de "enquadramento narrativo", expressão que engloba praticamente todos os escritos judaicos do período do Segundo Templo, este sustentava a sua simbologia, as suas práticas e tinha a ver com a história de Israel e, de modo mais específico,

> com seu estado de contínuo "exílio" (não obstante tenha retornado da Babilônia, ele permaneceu sob o domínio gentílico, e as grandes promessas de Isaías e outros permaneceram sem cumprimento) e com o(s) caminho(s) pelo(s) qual(is) seu Deus interviria para o libertar como aconteceu em uma de suas narrativas de fundação, aquela do êxodo (...)[1040].

1037. WRIGHT, N. T., Paulo, p. 26.

1038. WRIGHT, N. T., Paulo, p. 24; HAYS, R. B. Echoes of Scripture in the Letters of Paul, p. 20.

1039. WRIGHT, N. T.; CATHEDRAL, L., Romans and the Theology of Paul, p. 30-67.

1040. WRIGHT, N. T.; CATHEDRAL, L., Romans and the Theology of Paul, p. 32-33.

Deste modo, na mentalidade judaica do Segundo Templo, mesmo estando parte do povo naquilo que sobrou do antigo Reino de Judá, mesmo este povo tendo consciência de ser o "verdadeiro povo do Deus criador", a restauração prometida ainda não se tinha realizado completamente. Portanto, esse mesmo povo estava em uma contínua espera por tal restauração, por uma ação redentora de Deus que de fato o libertasse dos seus opressores e de que a sua justiça fosse exercida sobre os pagãos[1041].

Segundo N. T. Wright e L. Cathedral, para Paulo, que era fruto desse contexto cultural-religioso, o ápice da ação do Deus da בְּרִית para libertar o seu povo foi o êxodo. A este evento ele faria referência ao afirmar que as pessoas são justificadas, ou seja, são reconhecidas como fazendo parte do povo de Deus, por meio da redenção que está em Jesus Cristo (Rm 3,24). Isso porque o termo "Redenção" evoca na mentalidade judaica o mercado de escravos, e de modo especial, o "mercado de escravos" do Egito, do qual Deus resgatou, libertou o seu povo. Deste modo, para Paulo, em Jesus Cristo, se dá a libertação esperada pelos judeus do período do Segundo Templo, "se dá o novo êxodo, através do qual o mesmo Deus revelou toda a profundidade da fidelidade à Aliança"[1042].

No entanto, a ação salvífica de Deus não se limita ao povo de Israel, sendo ele o Deus criador de tudo. Neste sentido, através de Rm 5,12-21, Paulo, ampliando o raio da ação divina a toda a humanidade, afirma que

> a raça de Adão, como o próprio Israel, esteve no exílio; Jesus tomou sobre si mesmo esse exílio. Ao oferecer ao Deus da aliança a obediência que deveria ter caracterizado Israel (3,22; 5,15-17), ele tornou-se o meio para o resgate de Adão. Assim, adiantando os temas dos capítulos 5-8, Jesus é o meio para o êxodo de Adão (capítulo 6); ele é o meio para o Sinai de Adão, Pentecostes (8,1-11); ele é o meio pelo qual Adão poderá entrar finalmente na terra prometida (8,17ss)[1043].

Nessa exposição das narrativas subjacentes a Rm 5,12-21, como é possível perceber, não se faz referência ao uso no texto paulino das alusões a Is 53,11-12. Tais alusões, no entanto, se fossem levadas em consideração, reforçariam sobremaneira a ideia de que se deveria ler o paralelismo antitético Adão-Cristo como um novo êxodo devido ao importante papel que ocupa a figura do Servo, enquanto instrumento da ação divina, nessa categoria bíblico-teológica que perpas-

---

1041. WRIGHT, N. T.; CATHEDRAL, L., Romans and the Theology of Paul, p. 33.
1042. WRIGHT, N. T.; CATHEDRAL, L., Romans and the Theology of Paul, p. 38.
1043. WRIGHT, N. T.; CATHEDRAL, L., Romans and the Theology of Paul, p. 48.

sa todo o Dêutero-Isaías, a qual tornou-se para o povo de Deus o novo paradigma da redenção (Is 43,16-21) e consta, como o antigo êxodo, de três etapas, ou seja, da libertação, da caminhada no deserto, e tem como destino Jerusalém:

> O profeta começa com uma convocação para preparar caminho para YHWH (Is 40,3-11). O pastor guerreiro de Israel (Is 40,10-11; 51,9-10; Ex 15,13; Sl 77,20; 78,52-53) e redentor (Is 41,14; 44,22-23 etc.; Ex 6,6) libertará do valente da Babilônia seu povo levado como presa (Is 49,24-25; 42,24). Mas dessa vez ele não sairá apressadamente (Is 52,11-12; Ex 12,11). Assim como ele dividiu o mar uma vez (Is 43,16-17), também YHWH compassivo (Is 49,10-13; Dt 30,3), o protetor na vanguarda e retaguarda de seu povo (Is 52,11-12; Ex 13,21-22), fornece água e mantimento para ele (Is 43,19-21; 48,20-21; 35,7), e conduz o Israel cego e surdo (Is 42,16-22) por águas e fogo (Is 43,2.16-19) em um caminho que ele não conhece (Is 42,16; Dt 1,33; Is 35,8; 57,14; 62,10). Assim como Moisés cantou uma vez um cântico de vitória (Ex 15), também hinos acompanharão essa nova libertação (Is 42,10-12; 44,23), e tudo será para a glória de YHWH entre as nações (Is 40,5; Is 52,10; Ex 9,16). Cego, surdo e aleijado curados (Is 35,5-6) chegam a uma Jerusalém restaurada (Is 35; 54; 60-62; Ex 3,12; 15,17) e a um Éden renovado (Is 41,17-20; 51,3), para o qual as nações trazem suas riquezas (Is 45,14; 60,5; 66,12). O agente do braço do Senhor (53,1; 51,9; Ex 6,6) é o servo ungido pelo Espírito (Is 42,1-9; 49,1-13; 50,4-11; 52,13-53,12; 61,1-3) que não só faz propiciação pela rebelião de Israel como Moisés (Is 52,13-53,12; Ex 32,30), mas também faz uma aliança tanto com Israel quanto com as nações (Is 42,6; 49,12; 52,15; Ex 24,8)[1044].

De fato, como foi exposto anteriormente, é na primeira parte do segundo bloco que forma o Dêutero-Isaías (Is 49-50)[1045] que se percebe com maior frequência o anúncio do novo êxodo, o qual tem seu ápice em Is 52,11-12 com o seu eloquente convite para partir[1046]. É exatamente após Is 52,12 que se encontra Is 52,13-53,12, texto que marca uma mudança radical no Dêutero-Isaías no que diz respeito à situação de Jerusalém. Com efeito, após essa perícope passa-se a falar da reconstrução e da repovoação de Jerusalém (Is 54), mostrando assim a mediação

---

1044. WATTS, R., E., Êxodo, p. 775-776.

1045. SMITH, G. V., The New American Commentary, p. 336-337; CONROY, C., The Enigmatic Servant texts in Isaiah in the Light of recent study, p. 43; BERGES, U., The Book of Isaiah, p. 303; SIMIAN-YOFRE, H., Sofferenza dell'uomo e silenzio di Dio nell'Antico Testamento e nella letteratura del Vicino Oriente antico, p. 183; PELLETIER, A.-M., Isaías, p. 901; GOLDINGAY, J.; PAYNE, D. Isaiah 40-55, Vol. 1, p. 19-21.

1046. CONROY, C., The Enigmatic Servant texts in Isaiah in the Light of recent study, p. 38.

do Servo nessa mudança, o qual, oferecendo sua vida como sacrifício de reparação (Is 53,10c), justifica "os muitos" e as suas iniquidades carrega (Is 53, 11cd).

Portanto, o Servo é o instrumento desse novo êxodo enquanto instrumento para que o povo fosse justificado, redimido da situação de escravidão em que se encontrava ao ter feito, por sua infidelidade, o antiêxodo e assim retornado, de alguma forma, ao מִצְרַיִם, a uma situação de opressão, na qual, mesmo tendo, em parte, feito o seu retorno, ainda se encontrava.

No entanto, a categoria bíblico-teológica do "novo êxodo" não é a única para a qual a alusão ao "Quarto Cântico do Servo" pode prestar a sua contribuição, sendo que no Dêutero-Isaías tal categoria está intimamente ligada àquela da "nova criação". De fato, o Dêutero-Isaías não apenas interpreta a partida da Babilônia como um novo êxodo, mas também une essa categoria bíblico-teológica àquela da nova criação ou recriação (Is 42,5; 44,24; 45,11-12)[1047].

Porém, deve-se perguntar a respeito da plausibilidade da afirmação de que Paulo ao fazer referência ao "Quarto Cântico do Servo" tenha tido a intenção de trazer à mente do leitor ou ouvinte também as categorias bíblico-teológicas que perpassam o seu contexto, ou seja, o novo êxodo e a nova criação.

Pode-se dizer a este respeito que os escritos paulinos estão impregnados por uma linguagem que apresenta a ação de Cristo como uma "nova redenção criacional", uma passagem da escravidão do pecado para a condição de filhos adotivos (Rm 3,24; Gl 4,3-8). Tal linguagem revela claramente a influência das categorias bíblico-teológicas do novo êxodo e da nova criação na reflexão do Apóstolo, a qual estava perpassada pelas narrativas que constituíam a base da identidade do seu povo[1048].

Corrobora também esta afirmação o uso de motivos próprios do êxodo nos escritos paulinos, tais como a apresentação de Cristo como cordeiro pascal que sela a nova בְּרִית. (1Cor 5,7b; 1Cor 11,25), o fermento (1Cor 5,6-8), as tábuas (2Cor 3,3-6) e o uso tipológico da nuvem, do mar, do maná, da água da rocha (1Cor 10,1-4) para descrever a novidade trazida por Cristo àqueles que, por meio dele, passaram da morte para a vida, tornando-se novas criaturas (2Cor 5,17; Rm 6,3-4)[1049].

Também na concepção do novo povo de Deus contida no *corpus paulinum* tais ideias ligadas ao segundo êxodo e à recriação estão presentes:

1047. ENNS, P. E., Êxodo (Livro), p. 214.

1048. ENNS, P. E., Êxodo (Livro), p. 778-779.

1049. ENNS, P. E., Êxodo (Livro), p. 779.

Cumprindo a esperança do novo êxodo para a estéril Jerusalém (Gl 4,24-27; Is 54,1), o evangelho da paz (Rm 5,1; Gl 1,3-5; Ef 6,15; Is 52,7; 61,1) une o próximo e o distante, judeu e gentio, para serem a nova humanidade de Deus (Ef 2,13-17; Gl 3,26-29; 6,15; Is 57,19 ; 52,7; Rm 4,16-17), seu povo eleito (Ef 1,4; Cl 3,12; Dt 4,37; 10,15). No entanto, nesse êxodo a presença de YHWH reside não em uma construção, mas em seu novo templo, isto é, seu povo (1Cor 3,10-17; 2Cor 6,16; Ex 25,8; Jr 32,38; Is 52,11), sua nova congregação (*eklêssía*, Dt 4,10; 31,30). Como no êxodo, o despojo da vitória adorna a habitação de YHWH e enriquece seu povo; assim também, a Igreja se beneficia da vitória de Cristo (Ef 1,18; 4,8; Sl 68). Como novo Israel (Gl 6,16; 2Cor 6,18; Fl 3,3; Is 43,6-7; Jr 31,9), que anda no caminho do Espírito do novo êxodo (Rm 8,4; Gl 5,16; Ef 5,8), os cristãos são exortados a despertarem (Ef 5,14; Is 52,1; 60,1) e unir-se a YHWH, o guerreiro, na realização do novo êxodo criacional (Ef 6,13-18; Is 59,17; 52,7). Contudo, os ministros da nova aliança também precisam partilhar dos sofrimentos do servo mediador (Fl 2,6-11; 3,10; Cl 1,24)[1050].

Em suma, pode-se afirmar com bastante segurança que as categorias bíblico-teológicas do novo êxodo e da nova criação faziam parte daquelas utilizadas por Paulo para anunciar o Evangelho, e que, consequentemente, ele poderia ter intencionado utilizá-las na construção do paralelismo antitético Adão-Cristo de Rm 5,12-21. Pode-se fazer tais afirmações, não apenas a partir do contexto do judaísmo do Segundo Templo, como o fizeram de modo magistral N. T. Wright e L. Cathedral, mas também das inúmeras alusões ao êxodo existentes nos escritos paulinos que demonstram ser usual o Apóstolo apresentar a partir dessas categorias a obra de Cristo, ou seja, a "nova redenção criacional", daqueles que se encontravam em uma situação de escravos, não de nações estrangeiras, mas do domínio do pecado e da morte, fazendo-os passar para uma condição de novas criaturas (2Cor 5,14-21)[1051].

De fato, esse é o tema principal da perícope paulina objeto deste estudo o que vem confirmado pelo fato de que, como defendeu O. Hofius, "a tipologia Adão-Cristo em Rm 5,12-21 fala da morte de Cristo como um evento que *inclui* os 'muitos', de modo que as palavras δίκαιοι κατασταθήσονται οἱ πολλοί para Paulo implicam sem dúvida o aspecto da nova criação"[1052].

1050. ENNS, P. E., Êxodo (Livro), p. 779.

1051. São dignas de menção as relações intertextuais entre 2Cor 5,14-21, texto que mostra explicitamente a ideia que está implícita em Rm 5,12-21, ou seja, a obra de Cristo como uma nova criação, e Is 52,13-53,12. HOFIUS, O., The fourth Servant Song in the New Testament, p. 183.

1052. HOFIUS, O., The fourth Servant Song in the New Testament, p. 183.

3.2.3. Pressupostos teológicos da interpretação paulina de Is 52,13-53,12 [1053]

Como primeiro pressuposto hermenêutico-teológico utilizado pelo Apóstolo na sua interpretação do "Quarto Cântico do Servo" no contexto do paralelismo Adão-Cristo de Rm 5,12-21, tem-se a "solidariedade ou representação corporativa", o qual baseia-se na relação recíproca entre o indivíduo e a comunidade, relação em que o indivíduo representa e é identificado com a própria comunidade e vice-versa.

Com base nesse pressuposto e como consequência dele, Cristo, identificado com o Servo Sofredor, vem considerado por Paulo como aquele que representa não só o Israel da antiga בְּרִית e o novo Israel da nova בְּרִית, mas, estando em relação de paralelismo antitético com a figura de Adão, é visto como aquele que recapitula toda a humanidade possibilitando a todos os que aderirem a ele pela fé e lhe obedecerem, fazer a passagem do pecado à graça, da morte à vida, da escravidão à liberdade e assim, justificados pela redenção que ele trouxe, serem inseridos no povo de Deus.

O segundo pressuposto utilizado por Paulo na sua interpretação de Is 52,13-53,12 em Rm 5,12-21 é o da "interpretação cristológica das Escrituras de Israel". Segundo esse pressuposto toda a história salvífica nelas narrada está em função do evento Cristo, tudo converge para ele que é o ápice dessa mesma história, e, portanto, todas as Escrituras de Israel devem necessariamente ser interpretadas a partir de Cristo, da sua obra salvífica sendo ele a sua única chave de interpretação. Assim sendo, a criação, o pecado, o êxodo, o exílio, o retorno, em suma, todos os eventos subjacentes ao "Quarto Cântico do Servo" e ao seu contexto existiram em função de Cristo e, portanto, são interpretados a partir dele, como ocorre na elaboração do texto de Rm 5,12-21.

O terceiro pressuposto hermenêutico-teológico utilizado por Paulo é o da "correspondência na história" ou "tipologia", ou seja, a história é unificada a partir do plano de Deus concebido de modo que o passado corresponda e aponte para o futuro. Deste modo, Paulo pode ver nos eventos narrados em Gn 3, mais especificamente na influência de *um* sobre *todos*, aquilo que G. K. Beale chama de profecia tipológica do que seria a salvação de toda a humanidade por um só. No entanto, a função dessa leitura tipológica não se limita a isto. A leitura feita pelo Apóstolo da figura do Servo, a sua influência sobre os "muitos", na estrutura argumentativa da perícope, são confirmadas pela alusão a Gn 3, sendo que, com

---

1053. Para uma apresentação dos pressupostos LONGENECKER, R. N., Biblical Exegesis in the Apostolic Period, p. 34-35; SNODGRASS, K., The Use of the Old Testament in the New, p. 36-41; BEALE, G. K., Handbook on the New Testament Use of the Old Testament, p. 53.95-102.

muito mais razão, Deus permitiria que um só pudesse ser o mediador da salvação dos "muitos".

"Para que como o pecado reinou para a morte, assim também a graça reinasse por meio da justificação para a vida eterna através de Jesus Cristo nosso Senhor" (Rm 5,21). Tudo converge para a consumação plena, o reinado do pecado, o regime da Lei, o reinado da graça, a justificação, tudo está em função da "vida eterna através de Jesus Cristo nosso Senhor". Este é o último pressuposto utilizado por Paulo: com a ação de Jesus Cristo foram já deflagrados os tempos do "cumprimento escatológico" das promessas contidas nas Escrituras de Israel, as quais, porém, ainda não foram plenamente consumadas.

3.3. Análise do significado retórico

Como foi explicitado anteriormente, a Carta aos Romanos foi composta a partir de um tecido argumentativo que aproxima o escrito paulino de um discurso com forte influência da retórica clássica[1054].

Em cada unidade argumentativa encontra-se geralmente uma tese (*propositio*), que vai sendo explicada, fundamentada ou justificada por aquilo que no modelo retórico se chama de *probatio*. Utiliza-se um ou mais exemplos (Rm 7,1-4; 11,16-24), silogismos (Rm 6,5-10), princípios (Rm 2,6.11; 6,7.10), testemunhos escriturísticos (Rm 3,10-18; Rm 4; Rm 9,6-29)[1055]. Estas unidades argumentativas, por sua vez, se reagrupam formando seções e subseções:

Seção	Subseção	Unidades mínimas
PROPOSITIO – PROBATIO	(sub)propositio – probatio	(sub)propositio – probatio
		(sub)propositio – probatio
		(sub)propositio – probatio ...
	(sub)propositio – probatio	(sub)propositio – probatio
		(sub)propositio – probatio ...

1054. ALETTI, J-N., Romains 5,12-21. Logique, sens et fonction, p. 3-32; ALETTI, J-N., La présence d'un modèle rhétorique en Romains, p. 1-24. Eis uma tentativa de Aristóteles de definir a Retórica: "Assentemos que a Retórica é a faculdade de ver teoricamente o que, em cada caso, pode ser capaz de gerar a persuasão. Nenhuma outra arte possui esta função, porque as demais artes têm, sobre objeto que lhes é próprio, a possibilidade de instruir e de persuadir; por exemplo, a medicina, sobre o que interessa à saúde e à doença; a geometria, sobre as variações das grandezas; a aritmética, sobre o número, e o mesmo acontece com as outras artes e ciências. Mas a Retórica parece ser capaz de, por assim dizer, no concernente a uma dada questão, descobrir o que é próprio para persuadir". ARISTÓTELES, Arte retórica e arte poética, p. 33. Como referencial teórico para a análise retórica clássica, PITTA, A., Disposizione e messaggio della Lettera ai Galati, p. 43-79.

1055. ALETTI, J.-N., Romanos, p. 1416.

Portanto, se faz necessário à compreensão do modo como Paulo constrói a sua argumentação identificar as *propositiones* de cada unidade argumentativa e as teses secundárias (*subpropositiones*) das seções e subseções. As teses secundárias explicam a tese principal e permitem que a argumentação paulina vá se esclarecendo e se desenvolvendo progressivamente[1056]. Porém, segundo, R. Penna,

> é necessário não cair na armadilha de querer a todo custo encontrar o mesmo esquema da *dispositio rhetorica* em cada uma das subunidades argumentativas, porque, se é verdade que uma *propositio* gera uma nova etapa argumentativa, não por isso a argumentação por ela gerada deve seguir e repetir todas as vezes o mesmo esquema da *dispositio* válida para todo o conjunto do discurso. O risco seria sempre aquele de uma excessiva fragmentação do próprio discurso. Infelizmente, a Paulo notoriamente falta uma caraterística distintiva exigida pela retórica antiga, ou seja, a clareza, dita em grego *safeneia* e em latim *perspicuitas*, que "é a condição preliminar da credibilidade". O fato é que "a clareza não é o seu carisma, mas a novidade e a densidade". Mas seria um erro gravíssimo confundir por miopia a defeituosidade de uma linha lógica na exposição com a improdutividade do pensamento e da mensagem (sub)entendida. Ao contrário, descobrir isto [pensamento do autor] sob as lacunas daquela [linha lógica] é toda a empresa da hermenêutica paulina (...)[1057].

Além da *dispositio rhetorica*, pode-se também identificar em Romanos elementos próprios do esquema global do discurso: um prólogo ou exórdio (Rm 1,8-17) e um epílogo ou peroração (Rm 15,14-21)[1058].

Paulo utiliza-se também, de modo combinado com o epistolar e o discursivo, outro princípio de composição, ou seja, o paralelismo entre os elementos do discurso a partir do qual constrói, nas unidades menores (Rm 9,6-29), mas também nas mais amplas (Rm 9-11), quiasmos com três elementos (ABA')[1059].

Combinando-se os diversos princípios de composição encontrados em Romanos, a carta terá a seguinte fisionomia:

1056. ALETTI, J.-N., Romanos, p. 1416.

1057. PENNA, R., Lettera ai Romani, p. LIX.

1058. ALETTI, J.-N., Romanos, p. 1416.

1059. ALETTI, J.-N., Romanos, p. 1416-1417.

Saudações 1,1-7
Exórdio (Prólogo) 1,8-17
 que termina com uma *propositio* 1,16-17 (que é a *PROPOSITIO* principal)
```
              ┌ I (A)  1,18-4,25  judeus e gregos justificados pela fé
PROBATIO      │ I (B)  5-8        a vida nova e a esperança dos batizados
              └ II     9-11       Israel e as Nações: futuro de Israel
```
Exortações 12,1-15,13
Peroração (Epílogo) 15,14-21
Notícias e saudação final 15,22-33 + 16,1-27[1060]

Dentro desse tecido argumentativo, como já foi exposto, Rm 5,12-21 tem a função de uma *narratio* (Rm 5,12-19), seguida por uma *propositio* (Rm 5,20-21)[1061]. Além disso percebe-se que tal perícope paulina é construída em forma de *synkrisis*, o que se pode chamar também de paralelismo antitético[1062].

Tal procedimento encontra-se constantemente nos escritos do Apóstolo[1063] e possui motivações psicológicas, literárias e teológicas.

Paulo é um homem que tende a colher as coisas na sua globalidade, nas suas polaridades, nos seus extremos. Deve-se recordar a sua mentalidade semítica que vê as realidades em suas linhas gerais, evidenciando, posteriormente, as oposições entre elas[1064]. Além disso, não se deve esquecer a forte influência da literatura judaica em Paulo, na qual o paralelismo nas suas diversas formas é fortemente presente.

Como última motivação para este fenômeno nos escritos paulinos tem-se o fato teológico de que, para o Apóstolo, Cristo é o centro, o único salvador. Tudo deve ser visto em relação a ele. Ele é o ponto de ruptura. No que se refere à história da salvação há um antes e um depois dele.

1060. ALETTI, J.-N., Romanos, p. 1417.

1061. ALETTI, J.-N., Romains 5,12-21, p. 31.

1062. ALETTI, J.-N., Romains 5,12-21, p. 5.

1063. Eis alguns exemplos de paralelismo antitético: morte – vida (Rm 5,10.17.21; 6,4.23; 7,10; 8,2.6.38; 1Cor 3,22; 2Cor 2,16; 4,11.12; Fl 1,20; 2,30); dormir – vigiar (1Ts 5,6), luz – trevas (2Cor 4,6; 6,14; Ef 5,8); mundo presente – mundo futuro (1Cor 3,22); letra – espírito (Rm 2,29; 7,6; 2Cor 3,6); carne – espírito (Rm 2,19; 13,12; 1Cor 4,5; 2Cor 4,6; 6,14; Ef 5,8; 1Ts 5,5); escravidão – liberdade (Gl 4,22-28; 5,1); pecado – graça (Rm 5,20; 6,1.14); Lei (obras) – fé (Rm 3,27.31; 4,13.16; 9,32; Gl 2,16; 3,2.5.11.23.24; Fl 3,9); circuncisão – batismo (Cl 2,11-12); homem velho – homem novo (Ef 4,20-24); Adão (primeiro, terrestre) – Cristo (segundo, celeste) (1Cor 15,21-22.45-49); Jerusalém terrestre – Jerusalém celeste (Gl 4,22-28); sabedoria/força de Deus – loucura/fraqueza do homem (1Cor 1,21; 3,19); conhecer – ser conhecido (1Cor 13,12).

1064. DALBESIO, A., Paolo di Tarso, p. 40.

O genuíno pensamento paulino só é realmente compreendido quando se consegue perceber os polos antitéticos sobre os quais ele se articula, fazendo-se necessário, posteriormente, distinguir aquilo que realmente tem peso daquilo que vem utilizado para demonstrar a ideia central.

A necessidade da aplicação deste princípio metodológico vem reforçada pela interpretação na história da exegese de Rm 5,12-21, sendo que quase sempre se concentrou naquilo que se acredita não ser realmente o centro da preocupação de Paulo.

Deve-se, portanto, levar em conta que os dois polos não têm sempre o mesmo valor, mas, em geral, um está a serviço do outro para iluminá-lo. Exemplo claro disto tem-se em Colossenses e Efésios. Quando Paulo escreve sobre a antítese "potências celestes – Cristo" não tem como finalidade afirmar ou negar a existência destas "potências", quer destacar simplesmente o primado absoluto de Cristo (Cl 1,15). Não se pode, portanto, com base em Colossenses e Efésios identificar uma "angelologia paulina"[1065].

Outro princípio hermenêutico que se deve ter presente para uma aproximação do paralelismo antitético nos escritos paulinos é que os seus polos são correlatos e só são compreendidos em oposição ao seu contrário. Portanto, não se pode isolar um dos componentes da estrutura em que se encontra. Como exemplo clássico da não utilização desse princípio hermenêutico, destaca-se a interpretação equivocada que se fez ao logo da história da exegese cristã da expressão utilizada na tese principal de toda a Carta aos Romanos, ou seja, δικαιοσύνη γὰρ θεοῦ, "justiça de Deus" (Rm 1,17), a qual só pode ser compreendida à luz de sua relação antitética com ὀργὴ θεοῦ, "ira de Deus" (Rm 1,18). Logo, o termo δικαιοσύνη a partir da sua relação antitética com ὀργη. deverá significar necessariamente "ação salvífica de Deus", não se tratando, portanto, de "'justiça' no sentido filológico ou jurídico do termo, nem de justiça forense ou vindicativa"[1066].

No que se refere a Rm 5,12-21, o paralelismo, sintático e semântico, baseia-se na oposição das primeiras frases, quase sempre subordinadas, marcadas pela presença de preposições subordinativas e de conteúdo negativo, às segundas, que são as frases, na maioria, principais e de conteúdo positivo[1067].

Porém, essa *synkrisis* está fortemente perpassada pela profunda tensão entre os elementos recebidos da tradição e a interpretação paulina, podendo-se

---

1065. DALBESIO, A., Paolo di Tarso, p. 41.

1066. DALBESIO, A., Paolo di Tarso, p. 42; LYONNET, S., La Storia della Salvezza nella Lettera ai Romani, p. 23-49.

1067. ALETTI, J.-N., Romains 5,12-21, p. 5.

perceber na sua estrutura interrupções, explicações e correções que o Apóstolo precisou fazer para manifestar com clareza o seu pensamento, de modo que não houvesse lugar para interpretações que o deturpassem:

Adão – pecado – morte	*Cristo – graça – vida*
12a Por isso, como por um homem o pecado entrou no mundo 12b e através do pecado a morte 12c e assim a todos os homens a morte perpassou 12d porque todos pecaram ...	
13a Antes, de fato, da lei pecado havia no mundo. 13b O pecado, no entanto, não é imputado não havendo lei, 14a mas a morte reinou desde Adão até Moisés 14b também sobre os que não pecaram à semelhança da desobediência de Adão, 14c o qual é tipo do que devia vir.	
15a Mas não [acontece] com a transgressão, 15b Se, de fato, pela transgressão de um muitos morreram,	15a o mesmo que com dádiva. 15c muito mais a graça de Deus e o dom gratuito de um homem, Jesus Cristo, para muitos abundou.
16a E não [acontece] como por um que pecou, 16b De um lado, de fato, o julgamento [veio] a partir de um para a condenação,	16a [o mesmo que com] o dom. 16c de outro lado, a dádiva a partir de muitas transgressões [conduziu] à justificação
17a Se, de fato, pela transgressão de um a morte reinou através de um,	17b muito mais os que recebem a profusão da graça e do dom da justificação para a vida reinarão através de um, Jesus Cristo.
18a Portanto, como através de uma transgressão [veio] para todos os homens a condenação,	18b assim também, através de um ato de justiça, [veio] para todos os homens a justificação da vida.

259

19a Como, de fato, através da desobediência de um homem, muitos foram constituídos pecadores,	19b assim também, através da obediência de um, muitos serão constituídos justos.
20a A Lei interveio para que abundasse a transgressão,	20b mas onde abundou o pecado, superabundou a graça
21a para que como o pecado reinou para a morte,	21b assim também a graça reinasse por meio da justificação para a vida eterna através de Jesus Cristo nosso Senhor.

Nesta estrutura, as alusões a Is 53,11-12 estão em dois pontos deveras importantes na construção argumentativa da perícope. Quando em Rm 5,12 o paralelismo logo no início vem interrompido, restando um anacoluto, ou seja, uma frase subordinada sem a frase principal, após a exposição de uma possível objeção e a sua desconstrução nos vv. 13-14, no v. 15 inicia-se uma série de colocações que visam esclarecer o real sentido do paralelismo, de modo que os dois polos antitéticos não pareçam ser equivalentes. É no momento em que se começa a descrever a superioridade do segundo polo sobre o primeiro, no v. 15, que se encontra a alusão inicial ao texto isaiano.

Logo depois de ter esclarecido a superioridade da ação de Jesus Cristo sobre a de Adão o Apóstolo pode concluir em Rm 5,19 o pensamento que deixou incompleto em Rm 5,12: "pela obediência de um só, muitos serão constituídos justos". É exatamente aqui no ápice da *synkrisis*, ou seja, no fim da *narratio* que embasa a *subpropositio* dos vv. 20-21, que foi colocada a segunda alusão a Is 53,11-12, demonstrando-se, assim, o peso de tal alusão na construção da argumentação paulina, e, consequentemente, a elevada ênfase dada pelo autor a este no texto.

Tal ênfase retórica se mostra ainda maior ao se levar em conta as palavras de Quintiliano a respeito da *synkrisis* ou *comparatio*, a qual ele considera uma forma de *amplificatio*, ao fazer uma observação que se mostra fundamental para uma adequada compreensão dessa forma literária: "(...) como essa amplificação tende para aquilo que é superior, assim a amplificação que se faz por meio da comparação recebe seu aumento das coisas menores: porque exagerando o que é menos, precisamente se há de realçar o que é mais"[1068].

Vendo-se a *synkrisis* como uma forma de *amplificatio* que, mesmo exagerando no que é menor tem como função enaltecer o que já é superior, pode-se

---

1068. MARCO FABIO QUINTILIANO, Instituciones oratorias del célebre español M. Fabio Quintiliano, p. 64.

entender que as alusões a Is 53,11-12, por estarem no polo para o qual tende a *synkrisis*, aquele que ocupa em si uma posição de superioridade e que fala do tema central da Carta aos Romanos, ou seja, da salvação pela adesão a Jesus Cristo, são de suma importância na estrutura argumentativa do texto, pois fazem parte do que é o interesse principal da argumentação.

Além disso, trazendo à mente do ouvinte ou do leitor a profecia do Dêutero-Isaías a respeito do Servo Sofredor que justificaria os muitos carregando sobre si os seus pecados (Is 53,11cd.12e), mas também aquilo que está subjacente a este texto e ao seu contexto, ou seja, as categorias bíblico-teológicas do novo êxodo e da nova criação, as alusões ao texto isaiano contribuiriam sobremaneira para essa *amplificatio*, dando à argumentação uma grande força retórica.

Tal força viria da utilização de uma linguagem, a qual remeteria os ouvintes ou leitores àquilo que constituía a maior esperança daqueles contemporâneos de Paulo que faziam parte do mundo judaico-cristão, ou seja, o cumprimento das promessas de Deus contidas no Dêutero-Isaías, as quais consistiam em uma mudança radical na sua realidade por parte do Criador de todas as coisas, uma recriação, que se daria através de um novo êxodo.

Deste modo, tais alusões ao texto isaiano seriam um grande auxílio na estrutura argumentativa da perícope, contribuindo sobremaneira para o convencimento dos ouvintes ou leitores a respeito da amplitude e eficácia da ação salvífica de Jesus Cristo em favor de todo o gênero humano.

Conclusão

Na Introdução desta obra apresentou-se o debate a respeito do uso das Escrituras de Israel nos escritos paulinos, realizando-se um percurso que desemboca nas contribuições que são a base do Método de G. K. Beale, ou seja, o aporte da chamada "nova perspectiva" para a compreensão da dimensão narrativa do pensamento paulino e aquele das teorias relacionadas à intertextualidade, as quais têm como base o pensamento de J. Kristeva para quem "todo texto se constrói como mosaico de citações, todo texto é absorção e transformação de um em outro texto"[1069].

Percorrendo as etapas do Método exegético-hermenêutico proposto por G. K. Beale, em um primeiro momento buscou-se identificar as alusões a Is 52,13-53,12 no texto de Rm 5,12-21 e validá-las a partir dos critérios propostos por R. Hays. Tal procedimento resultou na confirmação da existência de uma alusão a Is 53,11-12 em Rm 5,15 e outra a Is 53,11 em Rm 5,19.

Tendo-se determinado e confirmado as alusões, partiu-se para a análise das mesmas, primeiramente em seu contexto histórico-literário original, e depois no contexto neotestamentário, lançando-se assim as bases para o estudo propriamente dito do uso hermenêutico, teológico e retórico das referidas alusões em Romanos. Nesse estudo colheram-se os frutos do trabalho realizado em precedência, apresentando-se, em conformidade com o Método empregado, as conclusões da presente pesquisa.

Entre outras coisas, nessas conclusões conseguiu-se vislumbrar a riqueza de sentido produzido pelas alusões ao texto isaiano no texto mais recente inserido em um ambiente cultural e religioso assinalado por uma profunda tensão escatológica no qual era viva a esperança da concretização das promessas de Deus feitas no Dêutero-Isaías ainda não plenamente realizadas.

1069. KRISTEVA, J., Introdução à semanálise, p. 68.

Sendo assim, na perspectiva da intertextualidade, pode-se ver, de um lado, as alusões que remetem ao "Quarto Cântico do Servo" e ao seu contexto, contexto esse que aponta para uma mudança radical comparada a um novo êxodo e a uma nova criação, sendo mediação da ação do Senhor o "conhecimento de Deus" do Servo que na sua fidelidade oferece sua vida como sacrifício de reparação para a justificação dos muitos. Deste modo, passa-se de uma situação, que vem descrita no contexto anterior do "Quarto Cântico", em que Jerusalém ainda está em ruinas (חָרְבוֹת Is 52,9), a uma situação apresentada logo após o "Quarto Cântico", na qual ela passa da condição de estéril (Is 54,1), viúva (Is 54,5) e abandonada (Is 54,6), a uma condição de mãe de muitos filhos na qual terá de alargar a sua tenda para abriga-los e na qual desposará o seu Criador e Redentor (Is 54,1-8).

Por outro lado, tem-se outro elemento fundamental: a figura do leitor/ouvinte inserido em um contexto de profunda esperança na Redenção que seria operada por Deus, através da qual, de fato, ele libertaria o seu povo de uma situação de humilhação e escravidão e o revestiria de sua glória e majestade, realizando assim as promessas contidas no Dêutero-Isaías que se tinham tornado o novo paradigma da intervenção de Deus em favor do seu povo (Is 43,16-21).

A partir daí percebem-se os efeitos de sentido produzidos por essa relação intertextual, a sua riqueza hermenêutica, teológica e retórica, no leitor/ouvinte, o qual é, na perspectiva da intertextualidade, o responsável por discernir os ecos dos textos mais antigos no texto mais recente na "caverna de significados ressonantes"[1070], que neste caso é o texto de Rm 5,12-21.

Logicamente a presente pesquisa se ateve aos limites demarcados pelo Método utilizado, restando à ciência teológica em geral aprofundar todas as consequências da recuperação dessa relação intertextual, e, de modo particular, à Antropologia Teológica que predominantemente utilizou-se desse texto paulino para tentar compreender a situação do ser humano que, pela sua infidelidade à דְּבַר־יהוה, fez, e continua fazendo, o movimento contrário à ordem estabelecida na Criação pela mesma דָּבָר (Gn 1,2-31), realizando o antiêxodo e retornado assim à escravidão[1071].

Com efeito, tem-se encontrado dificuldades em apresentar Jesus Cristo ao mundo hodierno, no qual "seja o individualismo neopelagiano que o desprezo

---

1070. HOLLANDER, J., The Figure of Echo, p. 65.

1071. LAMBRECHT, J., The Wretched 'I' and Its Liberation, Paul in Romans 7 and 8, p. 90.

neognóstico do corpo, descaracterizam a confissão de fé em Cristo, único Salvador universal"[1072].

Como indica a Carta *Placuit Deo*, acima citada, "é claro que a comparação com as heresias pelagiana e gnóstica pretende somente evocar traços gerais comuns" tendo em vista "a diferença entre o contexto histórico secularizado de hoje e o contexto dos primeiros séculos cristãos, nos quais estas heresias nasceram"[1073].

De fato, as tendências neopelagianas e neognósiticas hodiernas estão profundamente ligadas ao fenômeno do secularismo e nele encontram um terreno propício para o crescimento de movimentos e experiências religiosas de tendência individualista, relegando cada vez mais o cristianismo ao âmbito da vida privada e negando a sua profissão de fé no Verbo que verdadeiramente se fez carne e entrou na história humana, conduzindo muitos a aderir ao axioma que melhor define o secularismo, ou seja, à busca de viver "etsi Deus non daretur"[1074], traduzido nos dias atuais por "como se Deus não existisse", o que gera uma situação na qual a pessoa humana corre o "risco de cair no relativismo ideológico e de ceder ao niilismo moral, declarando por vezes bem o que é mal e mal o que é bem"[1075], o que produz na sociedade toda sorte de violência, de atentado contra a vida e a dignidade humana.

Nesse contexto, a recuperação do uso das categorias bíblico-teológicas da nova criação e do novo êxodo, substrato narrativo da perícope, poderia auxiliar a

---

1072. SAGRADA CONGREGAÇÃO PARA A DOUTRINA DA FÉ, Carta "Placuit Deo" aos Bispos da Igreja católica sobre alguns aspectos da salvação cristã, n. 4. Disponível em: <www.vatican.va/ roman_curia/congregations/cfaith/documents/rc_con_cfaith_doc_20180222_placuit-eo_po.html>. Acesso em: 23 fev. 2018.

1073. SAGRADA CONGREGAÇÃO PARA A DOUTRINA DA FÉ, Carta "Placuit Deo" aos Bispos da Igreja católica sobre alguns aspectos da salvação cristã, n. 3.

1074. "Na época do iluminismo se tentou entender e definir as normas morais essenciais dizendo que estas seriam válidas 'etsi Deus non daretur', mesmo que Deus não existisse. Na contraposição das confissões e na crise iminente da imagem de Deus se tentou manter os valores essenciais da moral fora das contradições e procurar para eles uma evidência que os tornasse independentes das multíplices divisões e incertezas das várias filosofias e confissões. Assim se quis assegurar as bases da convivência e, mais amplamente, as bases da humanidade. Naquele tempo pareceu possível, enquanto as grandes convicções de fundo criadas pelo cristianismo em grande parte resistiam e pareciam inegáveis. Porém, as coisas não estão mais assim. A busca por uma tal certeza asseguradora, que possa permanecer incontestada além de todas as diferenças faliu. Nem mesmo o esforço, verdadeiramente grandioso, de Kant esteve em grau de criar a necessária unânime certeza. Kant negou que Deus possa ser conhecido no âmbito da razão pura, mas, ao mesmo tempo, tinha representado Deus, a liberdade e a imortalidade como postulados da razão prática, sem a qual, coerentemente, para ele não seria possível nenhum agir moral. A situação do mundo atual não nos faz pensar novamente que ele possa ter razão? Queria expressar-me com outras palavras: a tentativa, levada ao extremo, de plasmar as realidades humanas excluindo completamente a Deus nos conduz sempre mais à beira do abismo ao colocar totalmente o homem à parte". RATZINGER, J. L'Europa nella crisi delle culture, p. 27.

1075. JOÃO PAULO II, Discorso ai partecipanti al III Forum Internazionale della Fondazione Alcide De Gasperi, p. 4.

Antropologia Teológica a apresentar Jesus Cristo como aquele que realiza o novo êxodo enquanto Redentor dos muitos e que resgata a humanidade da escravidão produzida pela ruptura da estrutura dialogal do ser humano e do consequente fechamento em si mesmo, inserindo-a na realidade da nova בְּרִית na qual cada ser humano é chamado, com o auxílio do amor de Deus derramado nos corações (Rm 5,5), a uma resposta de amor a Deus e ao próximo expressa na fidelidade à דְּבַר־יהוה vivenciada na comunidade dos que creem. Isto auxiliaria sobremaneira na superação do individualismo neopelagiano "em que o homem, radicalmente autônomo, pretende salvar-se a si mesmo sem reconhecer que ele depende, no mais profundo do seu ser, de Deus e dos outros" e onde a salvação é "confiada às forças do indivíduo ou a estruturas meramente humanas, incapazes de acolher a novidade do Espírito de Deus"[1076].

Por outro lado, a categoria da nova criação, utilizada por Paulo para descrever a novidade trazida por Cristo àqueles que, por meio dele, passaram da morte para a vida, tornando-se novas criaturas (2Cor 5,17; Rm 6,3-4; 8,19-23), auxiliaria a superar o neognosticismo que pretende "libertar a pessoa do corpo e do mundo material, nos quais não se descobrem mais os vestígios da mão providente do Criador, mas se vê apenas uma realidade privada de significado, estranha à identidade última da pessoa e manipulável segundo os interesses do homem"[1077].

Para concluir faz-se necessária uma avaliação do Método empregado na presente pesquisa. Mesmo diante de todas as vantagens trazidas pela sua utilização expostas na Introdução desta obra, depois de sua aplicação pode-se perceber seus limites, sendo o principal deles as repetições de procedimentos metodológicos.

Como exemplo pode-se citar o fato de se pedir no item que trata do critério do "Volume" que se determine a ênfase retórica dada pelo autor neotestamentário às alusões[1078]. Porém, para que se chegue a determinar tal ênfase é necessário que se faça uma análise retórica do texto neotestamentário, procedimento repetido no item que se detém no uso retórico do texto veterotestamentário no Novo Testamento.

Outra repetição tem-se ao pedir, na aplicação do critério da "Plausibilidade Histórica"[1079], que se faça uma comparação entre as interpretações feitas pelos judeus do I séc. d.C. do texto veterotestamentário e a interpretação neotestamen-

---

1076. SAGRADA CONGREGAÇÃO PARA A DOUTRINA DA FÉ, Carta "Placuit Deo" aos Bispos da Igreja católica sobre alguns aspectos da salvação cristã, n. 3.

1077. SAGRADA CONGREGAÇÃO PARA A DOUTRINA DA FÉ, Carta "Placuit Deo" aos Bispos da Igreja católica sobre alguns aspectos da salvação cristã, n. 3.

1078. HAYS, R. B., Echoes of Scripture in the Letters of Paul, p. 30.

1079. BEALE, G. K., Handbook on the New Testament Use of the Old Testament, p. 33; HAYS, R. B., Echoes of Scripture in the Letters of Paul, p. 30-31.

tária estudada e, no item que trata das tradições interpretativas, que se verifique a interpretação do texto veterotestamentário no judaísmo anterior e posterior. Em ambos os itens deve-se contemplar, por exemplo, a análise das interpretações rabínicas, as quais, mesmo sendo o seu labor literário posterior ao ano 70 d.C., provavelmente têm suas fontes em tradições anteriores ou até mesmo contemporâneas a Paulo[1080].

Deve-se destacar também a desproporcionalidade entre o esforço realizado na aplicação do critério da "História da Interpretação" e o resultado desse esforço para a validação da alusão devido ao caráter inconclusivo deste critério, que provém do fato de que os leitores posteriores pertençam a um contexto totalmente diverso dos destinatários da missiva[1081].

Quanto a outros critérios para a validação da alusão propostos por R. Hays e assumidos por G. K. Beale, segundo o próprio G. K. Beale, existiria uma sobreposição entre os critérios da "Coerência Temática" e aquele da "Satisfação", sendo que, para ele, "ambos têm como foco a maneira como o tema do contexto do Antigo Testamento funciona no contexto do Novo Testamento e o quanto esse tema do Antigo Testamento ilumina o argumento do autor neotestamentário no contexto"[1082].

Quanto ao estudo da interpretação do texto veterotestamentário nas tradições interpretativas, no caso específico do uso de Is 53,11-12 em Rm 5,12-21, não se mostrou de grande auxílio pela escassez de tais interpretações e pela especificidade e originalidade da interpretação paulina.

1080. ALETTI, J.-N., Romains 5,12-21, p. 18.

1081. BEALE, G. K., Handbook on the New Testament Use of the Old Testament, p. 33; HAYS, R. B., Echoes of Scripture in the Letters of Paul, p. 31.

1082. BEALE, G. K., Handbook on the New Testament Use of the Old Testament, p. 35.

Posfácio

De início, manifesto minha alegria em poder fazer o Posfácio desta obra do Prof. Samuel Brandão de Oliveira, intitulada "O Novo Êxodo de Isaías em Romanos. Estudo exegético e teológico de Is 52,13-53,12 em Rm 5,12-21", que seguramente vem trazer significativas colaborações para o estudo e o conhecimento da Palavra de Deus, especialmente no que tange ao *Uso do Antigo Testamento no Novo Testamento* e nos estudos de *interface* entre Antigo Testamento e Novo Testamento, em suas relações intertextuais. Este é um método de estudo bíblico muito em voga nos últimos tempos e algo realmente prazeroso de se trabalhar, visto ser uma realidade muito presente nas Sagradas Escrituras.

O objeto material, "a perícope de Is 52,13-53,12, usada como alusão em Rm 5,12-21", e o objeto formal de seu trabalho, "O Novo Êxodo de Isaías em Romanos. Estudo exegético e teológico de Is 52,13-53,12 em Rm 5,12-21", estão bem definidos no título da obra e no desenrolar da mesma, indicando a novidade da tese e sua colaboração para os estudos bíblico-acadêmicos produzidos diretamente na Teologia Bíblica do Departamento de Teologia da PUC-Rio. É um texto que conta com bom emprego da língua portuguesa, de agradável e fácil leitura, cativante na forma em que é conduzido na sequência de seus capítulos. Aliás, a junção desses dois objetos (material e formal) possibilitou ao autor ir além daquilo que a maioria dos autores e estudos tem conseguido obter como resultado até então, vendo sempre Gn 3 como fonte veterotestamentária mais normal para texto de Rm 5,12-21. Isso deixou uma lacuna aberta, pois este texto é muito importante para o debate teológico, como é enfatizado aqui nesta obra, que trabalha de forma magistral as relações intertextuais entre Is 52,13-53,12 e Rm 5,12-21. Neste sentido, o autor deixa bem claro que escolheu trabalhar com este Método tendo em vista que o mesmo levaria em consideração as relações intertextuais entre Is 52,13-53,12 e Rm 5,12-21 e, ao mesmo tempo, pelo fato de que o mesmo o ajudaria a demonstrar, comprovar e aprofundar o uso do texto isaiano na estrutura argumentativa de Rm 5,12-21.

O Método traz à luz o contexto literário de Paulo Apóstolo e aquele de seu público-alvo (leitor/ouvinte), o que é de fundamental importância para a compreensão da relação intertextual, proposta por esta obra. Foi justamente percorrendo as etapas deste Método exegético-hermenêutico proposto por Beale, que o Prof. Samuel buscou identificar as alusões a Is 52,13-53,12 no texto de Rm 5,12-21 e validá-las a partir dos critérios de R. Hays. Como se constata no trabalho, tal procedimento resultou na confirmação da existência de uma alusão a Is 53,11-12 em Rm 5,15 e outra a Is 53,11 em Rm 5,19. Esta relação intertextual ou a perspectiva da intertextualidade nos dá novas possibilidades para a interpretação bíblico-teológica do texto paulino.

Em quais fontes o Prof. Samuel foi beber para usar os critérios do *Método do Uso do Antigo Testamento no Novo Testamento* e quais passos ele dá nesta obra? Ele tem como primeira etapa metodológica a aplicação dos sete critérios para a confirmação do emprego de *citações* (referência direta e explícita textualmente), *alusões* (referência indireta e implícita textualmente) e *ecos* (referência sutil, tematicamente) do Antigo Testamento no Novo Testamento, fornecidos por Richard B. Hays, na obra: *Echoes of Scripture in the Letters of Paul*. New Haven (London: Yale University Press, 1989): 1) *disponibilidade*, se o autor e os destinatários tiveram ou não acesso direto à fonte hebraica ou à fonte grega; 2) *volume*, qual o grau de repetição de palavras ou padrões sintáticos no texto precursor e na alusão neotestamentária; 3) *recorrência*, sendo necessário analisar a existência de referências ao texto aludido ou ao contexto veterotestamentário usado; 4) *coerência temática*, até que ponto a suposta alusão se adapta à linha argumentativa desenvolvida pelo autor do Novo Testamento; 5) *plausibilidade histórica*, em vista de se constatar até que ponto é plausível a afirmação de que o autor do Novo Testamento usou a alusão para conseguir um determinado efeito de sentido ressonante nos leitores da época; 6) *história da interpretação*, constatar se outros autores e leitores foram capazes de perceber as mesmas referências que teriam percebido os contemporâneos do escrito; 7) *satisfação*, após os seis itens anteriores, ainda é necessário se perguntar se faz sentido a sua utilização em seu contexto imediato, se esclarece e aumenta o vigor retórico da argumentação.

Estes sete critérios para a confirmação do emprego de *citações*, *alusões* e *ecos* do Antigo Testamento no Novo Testamento, fornecidos por Richard B. Hays, são retomados por Gregory K. Beale, na obra: *Manual do Uso do Antigo Testamento no Novo Testamento. Exegese e Interpretação* (tradução e publicação no Brasil: São Paulo: Vida Nova, 2013), no qual nos são oferecidos nove passos para a análise das *citações*, *alusões* e *ecos* do Antigo Testamento no Novo Testamento ampliando ainda mais os pontos da pesquisa em vista da proposta inicial de Hays. Já no título da tese o autor deixa claro que este *Manual* de Beale é a obra inspiradora de seu trabalho. Aliás, esta é uma obra que todos deveríamos ter em nossas bibliotecas. Nela, o Beale propõe seus 9 passos para se trabalhar o uso do Antigo Testamento no Novo Testamento: 1) Identificação e validação da referência ao Antigo Testamento: *citação, alusão* ou *eco*; no qual são retomados os 7 critérios de Hays, sendo os demais propostos por Beale; 2) Análise do contexto geral do Novo Testamento em que ocorre a referência ao Antigo Testamento; 3) Análise do contexto imediato e do contexto geral do Antigo Testamento, interpretando atenta e minuciosamente sobretudo o parágrafo em que a citação ou alusão ocorre; 4) Pesquisa quanto ao uso do texto do Antigo Testamento no judaísmo anterior e posterior que possa ser importante para a apropriação do texto veterotestamentário pelo Novo Testamento; 5) Comparação dos textos, inclusive suas variantes textuais: NT, Setenta, TM e os Targumim, citações judaicas antigas (MMM, Pseudoepígrafos, Josefo, Filon); 6) Análise do uso textual que o autor faz do Antigo Testamento, para se ver em que tradição textual veterotestamentária o autor se apoia, ou se ele está dando sua versão pessoal, e como isso afeta a interpretação do texto do Antigo Testamento; 7) Análise do uso interpretativo, hermenêutico, que o autor faz do Antigo Testamento; 8) Análise do uso teológico que o autor faz do Antigo Testamento; 9) Análise do uso retórico que o autor faz do Antigo Testamento.

A edição deste texto em nossa Série Teologia PUC-Rio, a exemplo de outros, traz-nos igualmente grandes alegrias, pois consagra o valor da obra e oferece ao público de língua portuguesa um ótimo material a ser tomado em consideração, como referência para os estudos e pesquisas na área das Sagradas Escrituras, sobremaneira em suas relações intertextuais. Com certeza, esta obra vem sanar uma lacuna que temos de textos produzidos e publicados diretamente no Brasil em vista dos estudos bíblico-acadêmicos. Embora já tenhamos o Manual e o Comentário sobre o *Método do Uso do Antigo Testamento no Novo Testamento* traduzidos e publicados no Brasil, é sempre muito mais prazeroso encontrar obras produzidas diretamente em nosso idioma materno.

Quando adentramos ao texto, percebemos sua riqueza ao constatar que o mesmo é construído de forma a revelar a beleza do Método, inclusive no crescente de seus capítulos, desde a sua introdução, que é uma parte robusta do trabalho, contendo análises sobre as diversas teorias no *Uso do Antigo Testamento por Paulo*, uma abordagem sobre a passagem da "nova perspectiva" sobre Paulo ao uso da intertextualidade, delimitações metodológicas e definições sobre o que é alusão e citação, com seus critérios e passos a serem levados em consideração para sua identificação em textos do Novo Testamento; no primeiro capítulo o autor apresenta a identificação e validação de alusões a Is 52,13-53,12 no texto paulino, com um vasto *status quaestionis* desde a Patrística, passando pela Idade Média e pela Reforma até os tempos hodiernos; o segundo capítulo traz o texto de Is 52,13-53,12 aludido em Rm 5,12-21, no contexto veterotestamentário, os contextos literários anterior e posterior, segmentação, tradução, crítica textual, crítica lexical e gramática, crítica de gênero literário e teológica, análise semântica, tradições interpretativas etc.; no terceiro e último capítulo temos uma análise do texto de Is 52,13-53,12 no contexto neotestamentário e análise de seu uso hermenêutico, teológico e retórico em Rm 5,12-21, igualmente com os contextos literários anterior e posterior, segmentação, tradução, crítica textual, crítica lexical e gramática, crítica de gênero literário e teológica, análise semântica, pressupostos teológico-interpretativos etc.; em seguida temos a conclusão e as referências bibliográficas, que são robustas e atualizadas, equilíbrio entre textos diversos, comentários e artigos, apresentando vasta bibliografia para quem tem interesse em trabalhar com o Método do Uso do Antigo Testamento no inteiro Novo Testamento e não apenas em Paulo. Em tudo isso vale a pena ressaltar ainda a ótima justificativa da escolha do Método para se trabalhar na tese e tessitura deste texto que agora é colocado nas mãos de todos, com a esperança de que realmente produza bons frutos em vista dos futuros estudos acadêmicos e igualmente para a Teologia Bíblica em geral.

Alia iacta est! Boa leitura e bons estudos a todos os que tiverem a felicidade de entrar em contato com esta obra do Prof. Samuel Brandão de Oliveira, "O Novo Êxodo de Isaías em Romanos. Estudo exegético e teológico de Is 52,13-53,12 em Rm 5,12-21", a partir de nossa Série Teologia PUC-Rio, que nasceu para compartilhar os resultados de anos de trabalho de nossos discentes e docentes, com a publicação de Dissertações e Teses.

Prof.-Dr. Pe. Waldecir Gonzaga
Pontifícia Universidade Católica do Rio de Janeiro

Referências bibliográficas

Fontes Escriturísticas e Pseudográficas

A BIBLIA: *Novo Testamento*. 1ª ed. São Paulo: Paulinas, 2015.

BIBLIA *de Jerusalém*. São Paulo: Paulus, 2004.

BIBLIA *Sacra Vulgatae Editionis*. Milano: San Paolo, 1995.

CHARLESWORTH, J. H. (ed.). *The Old Testament Pseudepigrapha*. New York: Doubleday, 1983.

CHILTON, B. D. *The Isaiah Targum*. Introduction, Translation, Apparatus and Notes. The Aramaic Bible 11. Edinburgh: T & T Clark, 1987.

ELLIGER, K.; RUDOLPH, W. (orgs.). *Biblia Hebraica Stuttgartensia*.Stuttgart: Deutsche Bibelgesellschaft, 1997.

JONATHAN BEN UZZIEL. *The Chaldee Paraphrase on the Prophet Isaiah*. Tr. C.W.H. Pauli. London: London Society's House, 1871.

LENZI, G. *Il Targum Yonathan, I: Isaia*. Traduzione a Confronto con il Testo Masoretico. Genova – Milano: Marietti, 2004.

MARTINEZ F. G. (ed.). *Testi di Qumran*. Supplemento allo studio della Bibbia 10. Brescia: Paideia, 2003.

NESTLE, E.; ALAND, K. (ed.). *Novum Testamentum Graece*. 28ª ed. Stuttgart: Deutsche Bibelgesellschaft, 2012.

Nova Vulgata Bibliorum Sacrorum Editio. Vaticano: Libreria Editrice Vaticana, 1986.

RAHLFS, A. (ed.). *Septuaginta. Vetus Testamentum Graece*. 5ª ed. Stuttgart: Privilegierte Württembergische Bibelanstalt, 1952.

RIBERA FLORIT, J. *El Targum de Isaías*. La Versión Aramea del Profeta Isaías. Biblioteca Midrásica 6. Valencia: Institución San Jerónimo, 1988.

SPARKS, H. F. D. (ed.). Apócrifos do Antigo Testamento. *Revista Bíblica Brasileira*. 16.1-3, 1999.

SPARKS, H. F. D. (ed.). Apócrifos do Antigo Testamento. *Revista Bíblica Brasileira*. 17.1-3, 2000.

Fontes Patrísticas

AMBROSIASTER. Epistulam ad Romanos. In: VOGELS, H. J. (ed.). *Ambrosiastri qui dicitur commentarius in epistulas paulinas*. CSEL 81/1. Viena: Austrian Academy of Sciences Press, 1966.

AMBROSIASTER. *Commentarius in epistolam ad Romanos*. (PL 17) 45-184.

AMBRÓSIO DE MILÃO. *De Mysteriis*. (PL 16) 389-410.

AMBRÓSIO DE MILÃO. *Expositio Evangelii secundum Lucam*. (PL 15) 1607-1944.

AGOSTINHO DE HIPONA. *Contra duas Epistolas Pelagianorum*. (PL 44) 549-638.

AGOSTINHO DE HIPONA. *Contra Iulianum*. (PL 44) 641-874.

AGOSTINHO DE HIPONA. *De Diversis Quaestionibus ad Simplicianum*. (PL 40) 101-148.

AGOSTINHO DE HIPONA. *De peccatorum meritis et remissione et de baptismo parvulorum ad Marcellinum*. (PL 44) 109-200.

AGOSTINHO DE HIPONA. *Enchiridion*. (PL 40) 231-290.

CIRILO DE ALEXANDRIA. *Explanatio in epistolam ad Romanos*. (PG 74) 773-856.

JOÃO CRISÓSTOMO. *In epistolam ad Romanos*. (PG 60) 391-682.

IRENEU DE LIÃO. *Contra Haereses*. (PG 7) 433-1224.

PELÁGIO. *Expositio in Epistolam ad Romanos*. (PLS 1) 1112-1181.

Ferramentas de trabalho

ALAND, K.; ALAND, B. *Il Testo del Nuovo Testamento*. Genova: Marieti, 1987.

ARISTÓTELES. *Arte retórica e arte poética*. 17ª ed. Rio de Janeiro: Ediouro, 2005.

BALZ, H.; SCHNEIDER, G. (eds.). *Diccionario Exegético del Nuevo Testamento*. Salamanca: Sígueme, 1996.

BARBAGLIO, G.; BOF, G.; DIANICH, S. (eds.). *Teologia (I Dizionari San Paolo)*. Cinisello Balsamo: San Paolo, 2002.

BARTHÉLEMY, D. *Critique textuelle de l'Ancien Testament, 2: Isaïe, Jérémie, Lamentations*. OBO 50/2. Fribourg: Éditions Universitaires; Göttingen: Vandenhoeck & Ruprecht, 1986.

BERGER, K. *As Formas Literárias do Novo Testamento*. São Paulo: Loyola, 1998.

BERGMAN, J. יָדַע. In: BOTTERWECK, J.; RINGGREN, H. (eds.). *Grande Lessico dell'Antico Testamento*. Vol. III, col. 558-566. Brescia: Paideia, 1988.

BLASS, F. W.; DEBRUNNER, A. *Grammatica del greco del Nuovo Testamento*. Brescia: Paideia, 1997.

BOTTERWECK, G. J. יָדַע. In: BOTTERWECK, J.; RINGGREN, H. (eds.). *Grande Lessico dell'Antico Testamento*. Vol. III, col. 566-596. Brescia: Paideia, 1988.

CABA, J. Métodos exegéticos en el estudio actual del Nuevo Testamento. *Greg*, 73, 611-669, 1992.

CHARPENTIER, E. (org.). *Iniciação à Análise Estrutural*. Cadernos Bíblicos n. 23. São Paulo: Paulinas, 1983.

COENEN, L.; BROWN, C. (orgs). *Dicionário Internacional de Teologia do Novo Testamento*. 2ª ed. São Paulo: Vida Nova, 2000.

CONZELMANN, H. χάρις. In: KITTEL, G.; FRIEDRICH, G. (orgs.). *Grande Lessico del Nuovo Testamento*. V. XV, col. 528-538. Brescia: Paideia, 1970.

CROATTO, J. S. *Hermenêutica Bíblica*. São Leopoldo: Sinodal – São Paulo: Paulinas, 1986.

DUBOIS, J. (et al.). *Dicionário de Linguística*. 14ª ed. São Paulo: Cultrix, 2004.

EGGER, W. *Metodologia do Novo Testamento*. São Paulo: Loyola, 1994.

ENNS, P. E. Êxodo (Livro). In: DESMOND, A. T.; ROSNER, B. S. *Novo dicionário de teologia bíblica*. São Paulo: Editora Vida, 2009, p. 209-217.

ESSEN, H.H. Graça. In: COENEN, L.; BROWN, C. (orgs). *Dicionário Internacional de Teologia do Novo Testamento*. 2ª ed. São Paulo: Vida Nova, 2000, p. 907-916.

FREEDMAN, D. N. *The Anchor Bible Dictionary*. Vol. 1-6. New York – London: Doubleday, 1992.

GARAVELLI, B. M. *Manuale di Retorica*. Milano: Bompiani, 1988.

GENESIUS, W.; KAUTZSCHM, E. (eds.). *Gesenius' Hebrew Grammar*. Oxford: Claredeon Press, 1980.

GOMES DE ARAÚJO, R. *Gramática do Aramaico Bíblico*. São Paulo: Targumim, 2005.

HAWTHORNE, G. F.; MARTIN, R. P.; REID, D. G. *Dizionario di Paolo e delle sue lettere*. Milano: San Paolo, 1999.

JEREMIAS, J. παῖς Θεού. In: KITTEL, G.; FRIEDRICH, G. (orgs.). *Grande Lessico del Nuovo Testamento*. V. IX, col. 336-440. Brescia: Paideia, 1970.

JENNI, E.; WESTERMANN, C. *Diccionario Teologico Manual del Antiguo Testamento*. 2 Vol. Madrid: Cristiandad, 1978.

JOHNSON, B. צדק. In: BOTTERWECK, J.; RINGGREN, H. (eds.). *Grande Lessico dell'Antico Testamento*. Vol. VII, col. 516-540. Brescia: Paideia, 1988.

JOÜON, P. *Grammaire de l'Hébreu Biblique*. Rome: Institut Biblique Pontifical, 1996.

KELLERMANN, D. אָשֵׁם In: BOTTERWECK, J.; RINGGREN, H. (eds.). *Grande Lessico dell'Antico Testamento*. Vol. I, col. 944-945. Brescia: Paideia, 1988.

KOENEN, K. שָׂכַל. In: BOTTERWECK, J.; RINGGREN, H. (Eds.). *Grande Lessico dell'Antico Testamento*. Col. 750-768. Brescia: Paideia, 1988.

KOCK, K. צדק. In: JENNI, E.; WESTERMANN, C. *Diccionario Teologico Manual del Antiguo Testamento*. Vol. I, col. 619-668. Madrid: Cristiandad, 1978.

LIMA, M. L. C. *Exegese Bíblica – Teoria e Prática*. São Paulo: Paulinas, 2014.

MEYNET, R. I frutti dell'analisi retórica. *Greg*, 77, 403-436, 1996.

MEYNET, R. *Initiation à la rhétorique biblique – Qui donc est le plus grand?* Paris: Cerf, 1982.

MEYNET, R. L'analyse rhétorique, une nouvelle méthode pour comprendre la Bible. *NRT*, 116, 641-657, 1994.

MEYNET, R. *L'Analyse rhétorique. Une nouvelle méthode pour comprendre la Bible. Textes fondateurs et exposé systématique*. Paris: Cerf, 1989.

ODETTE, M. *A Bíblia à luz da História – Guia da Exegese Histórico-Crítica*. São Paulo: Paulinas, 1999.

PISANO, S. *Introduzione alla Critica Testuale dell'Antico e del Nuovo Testamento*. Roma: Editrice Pontificio Istituto Biblico, 1997.

PITTA, A. *Disposizione e messaggio della Lettera ai Galati. Analisi retorico-letteraria*. Analecta Biblica 131. Roma: PIB, 1992.

QUELL, G. ἁμαρτάνω. In: KITTEL, G.; FRIEDRICH, G. (orgs.). *Grande Lessico del Nuovo Testamento*. V. I, col. 715-769. Brescia: Paideia, 1970.

RICOEUR, P. *A Hermenêutica Bíblica*. São Paulo: Loyola, 2006.

RINGGREN, H. צָדַק. In: BOTTERWECK, J.; RINGGREN, H. (eds.). *Grande Lessico dell'Antico Testamento*. Vol. VII, col. 511-516. Brescia: Paideia, 1988.

ROBSON, T. *Paradigms and Exercises in Syriac Grammar*. Oxforf: Claredon, 1962.

RUSCONI, C. *Dicionário do Grego do Novo Testamento*. São Paulo: Paulus, 2003.

SCHNELLE, U. *Introdução à Exegese do Novo Testamento*. São Paulo: Loyola, 2004.

SCHÖKEL, A. *Dicionário Bíblico Hebraico-Português*. 2ª ed. São Paulo: Paulus, 1997.

SCHOTTROFF, W. יָדַע. In: JENNI, E.; WESTERMANN, C. *Diccionario Teologico Manual del Antiguo Testamento*. Vol. I, col. 942-967. Madrid: Cristiandad, 1978.

SILVA, C. M. D. *Metodologia da Exegese Bíblica*. São Paulo: Paulinas, 2000.

SIMIAN-YOFRE, H. (coord.). *Metodologia do Antigo Testamento*. São Paulo: Loyola, 2000.

STÄHLIN, G. ἁμαρτάνω. In: KITTEL, G.; FRIEDRICH, G. (orgs.). *Grande Lessico del Nuovo Testamento*. V. I, col. 791-802. Brescia: Paideia, 1970.

WATTS, R. E. Êxodo. In: DESMOND, A. T.; ROSNER, B. S. *Novo dicionário de teologia bíblica*. São Paulo: Editora Vida, 2009, p. 769-781.

WEGNER, U. *Exegese do Novo Testamento – Manual de Metodologia*. São Leopoldo: Sinodal – São Paulo: Paulus, 1998.

ZERWICK, M. *Biblical Greek illustrated by examples*. Scripta Pontificii Istituti Biblici 114. Roma: PIB, 2005.

ZIMMERLI, W. παῖς Θεού. In: KITTEL, G.; FRIEDRICH, G. (orgs.). *Grande Lessico del Nuovo Testamento*. V. IX, col. 275-336. Brescia: Paideia, 1970.

ZIMMERLI, W. χάρις. In: KITTEL, G.; FRIEDRICH, G. (Orgs.). *Grande Lessico del Nuovo Testamento*. V. XV, col. 538-565. Brescia: Paideia, 1970.

Obras relacionadas ao estudo de Isaías 52,13-53,12

ABELA, A. When Tradition Prevails over Good Parsing. Reconsidering the Translation of Is 53,11b. In: AUGUSTIN, M.; NIEMANN, H. M. (eds.). *Stimulation from Leiden*. Collected Communications to the XVIIIth Congress of the International Organization for the Study of the Old Testament, Leiden 2004. BEATAJ 54. Frankfurt am Main: Peter Lang, 2006, p. 157-174.

ADAMS, J. W. *The Performative Nature and Function of Isaiah 40–55*. LHB/OTS 448. New York: T & T Clark International, 2006.

ADNA, J. The Servant of Isaiah 53 as Triumphant and Interceding Messiah: The Reception of Isaiah 52:13-53:12 in the Targum of Isaiah with especial attention to the Concept of the Messiah. In: JANOWSKI, B.; STUHLMACHER, P. (eds.). *The Suffering Servant: Isaiah 53 in Jewish and Christian Sources*. Grand Rapids: Eerdmans, 2004, p. 189-224.

BEAUCHAMP, P. Lecture et relectures du quatrième Chant du Serviteur. D'Isaïe à Jésus. In: VERMEYLEN, J. (ed.). *The Book of Isaiah. Le Livre d'Isaïe. Les oracles, et leurs relectures; unité et complexité de l'ouvrage*. BETL 81. Leuven: Leuven University Press, 1989, p. 325-355.

BEGRICH, J. *Studien zu Deuterojesaja*. Theologische Biicherei 20. München: Kaiser, 1963.

BELLINGER W. H.; FARMER W. R. (eds.). *Jesus and the Suffering Servant*. Isaiah 53 and Christian Origins. Harrisburg: Trinity Press, 1998.

BERGES, U. Isaías. *El profeta y el libro*. Estudios bíblicos 44. Estella: Verbo Divino, 2011.

BERGES, U. Isaiah – Structure, Themes, and Contested Issues. In: SHARP, C. (ed.). *The Oxford Handbook of the Prophets*. Oxford: Oxford University Press, 2016, p. 153-170.

BERGES, U. *The Book of Isaiah: Its Composition and Final Form*. Sheffield: Sheffield Phoenix Press, 2012.

BLENKINSOPP, J. *Isaiah 40-55*. The Anchor Yale Bible Commentaries 19A, New York, 2002.

CARDELLINI, I. *mišḥat*: un termine controverso in Isaia 52,14. In: GASPERONI, A. (ed.). *Fedeli a Dio, fedeli all'uomo*. Scritti in onore dei docenti Duilio Bonifazi, Giuseppe Crocetti, Valentino Natalini, Oscar Serfilippi. Bologna: Edizioni Dehoniane, 2004, p. 41-47.

CHILDS, B. S. *Isaia*. Brescia: Queriniana, 2005.

CLINES, D. J. A. I. *He, We, and They: A Literary Approach to Isaiah 53*. JSOTSup 1. Sheffield: JSOT Press, 1976.

CONROY, C. The "Four Servant Poems" in Second Isaiah in the light of recent redaction-historical studies. In: MCCARTHY, C.; HEALEY, J. F. (ed.). *Biblical and Near Eastern Essays*. Studies in Honour of Kevin J. Cathcart. JSOTSup 375. London: Continuum, 2004, p. 80-94.

COOK, S. L. An Interpretation of the Death of Isaiah's Servant. In: HESKETT, R.; IRWIN, B. (eds.). *The Bible as a Human Witness to Divine Revelation: Hearing the Word of God Through Historically Dissimilar Traditions*. LHB/OTS 469. New York: T & T Clark, 2010, p. 108-124.

DARRELL D. H. Isaiah within Judaism of the Second Temple Period. In: MOYISE, S.; MENKEN, M. J. J. (eds.). *Isaiah in the New Testament*. New York: T. &. T. Clark, 2005, p. 7-34.

DE ANDRADO, P. N. *The Akedah Servant Complex: The Soteriological Linkage of Genesis 22 and Isaiah 53 in Ancient Jewish and Early Christian Writings*. CBET 69. Leuven: Peeters, 2012.

DRIVER, G. R. Isaiah 52,13–53,12: The Servant of the Lord. In: BLACK, M.; FOHRER, G. (eds.). *In Memoriam Paul Kahle*. BZAW 103. Berlin: Töpelmann, 1968, p. 90-105.

FOHRER, G. Stellvertretung und Schuldopfer in Jes 52,13-53,12. In: FOHRER, G. *Studien zu alttestamentlichen Texten und Themen* (1966-1972). BZAW 155. Berlin-New York: Walter de Gruyter, 1981, p. 24-43.

FRANCO, E. La morte del Servo sofferente in Is. 53. In: DANIELI, G. (ed.). *Gesù e la sua morte*. Associazione Biblica Italiana: Atti della XXVII Settimana Biblica. Brescia: Paideia, 1984, p. 219-236.

GELSTON, A. Knowledge, Humiliation or Suffering: A Lexical, Textual and Exegetical Problem in Isaiah 53. In: MCKAY, H. A.; CLINES, D. J. A. (ed.). *Of Prophets' Visions and the Wisdom of Sages. Essays in Honour of R. Norman Whybray on his Seventieth Birthday*. JSOTSup 162. Sheffield: JSOT, 1993, p. 126-141.

GOLDINGAY, J.; PAYNE, D. *Isaiah 40-55*. 2 Vol. The International Critical Commentary. London/New York: Bloomsbury, 2014.

HÄGGLUND, F. *Isaiah 53 in the Light of Homecoming after Exile*. FAT II/31. Tübingen: Mohr Siebeck, 2008.

HANSON, P. D. *Isaia 40-66*. Strumenti 29 – Commentari. Torino: Claudiana, 2006.

HEGERMANN, H. *Jesaja 53 in Hexapla, Targum und Peschitta*. Gütersloh: Bertelsmann, 1954.

HENGEL, M. The Effective History of Isaiah 53 and the Drama of Taking Another's Place. In: JANOWSKI, B.; STUHLMACHER, P. (eds.). *The Suffering Servant: Isaiah 53 in Jewish and Christian Sources*. Grand Rapids: Eerdmans, 2004, p. 75-146.

HESKETT, R. *Messianism Within the Scriptural Scroll of Isaiah*. LHB/OTS 456. London & New York: T & T Clark, 2007.

HOFIUS, O. The fourth Servant Song in the New Testament. In: JANOWSKI, B.; STUHL-MACHER, P. (eds.). *The Suffering Servant: Isaiah 53 in Jewish and Christian Sources.* Grand Rapids: Eerdmans, 2004, p. 182-183.

HOOKER, M. D. *Jesus and the Servant: The Influence of the Servant Concept of Deutero-Isaiah in the New Testament.* London: SPCK, 1959.

HOUTMAN, A. Putting One's Life on the Line: The Meaning of *he'erah lamavet nafsho* and Similar Expressions. In: HOUTMAN, A.; POORTHUIS, M.; SCHWARTZ, J.; TURNER, J. A. (eds.). *The Actuality of Sacrifice: Past and Present.* Jewish and Christian Perspectives 28. Leiden: Brill, 2014, p. 192-205.

ISAKSSON, B. The Textlinguistics of the Suffering Servant: Subordinate Structures in Isaiah 52,13-53,12. In: GEIGER, G.; PAZZINI, M. (eds.). Ἐν πάσῃ γραμματικῇ καὶ σοφίᾳ, *En pāsē grammatikē kai sophiā: Saggi di linguistica ebraica in onore di Alviero Niccacci, ofm. Analecta 78.* Milano: Edizioni Terra Santa; Jerusalem: Franciscan Printing Press, 2011, p. 173-212.

ITIKWIRE, V. T. The Textual Criticism of Is 52:13 – 53:12. In: BONNEY, G.; VICENT, R. *Sophia – Paideia Sapienza e Educazione (Sir 1,27).* Miscellanea di studi offerti in onore del prof. Don Mario Cimosa. Roma: Libreria Ateneo Salesiano, 2012, p. 155-164.

JANOWSKI, B. He Bore Our Sins – Isaiah 53 and the Drama of Taking Another's Place. In: JANOWSKI, B.; STUHLMACHER, P. (eds.). *The Suffering Servant: Isaiah 53 in Jewish and Christian Sources.* Grand Rapids: Eerdmans, 2004, p. 48-74.

JANOWSKI, B.; STUHLMACHER P. (eds.). *The Suffering Servant: Isaiah 53 in Jewish and Christian Sources.* Grand Rapids: Eerdmans, 2004.

JOACHIMSEN, K. *Identities in Transition: The Pursuit of Isa. 52:13-53:12.* VTSup 142. Leiden: Brill, 2011.

KIESOW, K. *Exodustexte im Jesajabuch: Literarkritische und motivgeschichtliche Analysen.* OBO 24. Freiburg/Schweiz: Universitätsverlag, 1979.

KOENIG, J. *Oracles et liturgies de l'exil babylonien.* Études d'histoire et de philosophie religieuses, 69; Paris: PUF, 1988.

KRATZ, R. G. *Die Propheten Israels.* Munich: Beck, 2003.

KRATZ, R. G. *Kyros im Deuterojesaja-Buch. Redaktionsgeschichtliche Untersuchungen zu Entstehung und Theologie von Jes 40-55.* FAT 1. Tübingen: Mohr Siebeck, 1991.

LANDY, F. The Construction of the Subject and the Symbolic Order: A Reading of the Last Three Suffering Servant Songs. In: DAVIES, P. R.; CLINES, D. J. A. (eds.). *Among the Prophets. Language, Image and Structure in the Prophetic Writings.* JSOTSup 144. Sheffield: JSOT Press, 1993, p. 60-71.

LEVIN, C. *Das Alte Testament.* 2ª ed. Munich: Beck, 2003.

LIMA, M. L. C. *Mensageiros de Deus: Profetas e Profecias no Antigo Israel.* Rio de Janeiro: PUC/São Paulo: Reflexão, 2012.

LOURENÇO, J. *História e Profecia.* Lisboa: Universidade Católica Editora, 2007.

LOURENÇO, J. *O Sofrimento no pensamento bíblico: Releituras hermenêuticas de Is 53*. Lisboa: UCEditora, 2006.

LOURENÇO, J. *Sofrimento e Glória de Israel: Is 53 e sua interpretação no Judaísmo Antigo*. Lisboa: Didaskalia, 1996.

MELUGIN, R. F. *The Formation of Isaiah 40-55*. BZAW 141. Berlin: de Gruyter, 1976.

NORTH. C. R. *The Second Isaiah: Introduction, Translation and Commentary to Chapters XL-LV*. Oxford: Clarendon Press, 1964.

NORTH. C. R. *The Suffering Servant in Deutero-Isaiah*. London: Oxford University Press, 1956.

OORSCHOT, J. Von. *Babel zum Zion. Eine literarkritische und redaktionsgeschichtliche Untersuchung*. BZAW 206. Berlin: de Gruyter, 1993.

ORLINSKY, H. M. The So-Called "Suffering Servant" in Is 53. In: ORLINSKY, H. M. (ed.). *Interpreting the Prophetic Tradition*. The Goldenson Lectures 1955-1966. Cincinnati: Hebrew Union College Press; New York: KTAV, 1969, p. 225-273.

PELLETIER, A.-M. Isaías. In: FARMER, W. R. (org.). *Comentario Bíblico Internacional: Comentario católico y ecuménico para el siglo XXI*. Fonasa: Verbo Divino, 1999, p. 872-910.

PIXLEY, J. Isaiah 52,13-53,12: A Latin-American Perspective. In: POPE-LEVISON, P.; LEVISON, J. R. (eds.). *Return to Babel: Global Perspectives on the Bible*. Louisville: Westminster John Knox, 1999, p. 95-100.

PUECH, E. *La croyance des Esséniens en la vie future: immortalité, résurrection, vie éternelle? Histoire d'une croyance dans le Judaïsme Ancien. I: La résurrection des morts et le contexte scripturaire. II: Les données qumraniennes et classiques*. EtBib, 21 & 22. Paris: Gabalda, 1993.

RAYMUNDUS MARTINI. *Pugio Fidei adversum Mauros et Judaeos*. Leipzig: Sumptibus Haeredum Friderici Lanckisi, 1687.

REGT, L. J. de. Language, Structure, and Strategy in Isaiah 53:1-6: אָכֵן, Word Order, and the Translator. In: PEURSEN, W. T. van; DYK, J. W. (eds.). *Tradition and Innovation in Biblical Interpretation: Studies Presented to Professor Eep Talstra on the Occasion of His Sixty-Fifth Birthday*. SSN 57. Leiden: Brill, 2011, p. 417-435.

SIMIAN-YOFRE, H. *Sofferenza dell'uomo e silenzio di Dio nell'Antico Testamento e nella letteratura del Vicino Oriente antico*. Studia Biblica 2. Roma: Città Nuova, 2005.

SHEPHERD, C. E. *Theological Interpretation and Isaiah 53: A Critical Comparison of Bernhard Duhm, Brevard Childs, and Alec Motyer*. LHB/OTS 598. London & New York: Bloomsbury T&T Clark, 2014.

SMITH, G. V. *The New American Commentary - Isaiah 40-66*. New American Commentary Old Testament 15B. Nashville: B&H, 2009.

STECK, O. H. *Gottesknecht und Zion*. FAT 4. Tübingen: J.C.B. Mohr, 1992.

STUHLMACHER, P. Isaiah 53 in the Gospel and Acts. In: JANOWSKI, B.; STUHLMACHER, P. (eds.). *The Suffering Servant: Isaiah 53 in Jewish and Christian Sources*. Grand Rapids: Eerdmans, 2004, p. 147-162.

WATTS, J. D. W. *Isaiah 34-66*. WBC 25. Waco: Word, 1987.

WERLITZ, J. *Redaktion und Komposition*. Zur Rückfrage hinter die Endgestalt von Jesaja 40-55. BBB 122. Berlin: Philo, 1999.

WESTERMANN, C. *Isaiah 40-66: A Commentary. The Old Testament Library*. Philadelphia: Westminster Press, 1969.

WHYBRAY, R. N. Thanksgiving for a Liberated Prophet: An Interpretation of Isaiah Chapter 53. Clines, D. J. A.; Davies, P. R.; Gunn, D. M. (eds.). *Journal for the Study of the Old Testament Supplement Series*. Vol. 4. Sheffield: University of Sheffield, Department of Biblical Studies, 1978.

Obras relacionadas ao estudo de Rm 5,12-21

ACHTEMEIER, P. J. *Romani*. Strumenti 66 – Commentari. Torino: Claudiana, 2014.

ALETTI, J.-N. Romanos. In: FARMER, W. R. (org.). *Comentario Bíblico Internacional – Comentario católico y ecuménico para el siglo XXI*. Fonasa: Verbo Divino, 2000, p. 1416-1458.

ALETTI, J.-N. *La Lettera ai Romani – Chiavi di lettura*. Roma: Borla, 2011.

ANCILLI, E. (org.). *Spiritualità Paolina*. Roma: Pontificio Istituto di Spiritualità del Teresianum, 1967.

BARBAGLIO, G. Alla Chiesa di Roma. In: BARBAGLIO, G.; FABRIS. R. *Lettere di Paolo*. V. II. Roma: Borla, 1990, p. 169-530.

BARBAGLIO, G. *Teologia Paolina*. Bologna: EDB, 1999.

BARTH, K. *Carta aos Romanos*. São Paulo: Novo Século, 1999.

BELL R. H. The Myth of Adam and the Myth of Christ in Romans 5,12-21. In: WEDDERBURN, A. J. M.; FREY, J.; LONGENECKER, B. W. *Paul, Luke and the Graeco-Roman World*, vol. 217, London: Sheffield 2002, p. 21-36.

BOCK, D. L.; GLASER, M. (eds.). *The Gospel according to Isaiah 53: encountering the suffering servant in Jewish and Christian theology*. Grand Rapids: Kregel Academic & Professional, 2012.

BONSIRVEN, J. *Exégèse Rabbinique et Exégèse Paulinienne*. Paris: Beauchesne, 1939.

BORNKAMM, G. *Paulo: vida e obra*. Petrópolis: Vozes, 1992.

BROWN, R. E.; FITZMYER, J. A.; MURPHY R. E. (orgs). *Novo Comentário Bíblico São Jerônimo*. São Paulo: Academia Cristã – Paulus, 2007.

BROWN, R. E.; MEIER, J. P. *Antioche et Rome – Berceaux du christianisme.* LD 131, Paris: Cerf, 1988.

CALVINO, J. *Exposição de Romanos.* São Paulo: Paracletos, 1997.

CERFAUX, L. *Cristo na Teologia de Paulo.* São Paulo: Paulinas, 1977.

CERFAUX, L. *O Cristão na Teologia de Paulo.* São Paulo: Teológica, 2003.

CHILTON, B. S. Aramaic and Targumic Antecedents of Pauline "Justification". In: MCNAMARA, M.; BEATTIE D. R. G. (eds.). *The Aramaic Bible.* Sheffield: JSOT, 1994, p. 379-397.

CRANFIELD, C. E. B. *Carta aos Romanos.* São Paulo: Paulinas, 1992.

CROSSAN, J. D.; REED, J. L. *Em Busca de Paulo: como o Apóstolo de Jesus opôs o Reino de Deus ao Império Romano.* São Paulo: Paulinas, 2007.

CULLMANN, O. *Cristologia del Nuevo Testamento.* Salamanca: Sígueme, 1998.

DALBESIO, A. Paolo di Tarso – La personalità e l'opera. In: DALBESIO, A. (org.). *Il Messaggio della Salvezza.* Vol. VII, Torino: ELLE DI CI, 1976.

DETTWILLWR, A.; KAESTLI, J. D.; MARGUERAT, D. *Paulo, uma Teologia em Construção.* São Paulo: Loyola: 2011.

DUNN, J. D. G. *A Nova Perspectiva sobre Paulo.* Santo André: Academia Cristã – São Paulo: Paulus, 2011.

DUNN, J. D. G. *A teologia do Apóstolo Paulo.* São Paulo: Paulus, 2003.

DUNN, J. D. G. *Jesus, Paulo e os Evangelhos.* Petrópolis: Vozes, 2017.

DUNN, J. D. G. *Romans 1-8.* WBC 38A. Dallas: Word, 1988.

DUNN, J. D. G. *Romans 9-16.* WBC 38B. Dallas: Word, 1988.

EISENBAUM, P. *Pablo no fue cristiano: el mensaje original de un apóstol mal entendido.* Navarra: Verbo Divino, 2014.

ELLIOTT, N. *Libertando Paulo: A Justiça de Deus e Política do Apóstolo.* São Paulo: Paulus, 1996.

FABRIS, R. *Atos dos Apóstolos.* Bíblica Loyola 3. São Paulo: Loyola, 1991.

FABRIS, R. *Paulo: Apóstolo dos gentios.* 2ª ed. São Paulo: Paulinas, 2001.

FABRIS, R. *Para ler Paulo.* São Paulo: Loyola, 1996.

FEUILLET, A. *L'Epître aux Romains.* DBS, t. X, fasc. 56, col. 739-873, 1983.

GAGLIARDI, M. *La Cristologia Adamica.* Roma: Editrice Pontificia Università Gregoriana, 2002.

GAMBLE Jr., H. The Textual History of the Letter to the Romans: A Study in Textual and Literary Criticism. *Studies and Documents*, 42. Eerdmans: Grand Rapids, 1977.

GANOCZY, A. *Della sua pienezza noi tutti abbiamo ricevuto: Lineamenti Fondamentali della Dottrina della Grazia.* Brescia: Queriniana, 1991.

GARCÍA RUBIO, A. *Unidade na pluralidade: o ser humano à luz da fé e da reflexão cristã*. 4ª ed. São Paulo: Paulus, 2006.

GIGNAC, A. *L'épître aux Romains*. Commentaire biblique: Nouveau Testament 6, Paris: Cerf, 2014.

GRANADOS ROJAS, J. M. La teologia della riconciliazione nell'epistolario paolino. *Subsidia Biblica 46*. Roma: Gregorian & Biblical Press, 2015.

GRELOT, P. *L'Épître de Saint Paul aux Romains: une lecture pour aujourd'hui*. Versailles: Saint Paul, 2001.

HEYER, C. J. *Paulo: um homem de dois mundos*. São Paulo: Paulus, 2008.

HORSLEY, R. A. *Paulo e o império: religião e poder na sociedade imperial romana*. São Paulo: Paulus, 2004.

KÄSEMANN, E. *Perspectivas Paulinas*. 2ª ed. São Paulo: Teológica, 2003.

KREITZER, L. J. Regno di Dio/Cristo. In: HAWTHORNE, G. F.; MARTIN, R. P.; REID, D. G. *Dizionario di Paolo e delle sue lettere*. Milano: San Paolo, 1999, 1289-1293.

KREITZER, L. J. Risurrezione. In: HAWTHORNE, G. F.; MARTIN, R. P.; REID, D. G. *Dizionario di Paolo e delle sue lettere*. Milano: San Paolo, 1999, p. 1334-1345.

KUSS, O. *La Lettera ai Romani*. Brescia: Morceliana, 1962.

LADARIA, L. F. *Antropologia Teologica*. 2ª ed. Roma: Piemme – Pontificia Università Gregoriana, 1998.

LAGRANGE, M.-J. *Épître aux romains*. Paris: J. Gabalda et Cie. Éditeurs, 1950.

LAMBRECHT, J. 1 Corintios. In: FARMER, W. R. (org.). *Comentario Bíblico Internacional – Comentario católico y ecuménico para el siglo XXI*. Fonasa: Verbo Divino, 1999, p. 1459-1488.

LAMBRECHT, J. *The Wretched 'I' and Its Liberation, Paul in Romans 7 and 8, Louvain theological and pastoral Monographs 14*. Louvain: Peeters Press, 1992.

LAKE, K. *The Shorter Form of St. Paul's Epistle to the Romans*. The Expositor, 7ª ser. X (1910) 504-524.

LIGHTFOOD, J. B. *Biblical Essays*. London/New York: MacMillan and Co./The Macmillan Company, 1904.

LOZANO LOZANO, A. *Romanos 5. La vida de los justificados por la fe y su fundamento, la reconciliación por nuestro Señor Jesucristo*. ABE 56. Navarra: EVD, 2012.

LUTERO, M. *Comentarios de Martín Lutero: Carta del Apóstol Pablo a los Romanos*. Vol. I. Terrassa: Editorial Clie, 1998.

LYONNET, S. *Études sur l'Épître aux Romains*. Roma: Editrice Pontificio Istituto Biblico, 1989.

LYONNET, S. *La Storia della Salvezza nella Lettera ai Romani*. Napoli: M. D'Auria Editore Pontificio, 1966.

MONTAGNINI, F. *Rom 5,12-14 alla luce del dialogo rabinico*. RivBiblica sup. 4. Brescia: Paideia, 1971.

MOO, D. J. *The Epistle to the Romans: The New International Commentary on the New Testament*. Grand Rapids: Eerdmans, 1996.

MURPHY-O'CONNOR, J. *A Antropologia Pastoral de Paulo: Tornar-se humanos juntos*. São Paulo: Paulus, 1994.

MURPHY-O'CONNOR, J. *A Vida do Homem Novo*. São Paulo: Paulinas, 1975.

MURPHY-O'CONNOR, J. La Vida de Pablo. In: FARMER, W. R. (org.). *Comentario Bíblico Interncional – Comentario católico y ecuménico para el siglo XXI*. Fonasa: Verbo Divino, 2000, p. 238-244.

MURPHY-O'CONNOR, J. *Paulo: Biografia Crítica*. São Paulo: Loyola, 2000.

MURPHY-O'CONNOR, J. *Paulo de Tarso: História de um Apóstolo*. São Paulo: Paulus/Loyola, 2013.

PENNA, R. *Lettera ai Romani, introduzione, versione, commento*. Bologna: EDB, 2010.

PITTA, A. *Lettera ai Romani, nuova versione, introduzione e commento*. Milano: Figlie di San Paolo, 2001.

POTTERIE. I. de la.; LYONNET, S. *La Vita Secondo lo Spirito: Condizione del Cristiano*. Roma: A.V.E., 1971.

QUESNEL, M. *Paulo e as origens do Cristianismo*. São Paulo: Paulinas, 2004.

REASONER, M. Roma e il Cristianesimo Romano. In: HAWTHORNE, G. F.; MARTIN, R. P.; REID, D. G. *Dizionario di Paolo e delle sue lettere*. Milano: San Paolo, 1999, p. 1345-1353.

REY, B. *Nova Criação em Cristo no pensamento de Paulo*. São Paulo: Academia Cristã, 2005.

RUIZ DE LA PEÑA, J. L. *O Dom de Deus: Antropologia Teológica*. Petrópolis: Vozes, 1997.

SANDERS, E. P. *Paul and Palestinian Judaism*. Philadelphia: Fortress Press, 1977.

SANDERS, E. P. *Paulo, a lei e o povo judeu*. São Paulo: Paulinas, 1990.

SEIFRID, M. A. Romans. In: BEALE, G. K.; CARSON, D. A. (eds.). *Commentary on the New Testament Use of the Old Testament*. Grand Rapids: Baker Academic, 2007, p. 607-694.

SCHLIER, H. *Commento Teologico del Nuovo Testamento*: La Lettera ai Romani. Brescia: Paideia, 1982.

SCHMITHALS, W. *Der Römerbrief als historisches Problem*. SNT 9, Gütersloh: Gerd Mohn, 1975.

SCHNELLE, U. *A evolução do pensamento de Paulo*. São Paulo: Loyola, 1999.

SCHNELLE, U. *Paulo, Vida e Pensamento*. São Paulo: Paulus – Academia Cristã, 2010.

SCROGGS, R. Paul as Rhetorician. Two Homilies in Romans 1-11. In: HAMERTON-KELLY, R. G.; SCROGGS, R. (eds.). *Jews, Greeks and Christians. Religious Cultures in Late Antiquity: Essays in honor of W. D. Davies*. SILA 21, Leiden: E.J. Brill, 1976, p. 271-298.

SCULLION, J. J. What of Original Sin? The convergence of Genesis 1-11 and Romans 5.12. In: ALBERTZ, R. *Schöpfung and Befreiung*. Stuttgart: Calwer Verlag, 1989, p. 25-36.

SIMONIS, W. *Der gefangene Paulus. Die Entstehung des sogenannten Römerbriefs und anderer urchristlicher Schriften in Rom*. Lang: Frankfurt am Main, 1990.

WILCKENS, U. *La Carta a los Romanos*, I. BEB 61. Salamanca: Sígueme, 1989.

WILCKENS, U. *La Carta a los Romanos*, II. BEB 62. Salamanca: Sígueme, 1992.

WRIGHT, N. T. *Jesus and the Victory of God*. Minneapolis: Fortress, 1996.

WRIGHT, N. T. *The Climax of the Covenant: Christ and the Law in Pauline Theology*. Edinburgh: T. & T. Clark, 1992.

WRIGHT, N. T. *Paulo: Novas Perspectivas*. São Paulo: Loyola, 2009.

WRIGHT, N. T.; CATHEDRAL, L. Romans and the Theology of Paul. In: HAY, D. M.; JOHNSON, E. E. *Pauline Theology, Romans*. Vol. III. Minneapolis: Fortress Press 1991, p. 30-67.

Artigos relacionados ao estudo de Is 52,13-53,12

ALONSO, A. Anotaciones críticas a Isaías 53,8. *La Ciudad de Dios*, 181, 89-100, 1968.

ALONSO, A. La suerte del Siervo: Isaías 53,9-10. *La Ciudad de Dios*, 181, 292-305, 1968.

BARRÉ, M. L. Textual and Rhetorical-Critical Observations on the Last Servant Song (Isaiah 52:13-53:12). *CBQ*, 62, 1-27, 2000.

BARROS, M. Hino de resistência do povo excluído: uma leitura latino-americana do 4º Cântico do Servo Sofredor. *Estudos bíblicos*, 105, 32-43, 2010.

BERGES, U. The Book of Isaiah as Isaiah's Book. *OTE*, 23.3, 549-573, 2010.

BLENKINSOPP, J. The Sacrificial Life and Death of the Servant (Isaiah 52:13-53:12). *VT*, 66, 1-14, 2016.

CARBULLANCA NÚÑEZ, C. El Cantico del Siervo de Dios. Teología del martirio 'versus' teología sacrificial. *Concilium*, 352, 109-120, 2013.

CERESKO, A. R. The Rhetorical Strategy of the Fourth Servant Song (Isaiah 52,13–53,12): Poetry and the Exodus – New Exodus. *CBQ*, 56, 42-55, 1994.

CONROY, C. The Enigmatic Servant texts in Isaiah in the Light of recent study. *Proceedings of the Irish Biblical Association*, 32, 24-48, 2009.

COPPENS, J. La finale du quatrième chant du Serviteur (Is., LIII, 10-12). Un essai de solution. *ETL*, 39, 114-121, 1963.

CORTESE, E. Il "Servo di JHWH" (SdJ). *Ricerche storico-bibliche*, 14, 81-98, 2002.

DAY, J. *DA'AT* "Humiliation" in Isaiah LIII 11 in the Light of Isaiah LIII 3 and Daniel XII 4, and the Oldest Known Interpretation of the Suffering Servant. *VT*, 30, 97-103, 1980.

GELSTON, A. Isaiah 52:13-53:12. An Eclectic Text and a Supplementary Note on the Hebrew Manuscript Kennicott 96. *JSS*, 35, 187-211, 1990.

GOSSE, B. Isaïe 52,13-53,12 et Isaïe 6. *RB*, 98, 537-543, 1991.

HERMISSON, H.-J. Neue Literatur zu Deuterojesaja (I) & (II). *TRu*, 65, 237-284, 379-430, 2000.

KIM, J. The Concept of Atonement in the Fourth Servant Song in the LXX. *Journal of Greco-Roman Christianity and Judaism*, 8, 21-33, 2011-2012.

LOURENÇO, J. Targum de Is 52,13-53,12: Pressupostos históricos e processos literários. *Didaskalia*, 20, 155-166, 1990.

MEYNET, R. Le quatrième chant du serviteur Is 52,13-53,12. *Greg*, 80, 407-440, 1999.

NAKANOSE, S.; PEDRO, E. P. A missão profética do povo sofredor. Uma leitura do quarto Cântico do Servo Sofredor: Isaías 52,13-53,12. *Estudos bíblicos*, 73, 26-41, 2002.

NAKAZAWA, K. A New Proposal for the Emendation of the Text Isaiah 53:11. *AJBI*, 2, 101-111, 1976.

NICCACCI, A. Quarto Carme del Servo del Signore (Is 52,13–53,12). Composizione, dinamiche e prospettive. *LASBF*, 55, 9–26, 2005.

OLLEY, J. W. The Many: How is Isa 53,12a to be Understood? *Biblica*, 68, 330-356, 1987.

OSWALT, J. N. Isaiah 52:13-53:12: Servant of All. *CTJ*, 40, 85-94, 2005.

PETTER, T. D. The Meaning of Substitutionary Righteousness in Isa 53:11: A Summary of the Evidence. *Trinity Journal*, 32, 165-189, 2011.

PEZHUMKATTIL, A. The Mission of the 'Ebed Yahweh and his Vicarious Suffering. *Jeevadhara*, 18, 81-93, 1988.

RAABE, P. R. The Effect of Repetition in the Suffering Servant Song. *JBL*, 103, 77-84, 1984.

RUBINSTEIN, A. Isaiah LII,14 – *mišḥat* – and the DSIa variant. *Biblica*, 35, 475-479, 1954.

SCHIPPER, J. Interpreting the Lamb Imagery in Isaiah 53. *JBL*, 132, 315-325, 2013.

STORY, C. Another Look at the Fourth Servant Song of Second Isaiah. *HBT*, 31, 100-110, 2009.

SYRÉN, R. Targum Isaiah 52:13-53:12 and Christian Interpretation. *JJS*, 40, 201-212, 1989.

TADIELLO, R. Il IV canto del servo (Is 52,13-53,12): poetica e interpretazione. *BeO*, 56, 73-110, 2014.

TÅNGBERG, A. The Justification of the Servant of the Lord: Light from Qumran in the Interpretation of Isaiah 53:11aβ. *Tidsskrift for Teologi og Kirke*, 72, 31-36, 2002.

TREVES, M. Isaiah LIII, *VT*, 24, 98-108, 1974.

URCIUOLI, E. R., A Suffering Messiah at Qumran? Some Observations on the Debate about IQIsa\u1d43. *RQ*, 24, 273-281, 2009.

WILLIAMSON, H. G. M. *DA'AT* in Isaiah LIII,11. *VT*, 28, 118-122, 1978.

WINANDY, J. Une traduction communément reçue et pourtant indéfendable. *RB*, 109, 321-322, 2002.

Artigos relacionados ao estudo de Rm 5,12-21

ALETTI, J -N. Romains 5,12-21. Logique, sens et fonction. *Biblica*, 78, 3-32, 1997.

ALETTI, J -N. La présence d'un modèle rhétorique en Romains: Son rôle et son importance. *Biblica*, 71, 1-24, 1990.

ALETTI, J -N. Comment Paul voit la justice de Dieu en Romains. Enjeux d'une absence de définition. *Biblica*, 73, 359-375, 1992.

BARCLAY, W. Great Themes of the New Testament: Romans 5:12-21. *ExpTim*, 70, 172-175, 1959.

BELL, R. H. Rom 5.18-19 and Universal Salvation. *NTS*, 48, 417-432, 2002.

CABALLERO, J. L. Rm 5,12 y el pecado original en la exégesis católica reciente. *Scripta Theologica*, 46, 121-140, 2014.

CARAGOUNIS, C. C. Romans 5:15-16 in the Context of 5:12-21: Contrast or Comparison?. *NTS*, 31, 142-148, 1985.

CASTELLINO, G. R. Il peccato di Adamo. Note a Genesi III e a Romani V,12-14. *BibOr*, 16, 145-162, 1974.

CHILTON, B. D. Reference to the Targumim in the Exegesis of the New Testament. *SBLSP*, 34, 77-81, 1995.

DOUGLAS, A. O. A Note on Paul's Use of Isaiah. *Bulletin for Biblical Research*, 2, 105-112, 1992.

DUVAL, D. B. La traduzione di Rm 5, 12-14. *Biblica*, 38, 353-373, 1990.

DRUMMOND, A. Romans 5:12-21. *Interpretation*, 57, 67-69, 2003.

ENGLEZAKIS, B. Rom 5,12-15 and the Pauline Teaching on the Lord's Death: Some Observations. *Biblica*, 58, 232, 1977.

FABRIS, R. Alcune recenti "biografie" di Paolo. *RivBiblica*, 52, 453-461, 2004.

FERNÁNDEZ, V. Le meilleur de la Lettre aux Romains procède du judaïsme de Paul. *NRT*, 124, 403-414, 2002.

FEUILLET, A. Le règne de la mort et le règne de la vie (Rom. V, 12-21) – Quelques observations sur la structure de l'Épître aux Romains. *Revue Biblique*, 77, 481-520, 1970.

FREDERICK, W. Romans 5:12: Sin under Law. *NTS*, 14.3, 424-439, 1968.

GAZIAUX, E. Entre exégèse et éthique: la problématique de la loi. *Revue Théologique de Louvain*, 31, 321-343, 2000.

GRELOT, P. Pour une lecture de Romains 5,12-21. *NRT*, 116, 495-512, 1994.

HARNACK, A. von. Das Alten Testament in den paulinischen Briefen und in den paulinischen Gemeinden. *SPAWPH*, 12, 124-141, 1928.

KERTELGE, K. The Sin of Adam in the Light of Christ's Redemptive Act According to Romans 5:12-21. *Communio*, 18, 502-513, 1991.

KIRBY, J. T. The Syntax of Romans 5,12: a Rhetorical Approach. *NTS*, 33, 283-286, 1987.

KISTER, M. Romans 5:12-21 Against the Background of Torah-Theology and Hebrew Usage. *Harvad TR*, 100, 391-424, 2007.

LAMPE, P., Zur Textgeschichte des Römerbriefes. *Novum Testamentum*, 27, 273-277, 1985.

LEITHART, P. J. Adam, Moses, and Jesus: a Reading of Romans 5:12-14. *CTJ*, 43, 257-273, 2008.

LÉON-DUFOUR, X. Notes et mélanges, Situation Littéraire de Rom. V. *RSR*, 51, 83-95, 1963.

LOMBARD, H. A. The Adam-Christ 'Typology' in Romans 5:12-21. *Neotest*, 15, 69-100, 1981.

LOSADA, D. A. El Texto de Rom. 5,12-21: Un análisis estructural. *RevBib*, 36, 27-36, 1974.

LYONNET, S. Le péché originel en Rom 5,12: L'exégèse des pères grecs et les décrets du Concile de Trente. *Biblica*, 41, 325-355, 1960.

LYONNET, S. Le péché originel et l'exégèse de Rom, 5. 12-14. *RSR*, 44, 63-84, 1956.

LYONNET, S. Le sens de ἐφ' ᾧ en Rom 5, 12 et l'exégèse des Pères grecs. *Biblica*, 36, 436-456, 1955.

PENNA, R. La questione della dispositio rhetorica nella lettera di Paolo ai Romani: confronto con la lettera 7 di Platone e la lettera 95 di Seneca. *Biblica*, 84, 61-88, 2003.

PÉREZ FERNÁNDEZ, M. El numeral ei-j en Pablo como título cristológico: Rom 5,12-19; Gal 3,20; cfr. Rom 9,10. *EstBíb*, 41, 325-340, 1983.

PITTA, A. Un conflitto in atto: La Legge nella Lettera ai Romani. *RivBiblica*, 49, 257-282, 2001.

POIRIER, J. C. Romans 5:13-14 and the Universality of Law. *NovT*, 38, 344-358, 1996.

RAPINCHUK, M. Universal Sin and Salvation in Romans 5:12-21. *JETS*, 42, 427-441, 1999.

TOBIN, T. H. The Jewish Context of Rom 5:12-14. *StPhilo*, 13, 159-175, 2001.

VANNI, U. L'analisi letteraria di Rom 5,12-21. *RivBiblica*, 11, 115-144, 1963.

VANNI, U. Rom 5,12-21 alla luce del contesto. *RivBiblica*, 11, 337-366, 1963.

VICKERS, B. Grammar and Theology in the Interpretation of Rom 5:12. *TrinJ*, 27, 271-288, 2006.

WEAVER, D. From Paul to Augustine: Romans 5:12 in early Christian exegeses. *SVTQ*, 27, 187-206, 1983.

WEDDERBURN, A. J. M., Theological Structure of Romans 5:12. *NTS*, 19, 339-354, 1973.

ZERAFA, P. P. La giustificazione nella Bibbia. *Angelicum*, 79, 19-50, 2002.

Obras e artigos referentes à relação entre as Escrituras de Israel e o Novo Testamento e à Intertextualidade

ABASCIANO, B. J. *Paul's Use of the Old Testament in Romans 9:1-9: An Intertextual and Theological Exegesis.* Ph.D Dissertation. University of Aberdeen, 2004.

BEALE, G. K. *A New Testament Biblical Theology: The Unfolding of Old Testament in the New.* Grand Rapids: Baker Academic, 2011.

BEALE, G. K. *Handbook on the New Testament Use of the Old Testament – Exegesis and Interpretation.* Grand Rapids: Baker Academic, 2012.

BEALE, G. K. (ed.). *The Right Doctrine from the Wrong Texts? Essays on the Use of the Old Testament in the New.* Grand Rapids: Baker Books, 1994.

BEALE, G. K.; CARSON D. A. (eds.). *Commentary on the New Testament Use of the Old Testament.* Grand Rapids: Baker Academic, 2007.

BEAUCHAMP, P. *Lecture christique de l'Ancien Testament.* Biblica, 81, 105-11, 2000.

BELLI, F. *Vetus in Novo: el recurso a la Escritura en el Nuevo Testamento.* Madrid: Encuentro, 2006.

BULTMANN, R. *Theology of the New Testament.* Vol. 1. New York: Scribner´s Sons, 1951-1955.

BULTMANN, R. The Significance of the Old Testament for Christian Faith. In: ANDERSON, B. W. (ed.). *The Old Testament and Christian Faith.* New York: Harper & Row, 1964, p. 8-32.

COMPAGNON, A. *O trabalho da citação.* Belo Horizonte: Editora UFMG, 1996.

DIXON, R. *An Examination of the Allusions to Isaiah 52:13-53:12 in the New Testament.* Ph.D Dissertation, State University of New York at Buffalo, 2008.

DODD, C. H. *Segundo as Escrituras: Estrutura Fundamental do Novo Testamento.* São Paulo: Paulinas, 1979.

EARLE, E. E. *Paul's Use of the Old Testament.* Eugene: Wipf and Stock, 2003.

GOPPELT, L. *Typos: The tipological interpretation of the Old Testament in the New.* Grand Rapids: Eardmans, 1982.

GREEN, J. B. (ed.). *Hearing the New Testament: Strategies for Interpretation*. 2ª ed. Grand Rapids: Eerdmans, 2010.

HANSON, A. T. *The Living Utterances of God: the New Testament Exegesis of the Old*. London: Darton, Longman and Todd, 1983.

HANSON, A. T. *The New Testament Interpretation of Scripture*. London: SPCK, 1980.

HAYS, R. B. *Echoes of Scripture in the Letters of Paul*. Yale: Yale University Press, 1989.

HAYS, R. B. *The Faith of Jesus Christ. The Narrative Substructure of Galatians 3:1-4:11*. 2ª ed. Grand Rapids: Eerdmans, 2002.

HAYS, R. B.; GREEN, J. B. The Use of the Old Testament by New Testament Writers. In: GREEN, J. B. (ed.). *Hearing the New Testament: Strategies for Interpretation*. 2ª ed. Grand Rapids: Eerdmans, 2010, p. 122-139.

HOLLANDER, J. *The Figure of Echo. A Mode of Allusion in Milton and after*. Berkeley-Los Angeles-London: University of California Press, 1981.

KAISER, W. C. *The use of the Old Testament in the New*. Chicargo: Moody, 1985.

KAUTZSCH, E. F. *De veteris Testamenti locis a Paulo apostolo allegatis*. Lipsiae: Typis Exscripserunt Metzger & Wittig, 1869.

KRISTEVA, J. *Introdução à semanálise*. 2ª ed. São Paulo: Perspectiva, 2005.

LIMA, M. L. C. A unidade da Sagrada Escritura, Antigo e Novo Testamento. *Coletânea*, 7, 167-180, 2008.

LONGENECKER, R. N. *Biblical Exegesis in the Apostolic Period*. 2ª ed. Grand Rapids: Eerdmans, 1999.

MEYNET, R. *Morto e risorto secondo le Scritture*. Collana Biblica. Bologna: Edizioni Dehoniane, 2003.

NARO, M. Lo scriba divenuto discepolo. Tra Primo e Antico Testamento: stato di una questione bíblico-teologica. *RivBiblica*, 60, 7-31, 2012.

PENNA, R. Appunti sul come e perché il Nuovo Testamento si rapporta all'Antico. *Biblica*, 81, 95-104, 2000.

ROEPE, G. *De Veteris Testamenti locorum in apostolorum libris allegatione commentatio*. Halle: Friderici Ruff, 1827.

SILVA, M. Antico Testamento in Paolo. In: HAWTHORNE, G. F.; MARTIN, R. P.; REID, D. G. *Dizionario di Paolo e delle sue lettere*. Milano: San Paolo, 1999, p. 59-78.

SNODGRASS, K. The Use of the Old Testament in the New. In: BEALE, G. K. (ed.). *The Right Doctrine from the Wrong Texts? Essays on the Use of the Old Testament in the New*. Grand Rapids: Baker Books, 1994, p. 29-51.

STEFANI, P. Per una lettura giudaica degli scritti neotestamentari. *RivBiblica*, 61, 7-44, 2013.

WAGNER, J. R. *Heralds of the Good News: Isaiah and Paul "in Concert" in the Letter to the Romans*. NovTSup 101. Leiden: Brill, 2002.

Obras e artigos diversos

ALETTI, J. N.; SKA, J. L. *Biblical Exegesis in Progress: Old and New Testament Essays*. Roma: Editrice Pontificio Istituto Biblico, 2009.

ALTANER, B.; STUIBER, A. *Patrologia: vida, obras e doutrina dos Padres da Igreja*. São Paulo: Paulinas, 1972.

ANDIÑACH, P. R. Zacarías. In: FARMER, W. R. (org.). *Comentario Bíblico Internacional – Comentario católico y ecuménico para el siglo XXI*. Fonasa: Verbo Divino, 1999, p. 1078-1088.

BASELLO, G. P. Il Cilindro di Ciro tradotto dal testo babilonese. In: PRATO, G. L. (Ed.). Ciro chiamato per nome (Is 45,5): l›epoca persiana e la nascita dell›Israele biblico tra richiamo a Gerusalemme e diaspora perenne. Atti del XVII Convegno di Studi Veterotestamentari (Assisi, 5-7 settembre 2011). *Ricerche storico-bibliche*, 25/1. Bologna: Edizioni Dehoniane, 2013, p. 249-259.

BERKLEY, T. W. From a Broken Covenant to a Circumcision of the Heart. *SBL Dissertation* Series 175, Atlanta: Society of Biblical Literature, 2000.

BIANCHI, F. Zorobabele re di Giuda. *Henoch*, 13, 133-150, 1991.

BÖHL, E. *Forschungen nach einer Volksbibel zur Zeit Jesu und deren Zusammenhang mit der Septuaginta-Überstzung*. Wien: Braumüller, 1873.

BRAMBILLA, F. G. *Antropologia teologica*. Brescia: Queriniana, 2009.

BRAMBILLA, F. G. La questione teologica del peccato originale. *La Scuola Cattolica*, 126, 465-548, 1998.

BRIANT, P. *Histoire de l'empire perse de Cyrus à Alexandre*. Vol. 1. Achaemenid History 10. Leiden: Netherlands Institute voor het Nabije Oosten/Paris: Librairie Arthème Fayard, 1996.

CHARY, T. *Agée, Zacharie, Malachie*. Sources Bibliques. Paris: Gabalda & Cie, 1969.

CHOURAQUI, A. *Il pensiero hebraico*. Brescia: Queriniana, 1989.

COLLINS, J. J. *A imaginação apocalíptica. Uma introdução à literatura apocalíptica judaica*. São Paulo: Paulus, 2010.

COLLINS, J. J. *Daniel: A Commentary on the Book of Daniel*. Hermeneia. Minneapolis: Fortress, 1993.

COLLINS, J. J. *Daniel: With an Introduction to Apocalyptic Literature*. Forms of the OT Literature. Grand Rapids: Eerdmans, 1984.

COSI, D. M. Greci, romani e stranieri. In: REALE, G.; SAVINO, E.; SORDI, M. *Antichità classica*. Milano: Jaca Book, 1993, p. 134-135.

FLUSSER, D. *O Judaísmo e as origens do Cristianismo*. Vol. III. Rio de Janeiro: Imago, 2002.

FOHRER, G. *História da Religião de Israel*. 2ª ed. São Paulo: Paulinas, 1993.

FRIED, L.S. Cyrus the Messiah? The Historical Background to Isaiah 45:1 *Harvard TR*,95.4, 373-393, 2002.

GILBERT, P. *Pequena História da Exegese Bíblica*. Petrópolis: Vozes, 1995.

GONÇALVES, F. J. Exílio babilônico de Israel: realidade histórica e propaganda. *Cadmo*, 10, 167-196, 2000.

GONZAGA, W. *A Verdade do Evangelho (Gl 2,5-14) e a Autoridade na Igreja – Gl 2,1-21 na exegese do Vaticano II até os nossos dias. História, balanço e novas perspectivas*. Santo André: Academia Cristã, 2014.

GOTTWALD, N. K. *Introdução sócio-literária à Bíblia Hebraica*. São Paulo: Paulinas, 1988.

GRELOT, P. *L'Espérance juive à l'heure de Jésus – Édition nouvelle revue et augmentée*. Collection "Jésus et Jésus-Christ" 62. Paris: Desclée, 1994.

HARL, M.; DORIVAL, G.; MUNNICH, O. *A Bíblia Grega dos Setenta. Do Judaísmo helenístico ao Cristianismo antigo*. São Paulo: Loyola, 2007.

JOÃO PAULO II, Discorso ai partecipanti al III Forum Internazionale della Fondazione Alcide De Gasperi. *L'Osservatore Romano*. Roma, 24 fev. 2002, p. 4.

LACOCQUE, A. Daniel. In: FARMER, W. R. (org.). *Comentario Bíblico Internacional – Comentario católico y ecuménico para el siglo XXI*. Fonasa: Verbo Divino, 1999, p. 990-1010.

LADARIA, L. F. *Teología del pecado original y de la gracia*. Madrid: BAC, 1993.

LATOURELLE, R. *Teologia da Revelação*. São Paulo: Paulinas, 1973.

LEONAS, A. *Recherches sur le langage de la Septante*. Orbis Biblicus et Orientalis 211. Fribourg: Göttingen, 2005.

LIVERANI, M. *Para além da Bíblia – História Antiga de Israel*. São Paulo: Paulus – Loyola, 2008.

LOHSE, E. *Contexto e Ambiente do Novo Testamento*. São Paulo: Paulinas, 2000.

MAIER, J. *Entre os dois Testamentos: história e religião na época do Segundo Templo*. São Paulo: Loyola, 2005.

MANNS, F. *La Prière d'Israël à l'heure de Jésus*. Studium Biblicum Franciscanum: Analecta 22. Jerusalem: Franciscan Printing Press, 1986.

MARCO FABIO QUINTILIANO. *Instituciones oratorias del célebre español M. Fabio Quintiliano*. T. II. Madrid: Imprensa de la Administración del Real Arbitrio de Beneficencia, 1799.

MARTINI, C. M.; PACOMIO, L. (org.). *I Libri di Dio – Introduzione Generale alla Sacra Scrittura*. Torino: Marietti, 1975.

MIEGGE, M. *Martin Lutero 1483-1546: la riforma protestante e la nascita delle società moderne.* Roma: Editori Riuniti, 1983.

MIRANDA, M. F. *A salvação de Jesus Cristo. A doutrina da graça.* São Paulo: Loyola, 2004.

MONDIN, B. *Storia della Teologia.* Vol 3. Bologna: Edizioni Studio Domenicano, 1996.

NICKELSBURG, G. W. E. *Literatura Judaica, entre a Bíblia e a Mixná: uma introdução histórica e literária.* São Paulo: Paulus, 2011.

NOBILE M. Ricerche di Teologia dell'Antico Testamento negli ultimi vent'anni. *RivBiblica*, 60, 531-559, 2012.

ORTIZ, P. Filipenses. In: FARMER, W. R. (org.). *Comentario Bíblico Internacional – Comentario católico y ecuménico para el siglo XXI.* Fonasa: Verbo Divino, 1999, p. 1536-1544.

PERCY, G. *The Religious Experience of Saint Paul.* New York: G. P. Putnam's Sons, 1913.

PESCE, M. Riflessione sulla natura storica e culturale delle sacre scritture giudaiche. *RivBiblica*, 60, 445-474, 2012.

PONTIFÍCIA COMISSÃO BÍBLICA. *Interpretação da Bíblia na Igreja.* São Paulo: Paulinas, 1994.

RATZINGER, J. L'Europa nella crisi delle culture. *Communio*, 200, 18-28, 2005.

SACCHI, P. L'esilio e la fine della monarchia davidica. *Henoch*, 11, 131-148, 1989.

SAYÉS, J. A. *Antropología del hombre caído.* Madrid: BAC, 1991.

SAYÉS, J. A. El pecado original en la última década (1991-1999). *Burgense*, 42, 33-84, 2001.

SAYÉS, J. A. *Teología de la creación.* Madrid: Palabra, 2002.

SCHLESINGER, H.; PORTO, H. *Líderes Religiosos da Humanidade.* São Paulo: Paulinas, 1986.

SCOLA, A.; MARENGO, G.; PRADES, J. *Antropología teológica.* Valencia: Edicep, 2003.

SEGALLA, G. *Panoramas del Nuevo Testamento.* Estella: Verbo Divino, 2000.

SEGUNDO, J. L. *O homem de hoje diante de Jesus de Nazaré. História e atualidade: Sinóticos e Paulo.* Vol. II. São Paulo: Paulinas, 1985.

SEITZ, C. R. Theology in Conflict. Reactions to the Exile in the Book of Jeremiah. *BZAW*,176. Berlin/New York: Walter de Gruyter, 1989, p. 203-296.

SETTEMBRINI, M. L'attività letteraria ebraico-giudaica di epoca persiana e la sua compatibilità con la situazione politica. In: PRATO, G. L. (Ed.). Ciro chiamato per nome (Is 45,5): l'epoca persiana e la nascita dell'Israele biblico tra richiamo a Gerusalemme e diaspora perenne. Atti del XVII Convegno di Studi Veterotestamentari (Assisi, 5-7 settembre 2011). *Ricerche storico-bibliche* 25/1. Bologna: Edizioni Dehoniane, 2013, p. 157-172.

SIMONETTI, M. *Lettera e/o Allegoria.* Roma: Augustiniaum, 1985.

STANLEY, D. M. *Christ's Resurrection in the Pauline Soteriology*. Roma: E. Pontificio Instituto Biblico, 1961.

STIPP, H.-J. Die Hypothese einer schafanidischen (patrizischen) Redaktion des Jeremiabuches. Zum Beitrag von Harald Martin Wahl in ZAW 3/1998. *ZAW*, 111, 416-418, 1999.

TAMEZ, E. *Contra toda Condenação: A Justificação pela Fé partindo dos Excluídos*. São Paulo: Paulus, 1995.

THACKERAY, H. St.-J. *Relation of St. Paul to Contemporary Jewish Thought*. London-New York: Macmillan Company, 1900.

TILLY, M. *Introdução à Septuaginta*. São Paulo: Loyola, 2009.

TREBOLLE BARRERA, J. *A Bíblia Judaica e a Bíblia Cristã – Introdução à História da Bíblia*. Petrópolis: Vozes, 1999.

TREVIJANO ETCHEVERRÍA, R. Flp 2,5-11: Un λόγος τῆς σοφίας paulino sobre Cristo. In: TREVIJANO ETCHEVERRÍA, R. *Estudios Paulinos*. Plenitudo Temporis 8. Salamanca: Publicaciones Universidad Pontificia, 2009, p. 257-290.

TREVIJANO ETCHEVERRÍA, R. Los que dicen que no hay ressurección (1Cor 15,12). In: TREVIJANO ETCHEVERRÍA, R. *Estudios Paulinos*. Plenitudo Temporis 8. Salamanca: Publicaciones Universidad Pontificia, 2009, p. 385-416.

WEISSENBERG, H.; PAKKALA, J.; MARTTILA, M. (eds.). *Changes in Scripture. Rewriting and Interpreting Authoritative Traditions in the Second Temple Period*. BZAW 419. Berlin – New York: De Gruyter, 2011.

ZUMSTEIN, J. A cruz como princípio de constituição da teologia paulina. In: DETTWILLWR, A.; KAESTLI, J. D.; MARGUERAT, D. *Paulo, uma Teologia em Construção*. São Paulo: Loyola: 2011, p. 313-336.

Documentos de acesso em meio eletrônico

GUILHERME DE SÃO TEODORO. *Expositio super Epistolam ad Romanos*. CD ROM Cetedoc Library of Christians Latin Texts, Medii Aevi Scriptores 979, Vol. II, Lovanii Novi, Universitas Catholica Lovaniesis – Brepols, [1996]. 1 CD-ROM.

PEDRO ABELARDO. *Commentaria in epistulam Pauli ad Romanos*. CD ROM Cetedoc Library of Christians Latin Texts, Medii Aevi Scriptores 181, Vol. II, Lovanii Novi: Universitas Catholica Lovaniesis – Brepols, [1996]. 1 CD-ROM.

SAGRADA CONGREGAÇÃO PARA A DOUTRINA DA FÉ. *Carta Placuit Deo aos Bispos da Igreja católica sobre alguns aspectos da salvação cristã*. Disponível em: <www.vatican.va/roman_curia/congregations/cfaith/documents/rc_con_cfaith_doc_20180222_placuit-eo_po.html>. Acesso em: 23 fev. 2018.

EDITORA VOZES
Editorial

CULTURAL
Administração
Antropologia
Biografias
Comunicação
Dinâmicas e Jogos
Ecologia e Meio Ambiente
Educação e Pedagogia
Filosofia
História
Letras e Literatura
Obras de referência
Política
Psicologia
Saúde e Nutrição
Serviço Social e Trabalho
Sociologia

CATEQUÉTICO PASTORAL
Catequese
  Geral
  Crisma
  Primeira Eucaristia

Pastoral
  Geral
  Sacramental
  Familiar
  Social
  Ensino Religioso Escolar

TEOLÓGICO ESPIRITUAL
Biografias
Devocionários
Espiritualidade e Mística
Espiritualidade Mariana
Franciscanismo
Autoconhecimento
Liturgia
Obras de referência
Sagrada Escritura e Livros Apócrifos

Teologia
  Bíblica
  Histórica
  Prática
  Sistemática

REVISTAS
Concilium
Estudos Bíblicos
Grande Sinal
REB (Revista Eclesiástica Brasileira)

VOZES NOBILIS
Uma linha editorial especial, com importantes autores, alto valor agregado e qualidade superior.

PRODUTOS SAZONAIS
Folhinha do Sagrado Coração de Jesus
Calendário de mesa do Sagrado Coração de Jesus
Agenda do Sagrado Coração de Jesus
Almanaque Santo Antônio
Agendinha
Diário Vozes
Meditações para o dia a dia
Encontro diário com Deus
Guia Litúrgico

VOZES DE BOLSO
Obras clássicas de Ciências Humanas em formato de bolso.

CADASTRE-SE
www.vozes.com.br

EDITORA VOZES LTDA.
Rua Frei Luís, 100 – Centro – Cep 25689-900 – Petrópolis, RJ
Tel.: (24) 2233-9000 – Fax: (24) 2231-4676 – E-mail: vendas@vozes.com.br

UNIDADES NO BRASIL: Belo Horizonte, MG – Brasília, DF – Campinas, SP – Cuiabá, MT
Curitiba, PR – Fortaleza, CE – Goiânia, GO – Juiz de Fora, MG
Manaus, AM – Petrópolis, RJ – Porto Alegre, RS – Recife, PE – Rio de Janeiro, RJ
Salvador, BA – São Paulo, SP